北京大學《儒藏》編纂與研究中心 編

《儒藏》精華編選刊

敬和堂集

〔明〕許孚遠 撰

張琴 校點

北京大學出版社
PEKING UNIVERSITY PRESS

圖書在版編目(CIP)數據

敬和堂集 /（明）許孚遠撰；北京大學《儒藏》編纂與研究中心編. —北京：北京大學出版社，2024.6
（《儒藏》精華編選刊）
ISBN 978-7-301-35012-6

Ⅰ. ①敬… Ⅱ. ①許…②北… Ⅲ. ①儒學－文集 Ⅳ. ①B222.05-53

中國國家版本館CIP數據核字（2024）第082249號

書　　名	敬和堂集 JINGHETANG JI
著作責任者	（明）許孚遠 撰 張琴 校點 北京大學《儒藏》編纂與研究中心 編
策劃統籌	馬辛民
責任編輯	方哲君
標準書號	ISBN 978-7-301-35012-6
出版發行	北京大學出版社
地　　址	北京市海淀區成府路205號 100871
網　　址	http://www.pup.cn 新浪微博：@北京大學出版社
電子郵箱	編輯部 dj@pup.cn 總編室 zpup@pup.cn
電　　話	郵購部 010-62752015 發行部 010-62750672 編輯部 010-62756449
印 刷 者	三河市北燕印裝有限公司
經 銷 者	新華書店 650毫米×980毫米 16開本 29.25印張 340千字 2024年6月第1版 2024年6月第1次印刷
定　　價	118.00元

目録

敬和堂集卷之五……一〇六

公移……二五三

敬和堂集卷之九……三二一

校點説明

許孚遠（一五三五—一六〇四），字孟中，號敬庵，浙江德清人。明嘉靖四十一年（一五六二）進士，授南京工部主事。隆慶（一五六七—一五七二）初，首輔高拱薦許孚遠爲考功主事，出爲廣東僉事。時倭寇騷擾沿海地域，許孚遠以水陸夾攻之戰術獲捷，擒倭寇七十餘人，受到朝廷嘉賞。萬曆年間（一五七三—一六二〇），張居正逐「拱黨」，遂受牽連而被謫爲兩淮鹽運司判官。歷兵部郎中，出知建昌府，有暇輒講學。經給事中鄒元標薦，擢爲陜西提學副使。任職期間，嚴格考核制度，以身作則，陜西學風因之焕然一新。萬曆二十年升右僉都御史，巡監福建。奏請以僧田入官，又募民墾海壇地八萬三千畝有奇，築城建營舍，聚兵以守。任職福建期間，孚遠於萬曆二十二年將原懷安縣學舊址改建爲書院，以爲「工必居肆而後可成事，士必共學而後可致道」，因名書院爲「共學」。萬曆二十三年，擢南京大理寺卿，調南兵部右侍郎。召入爲兵部左侍郎，上疏乞休。萬曆三十二年卒於家，謚恭簡。

孚遠嘗師事唐樞（一四九七—一五七四，字惟中，號一庵），而唐樞之學則出於湛若水，號稱篤實。孚遠承其師篤實之風，復會通陽明良知之説，標舉「討真心」與「克己」之説，對當時陽明後學遊談不實之流弊多所匡正，以存養與省察相須並進爲必要工夫。《四庫提要》云：「孚遠之學雖出於唐樞，然史稱其『篤信良知而惡夫援良知以入佛者』，故與羅汝芳、楊起元、周汝登齗齗相争，在姚江末派之中，最爲篤實。馮從吾、劉宗周、丁元薦傳其所學，皆能有所樹立。」高攀龍稱「敬庵先生之學，以無欲爲主，自是迥别世儒」（《高子遺書》卷十《三時記》），正可見孚遠之學於晚明學界實爲獨樹一幟，對劉宗周之學則尤多啓迪。

許孚遠的著述，從其文集、傳記可知，蓋有《論語述》《大學述》《中庸述》《九諦》等，明崇禎《吴興備志》卷二十二著録其「《學庸論語述》五卷」。關於《敬和堂集》的卷數，歷來著録不同。《吴興備志》著録爲十卷，清雍正《浙江通志》卷二百五十、《千頃堂書目》卷二十四以及《四庫全書總目》均著録爲八卷。《四庫總目提要》曰：「是集前有葉向高序，蓋萬曆甲午孚遠爲福建巡撫時所刊。每卷之首尚空其次第未鐫，以板心號數計之，凡序一卷，記一卷，雜著一卷，書一卷，疏二卷，公移二卷云。」

本次整理，以日本「内閣文庫」藏本爲底本。該本爲十三卷，卷首有葉向高（一五五九—一六二七）撰於萬曆甲午孟春的序，計序一卷（卷一）、記一卷（卷二）、書三卷（卷三至卷五）、疏二卷（卷六、卷七）、公移二卷（卷八、卷九）、雜著一卷（卷十）、傳碑墓誌墓表行狀一卷（卷十一）、祭文一卷（卷十二）、詩一卷（卷十三）。版本實存狀況與《四庫提要》所描述完全一致（「每卷之首尚空其次第未鐫」），而其卷數之所以異者，或因四庫館臣「以板心號數計之」之誤歟？或亦別有卷數不同之刻本歟？今皆無以詳考。然該本之刻于「萬曆甲午」，蓋無疑問。高攀龍《三時記》嘗提及他於萬曆二十二年（甲午）赴謫廣東揭陽縣途中，曾與許孚遠相會，謂「敬庵以《敬和堂集》來」，則高氏所見該集，正爲《敬和堂集》甫刻完成之本，然則該本經由孚遠手定，蓋亦無疑焉。

另外需説明的是，《四庫全書存目叢書》集部所收《敬和堂集》著録爲「八卷」，注又謂「存四卷」。而詳核該本，實則二卷再加殘篇輯録爲一卷，並無四卷。該本卷首亦有葉向高序，而其板刻形式及字體均與十三卷本相同，可斷爲十三卷本之殘本。其前兩卷的內容與《敬和堂集》十三卷之卷一、卷二完全一致，卷三的內容則與十三卷本卷四、卷九的部分篇章吻合。今將《四庫存目叢書》本《敬和堂集》卷三所收篇章與十三卷本的對應情況列出如左：

（一）《聖訓敷言八則（關中示諸生）》，同十三卷本卷九《聖訓敷言八則（關中示諸生）》。

(二)《覺覺堂説》,同十三卷本卷九《覺覺堂説》。
(三)《悔吾説贈譚學博》,殘篇,即十三卷本卷九《悔吾説贈譚學博》。
(四)《積學説贈卓稺成》,殘篇,即十三卷本卷九《積學説贈卓稺成》。
(五)《答孟我疆符卿》,殘篇,即十三卷本卷四《答孟我疆符卿》。
(六)《答陸以建》,同十三卷本卷四《答陸以建》。
(七)《答朱用韜》,同十三卷本卷四《答朱用韜》。
(八)《答沈實卿》,殘篇,即十三卷本卷四《答沈實卿》。

《敬和堂集》十三卷本,蓋爲孚遠著作之初刻本,收録許孚遠萬曆二十三年之前的詩文作品,而今國内蓋已無完帙。此次整理,可嘉惠學林。日本静嘉堂文庫藏有十卷本《敬和堂集》,收有許孚遠萬曆二十三年之後的作品,係重編定本,因條件所限,未能利用。至於校點之疏陋或錯誤之處,則囿於學識,或難避免,敬祈海内外方家賜正。

校點者　張　琴

許敬庵先生敬和堂集序

蓋蘇子由有云：「於山見華嶽，於水見黄河，於人以得見歐陽公爲幸。」夫歐陽公文章士耳，乃子由引重若是。誠有人焉，窮天人之奥，通古今之變，總道德之條貫，而兼三不朽于身，兹不亦滄海之爲觀而崑崙玄圃之爲遊哉！華嶽、黄河見斯小矣。令子由生其時，其爲殷勤想望求通，其誠款當復何如？而不佞向高乃今得親其人，承其謦欬而誦讀其文章，此亦足以侈于世而詫其遭逢之偶矣！其人謂誰？則今世所稱名德大儒敬庵許先生者。自向高從縉紳後，其慕説先生，蓋亦有年。而先生方宦遊四方，無從親就。即向高家世海上，覩吞天浴日之奇，過都而徘徊帝里之宏麗與岱宗、太行之勝，亦以未見先生，未免有子由之嘆。近以里居，而先生來撫閩，始得脩謁。顧自惟淺陋，無當于先生，而先生輒謂孺子樸直無他腸，時進與語。講德之暇，出其所爲古文辭，屬校而定之。向高不敏，未窺不朽之指，烏知文？雖然，竊有概焉。蓋在明興而作者彬彬，稱極盛矣，得失之林，大較可覩也。草昧新開，緣勝國之遺而振其陋，春容曉暢，則宋學士爲之宗。迨其波也，淺率而寡致，論者遂咎其傳鉢于唐宋而源流太卑。北地、信陽矯而爲秦漢，歷下、瑯琊踵而佐之，氣格日上，至使昌黎、柳州、廬陵、眉山諸君子盡麾之壇坫之下，不足以供其唾餘。迨其波也，掇拾而摹擬，始之者一人，後則人人能矣。論者徒知其末流踵襲之可憎，而不知其本來持論之太過。夫文章乘時，代自爲運，而人自爲言，情神各至，未易偏訾。故夫序事修辭，極變盡工，蒼然鬱然，沉厚而多力，秦漢之規模，固不可失也。若其流轉周詳，紆回曲折，不必雕貌刻形，而能發其中之所欲言，唐宋之家法，亦何可盡非也。要以存其神，毋拘其迹；循其轍，不滯其軌。取材于不窮之藪，而馳步于無畛之途，不名一家言，乃成一家言耳。而作者門户甲乙相排，矯枉太過，斯足惑已。

夫許先生固非有意於文者。今讀其所論著，陳事事覈，闡道道章，宣情情暢，其立格甚高，而造語甚馴，絶無枝蔓剽竊之病。秦耶？漢耶？唐與宋耶？無所不該而無所不合，蓋粹然非明之文而爲許先生之文矣。風之下也，道德文章分途而岐趨。故性命之談，慕古者以爲腐，而劌心之語，見道者以爲浮，兩相病也，亦兩相藥也。今許先生之文出，❶而世且有所折衷，復千年離析之業而歸之條貫，若根枝而源流，自生自達，此其振衰濟危之功，寧獨在當代而已哉！

向高每見先生虚己冲懷，即文章小技爲先生之所不屑，乃亦好人彈射，至勤勤懇懇，下問于小子之微劣。假使昌黎諸君子而生于今，先生必奉之壇坫之上，不敢輕肆其排擠。然則先生之所以德日盛而文日著也，意者其有在于斯乎！土壤細流，可謂善喻。於是乃益信先生之爲滄海也，爲崑崙玄圃也。向高未能涉其津而陟其趾，因讀先生文而重有感于子由之言，故申其意若此。若夫論先生之大，則以俟其人。

萬曆甲午孟春治教下福清葉向高頓首謹書。

---

❶「今」，原作「令」，今據明萬曆刻本葉向高《蒼霞草》卷五改。

敬和堂集卷之一

德清許孚遠著

序

文廟禮樂志序

禮：歲時大合祭，釋奠於先聖先師。蓋樂正典樂，教國子以樂語、樂德、樂舞，均調其情性而禮行焉者也。其先師祀始教而有道德者爲瞽宗云。今制：通天下春秋上丁祀夫子於文廟。顔、孟而下，若歷代賢儒，與從饗焉。禮有籩豆、簠簋、登降、灌獻之儀，樂用六佾，有歌有舞，而其鐘磬、琴瑟、簫管、笙簧、塤篪、柷敔，若舞萬籥翟之制，一倣古典，以崇祀先聖，意至精禋。然樂不典於學官，學者不達其音節，獨委之羽流舞生，久以敗缺，固其理也。

益國殿下嘉意禮樂之事，聘新安潘生纖典脩之，興敝補缺而志焉。其正樂器，以求元聲爲準。一音既得以諧，諸衆音無有凌亂失次者。聲合於律，詠合於聲，奏諸清廟，庶幾渢渢乎《大雅》之遺音也，於爲功甚大。殿下又嘉與郡國同其盛，捐貲脩郡學樂器，命潘生爲訓肄。不佞承乏守土，得有藉手脩典祀於先師，一時人士争觀感焉，於爲惠甚厚。昔河間獻王聘求幽隱，脩興雅樂以助化，儒臣董仲舒、公孫弘皆以爲音中正雅，春秋鄉射，得作於樂官。於今王豈不異世而同貫哉！《傳》不云乎，「禮樂積德百年而後興」。明興，化熙治洽既二百年，益封國而來亦既百年於此矣，端、莊、恭三王，恭儉一德，養深蓄厚，至今王而彬彬郁郁，禮樂之觀，燦然大備，豈非盛哉！抑聞之：行而履之，禮也；和而樂之，樂也。故禮樂，非其文之謂也，由中心生，體之身，刑之家，而達之國與天下者也。今世俗奢汰文巧，而鄭衛之音昌。夫奢則侈於費而民貧，文巧則趨末倍本者衆而俗蕩。此有識者之所深憂，而職承宣者之大慮也。不佞念欲敦朴崇儉，爲士民倡。諸倡優子女之雜擾，一時悉屏去，而俗漸濡之日久，未盡有革也。王忱睿哲，於是焉節禮樂以自度，反情歸性，處宴閒如，《清廟》以爲本，而一切庶務彰施，誠損今之文，致用古之忠，終守惇固，俾機巧澆淫者不得作，於以弘助主上之教化，俾萬世而下誦之曰：明之益國，先漢之河間也！則於先王不益有光乎哉！

志凡五卷。屬孚遠爲之序。

經筵講章序

萬曆癸巳夏，福建按臣陳子貞裒輯上臨御以來先後經筵講官所進講章若干篇，命工鋟梓以傳，以鳴我
皇上稽古典學之勤、諸臣納誨輔德之義，昭示久遠。屬撫臣許孚遠序之簡端。臣孚遠謹拜手稽首，颺言曰：

猗與休哉！我君臣相與之盛，可不謂千載一時者哉！伏想龍驂出御，彤庭賜講，諸臣灑濯而矢箴規，

天子端拱而垂聽納。維時三公、九卿、史舘、臺諫、百執事靡不肅容屏息，環列承聽。此何等氣象也！諸篇之中，援古證今，非希聖希天之學，則敬天勤民之道。内之欲誕保聖躬，外之欲恢張化理。啓心沃心，各殫忠益。惟我皇上聰明睿智固由天縱，而曩時所得於諸臣獻替交脩之力亦弘多焉。邇歲天子倦御經筵，深居邃密，輔臣言官屢以爲請，蓋曰：堯舜之聖，兢兢業業，無怠無荒，成湯日新又新，文王緝熙敬止，上所宜法。且獨不憶冲齡初服、典學親賢之功耶？當今之時，中外臣工仰冀聖明再舉盛典，以終大業，不啻望歲。此按臣所爲刻《經筵講章》意也。雖然，學之不講，孔子猶以爲憂。天性在人，每爲物蔽。明善復初，匪學無繇。在天子且然，而况其下者乎？孟子云：「欲爲君，盡君道；欲爲臣，盡臣道。二者皆法堯舜而已矣。」又曰：「惟大人爲能格君心之非。」此今之輔相大臣所當致力。不然，雖日陳謨訓，徒聒宸聽，無益也。

陝西武舉録序

是歲當大比文武士于陝右，侍御沈公劼毖諸務，兩奏厥成。不佞孚遠初以校文之役周旋于外，兹且屬董武闈，預有榮焉。事竣，宜序末簡。

蓋竊歎當今文武之材求而得之之難也。嘗自關以内，岐、豐、涇、渭之間，東走商、洛，南逾漢、沔，西北歷朝那，環、慶、上郡，偏校諸生，彬彬郁郁，詎不稱周秦故都人士之盛哉！及掄簡文藝，僅充解額者若而人。迺其操致卓犖，藴藉宏裕，堪以上佐天子而下庇生民，則猶未可旦暮遇也。惟武士亦然。八郡諸衛、材官、騎士、良家之子，操弓挾矢，左韜右鈐，虬騰而雲集。視昔《小戎》《駟驖》之風，若跨而過之矣。然初試之，騎而射合者，得十之七焉。再試之，步而射合者，得十之三焉。三試之，咨以邊務，校以兵術，其中窾者，僅二十之一已耳。且也鳴鏑試劍，不介馬而馳，可以語虓勇，未可以稱將帥之略；抵掌談戎策，利害成敗，如在目中，可以語才辨，未可以當忠智之屬。然則今所登進諸士，其可爲國家干城腹心者幾人哉？何求而得之之難也！竊又觀之，明珠産於巨海，良玉韞於深山。當其潛輝隱耀，過者弗識；及其出之人間，致之廊廟，光照夜乘，價重連城。夫士亦試而後効，遇而後顯耳。黄河之深，華嶽之高，渾淪磅礴，鍾靈毓秀，代不乏才。吾未敢謂秦無人也。師尚父之風遠矣，趙充國以良家子奮跡，李衛公以馬邑丞起家，馬援以羈旅，班超以傭書，韋孝寬以前驅，王忠嗣以世胄，皆秦之良也。爾諸士獨無慕效之乎？彼其謀略當機，忠勇絶世，銘旂常而炳史册，是遵何道哉？若習射，請以射喻。夫懸的于百步之外，前期而必至之者，其志立也；蹲甲而射，徹七札焉者，其技精也；見草中石，以爲虎而射之，中石没鏃者，其氣專也。天下之事，莫不有的。立其志，精其識，專其氣，古之英雄豪傑，惟吾所趨耳。蓋世恒右文而少武，以爲介胄之士多齷齪不足數，余竊以爲不然。世當承平無事，則文恬武嬉，皆可以偷安歲月。一旦有社稷封疆非常之故，則必有偉丈夫出而當之。何文武之擇也！方今明主安不忘危，勅諸繡衣使者閲邊事甚謹，其慮儲材以備戒不虞者若有不及，諸士盍勗以待之！儻遂有脱穎而出，以應上之求，而不終苦於得士之難，則幸矣！

史書大全序

《史書大全》者，豫章魏學博顯國之所著也。稱大全者何？上自羲皇，下迄勝國，書法倣於《春秋》《綱目》，而叙事取於遷、固諸家，既詳編年，復兼紀傳，故稱大全也。

其一曰帝紀。祖史遷之本紀，而特提綱挈領，詳於國家之大政。自典、謨、訓、誥而下，凡歷代之制命、奏議、謨謀、制作有關治體者，靡不采輯而書之。一展卷而興衰理亂之故燦然可知也。故紀，其史之首也。其二曰列傳。帝紀之外，總名爲傳。凡一代之開國守成、文武將吏，其功德有不可泯没者，則傳之。其道學、儒林、隱逸、貞烈諸所關涉世教者，有則傳，無則否。若遊俠、貨殖、刺客、日者、龜策、方技、佞幸之類，並削而不存。古今人物之權衡，於是乎定。故傳，其紀之次也。有紀，有傳，復著封建，何也？三代而上，以封建爲治重矣。秦罷侯置守，後世因之。然漢、晉、唐、宋而來，封建代有，勢輕勢重，利害懸殊。根本豐碩，則枝葉蕃茂。邦之屏翰，厥在宗親，王者不可不審其所以處之之道也。故著封建也。著司天，何也？上有天象，下有人事。自昔聖王所爲欽若而敬授者，恒兢兢焉。天官、律曆、五行、災祥，其傳舊矣。雖事應難以盡泥，而觀文察變，時不可忽。故著司天也。著輿地，何也？中國蓋古帝王所自立之地，晝野分州、任土作貢，不可無法。而勢有偏混，地有廣狹，居有險易，國之所以統御得失、守防難易存焉。故著輿地也。著職官，何也？天工人代，惟治亂在庶官。古者設官分職，因事命名，厥有深意。秦不師古而輕亂之，漢及晉、隋多仍陋軌，其後惟《唐六典》稍合於周官之法。人才盛衰，吏治臧否，固所繇非一端，而經制不可以不善。故著職官也。

或曰：六者其體等乎？曰：帝紀者，一代一王之史也。繫年、繫月、繫日，所謂編年之體也，《春秋傳》《綱目》是也。列傳者，一人之史也。重其人則詳其事，使貽没世名，所謂紀傳之體也，馬、班而下，代有列傳是也。封建、司天、輿地、職官四者，一事之史也。一事之因革損益，非歷證古今而參討之則不明，亦所謂紀傳之體也，八書、十志之類是也。曰：「事盡於四者而已乎？」曰：「學博自叙有云：『數者係國史大端，節目繁多，故爲之區分類聚。其郊廟、兵刑、財賦、考課、選舉、學校諸制，創置更革，大都合而載於《帝紀》之中矣。』」《左氏》紀事，總在編年；遷、固書志，或議其闕。著作繁簡，存乎其人，未可具論也。曰：史果若是全乎？曰：宇宙廣遠，書史浩瀚，若深山大海，未易窮其顛委而涉其津涯。有人於此殫一生之精力，羅千古之見聞，取裁先哲，手勒成書，其有裨于後學匪細。若夫删述垂憲，著爲不刊之典，則大聖人之事，學博亦俟之耳矣。

先是，己丑之臘，學博抱其史草，不遠千里而叩余山齋，屬之訂正。余甫廬居，尤慚寡昧，不能任役，間有所評隲。學博虛衷取之。已而去之苕上，及往來錢塘、姑蘇，閲歲之半，而其書以銅板活字摹印而行。凡爲卷百幾十有幾，約爲費幾百餘金。先後爲學博提携贊助其事者，某某、某某。因論次而爲之序。

益世子孝行詩序

昔孟軻氏爲滕世子道性善、堯舜之説，世子感悟。異日問喪禮焉，孟子告之曰：「親喪固所自盡。」又曰：「不可以他求，在先之而已。」然後滕世子五月居廬，力行三年之喪，至葬戚哀，觀者乃悦。夫戰國去古猶未遠，喪禮已廢格而不行。以滕世子之賢，得遇孟子反覆教詔，鼓其不及而堅其自信，庶幾一行夫禮焉。甚矣，禮之難行也！雖然，喪葬之戚哀，非作而致其情也。滕世子行之，莫不喜悦，此何爲其然也哉？人之性也，喜怒哀樂一本於天。臨喪不哀，在感而有嘉容，是謂拂人之性，衆斯惡之矣。故性，至善也。禮出於性，至順也。循性而動，無感不通，堯、舜所以爲人倫之至而法天下、傳後世者也。

數千載而下，吾於益世子有感焉。歲壬午夏，世子母氏孫太妃有疾。世子躬侍湯藥，衣不解帶者數旬，憂勞病作。王危之，遣就別寢。及太妃之薨，世子不能知也。既殯，始使聞之，則號慟幾絶，乃居廬、歠粥、面深墨，執禮如儒生。明年冬，卜葬太妃于衍碩山中。世子率諸王徒跣扶櫬，辟踊泥濘，出城闉，哭聲震野。自吾郡邑有司若士大夫之送於途者，以及四方之聚而觀者，幾千萬人，莫不欷歔嗚咽，有流涕者。咸曰：「孝哉世子！彼王公猶然，凡爲人子而不及是，可愧已！可愧已！」嗟乎！此余所目擊事也。

今天下喪禮之廢，奚啻戰國！世子視滕世子盡哀，千載若一轍，然又無所待於孟子之教，豈天性然耶？余聞益殿下孝行素篤，事祖如父，事亡若存，豈其淵源有自來耶？於是左、右史二大夫偕鄉薦紳諸君，競爲詩歌頌其美，而屬序于余。余居盱三載，數謁世子，其大半在疚。嘗以殷高宗之恭默思道、周文王之穆穆敬止爲世子言之，輒唯唯。夫三年不言，恭默思道，其氣象闇然潛極，殆非世俗之所能知。至于「穆穆文王，緝熙敬止」，無論哀樂隱顯，其心常凝於道，是古聖王之至德也。盛德之謂大孝，大孝之謂不匱。《詩》云：「永言孝思，孝思維則。」此之謂也。以世子之天資純朴，宜可勉而進乎是。然則一事之盡誠於親喪者，豈足多乎哉？因併叙之，以廣二大夫與諸君歌頌之意。

西園雅集詩序

益浦陽、淳河、華山三王甫弱齡，藝文樂學，日肄兔園，暇則伯仲遞相賡倡，或與客分題爲社詩，爛然成帙矣。諸王介紹游山人問序於余。余讀其詩，而深有感於古風詩之義云。

蓋昔者先王因山川封域分畫所奠而胙之國，因其國政教淳慝淪漸所被，而聲詩之道生焉。其爲詩，不必盡出於邦君、王公所作，而化自上起，風實先焉。故曰上行下效之謂風。太師陳之以觀風，司徒因風以廣教，聖者輯而存之以昭鑒。若二《南》、《豳風》，詩之盛也，文王、周公之所以明德而造邦也。齊、魯、鄭、衛、秦、晉諸國，其風降，其詩雜而不齊矣。然而忠臣孝子之懷，憂思儉勤之德，發乎情，止乎禮義者，猶有先王之遺風存焉。故詩可興，可觀，可群，可怨，邇之事父，遠之事君，不可不學也。漢以下，詩教廢，而詞人之賦興。詩麗以淫，識者慨之。而東平之懿鑠，思王之深雅，君子有取焉，非以其温柔敦厚猶不倍於詩之教而然與？夫詩關於國家之風教，尚矣！上感下，下化上，莫疾於風，故風不可以不慎也，是民之導也。

今諸王之爲詩，吾知其有可進於古風人之義者。蓋益自先王至於今王，世有令德，而諸王克崇效之，無淫於靡，無燕於僻，生長深宮之中，不惟悦華腴、窮要眇以娱其耳目心志，而獨尋師問友，留意聲詩，此其過尋常遠甚。及觀其宫庭志訓，風木興悲，與夫兄弟朋友燕樂之什，肫肫乎篤於倫，幾道矣！儻其好學不厭，益反而體諸身心性情之實，以時發爲忠孝恭順、和平雅澹之音，則盱之人士且將化之，其風不亦遠乎哉！異時觀風者將采而聞諸上，庶幾以爲列藩風始。若夫雕鏤工苦於音聲句字之間，與詞人墨士争雄，非諸王意也，非余所望於諸王者也。

趙文肅先生文集序

司馬遷有言曰：「假令晏子而在，雖爲之執鞭，所忻慕焉。」李白亦云：「生不用封萬户侯，但願一識韓荆州。」二子之言，人情恒有之，良未爲過也。今且有奇偉卓犖非常之人，幸與之生同當世，然竟不獲一識其面，徒後時而興慨慕之懷，此其情有甚於司馬遷、李白者矣，若不佞乎遠之於趙文肅先生非耶？

先生登庸之年，乎遠始生世爲人，吴、蜀又相去數千里，不易遇。憶在穆廟初基，召先生入宫詹，不二三年，晉鼎輔，兼總憲中臺，鳳鳴龍躍，顒顒昂昂，一時同朝俊彦靡不以炙有道之光輝而消其鄙吝、發其憤悱爲快。時乎遠獨以銓郎休沐，旋備兵嶺海間，邈乎其不相及也。十年而後，乎遠再入都門，則先生去位已久，且脱跡人間，欲執鞭而無從矣。嗟乎！賢者之遇不遇，豈非命哉！

三代而下，真儒之道不得大行於時，其間輔弼大臣尠有純軌，如諸葛孔明、陸宣公、范希文之流，寥寥千載，數人而已。何者？貴不期驕，富不期侈，寵譽已盛，繫籍聖賢，則天下之善言有所不能入；持禄固寵，爲子孫謀，則天下國家之大計有所不暇顧。或者志潔矣，而病於才之疎；才達矣，而苦於識之闇。此純臣之道之所以難言也。以吾所聞於先生者，則異乎是。先生少掇嵬科，官居舘閣，而衣疏茹淡，絶遠聲色，終其身有簞瓢陋巷之風；品格孤高，一塵不染，而忠君孝親、濟世利物，出于天性，皇皇焉有畏天命而悲人窮之意。天資敏異，於學無所不窺，而好善如饑渴。天下有才慧、好脩之士，雖在韋布、後生，靡不樂取之以爲友。平生言無矯飾，行無依違，進退綽如也。是故釋褐之初，讀書中秘，受異知於世廟。中遭權奸傾陷，竟不可得。後事穆廟，經筵日講，箴誨慨切，先帝爲之改容，至幸太學賜坐。蓋先生心志光明，丰神磊落，以能感悟聖主，風動海内。嗚呼！此豈尋常之所可及也哉！

先生當在庚戌虜迫京城，而以宮坊挺身宣諭將帥；及己巳虜入大同，而以内閣劾奏督撫之欺罔，正氣凛凛，迄今猶有生色。議復禁軍隸五府舊制，使分營操練，以强兵杜釁，有桑土之先謀。諫止非例考察以愛惜言官，培養國脉，權宰陰爲之奪氣。此立朝數事，皆可爲後世法。至虜酋俺答乞貢市于朝廷，議下政府，群公相顧躊躇，賴先生立斷，以去就争之然後決。其所爲贊大謀而定國是有如此，世莫能盡知也。然而世之君子咸謂先生意氣慷慨激烈，不足於温和，是以不能究其用。愚竊謂先生之才、之節、之學、之識，使伊、周在列，必有同心斷金之利。假令獻可替否於一堂之上，謇謇諤諤，乃其所深取而忍於排擯之耶！吾是以悲先生之不遇也。正直之道不諧於流俗久矣，非盡先生之過也。先生學本葱嶺，性地空闊，機神圓明，吾未能窺其至。然要之不詭於正，無一事有乖於彝倫。文章俱自胸襟流出，追風逐電，不可捉摸，非《史》非《漢》，非韓，非蘇，而超然遠覽，睥睨古今，自成一家之文也。詩格韻大似李白，其得諸無意，信口拈成，又絶類寒山、拾得語。

曩者趙德仲中丞刻先生文集于閩，寄示盱江，乎遠得而徧閲之。客歲徑棧道，讀先生《柴關詩》，因爲感歎數語。龔進甫侍御過而聞之，以爲乎遠於先生庶幾隔世神交也，遺書託之以序其文。進甫爲先生高第弟子，適同僚余善先副憲亦出先生之門，誦述頗核，遂論其世而序之如此，以道其所以仰慕先生而不得見之意，而猶幸得以葭莩之名竊附於斯文云。

胡子衡齊序

《衡齊》何爲而作也？胡正甫先生憂世之儒者論説多端，而持衡以齊之也。夫言惡乎齊？道惡乎衡？楊子有云：「衆言淆亂，折諸聖，存則人，亡則書。」聖人者，固後學之所折衷也。先儒有云：「存文王，則知天載之神。」又云：「識得朱濟道，便是文王。」吾心者，又斯道之所取則也。蓋自仲尼没而微言絶，諸子百家議論繁興。漢溺於訓詁，唐濫於詞章，心性之傳，不絶如綫。迨於宋室，真儒輩出，理學始明。朱紫陽先生力攻著述，以開來學，其精神力量可謂收儒者之大全。然而議論訓釋，稍有矛盾於孔氏。我朝王文成先生揭「致良知」三字，直透本心，厥旨弘暢矣。乃其末流侈虚談而尠實行，世之君子猶惑焉。嗟夫！道之不明，則胡不折衷於聖人，又胡不求端於吾心也？昔者堯、舜、禹更相授受，惟曰「允執厥中」，孔子明大學之道，必曰「止於至善」，此曷以故哉？嘗試觀之，人生於天地之間，視而不明，聽而不聰，動作進退而不得其理，則威儀亂；有父子而不相親，有君臣而不相事，有夫婦、長幼、朋友而不相别、相序、相信，則人紀滅；養其身，不以爲天下，則私；役于物，反以遺其身，則悖；探索於刑名、度數、禮樂、名物之煩，而日亦不足，則支；馳騖於高虚玄遠、簡曠自便之域，而實之不存，則罔。亂也、滅也、私也、悖也、支也、罔也，有一於此，皆心之所不能自安者也。心之所不能自安者，非性之本然故也。亂而治之，滅而脩之，私而擴之，悖而反之，支而約之，罔而誠之，則性順而心安。「天生蒸民，有物有則。」過之不可，不及不可。堯舜之所謂執中，孔子之所謂止至善，由此其選也。嗚呼！豈非萬世學者之準的也哉？

先生《衡齊》九篇，其大要闡人心之靈則，辨物理之非外，而折衷於孔子之訓。反覆辨證，可謂深切著明。其論「釋氏本心未嘗非是，而特不能盡心之過」，一言足以訂千古之是非。學者茍知此意，雖以釋氏之明心見性，其究至於出離生死，猶於此心此理未盡，而況其揣摩測度，視大道猶逕庭者乎？《傳》曰「祭川者先河而後海」，貴知其本也。又曰「升東嶽而知衆山之峛崺，浮滄海而知江河之惡沱」，貴覩其全也。又曰「道若塗若川，車航混混，不舍晝夜」，貴於自强而不息也。學者茍知其本，又覩其全，而能自强不息，則道在我而可以權衡乎天下之言矣。其齊也，其不齊也，無所加損於道也。先生不遠千里，緘書遺孚遠，屬之以序。遂不辭固陋，而敬識其大端云。

觀我堂摘稿序

余同年李孟誠父著《觀我堂摘稿》，屬孚遠爲序者三年而未有以應。蓋言而寡誠，行而不逮，孚遠深懼之。夫孟誠所著，以明孔、曾《大學》之傳也，是故不敢輕易著語也。今趙德仲中丞將梓《摘稿》於閩，遣使來促序。孚遠誼不能辭，謹爲之言曰：

《大學》，孔氏之遺書也。三綱八目，犂然分明。脩身爲本，垂訓萬世，無容後人贅一詞已。近世學者恒以朱、王兩先生致知格物之説争衡聚訟，其流之弊，至於身心割裂、知行離畔，爲斯道病。孟誠憂之，故揭「修身爲本」一言，以明孔、曾宗傳所在，使天下皆知反求諸身，即吾彝倫日用、動静出處之間實脩實踐，精神收斂，心志凝一，更無恍惚支離，則其道乃有補於天下國家。孟誠之苦心蓋如此。其曰「知止即知本，知脩身爲本而止之，乃爲止於至善」，此其獨得之秘，余尚領略而未深。余竊謂：「止」之一言，發於虞廷，闡於《大易》，稱於文王，其道至微。而「止於至善」四字，則孔子立教蓋已包括殆盡，是爲聖學不二法門。是故由吾身而推之家國天下，一有遺漏，非其全體；由天下國家而反之吾身，一有倒置，非其真機。究本言之，無聲無臭，渾然同源；推用言之，有物有則，毫髮不爽。故格、致、誠、正、脩、齊、治、平，皆所以止乎至善之實事，本末終始，一以貫之者也。於此參究分明，合下知得止於至善，則大學之道，樞紐在我。故曰「知止而後有定」，喫緊乎其言之矣。夫知止乃所以脩身，而脩身必在於知止。神而明之，豈不存乎其人也哉！孟誠録中有云：「止爲入竅，脩爲工夫，常止則常脩，常脩則常止。」此身體而有味之言，蓋確乎其自信者也。

余嘗與孟誠同事嶺海，見其於軍旅倥傯之中，神閑氣定，裁應如流，乃知立本之深厚。邇年晦養山中，倡明此學，四方人士從之如歸。去秋相見於江滸，睟面盎背，充然儒者也，則孟誠所造高遠矣。議者類病吾儒空談，無俾世用，而孟誠力學砥行，一本諸身，方將見於經綸匡濟行事之實。所謂障百川而東之、迴狂瀾於既倒者，其在脩身乎！其在脩身乎！

闕里瞻思序

《闕里瞻思》者，藍田王子欲立拜瞻先師闕里，而徘徊繾綣，自志其慨慕願學之懷者也。

欲立嚮道有年矣，一日思求友天下，不憚數千里扶病走京師。居頃之，意未愜，遂東行，謁闕里。爰陟降周旋于先師廟庭及林墓、杏壇之間者，經旬時而不忍去，蓋直欲以聖人爲依歸云爾。顔子廟在闕里，伯魚、子思墓在聖林，子貢築室處手植尚存，謁俱近。若曾子廟遠在嘉祥，子路廟在濟，孟子廟在鄒，欲立自闕里迂道徧謁之，每謁必陟降周旋，如謁先師者然。數千載而上，數千載而下，精神心志恍若與聖賢相接。余觀古今人至闕里者多矣，其誠且專未有如欲立者也。欲立居闕里，著《學顔録》。舍曾廟傍，著《學曾録》。舍孟廟傍，著《學孟録》。學顔、學曾、學孟，爲學孔之階梯也。不直云學孔者，謙讓也。欲立誠確之才近於曾子，而方事顔子心齋之學，養孟子浩然之氣。其於學孔氏之道，蓋亦庶幾焉！

頃歲孚遠督學關中，嘗與欲立討究此學。今欲立飄然南來，訪余龜溪之上，一動一言必兢兢尊守孔氏家法，出其曩所爲《闕里瞻思》者以見志。夫道之本來在我，其遺矩在聖賢。語謂：「見堯于羹，見堯于牆。」惟誠精求之，反己而道存，即千聖如覿面。不然，雖對面千里，而况其遐乎？今而後，願欲立超然於瞻思之外，則學孔、學顔，思過半矣。

姚氏族譜序

姚生孺參持其嚴廣濟公族譜請叙於許子。許子曰：噫！族譜，余志也。尊君譜之善矣，余將敬以爲楷式，而何説之贅焉！固請。告之曰：古之聖賢，其於物我親疎之際非苟爲異同而已。今夫生人之性，見有折一草一木而不忍者焉，然而未甚也。有血氣之類當乎其前，則尤有所不忍者焉。至於衣冠言語之同於吾者，其不忍則又甚矣。進而鄉鄰，進而族姓，進而同氣，則其不忍又漸有甚者焉。以其無所不忍之内，而又有甚與不甚之分，此人之性所以爲妙也。聖人患夫人性之蔽而不忍之心至於倒施而淪没也，故爲之教以明之曰：「親親而仁民，仁民而愛物。」蓋欲使從其情之至者反求而達之，以全吾不忍之心焉耳。譜者，所以著本合宗，法聖人親親之意者也。抑吾有患焉，執塗之人而訊之曰：「汝父母爲誰？」則皆能知其爲父母矣。又訊之曰：「汝兄弟爲誰？」則皆能知其爲兄弟矣。然其尚有忍於戕賊而不顧者，何也？利欲熾而良心亡，習俗偷而倫理薄也。以是推之，其分愈踈，則其情愈薄。雖譜而系之，以明其同爲先祖之所出，亦安能遂使興於親親之教也乎？曰：其本不在譜，而在意；其道不在人，而在我。何者？君子以身任家國天下之責，故於家國天下之人隨在而思有以聯屬之。縱其勢有所不能齊，要以善推所爲，不失乎輕重、先後之序而已。近世大家巨姓譜系甚明，而曰：「某，吾祖也。某，吾宗也。」至其親親之意廢缺而不講，豈以無人乎任其責，而所謂譜者徒爲文具哉！尊君之序譜也，簡要而切實，且惓惓以興愛敬、復古道爲念，可謂先得我心之同然。吾子其試以此意而求之，使姚氏之所以興者終在吾子也。

潮陽吕氏族譜序

潮陽吕大夫世華父修其族譜成，其自序與新城鄧汝極孝廉所爲序詳矣，復就不佞孚遠而問言焉。孚遠自惟家世寒薄，族多貧窶，竊徼祖宗在天之靈，冒登仕籍三十餘年，於兹而未能遂其惇叙之念。由孚遠而上，所考僅七世，遠者又不能知，則疏逖流散，益有可憫，方愧不能如吕大夫之誼，而何以爲大夫言也？夫人生宇宙，其來靡不久遠，族類靡不繁茂，恒患於辨識之難。辨識矣，猶患於聯屬之難。聯屬矣，猶患於董正之難。董正矣，猶患於垂永之難。自非仁人孝子，恩篤而義周，思深而慮遠，以身作範，可法可傳，未有能洽于宗族、貽于子孫者也。古之聖賢尚矣，范文正之義田、吕汲公兄弟之家約，其庶幾乎！自宋而來歷數百年於此，今二氏之族猶有遺澤存焉，可不爲惇族者之龜鑑也哉！夫家之有譜也，譬國之有圖籍史乘也。上以識吾祖考於不忘，中以維吾宗族於不散，下以待吾子孫於無窮，此仁人孝子之所託以永其水木本源之思者也，不可少也。然而國無善理，則圖乘爲虚器；家無芳軌，則譜牒爲彌文。不佞乎遠嘗與二三君子講究於此義，欲躬行倡之而力固未逮也。吕大夫蓋先得我心之同然者，其無虚自序之語，與不負鄧孝廉之意，吾黨且將於大夫取法焉。

送李漸菴中丞序

史稱曹參相齊，避正堂，舍蓋公，用其言「治道貴清静而民自定」，賴以安齊。及繼何爲漢相，卒以此收清静寧一之効，爲一代宗臣。嗟乎！參豈可以武人藐之哉！當是時，漢興，方厭秦法，欲與天下休息，尚寬簡無事，參是以得用蓋公言行乎其間。迨至武、宣，吏治稱盛，然承平之久，稍務綜核名實，於是鉤距搏擊之風行，而漢之元氣亦漸蕭索矣。自古法令繁密、人心澆漓，多起於中葉之世，蓋時勢積漸使然也。及其習俗已成，化理已敝之後，上下恬狃而不知變，不至於蠱壞之極則不已也。是以君子於此欲起而維之爲甚難。夫維之莫若反其道，反其道則必蠲去煩苛，崇尚寬簡，要歸於清静而民定，是蓋公所以教參治齊之術也。然亦已難矣！而或者又以爲其言出於黄老，不可用。然則吾聖人所謂「無爲而治」「居敬而行簡以臨其民」

者，非耶？

涇陽李漸菴先生自南冏卿遷，填撫山東。山東，古齊魯地也，余故有感於曹相國治齊之事。今天子明聖中興，選賢使能，黜浮崇雅，將由此移風易俗，躋斯世於雍熙大猷之盛，漢治不足尚已。先生醇然儒者也，如參又奚以稱焉？蓋先生嘗對余言，當今有司失職爲甚，其咎在於上之人重持文法、繁設科條以相繩責，而下亦務此以塞上之意，故其精神運用常在彼而不在此，而世所謂廉靖樸訥之士則深厭苦之。由今之道，無變今之俗，未有能使吏得其職而民安其生者也。由是言之，先生所以治齊魯之道，可得而推已。借令今有蓋公，言其意亦不能出此。而先生志於救世，惟善之從，豈或有拒於其間耶！余於先生之行卜之矣。先生寬大簡易，出於性成，其志氣卓然，以聖賢爲師法，不以外之毀譽得喪搖其慮。天下有大事，端可屬其於齊魯也，爲之兆也，豈特異時收清静寧一之效於國家而已哉！敬以是爲先生祝。

贈李中丞考績擢廷尉序

陜稱内綜八郡，外控三邊，非他人任，實撫臣任也。每歲當秋防，督臣提兵出塞上，則撫臣移節，固鎮待之。虜如入犯我疆埸，憑陵我邊鄙，羽檄交馳，兵戈謀動。於是居中馭外，而擊左左應，擊右右應，千里轉饟，士無枵腹，則有用兵之難；其若今受我盟約，就我羈縻，貢市往來，華夷雜遝，獨爲審機觀變，而剛不速釁，柔不啓侮，坐籌帷幄，銷禍未萌，則有納款之難。邊事固爾。八郡之勢，星羅碁布，東南爲晉、魏、楚、蜀之交，西界諸番，北接沙漠，蓋延袤萬有餘里，其間風土異宜，民生異俗，欲胥擾而治之爲難，而又有銀兵、鹽販、茶賈、回夷乘以奸宄，時肆越蕩，上之人亦未易爲制禦格化之術。其尤難者，秦地廣而賦薄，邊儲宗禄恒不給，則盡括鹺課、賈税、贖鍰之類以充之，帑藏匱乏，尠終歲之計。設或事出不虞，將不知何所措其手足。然則所稱控三邊而綜八郡，當斯任者，顧不重且艱哉！

維我瀛海李公撫陝三載，允文允武，布德宣威，内脩外攘，卓有成績。爰上其狀于天子，天子嘉之，命復職。未幾，簡爲廷尉，俾暫往陪京，息其勞。時按臣亦上《閲邊狀》叙公勳，天子復賚之以金帛，仍下所司議封典，進三品秩，贈公大父及封公父同公官，一時而三錫命焉，蓋異數也。余鏡公撫陝，大略知其所以當大任而無難者。公材氣倜儻不群，洞達事機，迎刃而解，尤博綜經史百家言。其爲政寛平簡静，一以行所無事爲主。初至，值歲大歉，邊境蕭然，又加度田之役，紛紛多故。公爲蠲省一切煩苛，獨持體要，務在不擾。而民稍甦，田賦亦定，無有如江南之賦籍屢更而重爲民苦也。當出鎮防秋者三，禁戢彌文，秋毫無犯。所至下車詢問利病，州邑之小吏，山谷之野叟，人人得自盡其情。其與制府密議爲馭虜安邊之策，皆外人之所不得而聞。然連歲宴如，邊鄙不聳，無形之功有利于社稷生靈實大。公又整飭西塞洮河地方，以防後患。其詳在《條奏邊務》一疏。蓋頃自丙兔、克臭諸酋戀牧河西，蟻聚莽剌川爲巢窟，而洮河兩地，番漢之間，始有虜警。不及今圖之，禍將滋大。公親歷荒徼，長慮却顧，諸所擘畫，鑿鑿可行。頻年八郡薦饑，公備繪流離狀，請賑救於朝廷甚力。諸山銀兵、茶徒屢有亂萌，公預爲銷沮之。及是鄜、延回夷流刼他境，遠近喧囂，公遣兵殲其渠，衆亦遂定。余觀公撫綏經略，所爲八郡、三邊倚賴，其大者如此，其細者不可得而枚舉也。夫陝固甚艱，而公不艱陝。天下之事豈不存乎其人哉！蓋公昔者嘗官職方，又持節視雲中、上谷、雁門諸塞，熟知邊鄙險害機宜。督學中州，品藻精絶。及轄兩浙，與今大司馬張公計縛亂兵，不移時而定，其素所挾持固然也。夫治國之道，務在樹人；經世之學，要在習事。有其人矣，必培養以歷歲之久，而後得其大用；有其才矣，必嘗試於盤錯之地，而後見其通達。當世人材如公者，豈易得耶？斯行也，廟堂之上將屬以大事，公亦當竭其平生之力以報効聖明。思艱圖易，所以爲陝計、爲天下計者，將大有幹濟于時，余且拭目以俟之矣。

贈梁方伯開府寧鎮序

歲丙戌，上大弊群吏，黜陟幽明，僉舉陝右轄梁公治行第一。會寧夏撫臣缺，勑公往。公舊僚三司，例有贈言，以屬不佞孚遠。孚遠生長東南，眇然竪儒也，未嘗曉諳西北邊事，何以贈公？無已，則請言朝廷今日所以懷柔夷狄、綏靖封疆之意。

往者俺答、吉囊諸酋，數肆寇掠，蹂躪我中土，虔劉我邊陲，迄無寧歲。頃自那吉來歸，撫馭有術，俺酋一旦感激，納貢稱藩，化逆爲順，此殆天意，非人力也。然而頻年虜父子相承，未有變志，聖天子仁覆無外，亦終不靳恩澤，羈縻不絶，此何以故？夫好生惡死、趨利避害，鳥獸猶然，而况人乎？觸其争心，鬬其怒氣，則殺機横恣，日尋干戈而不已；導其利欲，動其天性，則順氣相感，可使胡越爲一家。唐虞之朝，四夷來王；成周盛時，蠻貊率俾。蓋用此道，故太和在唐虞、成周宇宙間非虚語也。漢皇失德而與匈奴和親，宋家失計而爲契丹納幣，唐天子以武力取勝而稱天可汗，爲夷狄君，此皆陋軌，不足爲法。其在今日，可不謂千載一時而與唐虞、成周媲美者哉！

孚遠竊觀廟堂遴所簡任諸邊督撫大臣，必其惇大精明、老成持重之士，誠謂蓄威昭德，責至艱鉅。苟得其人，則内治而外寧；苟非其人，將敗成而速釁。故選賢使能，持盈保泰，日兢兢焉。維梁公之往，稱上意矣。公性度廓落，於物無所不容，吾以知其有胞與遠人之量；素履峻潔，志不在于温飽，吾以知其有洗革債帥之風；警敏絶人，應事如流水，吾以知其有審機觀變、制禦群胡之略。公甫至塞上，適當貢市之期，而套虜切盡台吉素稱桀黠，今一奉約束，成市而去，較之曩歲，竣事尤速，其所設施錯注可窺其微已。故公往而寧夏可托也。抑孚遠於公有迂請焉。寧鎮西北倚賀蘭，南東阻河，險固且饒沃，古今稱爲雄勝之地。自虜據套以來，而我反居外，河東三百里間，皆爲敵衝。識者恒太息于東勝之失守，恢復之議，衆且懲羹，當今之事，懼爲禍始。然大臣爲國家萬世治安計，爲生靈一方保障計，桑土綢繆，禦侮在豫，高墉射隼，藏器待時，豈以中外一時寧謐而忘經略閎遠之圖也哉！夫奉宣德意，令夷虜賓貢常如一日者，蓋臣之上願也。長慮却顧，使道出萬全，可静可動者，智士之深謀也。公儻以芻蕘之言爲可採乎否？

送徐僉憲入覲序

明年丙戌爲今天子龍飛之十四春，六服郡臣上計詣闕下者，凡五巡于兹。當歲在庚辰，不佞孚遠以兵曹與執戟，癸未以郡吏入，得復覩天顔。今官陝右，送其寮徐子敬父覲，獨躍然喜也。庚辰以前，故相方柄政，尚操切，天子德意猶未暢于四海。及癸未，一更而新之，天下欣欣然始有太平之望。又三閱歲，而聖德日以廣運，總攬庶政，計安元元，百官有司莫不精白一心以聽上命，蓋萬世一時也。子敬可不謂逢其時哉！治道之患，在臣主異意，而内外扞格。苟廟堂之上，灼見化原，蠲省煩苛以明示天下，與民休息；諸藩臬郡邑吏奉承休德，各修厥職以崇實政，靡有飾言，然而雍熙之化弗臻，三五之隆弗逮者，未之有也。吾於子敬之行有感矣。子敬精敏博大，有古賢豪長者之風。嘗令絳，再令扶風，其於閭閻疾苦情狀甚悉。吾聞兩邑之民戴之如父母，仰之如神明，而且尸而祝之，社而稷之矣。頃從諫垣，僉陝臬，諸所錯注，悉諳大體、當機宜。蓋未及朞月，而關以内一路之民又猶之乎絳與扶風也。然則治行稱上意者，宜莫如子敬。使群吏皆得如子敬，則天子之意不患於壅而不達於下。而子敬當此之時，志有所欲爲，政有所欲立，不患於格而不達於上也。於乎休哉！竊觀三代而下，吏治莫盛於漢宣之時，然惟龔渤海、黄潁川以寬和簡静獨見尊寵，而嚴、趙之徒最著風稜，竟亦不免於禍。宋韓忠獻、李文靖諸賢俱務惇大老成，培養國家元氣，而王荆公力行新法，天下遂以多艱。故治道人才所尚，恒在此而不在彼。今之世正用龔、黄、韓、李之日，而子敬其人也。子敬行矣，陝方薦饑，黔黎愁痛，有司者方苦于拯救無其術，儻蒙召對，盍以根本在朝廷之説進焉。

贈陳臬長遷楚轄序

自古賢人君子進退升沉之際，可以占世道；而世之好惡用舍之際，可以觀人品。余於洪雅陳伯生父有感焉。伯生當隆、萬間起家安福令，入爲銓曹，文學政事，灼然在人耳目。僉謂秉鑑持衡，宜莫有先之者。迺由司封出參楚藩。未幾，且迫之歸蜀，何也？當是時，天下之權屬於政府，其掌邦治者依阿澳涊，惟政府是聽。而伯生不能，凡有封章予奪，一秉大義，按令甲以從，而不敢苟狥于若人之愛憎，其志行者半，格者半，然而太宰與執政交憾之矣。安福劉御史出伯生之門，御史既得罪執政，鄉人有誣搆以陰事而詣闕下者，伯生潛止之。已而御史獄興，伯生遂不可容，以被擊而去。嗟夫！伯生之爲司封也，知有國家之典常；而其庇御史也，知有朋友之義之當然而已。利害得失，固所不計，而卒不能逭于權佞之手，所謂身雖退而名益重者哉！頃者聖天子覺悟，屏奸進直，天下士大夫正氣復伸。伯生於是徵起在列，再遷而有今命。余於伯生二十年爲神交，其總憲來秦也，余辱同官爲僚，旅聚燕語，靡不洽。嘗追陪杖屨，周覽終南、太乙、涇渭、灃灞之間，上下周、秦、漢、唐數千載君臣興廢之故，未嘗不慨然興嗟也。而伯生天性穎敏，博綜經傳子史百家言。其於當今典故，考究最核。民生之休戚、四方之利病、西北諸邊之險害機宜，閒中擘畫，洞如指掌。而尤長慮却顧，不輕出一語。余以是受益於伯生爲深。伯生昔在楚典祀太獄、太和山，善馭其守璫，使不得肆，自伯生去而事體大更矣。在晉居汾陽，閑其諸宗，無不就義。入秦蔽臬事，凡刑獄輕重必中於倫，約束胥吏而繩之以法，堂皇肅然，不敢復犯。蓋其蘊藉深沉、風采凝峻所至，設施彰彰如是。余固知伯生之才可以投大遺艱，而無所不堪也。嗟乎！藉令伯生在今日猶當曩者執政與太宰，其人則將終遯西蜀，其休光且不可得而再覩，而余亦落魄沉淪，何緣得以從伯生而窺其蘊，此可不爲世道之一幸也哉！抑伯生嘗爲余言：「國家承平日久，上下拘攣於文法，當世之務多病，跡盭而難行，匡濟斡旋，當何施而可？」余莫能應。蓋天下事誠欲大有所爲，非才與誠合而又握天下之權者，不足以與於此。伯生今由藩轄而上之，事權將有所屬，此正展布四體之時也，伯生勉之哉！且也今之入楚者，非昔之入楚者也！

贈張方伯遷兩浙序

蓋余聞睢陽張公出處之際，重有感云。往者華亭、新鄭兩執政相繼，其相業在朝廷，其公論在天下，余不敢輕爲軒輊。余獨謂大臣秉國之鈞，當存至公而顧大體，崇惇厚而養國脉，不宜以怙靈寵、快恩讐爲事。漢蕭、曹，刀筆吏也，然能忘其私隙，代爲漢相。何且死，獨薦參，參相，壹遵何約束，猶有古大臣遺風。其後丙、魏、房、杜、韓、范諸賢，皆同心輔政，芳聲流于千載，何近代之陋也？華亭罷政而新鄭媒孽之，新鄭罷政而江陵媒孽之。當時非賴穆廟之寬仁、今天子之明聖，兩相之禍幾至于不可測，如國家體統、天下元氣何？

維我張公，新鄭同省也。其先自蘇松督儲投紱歸田，則以不能媚新鄭而甘心于華亭之故。時與公共事者受密託，力嗾公爲之。彼其人素以名譽自矜，風節自負，乃至一旦俛首權門，敢於犯天下之清議而不恤。公長者，其忍同之哉？漢黨錮方急，平原史弼獨無，曰：「承望風旨，誣陷良善，有死而已，所不能爲也。」周元公司理南安，有囚法不當死，監司欲深治之，元公曰：「殺人以媚人，吾不爲也。」欲棄官去。夫黨陷良善與一囚之死，二君子以死生去就爭之，不少阿狗，況欲誣搆天子之大臣乎？宜公之浩然而去，寧終身於草莽丘壑之間而不憾者也。公既歸十餘年，海內士大夫景慕公氣節，於是臺省交薦，公復起用。爰參政三晉總臬，事已，遷轄秦中，今又遷轄兩浙。翻雲覆雨，世局屢更，而公兀然如泰山喬嶽，方將爲天下當大任，道與時信，從容展布。嗟夫！此豈不可爲世之趨炎附勢、辱身敗名者之一媿也哉！自古忠誠端介之士，必不肯苟隨於流俗，故利害得失有所不計，而其仕進也常拙。卒之立人之朝，受天下國家之寄，而謇謇諤諤，風采凝峻，足以消沮奸回，扶植善類，貽社稷蒼生無窮之利者，非斯人不可。公其近之矣！

公戒行李有期，秦中僚采謀所以爲贈，謂孚遠於公，子民也，命之執筆。余特以出處大節而卜其事業如此。兩浙邇幸無虞，無所可言於公，第願公式遄其行，以慰吾民引領之望。

送薛別駕考績序

今制：銓選陞遷之法，類重出身資格。科貢吏三流，各以例授官，循資而遷，無論已。且均之出于鄉貢也，爲郡理，爲縣令，則有臺省曹郎之望。次之遷郡丞。又次遷州牧與郡倅。一爲倅，則臺省絶望矣。遷曹郎者百無一二，遷郡丞者什之三，而遷州牧者什之七。其出身同，其材品同，其資叙同，然而遷轉異等有若此。此其相沿之故，殆不可曉，毋乃非祖宗意耶？古者建官惟賢，位事惟能，視其才德之所宜而已。途格之法起於後王，已非所以待天下豪傑之士，况又視其官職所由爲輕重，明示天下以可疑之端，何歟？夫郡倅在司理之上，而州縣繫其所屬，顧以朝廷待之之輕也而藐之，宜乎賢者不樂就是官。中人以下，率多放縱而不知檢，以甘自淪没，無怪也。余獨觀夫天下之士忠信廉潔有出於天性而不可易者，雖在冗員末流，亦不肯苟且貪得，少變其平生之所守。斯人者，世有之而未必知，或知之而未必舉，或舉之而未必能破格以待。沿習之弊，嚴於令甲，可爲太息。自非聖天子在上，名公卿在下，簡賢擢能，度越拘攣之見，何以振兹典哉？

余於同寮薛君之行有感矣。君爲倅三載，職督賦，嘗領五邑額課，轉兑江淮間，宿蠹盡絶，歲省民錢無算。南城、南豐，邑咸鉅，多豪猾，以君往攝理，衆志帖然。若度田、清丁，尤多區畫有成效。此其操致才猷炳然在人耳目者也。余觀君倜儻有吏能，而特約身如處子，不諂不瀆，幾微之際，粹然無以議。所謂忠信廉潔出于天性而不可易者，君蓋其人乎！廟堂之上，其遂有能知君、舉君、破格以待君者乎？雖然，知與不知，用與不用，不足爲君子加損。第謂當今之世，必得破其常調，拔悃愊吏幾人而重用之，然後能使人知所嚮往，無有自輕之心，亦庶幾乎激勵斯世之道。余姑以君之行卜之也。

贈傅司理遷廷平序

建陽傅君聘司理盱江垂六載，膺簡命入爲大理評事。將行，太守許孚遠贈之言曰：自古聖君賢臣，明刑弼教，所從來久遠矣。皋陶邁種德於唐虞之世，與禹、契同功。成周司寇蘇公式敬由獄以長王國，其爲道顧不綦隆哉！後世教衰俗敝，訟鬭繁興，偏尚刑法，則有刻深之吏，殘民以逞，穢德腥聞。此視古聖哲用刑之効，何啻霄壤也！蓋漢宣帝嘗懲秦失，納路温舒言，特選于定國爲廷尉，求明察寬恕。黄霸等爲廷平時，帝常幸宣室，齋居而决事。獄刑稱平，民以不冤。三代而下，如宣帝，可不謂知重民命、得任人之法耶？而于定國、黄霸等並稱長者，觀其所由，殆與獄吏殊科矣。今之大理，漢之廷尉也。其屬諸郎吏，即廷平也。國家制設三法司，諸所審讞，允反至大理乃定。是故有准擬，有照駁，有番異，有圓審，有追駁，不得已徑請上裁。曰：制决天下獄刑之權，莫重於此。其不可以匪人居之甚明。

洪惟我皇上天性至仁，矜恤之詔屢下，尤務旌用海内老成忠厚之臣。乃君聘之有是遷也，不可謂非漢宣用定國、霸等意。君聘其勉哉！士君子惟慈愛可以庇民，惟明决可以涖事，惟廉正可以守法。三者君聘有焉。吾於其爲司理而知之也，吾於其爲司理而知爲廷平無難也。雖然，司理與廷平難易抑有間矣。司理主於刑訊，苟得下民之情，則平反由我耳，縱有違順，關涉猶輕，故行法爲易。廷平主於讞駁，大抵皆成獄，其已鍛鍊周内，且經部院大臣之所議擬，甚則礙於勳戚，制於中貴，又其甚則或出於天子一時之喜怒，明知其情所不敢言，起而争之，利害甚大，故執法爲難。善乎！張廷尉有言曰：「廷尉，天下之平也。一傾，天下用法皆爲之輕重，民安所錯其手足？」唐徐司刑視身等鴻毛，法等泰山，以身衛生民之命，然後可謂之守法。法者，夫有所受之，不可得而一毫假借。有所假借，何以法爲？君聘勉矣！世俗之論，率以爲廷平優游處棘寺，據成法若閒局然。余特原古今所以任賢明刑之意最重且艱者爲君聘告。君聘有志於大臣之道，匡主救民，其必自廷平始也。

贈同郡六子序

歲庚辰，我湖士舉南宫，賜進士出身者十有三人。首謁選天官者八人。其一人董子伯念，得儀曹郎。其七人當爲令，一人臧子晉叔，特疏請于上，乞授教荆州；其六人，莫子子充得江夏，孫子應章得武進，沈子汝脩得句容，淩子孟昭得南昌，姜子中甫得光山，閔子仲升得安福。之六子者，以爲初釋鉛槧，即吏事，且爲民父母，其道孔艱，爰相與咨諏詢度，皇皇然不能置。

孚遠因酌而諗之曰：諸君毋過慮，毋多求。天下事亦爲之在我而已。是故立己端邪存乎志，政理通塞存乎學，規模廣狹存乎量，起處勤怠存乎精神，性行緩急存乎克治。志端而行方，猶形之於表也，否則矯爲之弗純；學明而政達，猶水之有源也，否則道謀之靡準；量弘而居物，猶海之納川也，否則强擴之弗裕；精凝神立，百度自舉，猶二氣之資萬物也，否則物欲陷溺而不振；省偏袪蔽，泛應皆得，猶持鑑以照衆形也，否則好惡乖僻而不諧。若是者將求諸人乎？抑求諸己乎？吾又觀之，始笄爲婦，舉步踖踖，已而持室，或傲睨其舅姑矣；假舘逆旅，一飦德色，久而狎處，將求多於主人矣。夫士以文學起家，一旦而膺民社之寄，惟恐其弗勝任也，故慮患若險穽，而求善如饑渴。及其尊居民上，操柄在己，其左右逢迎者莫不父母而神明之，於是乎訑訑之聲音顔色，有拒人於千里之外者矣。嗟夫！此所謂富貴移人之患也。老子有云：「重爲輕根，静爲躁君。君子終日行不離輜重。」則是一念兢兢，常居於冲虚澹泊、鎮静安詳，而以之役使群動者也。夫君子必由是道，然後可免於習俗移人之患。諸君勗之哉！語稱三折肱爲良醫，余蓋嘗仕而折其肱者，敢竊以是爲諸君誦。

送王孝廉序

曩余守建武，得一賢焉，曰鄧汝極孝廉。禮而致之，爲盱人士矜式。及余督學關中，得一賢焉，曰王欲立孝廉，禮而致之，爲秦人士矜式。汝極博學高蹈，述作之富，擬昔大儒；欲立篤信好學，素行狷潔，可質神明，皆余所心服。海以内固多賢，如二子，殆不易得也。頃趙汝師司成疏薦天下士三人于朝，二子與焉。其一人爲安福劉元卿。劉子，余聞之久矣。客歲金陵，一晤于耿中丞座間，精爽端介，有用世才。三人者，品調各異，而其足以繫天下之望同也。嗚呼賢哉！

余初識欲立於都門之蕭寺。欲立嘗病足，且病肺，體羸弱不勝衣。業已謝計偕，置功名于度外，而獨以訪道求友輕千里，適四方，余是以有都門之會。當余去關中時，欲立年已六十矣。枉籃輿送余新豐道中，依依不忍別，爲後會期。余曰：「難之，各自愛！」甫逾年，欲立聞余謫居山中，竟自其家扶病衝寒，出武關，浮江漢而下，迂道江之右，入黎川，會鄧汝極。居兩月，東渡浙水，抵山廬，蓋己丑五月也。汝極遣子儀從欲立行，欲立伯子宗亦以追尋其翁，先期至此。余聞欲立之來，如從天而降，喜不能言。留之月餘，與子弟朋友相晨夕，見欲立儼然端肅，泊然恬淡，目擊而道存，薰陶觀感，已在言解之外。其子宗侍飯侍寢，純孝之情，種種可掬。鄧生儀視欲立如父，欲立視儀如子，絕無世俗形迹，皆古人事。欲立之出門也，挾朋儕二人、僮僕二人俱。未幾，則三人者畏長途之艱，相繼辭去，止携一僕曰彭道，相與涉歷險難，備嘗辛苦而不辭。道未嘗識字，隨欲立數月，亦化之，知問語爲詩句，亦奇矣。《詩》曰：「螟蛉有子，蜾蠃負之。教誨爾子，式穀似之。」其斯之謂乎！夫爲善苟誠，無親疎賢不肖，皆可化而入也。吾不於欲立之行乎徵之哉？

欲立將辭歸秦，猶歉然不自足，惓惓以古人贈處之義望余，余媿無以應。余獨念欲立之質與造，使在孔門，當在原憲、子夏之間。敻不可及，然皇皇問學如渴如饑，其所未了者何在？吾聞執中安止之學傳自虞廷，孔子揭之爲「止至善」，子思衍之爲「喜怒哀樂未發之中」，千古聖賢學脉，端在於此。今試反之吾心，中耶？止耶？夫憧憧往來，無一息可以斷絕，則所謂中與止者，將終不可得而見。若乃無思無爲，常寂常感，惟至誠爲然。吾黨固未可以易及，然而不合體於此，非聖學也。以欲立之精誠，一旦豁然得其所止，更有何事？願交勗焉！

欲立之歸也，能終以聖學爲秦人士宗法，而與横渠張子、吕與叔兄弟、涇野吕先生炳燿後先，則此行真爲不孤，非特以慰答朝野之望而已也。爰命欲立子宗受而藏之，以爲别。

壽陳封君序

親壽而稱觴，人子之情也。爲人之親壽而侈以言，何居？曰：人之親，猶己之親也。爲人子者有所不能自遂於親，則爲之朋友者代爲之言，以揄揚其美而祝頌之。禮雖先王未之有，可以義起者，此類是也。蓋古者朝廷之上，憲老乞言，執醬執爵，以隆禮於天下之高年者，靡所不至。而其君臣相與燕樂、報饗，亦往往以眉壽爲期。故《天保》之詩曰「如南山之壽，不騫不崩」，則臣之所以頌其君也；《蓼蕭》之詩曰「其德不爽，壽考不忘」，則上之所以惠其下也。盛世君臣交相懽愛有如是，况朋友之間乎？於是陝臬長陳伯含之尊人封按察先生，年七十有五矣。八月某日，其懸弧辰也。伯含羈官守，不能歸膝下稱觴爲壽，意戀戀不自得。一時寮友共緘幣，走使千里壽先生，屬孚遠爲序。孚遠忝次臬臺，於臬長公，猶弟也，而孚遠犬馬齒稍長於伯含三歲。家嚴司銓公亦長於按察先生二歲，兩老人並困膠庠，不得志，而以恩封娱其晚節，事頗相類。聞先生壽，不覺色喜，將爲手舞而足蹈者，能無言乎？孚遠嘗聞諸長老云：「世之封君，類有隱德。」以斯言徵之，所見良信。夫封君多起於艱難困苦之中，風味淳龐，質有餘而文不足，而或績學力行，訓子一經，其操脩非朝夕之故，以是厥心恒臧。及發跡，後嗣食報於天，積善餘慶，常理固然，非倖致也。若今所聞於按察先生之行，則又有大過於人者。先生本宦家子，非崛起蓬户者流。然天性澹泊，特超於勢利塵囂之外。居家孝友純篤，嘗獨集于枯約，無幾微介懷。自其少時蜚聲藝苑，數試弗利，以里選謁天官，授嘉定州同知，遂棄官歸隱，五斗折腰，蓋非其志也。平居杜門讀書，學問號淵博，尤喜吟詠，所著有《玉唾壺》《便僴集》等篇。與人交，和柔煦嫗，惟恐傷之。人無賢愚貴賤，無不樂與先生處者。由是觀之，先生襟期操致，將尚友陶靖節、白樂天之徒，而翛然如鴻冥鳳隱，不可羈累，豈但世俗之所謂賢而已耶！蓋箕疇五福先壽而重攸好德，道家之言曰：「毋勞爾形，毋搖爾精，可以長生。」故德莫大於孝弟忠信，而勞形搖精之事莫甚於名利嗜欲。先生崇脩其德誼，而寡營於利欲，則致壽之道，長生之本，固已得之，不待他人祝頌也。雖然，父母之願與人子之心，俱爲無窮。子日夜以遐算冀其親，而樂爲一日之養；親日夜以大行望其子，而期見德業之成。且夫重封疊誥、拖金曳玉，固非有道者之所縈縈於懷，而以立身行道、致君澤民爲訓。吾儕則恒有老而不倦之意，是以吾爲人子者，盡孝實難。竊覩伯含瞻雲興思，耿耿如不得已，於乎遠有同情焉。《詩》云：「伴奐爾游，優游爾休。」庶幾永純嘏以慰子情。又云：「永言孝思，孝思維則。」庶幾共黽勉以承親志。敬爲祝。

壽錢淡菴先生序

昔者仲尼歎「莫我知」，而以爲「知我其天」。老子亦云：「知我者希，則我貴。」世恒誦之，罕有能喻斯理者也。夫古今聰明才智之士不少矣，類皆徇衆人之耳目，以希合時俗之所好，不爲厚利，即爲名高。趣舍萬殊，未可枚舉。求其中泊然一無所繫而沖虛恬澹直與造物者游，蓋非道德之盛、神明之匹，不足以與於此也。然而合於天者，不必合於人；貴於我者，不必知於衆，此尼、聃所爲致慨也。余於淡菴先生有感焉。先生少遊同里唐一翁之門，而私淑姚江王文成之學，擔負斯道蓋已有年。然穎悟超脱，絶唐、王蹊徑，弗泥也。三十而薦于鄉，五十而登于朝，不十年而削籍歸苕溪之上，官不過執戟，胸中落落，匡濟訏謨，竟遏佚而弗顯。先生安之若命，不少介於懷也。嘗力田與桑爲治生計，拮据卒瘏，備嘗艱苦。而其暇則端居一室，興味翛然，意之所到，或吟詠一詩，或論述一史，必有當於身心性情理亂興衰之故。陶淵明之曠達，邵堯夫之豪邁，先生若庶幾焉。孚遠受知先生，三十年所矣！山之巔，水之涯，清風明月之下，夙興夜寐之頃，所爲促膝而談、提耳而命者，多世俗所不能道語。嘗謂孚遠曰：「微子，吾不語及是。」蓋先生不遇相知，則道德性命之談絶不以出於其口，而人亦莫窺其中之所存爲何如也。嗟夫！若先生者，進而擬於古之聖賢，涵養之純粹，余固有所不敢知。乃其不苟狥衆人之耳目，以希合時俗之所好，無爲厚利，無爲名高，庶乎胸中纍累尠少，而有冲虚恬淡之意者，余得而信之，固宜世之人無從而盡知先生也。今先生年已八旬，頃手書遺余，謂：「所著《通史經正録》已畢，别無事關心，終日兀坐，與睡鄉相便。閒門幽寂，惟聞鳥聲而已。」余别先生未匝歲，又恒從先生季子銓部君所詢起居，其聰明矯健，不甚異强壯時也。夫慮淡則神閒，神完則氣固。先生之眉壽不害，亦固其理。所謂貴於我而合於天者，其在先生耶！先生懸弧之辰在夏五月，同官留都者，自陸司寇而下，咸屬筆孚遠爲先生壽，因道其平生所信於先生者，與吾輩共致仰止之懷云。

壽沈巽洲年伯序

蓋有端方耿執、剛毅深沉之士，其風采足以振起流俗，其才諝足以建立事功者，代未嘗乏人，然而未必皆顯庸於時，拖金曳紫，列臺省，稱得意者也。中古而降，德不必稱其位，而位非盡在於有德，故朝多倖位，野有遺賢。如漢郭林宗、王彦方、徐孺子、管幼安諸君子，並沉淪不顯，而徒以其流風遺韻令千載之下傳頌而不衰，可慨已。儻其得遇明主，操天下事權，展布其平生之藴，則其勛猷炳烺，將伯仲於古之大臣，未可測量，而況若漢庭公卿者耶！嘗以此博觀當世，有數子之風而厄於遇者，亦未可謂無人焉。若我年家父巽洲先生，其卓卓者也。先生居烏程之馬要，有世德。其先人兩川翁舉孝廉，有家學，至先生而益昌。先生禔身謹約，嚴於處子，性無聲色之好，庭無辟佞之友，而獨治遺經，守禮法，以刑其子孫。又不廢治生，日提其諸傭奴，力作於農桑，家日起。登其堂，内外肅然，庶務井然，精神管攝，絶無滲漏，閲數十年如一日，蓋世所希有也。平居重然諾，慎取與，崇名檢，薄勢利，與衆落落初不盡諧合，而其久也，忠信質直有不厭之味，人亦自不疑於先生。然先生有性所不樂者，雖千百人譽之而不加勸；有志所必伸者，雖千百人毁之而不加沮。堅如金石，信如四時，確乎其不可拔也。嗟乎！若先生者，將余所謂端方耿執、剛毅深沉之士，其風采足以振起流俗，其才諝足以建立事功，而不獲顯庸於時者，非耶？以方漢之郭林宗諸君子，同不同未可盡知，而要之皆端人正士，不與閭里相浮湛，足爲邦之楨幹無疑也。然而竟不得售其用於當世，而世之冒躋華顯、曾無尺寸之效及於國家生民者，視諸君子與先生何如耶！先生以伯子貴，辭校廩，受封爲春官郎，爲光禄丞，又晉封爲符卿，今春秋七十有七矣。伯子以安往忤權宰，急流勇退，頃召起在銀臺，中外翕然欽仰，似景星慶雲不異。諸子若孫衣冠濟濟，科第纍纍相繼，詩書禮義之風、富貴福澤之盛，如日升而月恒，皆先生之教也。然則先生雖不獲顯庸於其身，而取償於子孫，而又以其身享之。古之君子有如先生之全者，□或寡矣。於是秋七月十有二日，當先生懸弧之辰，伯子納言、仲子太學與先生舘甥選部錢子惟凝，將戒蒼頭，持觴爲壽，偕來乞乎遠代之言。余維壽考固難，而以德獲福爲尤難。先生誠有古君子之德，作法後人，傳之不朽，是則壽之大者也。若夫耄耋期頤，其精神所自致，未足爲先生祝也。

壽陳封君序

不佞孚遠未及識陳道良刺史而竊耳其爲人，蓋剛腸潔志，落落不與俗伍。嘗居諫垣，數抗疏彈時事。旋出刺姑孰，政事風采一尚嚴明整肅，能使庶僚凜凜奉法度，庶幾古者趙清獻、包孝肅之流焉！一日，因友人章元禮千里走使，訊孚遠於清山之陽，申之曰：「璧不肖，自齠齡迄今，惟家大人義方是服，罔敢失墜，以能奉令承教於君子。家大人雖晦迹丘園，而其平生敦悅詩書，佩習禮義，積善累行，閭里咸高之，謂不讓漢太丘風致也。璧通籍而來，家大人曾不欲以甘旨供累宦邸，即蒼頭省訊，每戒勿往，其恬簡類如是。今春秋七十年所矣，懸弧之辰在端陽之月。不肖璧遠羈數千里外，終鮮兄弟，稱觴無繇，重怏怏不自得，用是敢徼惠長者一言爲壽。」孚遠頃在廬居，未禫，輒感盡不能捉筆。久之，刺史復走使至，不得已，乃作而言曰：

父子之際，道固相成哉！吾觀於封君之高，既可以爲爲人子者勗；吾觀於刺史之賢，又可以爲爲人父者慰。何者？封君誠抱朴養恬，不以榮肥安樂爲意，而敕其子專力於國家生民。即人子不容自暇自逸，雖有瞻雲陟岵之情，可以義斷。刺史立朝而直道顯於時，治郡而仁澤流於衆，一奉其嚴君之訓以周旋，即數千里如在膝下。雖希韝鞠䠊之勤、三牲五鼎之養，不踰於此矣。人各有志，志得而神怡，則耳目聰明，四體休暢，無俟導引吐納、煉形伏氣之術而長生久視道在其中。吾固知封君矍鑠，蹁躚逍遥於七閩山海之上，其眉壽無已也。而刺史位日尊，德業日益盛，磊磊軒軒，聲施寰宇，則封君之志，豈不大爲愉怏，❶嚴父孝子並爲法於天下者哉！

刺史來書有云：「世道悠悠，士風頹靡，障百川而東之，迴狂瀾於既倒，於先生有厚望焉。」嗟嗟！刺史之所以待余者，乃其所以自待也。吾益以知刺史之孝非尋常世俗之所謂孝，而封君之福德真無量也。《旱麓》之詩曰：「瑟彼玉瓚，黄流在中。」敬以是爲封君祝。《既醉》之詩曰：「孝子不匱，永錫爾類。」敢以是爲刺史贊。

❶「怏」，依文義，疑當作「快」。

敬和堂集卷之二

德清許孚遠著

記

新建長武縣儒學記

按長武創自今上萬曆之十一年，其地故隸邠州，即古者公劉自邰徙居處。漢名鶉觚城，魏改爲宜禄縣，歷唐、宋、元，入國朝，而邑廢，置宜禄驛，驛又他徙。頃巡撫中丞蕭公廩、直指使者龔公懋賢、陳公薦相繼爲民疏請，若曰：宜禄距邠遠，當衢途，時有盜警，爲民患。先撫臣張瀚奏添州同知，分牧其地，事復掣肘，官與民兩病之，無若置邑便環。宜禄編户九里，居邠三之一，有城可守，有衆可依，有生徒可教，易貳爲令，裁訓爲諭，在轉移之間。創搆宫室，取贖鍰爲費，無煩公帑，一勞永逸，以丕從民志，盜賊可息，德化可行。天子曰：俞其割宜禄爲邑，名長武，仍隸邠州。主爵者以鄖西梁道凝補令長武任其役。於是邑治既興，學宫鼎建。左爲先師廟，右爲明倫堂，兩廡齋各如制。廟北爲啓聖祠，戟門之旁爲名宦鄉賢祠堂，北爲尊經閣，迤西爲敬一亭，堂之東偏爲教諭宅。宫牆之外，東爲社學，西爲射圃。焕然一新，朞月而工告訖。諸生籍宜禄改從新學者，凡五十有餘人。邑令爰請于兩臺，檄提學副使許孚遠爲之記。

孚遠嘗讀《詩》至《豳風·七月》，而知豳俗之勤厚，周之所由以興也。又讀《詩》至《公劉》，而知周之先公篤于豳者，如此其至也。夫公劉避西戎之難，始遷于豳，當其陟巘降原、逝泉觀京以廬處斯民者，殆無所不善，而其民一務于農桑耕織之業。《七月》諸篇，要以先時備豫，蓋終歲勤動，而不敢有一息之怠遑焉。及其爲裳與裘，爲酒與食，率緩私而急公，優老而薄壯，禮義之風藹然具存。故民勞則善心生，化行而習俗美。數世至于古公亶父，又避狄遷岐，而豳之人相與從之，固結而不可解，何其厚也。嗚呼！此周公之所爲詩以告戒成王者乎！今邠實豳地，長武爲邠西竟，宜《詩》所謂「度其夕陽，豳居允荒」者。而民於斯時生長太平，固不知有戎狄之患、遷徙之勞。獨舊邑久廢，今始恢復，上之人亦庶幾有「匪居匪康，篤厚于民」之意。維爾士若民，其視豳之先，何如也？吾聞茲地寡商販，專稼穡，猶有豳遺風。顧謂人多冥悍，士民之家鮮克由禮，至婚娶，而論財尤近薄惡，豈數千載之下，厚道遂以凋喪與？抑士未知學而禮教不明與？先儒蓋言雍州土厚水深，民性重厚質直，不爲浮靡，道之善固易，驅之猛亦疾，故周用之以興二《南》之化，而秦用之以爲富强之資。嗟夫！秦之流毒固已久矣。我國家建學育材，一倣成周辟廱泮宮之制，其大端以崇禮明義、忠君孝親爲急。士幸而生逢當世，必其爲周不爲秦，爲善不爲猛，可知也。而況先王之遺澤尚存，新邑之政教伊始，其從善宜有易易者哉！《書》曰：「惟民生厚，因物有遷，言反薄歸，厚存乎其人也。」語云：「新沐者必彈冠，新浴者必振衣。」言舍舊圖新，存乎其時也。爾多士勗之，吾將拭目以觀長武之士興于朝而善其俗者。

鴈塔題名記

萬曆乙酉秋，主上用言官議簡廷臣，分往校天下士。於是禮給諫田公疇、司徒郎蕭公良譽來關中，拔士米助等六十五人以獻。蓋自世廟以來，斯典僅三舉，不可謂非遭逢之盛也。西安，故唐都。唐進士燕杏園罷，則集曲江，題名慈恩之鴈塔以爲勝。後代效之。士舉於鄉者，如舉于朝，必題名焉。此一方故事，所謂有其舉之，莫敢廢之者也。

是秋，田公、蕭公竣事亟還朝，米助等偕計上京，請記不得。既逾年矣，則相率來言于不佞乎遠，曰：「鴈塔之名不可以自今廢，二先生之意謂有先生在，先生盍記諸？」不佞乃進諸士，詔之曰：「若等毋汲汲於題名。夫名有顯晦，所從來久矣。余自爲兒童時，知爾鄉先達有高陵呂先生柟、三原王先生恕。及入仕版，考當代人物，則知有朝邑韓公邦奇、三原馬公理、富平楊公爵之數君子者，德業聞望所繇不盡同。余皆夙知而慕之，如景星慶雲不異。若是者，豈以題名得之耶？余生長東海之濱，固不識曲江鴈塔在何處。今至於此，求曲江故蹟，已陻塞爲民間耕牧之區，獨鴈塔頹然尚存，其下殘碑斷碣，不復可辨識。唐進士題名於此者，安在哉？當時忠賢俊乂，名炳史册，不爲無人，然未嘗以科名爲輕重明也。自古關中神聖迭作，不可枚舉。萬世而下，誦其名者，等于神明，不敢褻視，此又何以哉？宋張横渠先生爲一代大儒，關洛之名遂亦並垂不朽。譬諸華嶽在望而人推高，黄河自崑崙萬里而來而人推遠。吾黨之士遐覽遡觀，其可以審所趨向也已矣。是故德有大小，名有遠近。君子疾没世而名不稱，惡德之不脩也。名浮於德，則君子所不取，況不足爲名者耶？雖然，名之所在，淑慝分焉。士既名而傳之矣，將使其他日鄉之人指而謂之曰：某也賢，某也愚，某也忠，某也佞，某也廉，某也貪。公是公非，毫不能遁。則勸懲之義，實有藉於斯。毋謂鴈塔之題名終謂彌文而已也。」諸士悚然稽首曰：「敢不夙夜黽勉，以求自淑乎其名？」遂爲記。

唐一菴先生祠堂記

吴興稱文獻之邦舊矣，名公鉅卿、高賢逸士，代不乏人。若以斯道爲己任，思繼往聖而開來學，孳孳一生，不厭不倦，以弘著述數十萬言，則惟我師一菴唐先生一人而已。先生初舉于鄉，入南雍，師事南海湛民澤先生。既登制科，官比部，立朝數月，以建言削籍而歸。時慕姚江王文成先生，不及見也。湛先生稱「隨處體認天理」，王先生稱「致良知」，先生兩存而精究之，卒標「討真心」三言爲的。夫曰真心者，即虞廷之所謂「道心」也。曰討者，學問思辨行之功，即虞廷之所謂「精一」也。「隨處體認天理」，其旨該矣，而學者或昧於反身尋討；「致良知」，其幾約矣，而學者或失於直任靈明。此「討真心」之言不得已而立。誠明得真心在我，不二不雜，即所謂「體認天理」與「致良知」。此先生苦心深詣，可與湛、王二先生鼎立爲儒宗者也。先生以真心囊括宇宙，故於天下名理靡所不窺；以經濟當世爲一真作用，故於國家機務靡所不講；以躬行踐脩爲討真實際，故於辭受取予、出處進退以及衣冠言動、起居飲食之節靡有不嚴。其宗旨領要，具在《木鐘臺》三集。讀其書，可以想見其爲人也。吴興自有先生，而士大夫始知趨向於聖賢之學，四方之士亦多聞風興起。數十年來，風教爲之一動。及先生殁，而學者頓失所依歸矣。嗚呼惜哉！

先生之初設教也，寓胡安定先生書院中。直指周公始因圮寺葺爲景行舘，未幾亦廢。先生乃自搆木鐘臺於城東。後直指張公檄郡侯，選於北門隙址，闢爲唐先生書院。前有講堂，後有寢室，傍有號舍，外有坊表。規模閎靚，煥焉成一方之觀。先生之既歿也，直指蕭公、督學滕公從諸生請，肖像於寢室，行有司春秋特祀，著爲例。洎江陵柄國，嚴禁學徒，盡毀天下書院。而郡守李侯權易坊額爲唐先生祠，乃移文報監司曰「郡故無書院」，得不毀。今郡守沈侯下車謁先生祠，顧棟宇頹圮，爰議脩葺，捐贖鍰爲倡始，其僚屬諸君共成之。祠既新，侯又請于督學李公給先生冢曾孫鍾秀衣巾，典守祠事。於是延不佞乎遠輩及遴取諸生有志者，時集祠内，復爲討究真心。先生之學幾絶而續，幾晦而明，可謂幸矣。嗟乎！真心在人，本來具足，萬古常然，如日月之麗天，如流水之行地，無虧無盈，孰得孰失。然及其蔽牿於物欲，頗僻於意見，迷謬顛倒，喪其家珍，雖以聖賢萬語千言詔之而猶不喻。或已知從事於學，反求諸心，至竭其終身之力，而毫釐千里，不悟一真。孰謂討求之功其可已也？討之而明，則真心元自炯然，不從外得。措諸萬事而不疑，要之終身而不變。至于貫金石，格鬼神，而後可以徵一真之恢復。微乎，微乎，豈易言哉！吾觀有司諸公崇重先賢，作興後學，前後相成，幽明相感，此亦可以爲真心之驗。然而弘先生之教旨，答諸公之盛心，是惟吾黨今日事。假令剽竊陳言，踐履無實，處無稱於宗族鄉黨，出無補於天下國家，則「討真」何當？余與諸君可不懼乎？可不勉乎？同門長者王學博汝源偕先生幼子炳度、孫在明等屬乎遠爲之記。蕭公名廩，萬安人。滕公名伯輪，甌寧人。李公名頤，餘干人。沈公名孟化，安定人。李公名同芳，崑山人。

德清山舘記

天目在德清西南百里外，龍翔虎躍，湧出諸山，各有脈絡，難圖狀。而其迤邐而來，亘餘不溪之北者，爲百僚山。其西爲金鵞山，南爲乾元山，東爲德清山。四山崢嶸列峙，若四維無闕。德清山，古名烏山。考《唐志》，以德清名邑，因名山。然獨以名東之一山，則其故不可曉也。是山尊嚴厖厚，西對金鵞，而乾元、百僚在其左右，復有支脈盤旋横於襟帶之間，遠近峰巒森羅如畫。

余家世阻山爲居，丘隴之所依，蓋旦暮春秋而在於山。其入山稍深處，窈静可隱。余始除地而築焉，伐木爲材，壘土爲垣，疏泉爲池，凡營搆之具，半取諸山而得。於是當山之中，爲樓數楹，曰尊樂樓。前爲軒，曰朋來軒。闢徑爲園，曰逍遥園。池在園，曰獨照池。距樓北百步而近崇爲臺，曰函虚臺。大都因地之宜，從吾之便，取其意，不求其工，故功易就也。嘗坐小樓之上，萬樹蒼然照映几席，鳴禽之音間關在耳。而清風時至，明月滿樓。看飛鳥於雲際，聽流泉之涓涓，所以發吾之性靈而除其煩穢之思者，蓋觸處而在。其或雲霧之朝，風雨之夕，閉户静息，亦足以收斂其性情。誦於斯，讀於斯，考德而論道恒於斯。暇則與二三子振衣高岡，徜徉幽谷，詠歌唱和，壺觴自隨，不知足之蹈之、手之舞之者也。夫德清山自開闢而來，不知幾千萬年於此。其遊息於山者，不知幾何人斯。而余也創爲小築，百年之間，聊以居身而適志，譬礨空之於大澤，曾何足爲兹山重輕。然而山川靈秀鍾毓於人，又每得人焉，發山川之勝，俛仰古今，規建各别，顧所養何如耳！韓子不云乎：「人與地，交相贊者也。」嗟夫！余安得玩愒偃蹇，虚度此生，令貽羞於山靈也哉！

隆慶己巳夏五月許孚遠孟中甫記。

麻姑山禱雨記

萬曆癸未夏，旴恒暘，自六月壬子至于癸酉不雨，民情孔棘。太守許孚遠率僚屬齋戒禱于城隍者三日，不應，則偕鄉薦紳暨諸生若百姓徒步而哀禱焉。越三日，又不應，於是僉議禱麻姑山。遂以甲戌侵晨走麻姑山，從之者别駕薛子瀚、司理傅子國珍、南城令王子以通，餘戒勿往。

初出南郊，見田間龜拆，❶禾將焦枯，蚤禾登矣，弗獲嗣播。農人在傍蹙額告曰：「及兹而雨，可藝菽麥，否者絶望。」余心惻惻。迤西行數里，近麻姑山。田多晚禾，稍得泉灌溉，下潤上槁，如饑渴然。俄轉入松徑，輓車而上，憩半山亭。林間涓涓水流不絶，田有從卑歷高，如塔級相似，當兹炎赫，生意猶存，山澤通氣乃爾。又徐行陟崇嶺，至觀瀑亭，見峽中有飛泉兩道，勢若懸河，降危崖而下深澗，其來無窮，其往無際。吾黨凝睇徘徊者久之。嗟乎！天地之間，以水爲血脉，萬物不得則不生，兹吾民所爲皇皇者歟！由觀瀑亭可數十武，至三峽橋，逾橋而南，復折而西，有亭覆碑，曰神功泉。泉自石罅側出，不盈斗，而汲之不可盡，味極甘洌。山中人争取以釀酒，故酒以麻姑名。轉眄間，仙都觀忽在目，一望皆平疇寛衍，而四山環繞，森羅曠然，别一世界。泉源不知幾千萬丈，浹於田中，禾黍芃芃，絶無枯槁之色。余不覺色喜，顧謂諸君曰：「使

---

❶「拆」，依文義，疑當作「坼」。

旴田咸若兹，吾無憂旱矣。」爰入觀謁麻姑，行禱祀禮，讀《顔魯公記》。或云麻姑與王方平會于蔡經家而傳其名，或云麻姑於此得道，神仙家蹤跡變幻，吾不能知。乃其精靈炳於山川，歷千載不可磨滅，必有以也。已乃趨廟右，謁三賢祠。三賢者，一即顔魯公，其二爲李忠定公、文丞相。廟左，謁胡莊肅公祠。余嘗爲莊肅公屬吏，因與諸君談公平生操行，愴然有感。祠前有一古松，偃蹇若虬龍，好事者勒石，以唐大夫名之。門外一山，截如屏障，五峰崚起，人呼爲五老峰。此仙都觀大概也。將行，辭於麻姑前，祝曰：「維仙有靈，惠我甘澍，救此一方民，余將爲爾仙鼎新廟貌。」諸君咸曰：「諾。」遂出門登車，復過三峽橋，俯矙旴江，縹緲在煙霞之外。遥指從姑石，如青螺一點耳。行及山麓，牽輿北向，欲訪所謂麻源三谷者。忽見雲氣飛騰，覆滿山頂，雷聲隱隱，有欲雨狀。驅役人急趨，度石岑而下。兩山夾出中，有流泉湍駛，浩如長渠。詢之，正麻源也。過小橋，止雲門寺，鄉先生張子謙、王惟一偕來，飯我于此。飯已，則相携步竹林外，觀石壁篆書，多六朝、唐、宋遺蹟，然大半剥蝕，不可辨識矣。西探雲門山脈，自宜黄來，最深奥有佳氣。其前二小阜，似雙魚形。張子謙曰：「此堪輿家所謂水口山者也。」日已晡，雲雷之勢愈以猛，倉皇就道，奔華子岡。華子岡者，昔謝靈運訪華子期遺踪處也。由谷口穿石洞，登觀音巖，甫入門，則雨大至。吾黨不覺鼓掌喜，因對雨劇飲，各醉歸，歸途猶有細雨霑冠蓋上。兒童父老欣欣相向，無似向者之蹙額而告也。越翼日乙亥，又雨。丙子，東北郊雨。丁丑，四郊大雨。或謂「麻姑之仙果有靈應」，又謂「吾黨一念之誠，庶幾有格于神明」。余應之曰：「天人之際，良不易言。貪天功以爲己力，不可。且夫禱于城隍者七日，而應禱于麻姑者片時。而應彼神靈，豈有遲速乎哉？」余等幸藉神助以紓民憂，姑記其始末如此。

遊華嶽記

余奉簡命督學秦中，以萬曆乙酉春正月西度函關，華嶽在望，勃然有登臨之興而未暇也。丙戌夏六月，校士，抵華陰。原仲文兵憲枉駕華陰，招余登嶽。由谷口迤邐，憩青柯坪，仲文適有河東之役，先返，余與諸生十餘輩宿坪間。凌晨步至千尺幢下，嵐氣蒸鬱，攀陟稍艱，呼諸生且止。已校士于西嶽廟之五鳳樓，樓間正對三峰，煙雲升降，景態神奇，不可名狀。意峰頭不知爲何等物，將俟新秋往從之。忽一夕夢寐恍惚，回車長安，又不果。九月，當行役之蒲城，華陰屈子叔虛偶來謁。余問之曰：「華嶽尚可登乎？」對曰：「可。」遂徑華陰，至則即日往登嶽。洛南楊之尹、張可大與屈子三人從。薄暮止白雲峰，次日乃上三峰，徧覽其勝。蓋居秦者兩載，神遊者三月，而夙願始一償焉。

余觀夫終南，萬里而來，蜿蟺扶輿，磅礴鬱積，不可勝紀。獨兹峰削出芙蓉，鼎立雲表，總蓐收之靈氣，雄峙中原。此雍州之所以勝也。秦山一脈接於三峰，人呼曰龍嶺。嶺以下，水分流出兩峪，而秦山萬疊，環繞三峰而拱護之。南一峰巍然首出，有端笏凝旒狀。東西二峰崢嶸相向，如左右弼。玉女峰偃伏東峰之內，若闈閤間。其西峰折而下爲玉柱峰，爲北斗坪，爲毛女峰，垂谷口而止。其東峰展以前爲朝來峰，爲白雲峰，爲上方山，跨中方而止。其列如屏，其級如陛，其扃如户，其森如戟；若俯若立，若擁若導，若拜若舞，若近而侍，若遠而趨，儼然羣辟萬姓之歸至尊，何奇也！由千尺幢而上，紆迴數十轉至白雲峰，仰視三峰，猶在天上。又由日月崖而上，歷數百磴至玉女峰，始漸陟三峰而覩其面。然在東西峰相望，猶未測南峰之奇。直際南峰，而華嶽之形勝畢見矣。北望沙漠，千里無際。西瞻豐鎬，東眄晉洛。自昔陶唐氏以來，聖帝明王所爲宅中圖大、據上游而制六合者，瞬息指顧，皆在目中。至視太行如培塿，黄河如一線，漆沮涇渭如毛，城市村落如穴如隙，尼父所嘗登泰山而小天下者，恍於是焉在。余上下峰間不見一飛鳥，問之山童，曰：「鳥雀間有之，而絶少也。若虎豹豺狼，靡有至者矣。」蓋山高且靈，鳥獸遠跡，與凡山異。山中花樹鮮植，惟松檜青青。其五松喬然出蒼龍嶺之上者，並參天數百尺，名五將軍。此三峰必經之路。杜詩所謂「箭栝通天有一門」者，今不知其處，疑即蒼龍嶺上下。與時方初冬，三峰間已多積雪。登之日，雪亦乍飛。次曉，自白雲峰回望峰頂，雨雪霏霏，峰前咫尺有霽色，迺知霜雪雨露皆山川之氣所蒸，高山多雪，其嚴寒之凝結也。峰下有玉井，在鎮嶽宫林菁之中，有二十八宿潭，皆水所畜處。又有水簾洞，方圓丈許，爲容洩之區，與西峰瀑布巖暗相接。瀑布巖不知可幾千百仞，當其腰間，窈然一竇，類人身臍孔。然可望而不可至，而水之從竇中出者，未嘗絶也。人謂谷口玉泉即玉井所注，理或然耶。世所傳是山勝蹟，不可枚舉。余觀仙人掌，以東峰石溜名；玉井千葉蓮，以峰形象蓮而神其説。其所謂玉女石馬、玉女洗頭盆、老君碁石、老君犂、白鹿龕、巨靈跡之類，多出好事者之談，不必深究。獨希夷峽邇傳自宋，有蜕骨在峽中。避詔巖隱南峰之隈，兩巖石絶奇怪，其爲真人之所托迹亦宜。然藉令希夷尚在，雖巖洞不可久居。何者？塵俗溷之矣。而賀老避静處，寘南峰東隅萬仞絶壁之上，從朝元洞垂鐵鏁，緣寸木而過之，此必不可以身試。苟無神仙風骨，即小人行險僥倖之爲，君子所不取也。蓋三峰在中古以前人跡罕至，聞漢武、唐玄時始脩有昇嶽御路，爲之梯深峽而徑危崖。然以韓退之之豪逸，嘗見阨于兹。遊想當時芟除未盡，進退猶極艱阻，迨于後來人爲漸巧，遊者滋易。彼山童野衲，固狎而輕之，而造物之靈，亦幾爲若輩之所狼藉矣。嗟哉！兹遊也，余見南峰之上，壘搆垣宇，損鑿山靈，且若王公貴人而蒙以簑笠，最不可人意。詢之，乃一細人胡真海所創，垂十年於此，士大夫共憤之，而莫敢誰何。即檄華陰劉令徵徒毁之，以光復山靈，快四方觀者之目。又覽白雲峰頭有基如砥足，爲延眺之處，謀建一亭，題曰倚雲。此峰嶠然騰起幽壑，體勢若雲。自莎蘿坪仰視，宛若紫雲一片垂覆空中，亦奇觀也。斯亭之費，余不能獨任，因遺書同省田若彭、原仲文兩觀察，各捐貲助之。蓋兩君皆先余登嶽，而知其有同心者。

余既下山之蒲城校士，屈、楊二子請曰：「是勝遊也，不可以無記。」遂詳次其大略，併載建置之一端云。是歲十月朔後二日德清許孚遠記。

敬和堂集卷之三

德清許孚遠著

書

謝益殿下啓

伏念不佞孚遠海濱陋儒，竊禄建武，因得納履于大王之庭，接神明之懿胄而瞻睿哲之輝光，此生遭逢已爲甚幸。其又蒙殿下慈仁慇勤，以貴下賤，恩禮隆施，不一而足。且也亮其小過，矜其不能，覆載包涵，終始成就，則古賢王之高風也。孚遠無慮得此於殿下，三年在郡，感激既深，一旦遠離，懷戀殊切。自揣迂愚，不知何以爲報。洪惟殿下道隆德厚，學富才高，非一善所能名狀。至於温恭禮下，克勤小物，周旋縝密，無有滲漏缺略之處，雖當世賢士大夫無以過之。竊觀殿下應接稍煩而施予太博，上勞精神，下損財用，恐力或有所不給。區區之私，願乞殿下重自節愛，以培國脉於無窮。其郡中士民與府中官校，俱在殿下涵畜之中，原爲一體，無所分別。而内外親疎，勢分少異；是非情僞，不易辨察。非至公無我，達觀無蔽，則藩籬易分，愛憎滋起。偶一事之違咈，致國是之混淆。此其關係於王德不小。不佞孚遠嘗以直道開陳，又委曲調停於上下之際，卒荷聰聽，俯納芻蕘，人心悅服。而今而後，願殿下深思遐矚，以人情爲田，孚化一方，永爲國家藩屏，其不佞千百世亦藉有光焉。不勝祈仰懇切之至。

爲李見羅上當塗諸老書

應天府府丞許孚遠謹按：今奉旨拏問原任金騰兵備按察使李材被巡按御史蘇酇劾奏欺罔罪狀。事情虛實，遠在萬里，職之迂昧，何敢輕置喙其間？顧材爲人職所素知：立心制行，匪習僞邪；蒞官行政，夙有風采。職嘗與同時備兵嶺海，見其於軍旅之事似有專長。適會地方寇盜充斥，指揮將吏防禦截殺，頗中機宜。甚則身履行陣之間，如監督總兵張元勳追勦倭奴于雷州，三次戰捷，斬馘獻俘，多材調度所致。此職所目擊。故當時一方倚以爲重，廟論推以爲能。而獨其氣格昂藏，作用迂闊，不獲於上。勇退投閒，棲遲十載，臺省交薦。復蒙聖明召用，以是有金騰之役。然而人即其人，官即其官也，一旦狼狽失據，敢行欺罔如御史所云，何爲者哉？凡邊塞之臣，掩罪冒功往往而有，然不宜出於忠信之士。至于殺略平人，詐爲夷俘，戮割死屍，以當斬馘，此忍心害理之極，豺狼之爲也。材之平生，似不應狂悖至此。藉令有之，必將領巧飾以欺材，而材誤信以報撫臣，撫臣因以奏聞闕下者也。《春秋》之法責備賢者，則材之罪誠所不能辭。然而律有知情與不知情，如此詐罔之極，材萬萬無知情之理。又聞滇南一二薦紳公論，謂蠻莫、迤西二酋之攻緬夷，其調度策應，實出於材，以夷攻夷，頗得勝算。今御史以其掠冒首功，併削而不録。夫有臣於此，能宣昭聖德，制禦遠夷，即功不盡核，略而存之，以示激勸，未爲不可。乃重持文法，蔽罪邊臣，且歸功夷黨，其於大體謂何？職觀御史彈章之詞，尤多軒輊。在遊擊劉天倖，以爲武弁也，而稍寬之。在同知宋儒等，以爲屬官也，而又恕之。在撫臣劉世曾，以爲事出不料也，而特原之。獨劾材欺罔不遺餘力，則亦過矣。御史素不聞有私憾於材。大都材以虛名取忌時俗，而又疎於世故，每爲僚友屬吏之所不滿，或以是流謗御史，御史遂深惡之耶？抑別有説耶？今主上以御史言，欲覈諸臣功罪之實，逮而訊之，於法至當。竊亦聞之：罪疑惟輕，功疑惟重，此盛世事也。若材之罪與功，似皆有可疑者。其在今日，熙朝隆盛，不讓唐虞，聖度寬容，同符堯舜。固知賞罰輕重，自有權衡，所以處材與諸臣者必不失其道。第材本弱質，兼際衰年，千里拘囚，法庭榜訊，儻淹禁囹圄，遷延歲月，卒就殞滅，情極可憐。即材一人不足深惜，而使邊臣解體，志士興悲，恐非朝廷所以鼓舞人材、托寄邊閫之意。恭遇大賢在位，以道事君，進退予奪，參酌謨謀，無施不當。此事關係亦或匪細，伏願垂神。御史以執法爲能，縱苛求而不爲刻；宰輔以調贊爲事，雖曲全而不爲私。回天之力，伏仗慈仁，用拔孤危，以存國體。此固職爲材平生知己哀鳴之私，而亦遠近士大夫同然之仰也。職臨書不勝冒昧懇惻之至。

奉政府諸老啓

謹啓：歲值大歉，江以南北數千里之地，靡不害饑。春來多雨，入夏復旱，二麥鮮獲，秋禾未栽。人情洶洶，無所待命，至於流離載道，餓殍相枕，所至而是，其狀有不忍言者。今本府具題乞請於上，實非得已。買糧救荒，兼修水利，借銀公帑，刻期而償，此似有益於民，無病於國。若舊京重地，米價日湧，非出倉糧數萬，無以爲平糴之策。而買糧一石，輸銀五錢，他日給軍，又爲兩便。此事理甚明。伏乞閣下特爲主持，促司計者題覆施行，庶幾可解燃眉之急。南京倉糧見積可三百萬石，兩項可糴十餘萬。此中計部皆以爲可，似不煩於查議。若查議往返，或别持沮格，將使職等徒切憂惶，坐視民之死亡而已。爲此具啓，懇瀆臺端。孚遠臨緘不勝詹仰之至。

啓殷石汀軍門

伏念職以駑蹇之材，荷蒙仁臺知遇之厚，其爲感激，莫罄名言。屬者倭奴入犯嶺西以及海之南北，乘以海寇縱横，攻城破邑，蓋是百年以來所未有之患。非賴仁臺在上命將出師，風行雷動，及委任各道，假以便宜從事，則其禍患幾至於不可爲。由此觀之，是仁臺大有造於地方而覆被乎我也。

當倭寇入犯雷州，先後兩月，職以永安、丹兆之賊關隘阻梗，且防其西犯，不敢東行。大征之事，悉以聽之嶺西道李僉憲調度。當是時，蒙仁臺察之，以爲同心共濟，不以職爲避事也。海北既陷錦囊，海南再破文昌、樂會。縣治失事之罰如廟堂所議，其亦何辭？仁臺乃曲爲之庇，謂其變出於不虞也。已而倭奴千數悉就誅夷，海寇之撫者、勦者略有次第。數郡之内，暫覺晏然。此皆仁臺運籌帷幄，動中機宜之所致。然且歸功于下，如職之無狀，亦得列而叙之，其不忍没人之勞，又有如此也。職今蒙恩移官閩中，仰賴仁臺培植之德，實出望外。顧自以爲履任以來，閲歲之半，與盗賊相爲終始，無有絲毫補濟於地方。水陸兵防，方爲整飭而未就緒，殊非所以仰體仁臺經略之盛心。此身雖行，此心猶有所不能忘於左右也。

竊惟廣東事勢，積習已久，受患方深，此賈生所謂方病大瘇又苦蹠盭者，非有良醫痛下鍼砭，則不可治。顧其間脉理，猶有緩急，治法當有標本。操縱運用之妙，願惟仁臺更留神焉。章程所載官兵糧餉與各將領分布信地，大略已盡。然而外郡事體尚多支離，將領在外，亦多掣肘，不能如意。職以爲精兵勁卒須集於軍門之麾下，屬以一二將官，使總兵衙門專督其事，以課責而訓練之，雖舟師亦然。然後有事調遣，可稽實効。然且夫募兵之説，至今紛紛不一，其故何也？蓋征剿倭賊利用浙兵，水戰利用福兵，此皆慣習，歷有明驗。然遠徵客兵，但可聚集於省會嚴重之地，不可投置於曠遠枯寂之鄉，理勢自然，不可易也。一省之勢如人一身，元氣中實則四肢血脈亦自貫通。不然，將有首尾不救之患矣。山賊之患，控禦則易而廓清爲難；海賊之患，控禦則難而廓清爲易。曩者略已言之。使今整頓舟師，氣力完備，先其小者，後其大者；先其叛者，後其招者，不過一二年之間，海氛可清矣。海氛既清，則廣東宜别是一景象也。

仁臺望重朝端，功茂當世，知不能久滯於此。然建此長策，以貽嶺海無窮之安者，非仁臺爲之而誰爲之也？頃聞剿倭功賞查覈太嚴，從征士卒或頗有觖望之意，宜稍寬之，且亟賚與以慰羣情，是亦鼓舞激勸之大機括也。職臨行辭於仁臺，過承温語，慰諭丁寧，雖國士之遇，無以復加。感鐫肝臆，此生愧不能報，是以區區之私亦不敢隱，伏惟鑒察。前度梅關，益遠光霽，無任依依，謹具禀差吏，候謝臺端。職不勝激切屏營之至。

簡陳見菴憲副

海南借重高賢，地方至幸。孚遠頃渡海，居珠崖城者兩月，見其風氣文物甚似中州。顧在海外，便覺荒遠，難於經略。而寇盜之患近益縱橫，未有制禦之長策，此所以不能無煩於明公也。水陸兵防，此當今之急務。或者以爲只宜陸兵而無賴於水兵者，是又因刖廢屨之論。在明公運籌當自得之矣。已度梅關，便問肅此中候，餘具別啓，統惟照督。不宣。

李酋招撫一節，曩者事機不得不然。近見按院駁查監軍此論，大段義理法度，非所以論當時事機也。但此事善後實難。生曩與茂酋等爲約，及嘗面諭者，可謂懇至而詳盡矣。此輩若能從此解散黨與，釋去兵戈，復爲良民善姓，便是地方永久之福。若其黨與雖未即散，而能遵奉約束，不致縱恣侵擾吾民，取怒於官府，則亦將有數年之安。若其擁衆自恃，占據一方，憑陵官府，無所忌憚，則不過期月之間，兵戈又將復動矣。至吾所以待之者，其機亦復如是。責之太嚴，防之太過，輕動其疑畏之情而無以安之，是不旋踵之計也；申明約束，處置得宜，使之有所畏懷而不敢動，是數年之安也；開誠納款，推心置其腹中，假以歲月之功，化誨而消磨之，使之化兇爲良，變惡從善，是永久之利、莫大之功也。明公其有以審此矣。以公之愷悌軒豁，洞燭物情，其有以胥此輩而化之無難矣。海洋劇寇一旦就招，遂能安久，其於地方省事實多。幸公留意！至於整刷兵防，操練軍士，以觀變而動，自是內治之所當修，不論此酋之去就也。何如何如？區區之私，竊有所不能忘者，故不惴愚昧而輒言之，惟高明原亮萬萬！

簡趙寧宇僉憲

鳳凰城一奉教言，少慰懸企，惜匆匆不盡耳。嶺海窮徼，百務難於振飭，加以疎拙，其又速去，將若之何？高賢涖止，大展經略，自當改觀，因以蓋愆補過，實同心之幸也。地方事狀，曩者粗舉以聞，運用之妙，悉在老丈胸中矣。尚有贅語，具別紙呈覽，惟左右賜擇焉。

一、軍門章程，頒布已久。廉州水陸兵防，至今尚未成章。此宜汲汲爲之。一面募兵，一面請餉，分督水陸二路以備不虞，不容一日遲緩也。

一、烏兔寨水兵未足，須選募福廣之兵，兼以海邊蜑兵充之。蜑人慣會偷珠，收之爲兵，亦可潛制其姦，此已試之驗也。然此輩多不願，宜善誘之而來。蜑兵募得其人，加以約束操練，可當福廣之兵，且是土著，不易從賊爲亂，故可用也。

一、廉州陸兵一營，向所謂欲以狼土兵參之者也。狼兵全不知約束，兵器不善用長，土兵全不諳武藝，此須責令參戎、把總等官，以歲月工夫著實操練之而後可。其在雷州土兵亦然。兵不練習，與無兵同。今日要務，莫急於此。

一、陸路名色把總難得其人。雷州已用指揮梁國賓，廉州亦宜擇一指揮或千户一員用之可也。世襲武弁利害切身，其與遠方浪遊之士亦稍異矣。

一、雷、廉營兵，並宜分作三哨爲便。蓋所屬州縣俱三，内外輕重之勢大略相當。分而爲三，合而爲一，自於緩急有用。其管哨官亦可三員而足也。

一、雷州營兵如分哨海安，則海安堡之軍可掣；如分哨遂溪，則遂溪堡之軍可掣；如分哨橫山，則橫山堡之軍可掣。遂溪、橫山不在此則在彼，哨守之兵不可無，亦不可兼也。若靈山，原有陸兵二百名，又近加營兵一哨，其廉州、永安戍守之軍斷然可掣矣。

一、廉州原無水寨，只是備倭指揮一員，帶管珠池。今既有水寨把總，則備倭自是虛名。若哨守珠池，須是擇人而使，不得憑軍政推選也。

一、烏兔寨把總，本道近議專住永安，對達寨地方。此地可泊兵船，又便於往來出入，使其控制險要以禦大盜，防護廉州、珠池。至於東西哨守珠池，自是委官專責，不干預把總之事，把總亦不得牽制委官及擅出兵船到於珠池巡哨，則彼此相制，而姦弊自息矣。

一、兩府原改民壯陸兵，宜與新募營兵一併歸營操練，但不可混而爲一，致難稽查。

一、水陸各兵每有事故更革，曠役常多，然多匿而不報，或報則登記循環，又作正項支銷。近見嶺西查覈頗嚴，悉令專報本道，以備操練官兵、制辦器具一切緩急之用。此亦事體之所宜行也。

一、曩者倭寇臨城，全取兩水寨大小銃具爲用，此不得已而偶一行之。今宜及時預置守城銃具，兼備火藥。此最緊急之務，千萬留神。

啓王竹溪撫臺

伏蒙本院札諭，至再至三，勉之以忠孝，期之以陞遷，推心置腹，靡所不至。職非草木，安得無知？顧重違大人長者盛心，而偏拗固執，悻悻求去，似天地間一怪人也。當此聖明之朝，叨居清秩，見知于上官，取信于僚友，何所不得而必以去爲志，且不能數月之淹哉？抑所以爲此者，可以兩言而決。一者爲親，迫于至情。一者自度，裁以大義。老父年既高矣，頻歲病痰，而濱于危殆者屢矣。此其勢恐不可以久延，得蚤歸一日，即爲一日之幸。然職自去春到今，憂念徬徨，浹歲於此。亦誠希冀遷轉，便道還家，而竟不得。今何可復冀也！曩不幸先慈捐背，職亦先期告病而歸，相隔四日，不及永訣，竟抱終天之痛。今又何忍濡滯于外，戀此一官耶！自古稱忠孝不能兩全，設或任大責重，不可推諉，而審己量力，知其克戡，則致身從之，雖以死勤事，亦所不辭也。若乃督學之官，不患于無人，而職以中年病軀，方困憊于考校之役，復强之則不能，久曠之則不可，見幾而作，以讓能者，庶幾可以少逭其罪戾。職籌之已熟矣，故爲至情所迫，既欲亟于圖歸，而以大義自裁，又不可以不去，舍此寧復計其他乎？

方今廟堂務崇惇大，往往體恤臣子之私，疾病則乞假，遷葬則乞假，省親則乞假，未嘗不蒙恩俞允。外官不得自便，惟有休致一著，此而不許，則無路可以苟全，似非盛世所宜，亦或非仁人所忍也。幸臺下矜之察之。臺下一賜主張，慨然題奏，則按臺相繼而行，亦無難矣。爲此肅稟具謝，兼以申懇，伏乞台慈照鑒施行，職無任激切惶悚之至。

簡李漸菴少宰

辱諭時事云云，外吏本不當預聞。顧於我翁竊在生平知己之列，大賢入朝，海内瞻仰，故前書輒效其區區。

方今主聖臣良，君子道長，太平氣象，如在目中。然朝廷政權未必盡出於一。向者大臣與臺省相攻擊而未平，是非之際，衆論囂囂，莫知所定。頃見周二魯一疏，並大臣、臺省與中貴而彈之，可謂明目張膽，言人所不敢言。但其中事機，亦甚難處。大抵今日中貴之勢漸以昌熾，而在朝縉紳士大夫不免君子小人雜乎其間，宫府内外相爲煽搆。自非二三元老真有格君之學、知人之明，一段精誠從中默爲主持料理，則治忽之機尚未可見。翁高明以爲何如哉？陸臺老出處，翁爲國家愛惜老成，欲留之，誠是。但大臣數被論劾，上未必見知於天子，下未能盡信於庶僚，不亟引身而退，非義也。以周公元聖之德、居攝之權、叔父之親，一被流言，則避居東都以待。況其下者乎？古之聖賢，必欲知語知默、知存知亡，合則留，不合則去，斷乎其不可苟也。起廢拔淹，此當今美意，然或採虚名而不察實行，且用之不當其才，將來恐反爲君子之累。秉銓衡者似不可以不加察焉。孚遠渴欲一面台慈，吐其衷耿，第形迹有所不便，不勝悒悒。諸惟爲國爲道，力崇令德，以答天下，以慰同心之仰。不宣。

簡陸五臺先生

敝同年李見羅事，承我翁慈仁憐憫，向自留京遺書中朝諸老，曲爲救解，至再至三，此孚遠所目擊而心感，爲李氏祖孫、爲天下士類瞻仰無窮者也。頃翁晉大司寇以來，遠近同心之朋，莫不延頸跂足，而望翁鼎力挽回聖意，以速解此獄。然竊見去歲夏秋之間，臺省連章上聞，不省。秋審復奉旨查問，意尚嚴切。翁於此時初入法臺，初見主上，固難卒有轉移。大臣納約，須值機緣；仁者救人，必得方便。當局與旁觀殊勢，實用與議論殊科。孚遠固有以深諒我翁之心矣。抑李兄繫獄，於今三年，功有可録，罪不至死，朝野公論，曉然明白。主上寬仁明聖，本無成心，一時震怒，旋就平釋。遥聞滇中罪帥厚結内援，屢爲中沮之計，以故外廷疏議輒格而不行。此不知果然與否？然法司有翁，政府有申、王二老，共相與維持調護，潛轉默移其間，則羣小之謀亦將可奪。顧早晚視機會何如耳。或罪李兄平生自處高亢，鄖陽軍變本失迂疎，滇南夷功原過張大，近在縲絏之中，不聞其痛自抑損，以爲不善處禍患而重訾之。夫李兄招謗於下，取怒於上，惡得無由？然鄖陽失之於初而猶善其後，不然，則變不止此。滇南奏報雖過，而實有其功，近有貢夷之言可徵，功過自可相準。若其耿耿自負，不能爲乞憐哀籲之狀，其天性然也。生負豪傑之資，仕有偉特之節，一旦而蒙不測之禍，其心誠有所不自甘，仁人君子固宜憐而亮之矣。孚遠知我翁心量迥絶常人，我翁妙用非尋常思慮所及，上爲天子廣仁恩，下爲邊臣作忠勇，中爲海内同心之士救一善類，非翁之望而誰望與？昔人有云「萬代瞻仰，在此一舉」，今日區區之私亦云。伏願留神，熟思審處，蚤爲救度。孚遠臨書無任激切。

不宣。

又

伏自我翁晉位冢卿而來，不孝孚遠廬處山林，不敢輕以書賀。近鏡宇丈遺書，謂「吾輩宜效芹曝，共贊盛美」。孚遠亦自念平生受翁深知，不當嫌避形迹，輒因鳳寰水部北上，一布其區區焉。

竊惟聖天子簡任我翁，出於精神默相孚感，有人情賢於夢卜之意，誠千載所難。臺中諸君素忌於翁，譁然攻擊，殊非事體。然卒賴主上之明，終始不摇，以定國是而息羣疑，此尤有天意存焉，非人之所能爲也。伏讀我翁屢疏自陳，安詳勁正，深得大臣之體，而其所進用轉遷，悉協輿論。又見部中條奏計吏款目，如絶餽遺、舉清吏，詞意凛凛，曉然示天下以回心嚮道之塗。翁所以上報天子、下答蒼生之望者，已略見其梗概矣。

夫生民之休戚在吏治，吏治之綱紀在朝廷。任其責者，惟政府與秉銓、掌院二三大臣也。源潔則流清，本端則末正。上行下效，捷於影響。非今日羣公在位，孰與望焉？太苛則難乎其爲才，太寬則難乎其爲法。國家有體統，天下有公議。進退予奪之際，參以毫髮己私、瞻顧阿容之意，即人心便有不服。喜怒不欲其易形，言語不欲其輕洩。深情厚貌、高談闊論之夫，不欲其輕信，惟翁熟察而慎行之。當權者招怨，秉公者絶私。毁譽由人，得失有命。此古今常事。賢者所不寘於懷，惟欲盡其在我，真不疚於平生之志。且如趙中丞之起司寇、徐性善之從末減，兩者舉動本爲光明磊落，雖衆口交詆，何傷哉！幸翁矢竭此心，執德不回，以盡所爲報主而庇民之道。孚遠所與鏡宇丈同心共贊盛美者，亦僅知有此，其他不敢與知也。惟賜原亮採擇。臨書無任惓惓。

答曾見臺司空

孚遠迂拙鹵戇，平生知己，屈指不可多得。其迹疎而情厚、别久而念深者，惟明公一人而已。廟堂公議，會薦賢才，廼以衰朽儒生謬厠其列，固知吹噓推轂必自諸公，今傳聞果然也。嗟嗟！才非管子，何以酬鮑叔之知；學非伊川，何以副温公之薦。謭薄無能，終負所舉，其奈之何！翁位司空，久獲聖眷，願精白一心，以收儒者匡濟之効。正人日進，世道清寧，即山林之人，死無所恨矣。向爲李見羅上書伸救，此朋友之義，無足言。但繫獄三年，未蒙恩宥，翁於此苦心必多。更祈謀於諸老，乘機遘會，感悟上意，一旦獲解網之恩，則非特李氏之幸，實江右縉紳之幸，天下士大夫之幸也。閔君差便，肅此復謝，併布私衷。臨書無任瞻仰。

簡王松巡别駕

瀨行匆遽，不得與公一晤而别，追念數月之意，恍如夢寐，自覺惘然。鼓棹錢塘，逆流而上，兩崖之間，峰巒攢簇，虎躍龍翔，窮視無際。水自會江迤邐而西，漸以湍急而清，沙石纍然，碧光澄映，一葦中流，又别是一天境界也。乃知乾坤廣大無垠，其間盤結發生，趣態萬狀，吾不知其所窮。要在賢哲之士，達得此理，會心忘形，故能觸處無礙。如子陵桐江一釣，悠然清絶，足藴千古江山之奇。古今人足以語此者，恐不易得也。嗟夫！茫茫宇宙有此藐然之躬，倏忽去來，秖與野鳥飄塵何異？❶昔人所謂不可磨滅之理，其竟安在耶？兀坐孤舟，静思及此，耿耿不寐，願與同心共努力焉。明公出處屢以見教，所見既已確然。鄙意吾儕不難脱略，而難寧耐。此亦眼前動忍一段工夫也。南去迢遥，不勝睇戀。

答吴川樓太守

頃在雷陽，浹旬寤言，亦塵世奇逢也。承公過存形迹，禮恭而心下，非鄙人之所敢當。然竊觀意氣之微，默然契洽，而絶無查滓存乎其間，則雖古人之所謂相知，宜不是過。不識僕亦何從遂得此於公也。陳巡檢至，展誦華札，益感雅懷。讀《放龜詩》，情深而旨遠，有泠然自蜕於泥濁之志。其曰「感彼賢哲資，遘此形骸累」，可謂一言以蔽之。雖然，物雖靈，受形而拘；人爲萬物之靈，受形而完。物之困也，困於人；其幸而免也，由於人。人則不然，其困自困，其亨自亨，是以不可得而論於形骸之外也。且夫六尺之軀，形質已定，其累無窮，天地之内，何往而可以自得？苟無往而可以自得，則吾亦何往而有所不自得也？故曰：「吾非斯人之徒與而誰與？」「禹、稷、顔子，易地則皆然。」由是觀之，君子所以安身立命之道，可得而推矣。抑又聞之：「尺蠖之屈，以求信也；龍蛇之蟄，以存身也。」古之聖賢君子，必經困苦憂患之後而始亨。蓋以剥盡

---

❶ 「鳥」，依文義，疑當作「馬」。

形骸之累，獨全乎性命之真也。若是，則人之所遘有不幸者，固有大幸存焉，孟子所謂天意者也，其可忽歟？公試以此參之，其有發於《龜詩》之旨否也？

海酋撫勦，兩未成功，事勢固然，抑此心尚不能以無憾。今且再往圖之，以吾之誠感彼之窮，或有悔悟而來歸，亦未可知也。不然，則兵船漸集，可與一戰。高明策之，以爲何如？

簡李及泉兵憲

門下觀察東吴，猶敝郡比隣也。舊澤既深，餘風尚曁，士民私幸，殆不容言。監司之與郡伯，事權稍殊，其爲地方赤子所怙冒同也。門下自西徂東，亦既數月矣。以其治此者而治彼，不識煩簡難易何如哉？當世通患，在于風俗頽敝而不可爲。顧積習已久，不可驟變。正人在上，率之以誠信而制之以禮法，自有不動聲色、潛消默奪之機。即不得已犯手作事，亦貴愼始慮終，使在我無一毫偏黨之處，而於人有死而不怨之情，然後此心無復遺憾。高明以爲何如也？

孚遠辱門下知己，不在世俗形骸之外，故敢謬進其説。彼中督糧道，近已裁革，門下之務，更爲叢委。願益完養精神，潔清志慮，日乾夕惕，務得其領要而持之。古謂「不遇盤根錯節，無以别利器」。今之吴會，人心風俗，即謂之盤錯之地可也。幸門下重留神焉。孚遠棲遲郎署，碌碌如昨，而一念退脩，泊然自守，終不敢有負明教。羽便，勒此布候，并申謝悃。語多戇直，伏惟照原。

答陳應虹中丞

漢城丈南還，齎至翰教，拜鼎貺之辱，蓋念不肖弟猶及侍養老親而捐俸遺之，不知先君前冬見背，且幾祥期矣！覩物興懷，豈勝哀感！

恭惟老丈近膺新命，開府粵西，經濟弘猷，當略展其梗概。嘗見百粵之間，大征小剿，斬馘無數，此不免有傷天地之和。惟仁人在上，無急功名，舉動自慎。王文中有云「不以天下易一民之命」，其可謂後世藥石矣。弟迂疎如昨，邇益衰遲。服闋後倘補一官，勢須强出，然無能有裨于世用也。敬勒短啓附漢城丈，復謝。不盡瞻馳，統惟亮督。

答茅鹿門先生

乎遠此行，渴欲一走別門下，竟冗迫不能及。鄙衷缺然，辱翁存注之厚，贈以佳詠，遺以羣書，惠以珍幣，又煩仲公侍御遠送我于河梁。三十餘年道誼交情，終始如一。自慚謭陋，何可當也！

翁年八十而上矣，而神尚王，氣尚豪。詩歌翰墨，飄灑淋漓，與壯彊未異。此可謂神仙中人，喜慰殊劇。然而嗇精養神，致虛守靜，此古長生要訣，翁亦樂道之乎？壽不嫌於過高，道不妨於晚悟。區區芹曝之忱，竊有此獻，幸翁擇焉，別諭爲仲公云云。所謂物不得其平則鳴，人情固爾。抑昌黎子有云：「儒者於患難之來，苟非其自取之，其拒而不受於懷也，若築河堤以障屋霤；其容而消之也，若水之於海、冰之於夏日。」翁學昌黎者也，其自視於此何如哉？天下事業無窮，仲公才敏深沉，所志端不在小，得乎猶是，失乎猶是，譽乎猶是，毁乎猶是，方爲真實豪傑，可以任重道遠而猶不免常情待之耶？翁不能忘言者，若仲公不能忘情，此其反有累於仲公不細。孚遠故饒舌言之，非爲某公解嘲也。聞仲公方與黄貞父孝廉講《易》，《易》首《乾》卦，始潛龍，其曰：「遯世無悶，不見是而無悶。」樂行憂違，確乎不拔，乃所以爲潛龍之德。古之聖人必有是深潛之德爲之根基，故能見、能惕、能躍、能飛、能悔，無所之而不可。今學者從名利起念，輕爲世情摇奪，其根基淺薄甚矣。雖講《易》，猶無講也。翁試對仲公及黄孝廉商之，以爲何如？舟中草此申謝，併布惓惓，伏惟照亮。

答劉芝陽撫臺

承翰教，領悉鹽臺方巡歷敝郡，固知台駕由苕溪未便也。當今事勢，中外俱難，江南尤稱繁劇重地。老公祖此行，願慎爲之。數十年來，惟海剛風先生簡約威嚴，風采凛然可畏，而又失於太過，未盡人情。於此剛柔兼濟，處置咸宜，非有道仁人不能及是。習俗之淫靡、人心之偷薄、庶吏之貪玩、豪黠之侵欺，緩而縱之不可，急而治之不可。幸門下留神焉。江南自倭警後，議處海防銀十五萬兩，海剛老奏俱裁革，而部覆尚存伍萬，後撫臺復請增十萬。此銀原非正額兵餉，其間那移侵没，弊竇多端。孚遠在應天時常移書周志老，乞查處而未竟，門下從容細爲酌議裁省何如？兵道江憲副心行磊落，真可倚以共濟之人。守令中更得賢者數輩，相與戮力，則事無難處矣。恃門下知厚，輒因便布此，以當面談。伏惟涵照，不盡耿耿。

答吴平山太守

老丈治郡之政，感動人心，神速如此，欣幸不可言。讀尊著《康莊集》，見丈山居興致超出塵囂，所以發爲政事之本。《潯陽八景》，若鎖江樓、便商河、浮橋、龍板、長隄、古塔、新街、南浦，諸所興建，並一方永利也。鄙意此集乃守潯陽政紀，不當以「八景」名篇，集中去圖與詩更妙。《河防議》《五塘議》俱有確見，似鑿鑿可行。《海口議》主濬下流以殺河、淮二水之害，尤於利病極切。顧詢諸輿論，率謂「海口實難施功」，此殆未可以嘗試而漫爲之者。丈已遣視形便，儻得其説，更須親履其地，與熟諳水勢之人仔細籌度，酌計終始。果有可濬之具與有堪用之人，而丈又獨能任斯役，即特疏奏聞，力排羣議，爲國家建無前之功，未爲不可。幸慎重圖之。徐、淮、揚之間，水患極矣。疏濬之議，不出於此則出於彼。陵寢運道數郡，生靈關涉匪細，爲人臣者目擊時艱，並不得以秦越相視，而况丈有地方責任，若痌瘝在身者乎？但慮事欲詳，羣情欲協，吾發之，吾能收之，然後可以有辭於天下。願熟計之。使還，草此布聞，統惟亮察。

簡寸寧宇別駕

頃於安定祠中一時晤對，遂承公祖傾心相信，屈節鄙人，此數十年前南元善太守施於王文成先生者也。謭薄之才，不敢當文成萬一，而虚下之度，實可與南公比肩。既增慚歉，尤深慶藉。公祖天性明朗，丰神磊落，長興署篆，曾不逾時，而士民頌德，如出一口，此知政事之優也。今敝邑又借重軒車矣。修己治人，原非兩事。爲上爲下，只此精神。願益留意。鄙人論學大端已得面證，詳具在《原學》諸篇。真性在人，無不具足，祇爲血氣所乘、物欲所蔽。千古聖賢總在去欲存理，更無别法。但工夫無窮，不可容易放過耳。高明信得已及，幸黽勉圖之。生詰晨即長發，頗畏多事，亦不敢入莒城。冗間勒此以當面别，諸容嗣候，未盡欲言。

簡閔仲升

别來不勝懸念，尊兄何日涖任安福？彼中人情事體曾得其梗概否？兄鋭志嚮往，不苟狥流俗，有壁立千仞之意。但性禀易直而少温和，又筮仕之初，尚未諳練，恐有峭厲輕率以致戾俗而難行者，兄其慎之！仕學總是一路，性情上涵養得一分，則政事上自然通達得一分。古人自檢則曰「戰戰兢兢」，視民則曰「如傷」，事上則曰「小心」，無衆寡、無小大曰「無敢慢」。兄其念之。彼中諸賢士大夫時時相對，虚心求益，必有以得此矣。言不盡意，伏惟亮督。

簡董子儒

覲還至彭城，聞捷音，久稽脩賀，不勝歉積。老丈三世甲科，又承歡一堂之上，此古今盛事，海内所共忻仰。弟獨謂吾丈勤苦力學而樂善好脩，彼蒼終不負其志。仁人君子苟得登庸，其利澤及於遠近不淺，豈特爲一時榮耀而已乎？丈選期似尚遲，初任得縣令最好，弟蓋歷試而知之。士雖有所素養，不經磨鍊一番，不得帖實。且尊翁老師起家翰苑，賢郎長君筮仕春曹，叨國恩至厚。丈惟舍内就外，辭逸居勞，度越于常情之表，補人事之所不足，則尤美之美者。此可與智者道，難與俗人言也。弟守盱江二年，于此蚤夜淬勵，頗盡心力於地方。顧才性迂踈，世上機關終亦茫然不省，且精力漸衰，麋鹿之性，思山林如饑渴矣。丈豈以爲弟有飾辭乎？因敝寮薛君之便，勒此奉候，伏惟照入。

簡茅薦卿

曾因蘇子兆爵致書左右，爲吾丈得位行志之慶。不知晉御史臺甫旬日便有大疏，薦舉天下人才，若此磊磊也。又不知以生之不肖，濫厠海内名賢之末，犯同臺之所忌且擠者而不顧，若此卓卓也。薦書數語，巍然增重，即古今儒者所不易當。顧淺陋何足以堪此？抑丈於生蓋自髫齔至今，喬梓昆玉，三十餘年之交也。豈其感慨流俗，達觀當世，信謂迂拙陳人，孤標勁骨，有不隨波而靡者，故謬取之耶？生誠惶懼不自安，然不敢不益自砥礪，殫竭其平生，以重賢者不知人之累。今朝廷所最委任者，惟臺臣。臺臣按部一方，舉手摇足，所關於天下利病、生民休戚者甚大。太寬則法玩，太嚴則情隔。咨詢欲其廣，舉動欲其慎，奬廉懲墨必明、必信，而後吏治警肅，民生乂安。丈於此宜籌之熟矣。至於翊贊主德，謀議國是，積吾忠赤，觀其機會，不得已乃一言之。先賢所謂正直忠厚四字，此立朝大節，不可易也。念之！念之！生不幸，先君於去臘捐舘舍，煢然在疚，灰心槁形，無復意人世事，所云爲賢者道、爲知己報而已。朱太復北上之便，勒此奉訊，諸惟照存。

答朱太復

僕入都下方浹四旬，馳逐風塵，無暇晷覓羽鱗一修音問。會季公，面訊起居無恙，聊慰遐思耳。杪冬之朔，正先君子忌辰，杜門獨居，悲楚無賴，忽翰使遠至，拜新刻佳幣之辱。開緘展誦，神情躍然。足下才高學邃，固知出類超羣，不謂詞賦成家，直追作者。數千載之間，當與屈、賈、李、杜相爲揖讓，非特近世名流而已。足下於此，心獨苦，功獨到，所謂用志不分乃凝於神者，庶幾有之。然而足下司民牧不遜龔、黄，譚性命不後莊、列，又翰墨取法於鍾、王，術數兼精於京、郭。吾不意天茂其才，令多能一至於兹。奇矣！奇矣！

僕獨念足下年餘四十而嗣息未遂，且來書稱善病，思乞身，得無癖於著作，勞精耗神之故耶？古今英雄豪傑之才，只爲收斂不下，妨於道德。《大易》所謂「洗心藏密」，《老子》所云「爲道日損」，其旨超於文詞功業之外。以足下之聰明絶世，能深思反究，進此無難。顧恐伎倆一時放不下耳。王元美平生以文章自雄，老而俛首曇陽，思一更其窠臼，然竟至歿身無得。彼蓋始終好事，不知自反者也。足下誠具隻眼，得無以元美爲殷鑒乎？辱教勉我真儒全行，以王文成功勛致期，雖非其才，不當自棄。抑僕年來見得吾儕學者總爲心性未徹、精神未完，所以種種作用未善。今於日用動静之間，體驗培養，不敢以衰老懈息。至於臨事當機，盡吾力之所及，或取效萬一，亦未可知，然未敢與昔賢絜長度短也。足下移疾云云，當路者宜不允，計資内召不遠矣。少需忍而後引退高養，不亦善乎？呵凍復謝，併布腹心，統惟鑒納不盡。

簡錢惟凝

繼修蒞官行政，即遠近傳聞精敏純粹，可謂不負生平，别有建白云云。詢之陳弘老，略知梗概。此於吾心無疵，特世機照察未到，吾輩因此可以廣學，其毁譽稱譏，固宜置之度外矣。不佞考校秦士，僅五月而周，勞苦至極，兹幸完科舉一事，方集諸生于長安署中，與之討論身心之學。不佞亦因以勵精殫志，不敢頃刻偷安。假之歲月，自學斆人，庶幾略成片段，顧未卜究竟何如也。古今聖賢，學問總只在一念上。功夫不論動静閒忙、難易繁簡，學無往而不在，愈篤實愈精明，愈體驗愈親切，真有人不及知而己獨知之之妙。此吾夫子所以學而不厭者，願與繼修交勉焉。自六月以後，家信杳然。老親幼兒，晨夕懸掛。久戀一官，非其素志也。便間寄此布聞，殊不盡所欲語。

又

不幸先君捐養之後，辱繼修周旋我者至矣。復偕貴同年二公共脩奠禮，殁存之感，其何可當！别教諄諄，深承相信。然南中薦疏，實繼修與諸丈吹嘘之力，若鄙人自反，則慚赧甚矣。近偶取吕涇野先生所輯《宋四子抄釋》，莊誦一過，愈覺其言滋味深長。周元公之冲邃、程伯子之純明、張子厚之宏深、程叔子之嚴正、朱文公之精實，並如泰山北斗，可畏可慕！今之學者祇覺淺陋空疎，視諸大儒氣象，迥不相及。吾儕於此可不勉乎？頃過思溪，會尊翁自白下歸，道繼修在官頗多酬應，少暇時。吾固知從來若是。然今日繼修要須及時收拾料理，得一時静養便有一時之益，得一日讀書便有一日之益，此外人事不得已而應之可也。幸念！幸念！五舍弟不慮夭折，有子四人，長年十六，學業尚未有成，季且瞽目，老夫方恐多累。承念，併及之。

簡丁長孺

側聞長孺以省侍入寧州。長孺登第兩載，尚未拜官，有古者學而後入政之意，此非流俗所及。抑學問無窮，光陰易過，長孺年來進脩功課，自覺何如？夫泛稽書史，未盡切於實用，講究時務，亦難得其要領，要在身心之間培養磨鍊，自治以治人。家庭之内，作止動静，儘可驗學。長孺於此必不放過，幸益勉旃。鄧定宇先生閒居在家，長孺往就師資，必大有益，亦爲尊翁言之矣。風便，勒此奉復，百惟珍愛。

答郭在玄

往來豐原，知在玄方在静攝，故不相聞。昨問南暘老，謂貴恙尚未平復，正切念之，忽辱使者齎翰貺存我，何勤厚也！來示疾愈作愈奇，不知何狀？大率諸火不静，其病多端，調治要訣只一静字。凡事放得下是静；忿怒不作是静；撇得家累是静；謝得世俗應酬，置是非毀譽於度外是静；起居惟時，不自拘礙是静；諸不如意處不生煩惱是静；病痛作苦時，且自甘受，不求醫藥速効是静；心下常令空空蕩蕩，不著一毫思慮是静；有思慮動時，視爲邪祟，一覺而消之是静。持此一訣，祛病不難。在玄善自攝理。若不然者，雖避居南山下，亦與在家不甚相遠，宜乎病根之難拔也。雅貺領書一部，餘儀完璧，拙稿數種附覽，然不可多看勞神。以後併祈省却書問，道誼相知，正不在此，念之。

簡馮仲好

知仲好選入翰苑，讀中秘書，喜而不寐。貴鄉諸友得第者五人，惟种養善不記其面目，李詢蕘、周淑遠皆相與朝夕切磨之士，武叔卿遇考雖晚，亦爲相知。關中固多賢，如諸君並吉士一榜而收之，真奇事也。仲好才識不凡而志氣卓犖，鄙人所以期待者甚遠。願益珍重。史館清高，不涉吏事。朝參課業之外，宜務静處，培養身心。讀書必本于經術，料理必關于經濟。事賢友仁，必得其資。慎動謹言，毋忽其細。閲觀世故，知功名富貴之無常，絶不萌一毫驕侈之念，方堪大受，方稱丈夫。仲好勉之。敝鄉朱君采寄來華札，尚是未第前書，久稽裁答，想吾契所亮。先君不幸於去臘捐世，大事亦已襄。鄙人方廬處山間，惟静攝餘生，時玩《周易》而已。豚犬今十一齡，初讀《孟子》，併慰雅念，不盡惓惓。

又

去歲嘗因羽便復書仲好，高明當已得之。近得焦漪園太史書，稱服仲好，知臭味之同，不待介紹而合也。來教「時與同志諸君子講明此理，反覆體驗，務實得於身心」，此言最好。身心義理，經古聖賢多方開示，本自分明。只少體驗精實功夫，總歸虛謬。仲好勉之。不佞年來疚居山館，收斂濯磨，覺得從前種種情識俱爲心累，絲毫有未浄盡，便障本來面目。所以惟精惟一，學而不厭，在大聖猶然。吾儕學者誠不容一時輕易放過也。仲好於今將散館之期，留則爲史官，出則居臺省，關涉皆匪細。惟學明而養定，則每事得力，建立自殊。不佞老矣，所望惟二三知己。百惟珍重。

簡武叔卿

竊觀吾契精神風采，磊磊落落，迥出人羣。而上下輿論亦嘖嘖稱服，謂有不吐不茹之風，得公平正大之體，因爲喜而不寐。頃揚宇以點派城夫先於貴富，亦是至理。而狂耄妄言，偶見相激，然賢者大度，終當容之，不宜深介於意。其兩學諸生，總是一體，接見當有其時。有事陳訴，當酌情法，從容酬應。大略吾輩馭士與民，固不容有一毫偏黨輕重之處，然必使人無不盡之情，乃爲至仁。且末俗澆漓，變態百狀，蓋亦有以賤陵貴，以愚侮賢者矣，不可不察也。傳稱「博厚載物，高明覆物」，兩者並運而博厚先之，此聖人立教深意，願益留神。國家以文取士，得人最難，材品器局如揚宇者，出門未之再見，此天下之寶，當爲天下重之，非特區區師友之愛而已也。差便附此布聞，不盡耿耿。

答錢青甫

來書以學問下手歸重慎獨，良是。又謂「修身爲本是主腦，慎獨是功夫，止至善是歸宿」，將《大學》經傳前後紐串，不免費分疏也。聖學宗旨，自虞廷危微精一數言，已自明白。孔門立教無非此理，要在學者實體諸身心而得之。今青甫但要識得獨是何等面目，慎是何等功夫，切切實實向自己身中討究下落，操存涵養，時刻不肯放過，方於此理有相干涉。若云「慎獨」二字比「致良知」三字更覺全完，此只是話頭同異耳。况兼脩身、止至善之説牽凑提掇，不已贅乎？

來書又謂鄙人所揭「止至善」宗旨，至善處自然能知，亦自不容不止，中間失却語意，鄙人無是也。鄙人特有見於性本至善，惟一止爲難。《書》曰安止，《詩》曰敬止，《易》曰艮止。人心到此纔是究竟歸宿，不容加減絲毫。故千聖相傳，喫緊在是，一知止而定静安慮得因之，止固不易易也。鄙人邇日獨除一室，專事静脩，覺得從生以來種種情識東奔西馳，未嘗得一時凝定。今頭顱已白，死亡可待，直欲發宣聖之憤，竭顔淵之才，汛掃而廓清之，令此心得所止耳。然識得獨體即便識得止體，慎乃所以爲止，止乃可以爲慎，寧有二耶？青甫此行，寤寐求之，毋懸想也。

簡張長卿

余視長卿學識精神，信卓然用世才也。厄於時而未遇，每甚憐之。潛谷丈知長卿亦如鄙見然。若孔子論由、求之徒，與其治賦爲宰而不與其仁，潛谷蓋云但因其材而成就之則已，余獨謂有才識如長卿，有行誼如長卿，而不能共進於道，則學者益難乎其爲人矣。長卿盍勉焉！竭吾才於反身，斂識慮於冲漠，是長卿今日事也。覆丈藉賢，籌畫實多，二册未完，恐有舛錯以滋後患，煩與諸公留心查之。王南城處屢爲丁寧，彼固責任所在，諸公亦不能無責，切勿避忌，貽累一方。至囑至禱。

答胡元敬

來書切直懇至，非元敬不能爲此言，非不佞平日一念鄙誠，不得聞此言於元敬也。不佞從事學問三十餘年於此矣，而德行未成，道業未著，遠近朋友謬相資討者亦多有人矣，而未見有卓然擔荷、弘養深詣之士。年幾六十，光陰有限，寤寐反側，正切憂惶，乃得元敬同心之言，不覺其感之深而幸之至也。昨有新報，叨轉右納言，可免炎暑西粤之行。第當此時勢，在外猶易，入朝更難。吾輩才局大小固各不同，要非全體精神，殫竭心力，弗克有濟。元敬得之矣。昔賢有云：驅山中賊易，驅心中賊難。故思匡濟時艱，全以洗心養德爲上，然而切磋琢磨，相觀而善，非藉真實朋友之力不可。孔門尚矣，宋程朱大儒及我朝王文成諸賢淵源作用，可考而知也。不佞雖迂拙衰遲，不敢當先賢萬一，而於聖學脈路，頗已分明。眼前朋友若元敬之清净於色欲、吴行之之恬淡於名利、張惟誠之鋭志於嚮往，皆可以助予所不及。倘合併一處，期之數載相與磨礱砥礪，則彼此德業皆可望其有成。元敬爲我至矣，元敬自爲能無汲汲乎？張惟誠方援例入成均，不難偕之北上。行之超然意趣，遠行似亦無難。元敬有賢郎，家事亦可托。果能相約同往，豈非一快耶？望元敬思之，以俟再晤而决。使還，草此復謝，不盡。

答胡休仲卓穉成

二契妙年執贄，不佞嘗竊奇之。朞月以來，未見過從講求討論，不知二契胸中識趣何似，又竊念之。二契忽以書來問學，亹亹千餘言，悼時俗之謬迷，究學術之蹊徑，雅意所存，直欲以孔子爲法，此出於不佞想望之外。不知二契何緣遽奮發如此也。程先生蓋云：人有必爲聖人之志，然後可與共學。吾將於二契得之矣。

來書所疑，略爲剖論。知止、致知俱出《大學》，首尾血脈，原自相因。致得良知徹透時，即知是止。討得至善分明處，即止是知。初非有本體功夫，亦非有偏全先後之别。古今儒者悟入門路容有不同，隨時立教，因病製方，各有攸當，政不必以此病彼也。來書固云：以道爲宗，以孔子爲法，則紛紛之疑皆可冰釋矣。然疑不疑、釋不釋，總屬見解上事，吾儕所重却不在此。子夏聖門之高弟也，入聞夫子之道而悦，出見紛華靡麗而悦，二者交戰，不能自決。況其下者乎？知之非艱，行之惟艱。克己復禮，一肩承當，非顏子智勇不足以及此。二契試反而思之，其於顏子、子夏何如哉？不佞嚮往此學三十餘年，迫於衰齡，習心猶在。蚤夜惕厲，思得遠近仁賢相與朝夕淬磨成就此身者，不啻饑之求食而渴之求飲也。二契果有真志，果非空言，當從以建陸子頻來山中，聚精斂神，共爲此學，一洗習俗之陋，以游高明之域。望之望之。

寄弟仲毅

吾弟病毒後又有此病，奈何！大抵因功名不得於外而家事貧窘於内，日夕多憂思悒鬱之懷，所以致此。然汝不見遠近士大夫有致身青雲之上，功名遂矣，家業饒矣，而復有憂思悒鬱，夭折其命者乎？又不聞古之顏淵、閔子騫之徒，貧窮且不仕，而獨以德行稱孔門，休光垂千載者乎？凡人只爲胸中無主、識趣卑卑，所以惟外物之慕而欲心常見其不足。貧賤則移，富貴則淫，少有不得則熱中，是以憂思悒鬱之懷，終其身不能免，夫子所謂「小人長戚戚」者此也。且汝謂我比年以來，利乎？不利乎？得志乎？不得志乎？當稍得意之日與今日所處，意趣有增乎？有減乎？設使吾亦如世俗之情有所不達，安能不爲憂愁悒鬱者乎？汝可以思而得之矣。吾從來教弟收斂精神，爲養身養德之計，弟不能領，今日已在死邊過幾次，可不思乎？人只爲情想擾動，精神汗漫而不收，一點火動，鬱積於中，便有疾病發作。今須著實看破，將種種情想全身放下，譬之一病而死，則此身已不知何所去向，其況身外之物乎？惟是念頭放得下，則欲火漸消，精神漸斂，讀書作文隨其分量，只以平淡心爲之，莫强思索，過於勞耗。平時坐作要静定，莫涉浮揚；言語要簡省，莫生支蔓。弟且牢記吾言，服膺數月，然而精神不復、智慮不精者，未之有也。大病之後，欲事一節姑宜絕去，思之，慎之。其他事務，備老父書中，弟各爲留意，毋迂吾言也。

與富平李署丞

聞足下誼至高，能捐千金修儒學，又捐千金造北橋。修學裨一方之教育，造橋濟萬姓之往來，並有不朽功德。生宦遊南北，未見富而好義、慷慨能施比于足下者也，是以心竊慕之重之。昨過貴邑，張春元令甥也語及足下將以二萬金上闕下助邊，今喬壽齋公亦云。信足下慕義無已，果有是事。以生觀之，朝廷雖乏財，恐二萬金不足以濟其大用。無名之獻，且啓利萌，脱藉口足下詔四方皆使助邊，將紛紛多事，即足下亦慮不可繼也。今天子非漢武，足下何效卜式所爲哉！輸財助邊，例不過博一官爵。足下老矣，賢郎輩縱以銀得官，世亦不甚爲輕重。足下更思之！以此二萬金別作運用，自有無限功德。如以一千金買穀，建立義倉，經理得法，可濟鄉人，垂之永久。又如富平見在饑荒，貧而不能存活者頗衆，人各與之一金，度春接夏，數口之家可無饑死。是有千金則救千家之命，有萬金則救萬家之命，惠至溥也！有鰥寡孤獨顛連而無告者，有老而無所終者，有壯而不能婚者，有喪而不能葬者，有青年向學苦于無資者，若此之類，隨其感觸，酌量救濟，多者與之十金二十金，少者與之二三金。其人苟賴足下得以全活，得以婚葬，得以讀書上進，將没齒不忘足下恩德矣。萬口頌德，皇天祐之，神明護之，是足下積功累仁所貽于子子孫孫者無窮也。古之燕山竇氏五子顯達，范文正父子相繼作相，皆陰德所致，足下知之乎？天下之富貴而懷貲者不少，顧患無足下之心。既有足下之心，又不務虚名而務實德，則真美之美者也。《語》曰「君子成人之美，不成人之惡」，生故始終高足下之誼而饒舌言之。惟足下裁擇，幸甚。

答友人

范文子有云：「惟聖人能外内無患。自非聖人，外寧必有内憂。」愚常以爲格言。世之安享福澤而忘其檢制至於荒棄淪没者，何可勝數！則凡吾輩之遇有患難，使之困苦而顛越者，彼蒼未必無意以玉成之。顧當此境界，須是猛著一鞭，絶外之怨尤而堅吾之志氣，以能超然獨存，乃爲有得。至於人定勝天、動而出險并其外者，亦全之矣。《易》曰「需于郊」「需于沙」「需于泥」「需于血」，但不妄動而能需，雖遠近不同，皆可以免害也。鄙人僻居山谷，獨此機稍稍分明。漫商之，以爲賢者旅處之助。

簡友人

某友夜來告我心事。世緣之不齊，恒有若是可怪也。然吾儕學術，正在這等處有用，切不可潦草輕率。人倫所值，智愚、賢不肖，態狀萬端，處之各各有道。苟其邪惡異常，形跡暴著，雖仁聖度量，不可姑容。若其痴呆謬妄，冒犯嫌疑，自宜哀矜，曲爲體察，無輕動聲色之理。世俗之士，往往矜惜名節，惑於毀譽，小有觸激，遂生乖張，以致傷害倫理，貽悔終身者，不少也。吾契慎之！見某友細談，知吾契雅量已不可及，然尚須沉深静密，從容察究，直以大聖大賢之心自處，平平觀看，不存一毫狐疑猜度之私。於此見得真爲邪惡，纔作處分，使之曲當。儻毁嫌有自，心迹可原，反覆參詳，都涉影響，則雖讒言成錦，積毀如山，亦宜冰消霧釋，廓然而解。特欲自此明閑家之道，務威如之吉，以善後絶嫌云爾。昔賢有云：「若無天度量，怎得聖胚胎。」竊爲吾契願之。此事毫髪有差，關係終身德業不小，故敢以忠告。不憚饒舌，千萬留神。

答宗良弼

甫至都門，遠承翰貺之辱，厚意何當！展誦别札，及詢朱敬甫，知良弼令肥鄉，操致才謂足爲百里生民之所倚庇，至慰也。廉以持己、仁以愛民、勤以蒞事、慎以發謀，士君子居官只有此數者，非特爲令而已。然爲令而真無愧，則由此以往便如坦途，宇内勳名，無不可立。良弼勉之！鄙人衰拙，無能補濟于時，所望二三知己不淺也。雅儀拜領，以後再不勞念。京師書問亦不暇數通，但盡心力於肥鄉，使治行第一歸足下，竊餘榮多矣。冗間聊此布謝，不盡耿耿，諸惟亮督。

答錢握之

任丘一接丰範，知高賢品格自異尋常，及會敝同年李廷尉，誦公德政如不容口，謂有精明之才而出以渾厖之意，真稱愷悌父母。鄙人竊聞而喜之，行間邂逅，輒述於公，蓋好德之私有不能已也。兹荷注存，遠勤翰使，且念戊子賓興，常厠提調之役而稱爲師弟子，尤非所敢當。抑賢者執義既高，衰拙不能自外，自今以往，願彼此交勵以成相知。治邑辛勞，幾有成績，經世事業更屬方來。洗心滌慮，弘見遠識，他日茂樹勛猷於國家，使任丘之聲、李廷尉之頌永永無斁，則鄙人私祝也。適在齋宿，勒此復謝，諸惟照亮，不盡欲言。

敬和堂集卷之四

德清許孚遠著

書

啓王荆石閣老以下入閩書

道途邂逅德輝，不覺忘其鄙陋，一爲傾吐。老先生虚懷垂聽，亦覺洞豁無礙，感幸如何。閣下此番入朝，緊要只在積誠以動主上，忘我以收人心。公卿諸老類是仁賢，臺省庶僚亦多英傑。以閣下高明，秉執政柄，開誠布公，同心戮力，雖艱難可濟也。請建儲君，是爲第一義。幸主上一言而定，則宗社萬福。其或蔽於他説，有世廟長生之意而故爲延緩，似又難以力争。但請再旨定奪，豫設東宫輔導儒臣數員，不致失時廢學，則雖姑順上意，亦庶幾其可。章奏不下，宜隨事請之，必使恢復先朝舊規，以防壅蔽之漸。建言諸臣宜次第起用，其材品真實者，尤宜亟奬進之。功臣被罪，淹禁囹圄，宜乘機會亟爲提拔。閣下一入朝堂，擔此數事，轉移斡旋，不動聲色，則中外翕然歸仰矣。主上遇閣下，古今所稀。閣下今始當局，正可展布平生之藴。時不再來，幾不可失。無退托，無疑慮，無急躁，無安排，本天下之誠心，參天下之公論，當行而行，當止而止，未有不心服者也。竊見閣下眉宇間稍有憂疑之色，須放令寬廣灑脱爲妙。人心有一絲凝滯，則精神不完，便非格君正物之道也。孚遠既承面誨，復進狂言，以閣下國士之遇，思報萬一。且當此不言，則無可言之時。伏惟台慈俯賜採納，不勝瞻仰之至。

又

恭惟老先生邇入朝堂，上慰聖衷，下答羣望，中外欣欣，靡不生色。由此定國是，正人心，綏黎庶，靖邊圉，俱在閣下潛轉默運、錯注幾微之間。幸甚！仰甚！近見邸報，儲君未定，聖諭别有權宜，以致言者紛紛。閣下於此，誠難爲力。夫不立儲而封王，累朝未有是事。國本不定，聖旨屢易，天下人心共有不安。閣下請付公卿臺省會議，良得之矣。聖意不從，閣下盍以去就争之乎？東征之師雖云報捷，然倭奴情形尚未可知。四方災沴頻仍，公私窘匱至甚。一旦外夷犯我邊圉，山海盜賊將乘之而起。所恃者主上英明，大小臣工寅恭戮力，内政修明，外侮可禦，而奈何朝廷宫壼之間，不信不安，而釁自我作也？閣下盍以此意痛切言於皇上，使能覺悟轉移，雖少需數月，未爲不可。不然，臣僚之口誶可鉗，而衆庶之心非難化。仁賢解體，勢將孤立。啓姦召禍，關係不淺。皇上獨不爲社稷蒼生念，爲九廟在天之靈念乎？《記》所謂「三諫不聽，則號泣而隨」，以事父之道事君，此宰相親臣之義不得不爾。且閣下今日得失安危亦於此決，願慎圖之。孚遠頃於途次聆教而别，水陸星馳，已入閩代事矣。此中兵防寡弱，似不及兩浙之半，整頓料理尚費心力，以俟從容酌量題請，候廟堂裁處而行。若有警急出於意外，便宜從事，先發後聞，亦所不能顧惜也。兹因奏代兼遵例自陳，肅啓奉達，一布腹心，統惟鑒察，是禱。

又

兹啓議處閩省海防事宜，具疏題請，伏乞台裁。頃報主上且已王封，此見相公回天之力。然國本尚是未定，又京察拾遺庶官，致生多議。昨見大疏屢陳，情詞至迫。甚矣，當局之難也！後進諸君不顧事理，輕詆前輩，其風已久。但今歲考察本公，考功才望特著，當上責吏部時，閣下引公論力解之，及考功被謫，顯於上前争之，則讒謗無由至矣。匡主德而收人心，此一舉兩得之道，惜其時無有以此言進于閣下者也。然事由宸斷，舉朝所知，輔相大臣不難爲人主受過，煩言亦無足介懷。第欲從此更積精誠，感悟主上，一正百正，卒收桑榆之功。必使平生抱負展於當年，而心迹白於天下後世，然後於相公夙志爲無憾，詎可苟焉而止耶？區區私願，不勝仰切！東征之師，近始奉旨撤還平壤者，得之。疲中國以事外夷，本屬非計，廟算固宜知審矣。李見羅年兄繫獄五年，所祈於台臺之救拔者，不啻若望歲。早晚儻有機會，幸一引手援之。有懷耿耿，不覺披露，忘其形迹，統冀台慈涵照，幸甚！

又

不肖初入閩中，適感朝論紛紜，書詞切急，不知忌諱。頃蒙復教勤懇，似有採於芻蕘之言。及奉傳示，密奏上前，諸揭反覆披誦，閣下肝膽皎如白日，良工苦心亦已殫盡，惜外庭不知也。趙考功之去不厭衆心，諸曹言者致激聖怒落職，太宰公亦竟以是堅求去位。閣下處此實難。泰交一疏，開誠布公，責難陳善，庶幾兩得！所謂聽納宜公、甄别宜先者，最爲衡平之論。近聞中朝公卿因一二浮薄之士作惡，言事諸君是益開攻擊之門，拒人於千里之外而樹之黨也。陽明勝則陰濁消，神氣王則病魔息，國是定則人心服。此其責全在吾君與吾相，而奈何以闕失之政欲塞衆多之口耶！主眷雖深，交孚未至。善類雖合，衆志未同。於此不動聲色而潛轉默移，是相公任，非他人任也。恃在知己，輒進狂言，伏祈鑒亮。外題請乞通海禁，其事體具在疏中。併以鄙著《大學述》一編呈上覽正。

又

承示題救趙考功一疏，具仰老先生匡正苦心，此心既盡，雖人情未有盡乎，蓋亦末如之何矣。頃見朝論頗定，吏部題覆閣下泰交款目，中及鄒、王數君，聖意似有轉移，不知數君得遂拔用否？儻因此納約，將先後建言當事諸臣次第除復，主上有赦過宥罪之仁，相公有包荒朋亡之德，四海人心當爲一快。此關係不小，惟閣下留神。李見羅五載縲絏，一朝釋放，雷霆雨露，恩威不測，上真聖德哉！然非閣下竭力維持，何以及此？仰服，仰服！兹因總兵衰病乞休，縣官貪肆拏問，各具題請，均乞裁奪。臨書不盡瞻依。

又

頃奉教札，三復詞旨，不勝悚媿。不肖孚遠入仕以來，逢執政者五六公，未嘗敢輕發一語。獨遇閣下，敢進其狂瞽之談。蓋大賢在位，千載一時，亦昔人所謂以國士遇我，故以國士報之者也。特遠在數千里外，中朝事情不審端的，言多冒昧，然區區一念之誠，實惟效忠知己，願閣下爲古之大臣聖哲之事。又見時事多艱，天顔萬里，匡救無地，葵赤徒懸，維持斡旋，舍閣下則無可望，故不避嫌忌，屢瀆聽聞。閣下之高明，宜有以亮我矣。近報爲倭夷擬封一事，言者紛紛。夫關白之桀驁，當不藉此虚名。一假虚名，有所要挾而來，益恐難禦。幸慎圖之。抑倭情叵測，連歲狂謀將必一逞，不再舉而向東北，則乘勝而掠東南，東征之師且須駐劄險害以伺其變。各省兵防雖稍整頓，未必可當大敵。孚遠在此日夕兢兢，嘗遣人往彼偵探，今猶未回。若得其情形肯綮，有先發制人之謀，庶幾可一褫其魄。看冬春消息何如也。遣奏地方諸務，肅此奉聞，諸惟鑒察，不盡耿耿。

又

承示教：生世六十年，不曾理會得自己真精神，即今日日言捐恩怨，日日言外是非，而究竟止成就一調停人情套子而又不得。美哉言乎！相公之謙虚自訟，一至此乎！夫不落調停人情套子，便只有理會自己真精神。要得理會自己真精神，便須泯是非而忘恩怨。堯舜之舍己從人，孔顔之一日克己復禮，即此胸襟，即此力量，閣下願效之乎？古之聖賢所以大過人者無他，只是克己要到盡處。到得克己盡處，直與神明相通，格君化物俱在於此。以閣下心地之光明、操持之峻潔，蓋進而齊于古之聖賢無難。只此一絲，更能克盡，則程子所謂内外兩忘、澄然無事者矣。夫天下之信相公，不若相公之自信；天下之疑相公，不若相公之自疑。自疑者所以爲自信之端，知非者所以爲渾化之地，此大賢之所能，而非常人之可及也。愚竊爲閤下喜之頌之。

主上之信任輔弼，真爲千載一時。閤下之殫竭忠誠，亦爲末世僅有。於此百尺竿頭，更進一步，寘人我於兩忘，通天下爲一脈，知人安民，從容料理，真所謂「何憂乎驩兜，何遷乎有苗，何畏乎巧言令色孔壬」者也。願閤下究之圖之。人不足適，政不足間，惟有格心爲難。毁不足怒，譽不足喜，惟有洗心爲至。辱諭所云相知萬里，呼吸疼痛，無一刻不與通者，閤下既已深知不肖之心，不肖豈忍終負于閤下？故復盡其忠告如此，其他時政之得失、人言之是非，姑未足深論也。玆上參官一疏，大非得已。又乞免解逋餉，亦至切急。海濱頑梗之地，若復急征積逋，其禍有不可勝言者矣。仰惟閤下力爲張主，地方幸甚。

又

恭覩皇長子出閤講學，大事已定。其諸啓沃匡贊，閤下又從容圖之。主上眷倚實隆，四海仰望至切。來諭所云「思以膰肉行」者，非所祝願也。倭酋請封，廷論不決。適此中偵探倭情還報，因以轉聞闕下，具論事理，詳在疏中。孚遠本屬疆吏，非不欲藉權變羈縻之説稍緩兵防，偷安於此，顧念國家事體關係甚重，不容規避而無言。且此事行之，脱有後患，悔之無及。今奉旨差科道官查勘，宜乘此機會裁定大計，杜絶羣疑。刻印銷印，古之英雄所爲，閤下當不難轉移於此矣。天下事非一家私事，輒敢冒昧陳其區區，伏惟鑒督，不勝瞻仰。

啓趙張二位閣老

孚遠初入闈中，奉書閣下，適感時事，傷於迫切，伏蒙海度涵容，賜書温藹，不勝感媿。自春初有王封之說，繼而有趙考功之去，言者歸咎政府，議論紛紜。三位相公於此可謂費盡心力，數千里外，固所仰見也。主德誠不易致，人情亦所難調。然而君臣相遇，千載一時，謨弼明諧，古今希覯，志慮純一，精誠交孚，自有潛轉默移、一正百正之妙。惟閣下圖之。兹者具題乞通海禁，詳在疏中，統惟鑒察。外鄙著《大學述》一編，併望覽正。不備。

又

邇幸皇長子出閣講學，所繫中外之仰匪細。於此竭誠殫力以弘匡贊，必使朝政無闕而羣疑盡亡，是在政府諸老，願益留神。東征之師勢固宜撤，又以總督代經略而往，亦恐非計。蓋朝廷已慮兵疲餉匱，雖總督公無巧術，今業有成命矣，但令提兵海上，遥爲聲援，以示不測則妙，不當徑渡朝鮮，復蹈故轍也。近得本兵書謂行長乞封，其情已真，第不知關白心腸何似。至議寬通倭之禁令、吾民往彼貿易一節，華夷交通，似亦王者無外之道。但恐其端一開，其流難遏，勾引接濟，勢所必然。善後之策，未知所出，惟在廟堂熟慮而行之。孚遠在此亦當從容咨訪以報，未敢輕率謂爲可不可也。兹有諸疏具聞，統惟照督，力爲主張，疆吏幸甚。

啓趙瀔陽閣老

頃閱報，知太倉相公在所必歸，首揆之任今在老先生閣下矣。前歲閣下蓋嘗秉軸，然猶有待而爲。且主知未深，不無含章之意。二三年來，上惟政府諸老之倚毗，而諸老周旋于衮黼左右者，真如元首之於股肱，誼至殷篤。爲德爲民，展布四體，正惟今日之事，其復何辭？不肖孚遠忝於太倉公爲同年，去春遇之於途，僭贈以二語曰：「積誠以動主上，忘我以收人心。」夫積誠忘我誠不易言，然舍此更無別術。惟翁留意。比見首揆與太宰一時乞身，堅不肯出，竊爲上憂之。太倉公似果有疾，而太夫人且年高，已有不可挽留之勢。若太宰之求去，明是不可則止意也。閣下盍力言於上而留之，此亦眼前第一事。不然，端直老成數去君側，可不惜乎！前後建言諸臣，大抵不宜久棄，其才德繫中外之望者，尤宜亟爲引拔。用舍予奪，是非行止，一以天下之公處之，而我無與焉。正己正物，如斯而已。封貢之説，朝廷非不可行於外夷，特其間事機有所未當。近小疏已明言之。朞月以來，當事大臣持之太過，致與臺省庶僚連章累牘如聚訟，然則亦似廟謨失於蚤定之故，何如？何如？孚遠恃閣下鄉曲道誼之雅，故喜其柄政伊始而剖露肝膽，用獻芻蕘，伏惟台慈鑒納，幸甚。

又

恭惟老先生久晉台衡，兹宅首揆，受知明主，贊化調元。此千載一時，四海所共瞻仰也。况在鄉邦，豈勝欣賀。天下事權，勢須歸一處。元輔之尊而不操獨運之柄，其道將有所難行。然惟上格君心，下通衆志，而後操柄可以我握。本之以精誠，居之以寬大，慮之以詳密，採之以虚明，不動聲色而衆志自孚，漸收旋乾轉坤之効，則相道之光、邦家之幸也。不肖孚遠恃在教末，每獻狂愚，今慶遭逢，益深祝望，不能隨時爲頌謏之語，伏祈鑒督。臨書無任瞻依。

啓張洪陽閣老

頃閱報，知太倉相公旦夕南歸，調元之任，全在二位老先生矣。前歲閣下初入政府，似猶有待而爲。今主知已深，事權攸屬，願益殫誠竭力，以上贊聖德，下答蒼生之望。太倉公想萬不得已而去，其去也，若猶有未愜於衷。萬苦千辛，具二翁之所深亮，鑒于已往，補其未至，道術將無存與？主上真有軫恤生民之念，有敬信大臣之德，將順而擴充之，非大賢在密勿不能，天下均跂足俟之矣。太宰儻未果去，宜爲挽留，此亦目前緊要事也。孚遠忝辱閣下道誼之雅，雖在疎逖，敢獻芻蕘，伏惟台慈鑒納，幸甚。

簡楊本菴司徒

准貴部咨，題奉欽依，行追逋餉，每年凑解一萬五千兩，六年共九萬兩，協濟邊儲。爲此具疏請乞寬免，詳在疏中。蓋福建一省，僻在海濱，氣象窄狹，人民頑梗，與他省不類。連年荒歉，人不聊生。見今斗米賣銀一錢以上，至爲窮急。各縣見徵錢糧欠者十恒四五，帶徵完者百無一二。乃加以一萬五千之銀，逐年要行追併，真莫知其所措手足也。前題司庫六十萬之數，查係兵興，各省協濟及多方加派提編所存，三十年來，未敢輕動。今又題請動支矣。若一旦倭寇大舉，或山海之間別有變亂，全靠此銀。且以見額兵餉每歲二十九萬計之，不過兩年可盡，又豈堪取以他用，爲剜肉補瘡之舉耶？仰惟翁丈主持國計，洞悉民艱，撫字催科並行不悖，雖爲邊儲之計，萬不得已，然或不察閩地困苦艱難，其狀如此也。伏乞台慈垂憫，即賜題覆，免使徵解舊逋，則非但救此一方吏民，而且以潛消未形禍亂矣。孚遠臨書不勝仰懇激切之至。

簡石東泉司馬

兹爲議處海防事宜，具疏題請，伏乞賜照，即爲題覆而行，地方幸甚。閩中水陸之兵，僅止一萬三千餘名，分布八府一州數千里之地，單弱可知。然餉銀極爲難處，不敢遽議增益，只將見在人數操練成兵，戰船軍器整理得用，庶幾可備緩急。諸具疏中，翁臺固所洞鑒也。舊歲嘗奉部檄，令浙、直、閩、廣各募水兵一萬，以待擣巢應援。前院行司道會議，將見兵挑選二千，聽候徵取。孚遠至日，春汛方棘，姑令照舊防守地方。蓋閩地絶少應募之兵，水陸止有浙兵四五千人，挑選一半而去，則力益不支。且使跋涉山川六七千里而達京師，費繁用寡，事甚不便。竊意翁臺前檄亦先聲也。今東征雖告急，而閩兵實難處，南北一體，幸惟垂亮，毋再檄取，不勝惓惓。

又

辱教謂因小疏罷封貢之議，敢謂其然。老先生忠誠謀國，原無成心。偵探倭情本係臺下所遣，孚遠特奉行之耳。來諭用間、備禦、征勦三者，將爲議覆，而以用間爲急務，誠然誠然。備禦不必言，征勦之説所謂先聲也。彼能來，我亦能往，存此一議，可破姦邪之膽，然而未可遽見諸行事也。六月半後，復遣人往日本矣，偵探之中兼圖間諜，顧未知機會何如。我翁以病乞休，知非得已。然聖明方切倚眷，南倭北虜正藉折衝，而可言去乎？願惟寬紓，以慰答上下之望。

簡李漸菴中丞

承教綜覈名實，激濁揚清，孚遠固有是心，惜力不及耳。趙考功之去，翁不能無言。初見旨意少温，知翁必有疏上，然不宜太瀆。况太宰公已決意求去，在翁事體又稍不同。大臣進退久速，惟視義理何如，政不以名高爲務也。頃有調科一事，銓省交責於政府，似皆已甚。來教謂：「安得吾輩此心盡皆蕩蕩平平以明是非而公好惡。」看來縉紳獨少此着。然而旁觀則明，當局則蔽，古人所以嘆克己之難與？差便，勒此布謝，不盡耿耿。

簡蔡見麓少宰

部事久勞尊神，鑑衡自協公論。孫太宰之去，身雖退而名益高。趙少宰之歸，則不免立於是非得失之間，《易》所謂「若濡，有慍」者也。忠直老成相繼引去，實爲可惜。奈何！承教謬取格物之説，不肖弟實有苦心於兹。彼所謂待有物而後格，恐未格時便已離根者，此其論似高而實非也。若得常在根上着到方寸地，灑灑不掛一塵，乃是格物真際。人有血氣心知，便有聲色種種交害，雖未至日前而病根常在，所以誠意功夫透底是一格物。傳説孔子江漢以濯，秋陽以暴，胸中一毫查滓無存，陰邪俱盡，故能無意、無必、無固、無我，此非聖人不足以當格物之至，豈但初學下手而已耶？陳心老至部，老公祖又得道誼同心之益，第恐資深望重，喬遷在即耳。差便布此，諸惟台亮。

簡沈鏡宇少司空

來教魔道之説，前書略已言之，兹又承諭云云，更似太過。弟與老丈爲同榜知己，三十六年於兹，平時肝膽頗極相信，而一事意見矛盾若此，何怪乎後生議論之紛紛也。弟自德州道中會王荆石相公以後，書凡數通，無非規勸語，大意在於匡主德而收人心。丈試叩而問之，可見。自來相君病在有我與天下忠直之士相忤，所以讒諂交進而事業不光。弟遇知己，故不憚數數言之，爲相君計，爲朝廷計也。丈其能亮我乎？抑人品之辨，其説頗長。弟嘗謂叔季之世道德衰微，求其表裏純明、本末完具者，屈指未可多得。然公是公非，人情不遠，其懷姦挾詐、變亂黑白以傾覆邦家者，亦間有之而不盡然。蓋天下多中人之才，學術涵養往往不足，故有忠信而闇，有耿直而絞，有英敏而露，有豪邁而疎，有勇敢而輕，有精明而刻，有好善而泛，有特立而褊，有貞廉而固，有忠義而激。是數者比於庸瑣齷齪之徒大有逕庭。然見之行事，恒多跻盭，所貴於吾君吾相兼收而並蓄之。平時有涵育造就之方，臨事有體察優容之道，用其所長，捨其所短，化其所偏，成其所美，使天下之士莫不欣欣嚮往，樂就於吾之範圍，是古之聖賢所以甄陶一世、鼓舞人羣之術也。今乃以一眚而掩人之善，以一二人之不類而概疑天下之英才，以剛柔同異之情成胡越參商之迹，不已過乎？丈平生端直，涇渭甚明，似應益破藩籬之見。老年兄弟，輒敢盡其肺肝，非好爲饒舌如此。伏惟鑒督。外示對山宗伯咨勘之説，領之矣。林宗伯、郭司馬並閩之賢大夫，宜請謚無疑也。

簡孫立亭中丞

頃見大疏乞宥言官，此大臣盛舉也。向來持長厚老成之説，祗以諫諍付之臺省而緘默不言，則弼直之謂何？臺下此舉實快人意。繼此又見請告兩疏，蓋亦以道事君，不可則止之義。然屢奉温綸，朝野屬望，恐又不得一辭而退，以孤聖眷，及重違輔弼諸老也。何如？何如？參官一疏，具揭奉覽，伏惟台照。

又

頃不肖孚遠論劾屬吏，與陳御史相左，致御史疏詆，不得不具奏自明。不肖與御史素稱相知，一旦以屬吏之故參商若此，殊切自媿。第撫按官並朝廷所重，論劾異同，亦爲各舉其職，既經該科參勘，不妨虚心聽之，何至盛氣相加，摭拾浮詞，而欲居己於賢、居人以不肖也！御史稱無亂衙門之職掌，按院有職掌，撫院獨無職掌乎？御史爲十三道衙門，右僉都御史非都察院衙門乎？蓋撫院體統陵夷已久，而御史輒藐視若玆，不肖有去而已，不能一日居乎其位也。伏乞臺下主持公道，速行查勘的實，仍申飭撫按兩衙門行事憲規，使同寅協恭之中有互相糾正之義，不尚雷同，不避嫌忌，則於吏治民生不無小補，非爲一人之故而已。顒此瀆聞，統祈涵亮。

簡許少微都諫

役還，辱教過爲揚翊，及自稱謙抑，鄙拙悚然，殊不能當。門下兩邑德政，具在人心；諫垣風節，振聳朝野，此乎遠所爲欽服而不違者。向見大疏辭讓内轉，稍似着意，前書嘗一及之。近者部中調科之議雖違高賢雅意，然亦無甚舛錯。門下抗疏一論及責政府之詞，似覺太動聲氣。傳所謂爵禄可辭而中庸不可能者，正在於此。高明能無悟乎？簡命已定，恐難輕易。心事暴白，且須静以居之。出處去就，惟義之歸，不宜着高潔色相也。僕於門下有梓里之情，有宗盟之雅，而又承道誼之愛，故數千里外，不憚曉舌言之。伏惟亮督。

簡沈惺予主客

承寄示請建儲一疏，以爲國體不重自上始之。上立于無疑之地，而後能止人之疑。上立于無議之地，而後能止人之議。交責君相，義正詞嚴，兄可謂不負昔之諫議、今之禮官矣。鍾儀制四疏不爲多，沈主客一疏不爲少。二兄與董伯念可稱浙西三鳳，豈非鄉邦之光與！此後願諸兄居以鎮静，相機而發，要使詡贊執政、宗伯，共定大議，又不徒以一時氣節爲高也。孚遠入閩，屢有題請。所爲地方苦心，兄當略悉其概。衰拙之夫，終乏經濟，奈何！諸惟鑒念，不盡欲語。

簡鍾文陸儀部

邸報載兄第四疏，讀之頗以爲快，然未見前三疏，似覺詞氣稍迫。及承教札并示疏稿，首之以初心之説，繼之以天性之説，又繼之大機大本之説，而末以藩封比例感動聖心，進言本有次第，意至誠切，詞俱明暢，兄平生學力具見諸疏，可謂無負於儀制一官矣。疏中上觸聖主，下侵諸相，忠義所激，固宜其然。但今後不欲以此自多，亦不欲以此自異，居之鎮静，相機而發，惟求有裨於國家，不必矯立乎名節，則純臣之道也。别示督學之説，在兄未轉儀曹時饒舌言之。然内外勞逸，固有數存，吾輩平等視之，不少介意，方爲豪傑。昔人所謂「登對必先自盟」，盟者盟乎此耳。高明以爲何如？

答于如菴比部

得手書，過承謙抑勤懇，不勝感念。吾丈天生磊落俊偉，真所謂豪傑之才、社稷之器。然又孜孜汲汲，好善如饑，雖在衰拙，加意如此，宇宙事業，何患不至？試觀眼中流輩紛紜勢攘，其闕失在何處？吾儕學者可以自反矣。操履欲嚴，意氣欲斂，言語欲密，心量欲大，僕學之三十餘年而未能，不時病根常露，幸丈留神。時方多故，匡濟須有其人，然本領在我，預養不可不至也。僕撫閩略有端緒，吏治民生弊困兩極，卒亦無如之何。水陸兵防雖稍整頓，若倭奴大舉而來，衆寡强弱之形，斷知不敵，但看地方氣運耳。仲淳留閩數旬，目下即送之歸。此中氣象窄狹，非延覽英雄之所也。來教謂冬仲入朝，勒此布復，不盡瞻馳，諸惟鑒亮。

簡儲以忠大行

樊桐久列清班，華要可待，而猶以尋師取友爲急，是古人之心、豪傑之事也。不佞自愧衰老無聞，何足以當賢者高誼？然平生嚮往，因之益勵，不敢有負相知，願樊桐於此學力爲自信。世有隆污，道無加損，惠迪則吉，從逆則凶，斷斷乎其不爽。吾儕不以古聖賢爲師法而誰法與？閒忙動静、進退出處，時勢屢遷，但存此心，不爲物欲所蔽，方爲真實功夫。匡濟勛猷，俱從此出，願與諸君勉之而已。奏便，勒此請教，諸不贅及。

簡朱君采侍御

知吾契選居内臺，甚慰。夫臺臣責任重矣，上與天子争可否，下爲生民計休戚，其志易伸，其澤易究。然而稱塞此任，道亦維艱。君采勉之。講究時務，審量事體，言必當理，動必合宜，此其近者。古人謂「登對必先自盟」，肅憲貞度，具從身始，故操存涵養不可不至。君采明快而少深沉，直易而少學術，此蚤夜所宜汲汲也。竊在知己，期望甚厚，幸惟鑒念，不盡惓惓。

簡王弘陽撫臺

夏杪因千都閫赴任之便，曾緘上臺端，竟不敢顓遣以煩裁答，知老公祖所亮也。恭惟節鉞填臨兩浙，三月於兹，有道真人作用自别，敝邦幸甚，隣疆幸甚。朝鮮倭奴尚未解去，關白儻有異志，添兵而往，則中國大有可虞。如其止此殘寇，遷延日久，即使奔逸而南，四散剽掠，亦計之下者。高明料度以爲何如？頃者星變一占，傳聞遠近河堤大決，運道艱難，輒恐中原不無意外之慮。斡旋匡濟，本在朝廷封疆之臣，杞憂徒切，想臺下所同也。若夫撫綏黎庶，整飭兵防，吾黨亦盡其力之所可爲者而已。適有咨送，勒此布聞，統惟照存，不備。

答陳應虹督府

門下高風偉行，磊磊軒軒，世所仰爲麟鳳山斗者。不佞孚遠徼有夙緣，昔在關中，追陪法從，薰炙良深；今來七閩，密邇粤臺，封壤相接，餘潤無量。伏讀諸疏與填灕存草，事事法程，言言龜鏡也。孚遠雖不敏，敢不佩服而師資之？香山濠鏡澳一處，甚快。往者留都振武營兵大亂之後，數有煩言，以李襄敏、胡莊肅諸賢，疑畏而不敢動。其後裴内山少宗伯攝大司馬事，一疏解散，遂以安帖。海上之鷗，馴于無心，信不在防閑大過也。東倭在朝鮮者，雖暫解嚴，尚是叵測。儻其南犯，則浙、直、閩、粤之間，皆有可慮。臺下何以授之成算，一殲鯨鯢而封京觀，安此邊海生靈耶？謹遣一介隨使者走謝併上起居，臨書不任馳遡。

答王泉皋撫臺

兩撫臣一時拜命而出，衆皆以爲奇遘，此其小者耳。迂拙陳人得逢名彦，精神意氣不期而合，謀國謀道，協若塤篪。此不佞孚遠與明公所自知，他人不能知也。傾蓋兩旬，情深白首，安德道中，依依不忍爲别，有言語所不能形容者矣。閩屬萬里，❶羽訊甚艱，忽厘翰使拜寵貺之辱，感戢無地。填撫責任，吾兩人同，而孚遠以衰遲，明公以强盛。閩有東倭之警，蜀無南寇之虞，此其事勢難易不侔也。若夫吏治偷窳，民生艱

---

❶ 「屬」，依文義，疑當作「蜀」。

棘，所在皆然。振飭康濟之圖，雖日提撕而督責之，政恐其不吾應。然吾輩不得不盡此心。源潔流清，形端表正，如日月之照臨、江河之潤澤，有莫知其然而然者，則明公當有大造于蜀，而孚遠亦或不無小補于閩也。三川夷情雖有未妥，但申布威信，處寘得宜，自當馴服。柔遠能邇，古有明訓，干戈之動，萬非得已。高明以爲何如？遠煩使者，即宜遣謝，迺脩途不易，且聞問既通，彼此均愜。敬附啓將候，并布闊悰，不盡覼縷，仰惟台照。

答陸仲鶴撫臺

來教：聖賢體用一源，必有經濟中學術爲吾人隨處體驗者。旨哉言乎！孚遠看來，舍學術無有經濟，外性情無有學術，一正百正，一乖百乖，捷於影響。所以古之君子必先存心養性，更無他法。第今之學者不談空說玄而舉歸于無何有之鄉，則標宗立旨而以爲千聖不可易。及察其心性之際，猶或蔽于氣質，障于意見，此學術之不明，無惑乎經濟之無當也。門下德度最是冲夷，好善最是真切，宦履所至，清貞慎密，毫無疎漏。所謂體驗真實而一正百正者，舍門下其誰望耶？孚遠雖衰老無聞，竊願從賢者勉之矣。《大學述》一編，略有苦心，希賜裁正，不具。

答陳懷雲按院

承教：時事人言，總難歸一。誠然，誠然。中朝議論，非疆吏所敢與聞。門下指日還臺，獻替當有在矣。海壇、南日之開墾，孰慮後患？寨遊兵船星布海上，誰能據此荒土而抗我耶？寺田若定變賣之令，必輸價而授之以田。不輸不授，豪强亦無可撓奪，且價必減，估人自樂從。昔車南豐變賣絶産，銀三萬五千餘兩，不二年追完，以削籍去。事在人爲，豈盡不可爲也？大抵司道諸君守故常而憚任事，多爲此説。然寺田查理，朞月尚未報完，加税充餉之議，亦秖成畫餅耳。高明權之，以爲何如？守令諸君事蹟果真，恐難姑恕，是非予奪只憑天理人情，若不佞與門下心事，則天日鑒之矣。王遊擊再以病告，詞至苦切，勢不可復留，遂與洪参將並題請補秦之代洪、朱之代王、鄧之代朱，具在疏内，皆門下素所鑒識。且春汛將臨，不容稽緩，故直具稿奉會。幸惟照原，諸容嗣請，不盡。

又

僕之有小疏，非得已也。撫閩朞月，止與門下會拏一尤溪令，其餘付之度外，似若於休戚無關。自台駕别來，因交際則訪之士夫，因審詞則訪之百姓，始於各屬賢否漸得其實，觸目激衷，義不容以無言。然先時而舉，則恐礙于門下復命之彈劾；後時而發，則數月之内亦難遽有異同。惟乘此機會一行，庶幾兩相照應。疏中所謂與門下肝膽靡有不同，又云道實相濟，心並無私，此可以對君父者也。周候官據所訪聞，十不敢信一。但以庫吏侵銀一節，略言其關防之疎，且責令在任清楚錢糧以圖後効，僕於此苦心至矣。舒同知之險戾、王通判之貪酷，漳泉士民怨入骨髓，勢不容復留於民上。或以爲三子並江右，恐於門下有嫌，僕謂門下惟不聞其詳耳，聞則無有不惡而處之者。况僕任其咎，先發其端，門下亦有辭於鄉里。設或不盡符合小疏，所謂大同小異，義自無妨。諸凡素承指教，爲國爲民，肺肝如一。竊自幸此來得遇知己，豈有一毫形迹之嫌耶？小疏在十三日始發，稿先奉覽，計數日内尚可略加參酌。統惟台慈涵亮，臨書不任惓惓。

答蘇紫溪參政

明公以文章名天下。曩歲司文兩浙，私心殷殷嚮往焉，然未嘗得遂識荆之願，亦未知明公於文章之外，其造詣人品爲何如也。頃來七閩，正切懷仰，忽承翰教。自東粤道中，見遺書中言言出自肺腑，若以不佞孚遠有足與言者，而重致接引，且寓咨詢焉。及閲《解酲》一編，洞徹性命之宗，發先儒之所未發。其格物之説，適與鄙意符契，謬於《大學述》序中及之矣。外示乾坤大旨，並是精微。孚遠亦有《易述》，數年尚未脱稿，以俟他時就正。然今日吾儕所急，在修不在解，在道不在文。竊聞明公真篤沉潛，語不輕發，與世之藻繢其言而滅裂其行者霄壤不侔，此尤孚遠所爲傾注也。來教「聞見之障甚於桎梏，功名之害甚於爲寇」，誠然，誠然。白沙先生有云：「斷除嗜欲想，永徹天機障。身在萬物中，心在萬物上。」願與門下交勉之而已。別諭胡大參嘗言之：「道術淪喪，風俗凌夷，士類猖狂，往往無忌。」吾輩處此，只有含容，難與校量。然得學明而教行，此理隨處薰蒸透徹，則庶幾乎其可挽回一二也。《易》所謂「閑邪存其誠，善世而不伐，德博而化」者，此其道在我。何如？何如？

簡鄧定宇少宰

往歲先慈之葬，乞誌銘于陽和年兄。及先君之捐館也，孚遠念所嚮往，願乞一言以信將來者，惟在有道門下。顧山中每事艱難，欲遣舍弟走金陵而又不果，因循至今。竊惭平生凉德薄命，不孝之罪無以自贖。猶幸夙緣締知有道，尚藉名筆垂之不朽，即幽明生死世世之幸，門下能無憐而許我乎？《大學述》一編復訂格物之説，敬以請正。鄙意以爲神明之地必不累於一物，而後可以合道。格致誠正與戒懼慎獨、克復敬恕，斷無殊旨。高明以爲何如？邇來道養日愈深粹，視我衰老逐逐塵紛，奚啻霄壤？然必不忍以形迹踈密之間而忌其所爲期許規誨之道也。不勝懸切，統惟照亮。

簡萬思默年兄

吾兄道養完粹，悟處想益融徹。平生所蒙指教斂約潛下之旨，邇實見得意味深長。學者千病百痛，只爲浮氣收斂不下。然非實用懲忿窒慾、遷善改過功夫，則强爲收斂，亦不可得。弟年及六旬，於此稍知有用力處，重訂《大學述》格物之説，蓋自吾所及者言之也。望兄高明細加裁正爲幸。巡撫責任頗鉅，事務頗繁，以弟迂遲，應答不暇。東倭情形叵測，春汛方有可虞，若其果來，尤費區處。兄得無念我乎？見羅兄曾止郊外禪寺，晤對幾番，今往漳南，欲以莫春過武夷，亦尚未定也。兄何時來遊武夷？示以的期，當遣候于境上。諸不盡所欲言。

簡鄒南皋丈

老丈自起用而來，進退無恒，周南久滯。今又乞身林壑，此其故難言也。語稱「明良相遇，千載爲難」，所以古今儒賢往往擯落而不見用，世道隆污，生民休戚，恒係於此。然吾儕處此，惟有不怨不尤，下學上達，以爲師法。想有道當自得之。海内學士之談無慮數變，標宗立旨，各以相雄。若真知孔門下學心法，朴實頭做去，不論動静閒忙、窮通出處，一真一切，滋味自是深長，功夫自是無盡者也。孚遠年且老矣，謬膺艱鉅，夙夜兢兢，未知其所税止。第平生既已志於此學，盤根錯節，正吾所磨礪之地。鞠躬盡瘁，竊以自盟。門下又將何以謂我？羽便，勒此布訊，不盡懸仰，統惟照存。

簡鄧潛谷丈

莫春閲報，知老丈被新命晉史館，爲國爲道喜幸不勝。入閩以來，諸務倥偬，未遑遣候。想道駕亦不輕出，當有辭疏以俟再命。山川阻隔，消息杳然，殊切懸耿。儒者恒言以出處卜事業，丈在今日最爲緊要。如精神完聚，胸次灑落，即應命入朝，與公卿庶僚共究道德之藴、經濟之謨，此正蒼生所望，不必固戀丘壑。如静處日久，不耐塵紛，量鑿正枘，恐猶未合，則高卧黎川，藏器以待，亦不負平生所學。程正叔、邵堯夫、吴康齋、陳白沙三四公或出或處，軌轍可鑒也。區區之私，愛丈無已，伏惟裁之。孚遠與丈夙有期約，欲合并歲月卒業此道。今計從者入閩千里，而近孚遠節鎮於此，可以爲東道主人，彼此相知，亦無形迹可避。儻肯許我，當肅使奉迎，姑以三月爲期，庶盡切磋之義。失此機會，後恐難期。幸惟念之。《大學述》一編，曩嘗請正，蒙賜評隲。邇年山居，悟得格物之説殊異前旨，兹刻閩中，再以呈教。不敢必賢者之取，亦不敢必賢者之不取，盡掃知見，切身反觀，洞然不迷，照我肝肺，則鄙拙之願也。兹因益府遣問，馳一介之使與西，便間顓令走候請教，統祈鑒入。

簡諸敬陽丈

都門聚首，長途聯駕，僕於老丈亦奇逢也。高明磊落之襟，慷慨正直之論，振我衰拙，爲益良多。别來不覺又匝歲矣。僕勞神焦思於案牘，酬應之際，靡有寧息；而丈方高卧衡門，完養心性，此閒忙霄壤也。顧季時、薛以身又皆還里，丈可謂「西南得朋」。諸兄並一時名彦然，正好致力于聖賢之學。世間紛紛勞攘，總病于不學而無術。不遑聞見，不争伎倆，只不爲血氣所使；語默動静，一由天則，方爲儒者真實學問。幸丈留神。宇宙内事終須有人負荷擔當，願豫養不可不至也。書刻奉覽，統希亮存。

答厲從訓

從訓令宜黄，未幾遂有新喻之調。賢傑施爲，如處囊脱穎，風采立見。當塗之人求才若渴，因酌量繁簡而移易其間，亦事勢然也。吏治臧否、民生休戚，全係一令。令得其人，百里蒼赤真如付託於慈母之手，然而人才實難。從訓才識精神，吾知其綽有餘裕。又來教所云「清苦少欲，寧缺養父母，毋得罪小民」者，此語出自肝鬲，本末可謂兼之矣。不佞獨願從訓從清苦少欲處凝養此心，常令冲虚慎密，無有一毫英氣發露，則政理日益精明，人情日益孚信。新喻不難於宜黄，且平生大業其根基在此。勉旃，勉旃。不佞撫閩朞月，慚無寸補。顧一念不敢不盡，遠承惠問，勒此復謝。拙稿併奉覽，不宣。

復董潯翁老師

伏承惠教，纍纍數千言，老師之神思可謂太勞，而留念弟子亦太厚矣。吾師以頹暮之齡，受非常之侮。不肖孚遠辱在門牆，素蒙知遇，而不爲攘臂號呼其間者，❶非人情也。師何以憐之深而與之過耶？第世間萬事總是無常，升沉進退，得失去來，如晦明寒暑之相尋無異。故君子無入而不自得，其見此明審也。日中則昃，月盈則虧，苟爲處盈而中，虧昃必有所不免。聖賢於此亦以爲常然而順之。寵辱不能驚，哀樂不能入，是其所以異於恒人者也。人或謂吾師高年履此蹇厄，又數十載拮据創造之艱，所爲「貽厥孫謀」者，若不忍親見其損缺。嗟乎！百年之前，吾身且不知所自來；百年之後，吾身且不知其所從去，而何有於身外之一物？其亦何全、何缺、何少、何多耶？川竭而谷盈，丘夷而淵實，我之所失，人之所得，未爲不可。而況以富貴豢養之子孫投之艱難困苦之景象，使其動心忍性，增益不能，又所謂「生於憂患」「禍兮福所伏」者也。師之高明，洞然於此，豈得絲毫芥蔕如恒情所云耶？洪水滔天，此振古災變，而大禹惟行所無事，卒收平成

---

❶「間」，原作「問」，今據清涵芬樓鈔本《明文海》卷一九一改。

之功。秦漢之間，宇内鼎沸，而張子房從容佐沛公定帝業，又旋從赤松子遊，委功名于何有。古之聖賢豪傑施爲作用類如此，師豈難取法之耶？弟子非敢爲是迂闊之談，實以老師今日全在自處有道，完其天和以躋上壽，其諸訟事紛紛，一聽令孫處置與有司斷決可矣。承師至愛至教，故敢盡吐其狂愚，統惟尊慈亮詧，幸甚。

答董伯念

承來札，備悉邇時受厄于鄉里之狀。先是，青芝居艱，有查處産業之意，惜乎老師不從。時當從容操縱在我，乃易爲力。若在今日，真無善策矣。執吝不可，捨捐不得，拂拒固難，隨順亦難，於此鎮定含忍，委曲調停於上下之際，得失去留，一絲不掛，而又斟之酌之、權之衡之，盡其在我，聽其在人，方是經濟學術。青芝能之乎？孟子謂「生於憂患」，而《易》以困爲德之辨，動忍增益，正在此時。願青芝毋忽也。令祖老師高年遇厄，情極難堪，青芝蚤晚宜爲多方温存勸慰。且若青芝處患難而不懾，捐貲産而不憂，則人品超於尋常萬萬。老師高明洞達，亦有不以此易彼者矣。青芝力自砥礪，以上慰祖翁與尊堂，而下勉誨其諸弟，戒飭其童僕，轉危爲安，轉禍爲福，豪傑聖賢之事也。念之，念之。

簡朱太復

入閩後，知榮遷比部，又知請告而歸，甚慰鄙念。離海邦而憩故里，釋吏冗而就閒居，祥麟瑞鳳得其所止，怡曠可知也。緬想天才警異，超卓人羣，無理不究，無藝不精，罕見儔匹。今其歸也，將無凝神定慮而求其所謂一以貫之者乎？挾策亡羊，以珠彈雀，古人可謂善譬。心虛則腹實，志弱則骨强。惟虛與弱爲近道，惟實而强可完生，亦可以長嗣續。願惟加愛！不佞迂儒，謬肩重負，勞心焦思，出于事勢所不得已，然竊深厭苦之。儻徼瓦全，一日還苕溪之上，與吾丈握手論心，則甚幸也！拙稿數種求正，不盡惓惓。

簡朱文寧

文寧元有晦養山中不輕仕之意，適以承重接制家居，若天就之也。日來動静如何？潯爲市廛，且當衢路，亟須抽身他處，潛修一二載，可遂初心。內之體究性命之學，外之討論當世之務，所宜汲汲皇皇。日月如流，轉眼間又當服闋矣。文寧念之！

不佞入閩半載，經略粗有端緒，顧責効爲難。海上邇幸無虞，將來殊未可料，看地方氣運何如耳。夙興夜寐，不敢一息怠遑，以上負朝廷、下負知己。此則可自諒者。家僮歸便，勒此布聞，《大學述》《正俗編》併奉覽，諸惟照入，不盡。

簡吴行之

行之今歲藏修何地？與何友相偕？以行之天性澹然，有壁立萬仞之志，加之學問磨礱，不患不到聖賢地位也。不佞雖已衰遲，兼苦公務，應酬不暇，然時刻不忘檢點。邇來精神頗覺凝聚，重訂《大學述》一編，即向與諸友面論之旨。格物一着，在行之似甚輕省無難，抑先儒有之，纔有所向便是欲，纔有所見便是妄。只躭好清閒，厭薄世事，亦非真性流行，不可不察也。吾鄉孝廉一輩，惟見行之爲麟鳳，宇宙事業期待不小，勉旃，勉旃。《正俗編》時義併奉覽，不具。

與張惟誠

頃得書，甚慰鄙念。惟誠同陸生北上，了入監一事，請假讀書，離却塵紛，專心學業，是濟河焚舟之計也。來教備倭種種擘畫，具切事情。惟誠他日經濟可見於此。閩中兵防諸務，前已具題，方在整理。顧凡事難以卒就，非有歲月之功不可，至於振刷吏治、匡正民俗，其力尤難。入閩以來，孜孜汲汲，未有一時之暇，此惟可對知己道也。新刻《大學述》一編，即連歲與諸賢講究之説，惟誠可仔細理會。來札所云「當游思時一刀兩斷，闇然沉默，正是工夫，但無游思纏擾，即作止語默，當然而然，無非是學」，原不落喜靜厭動窠臼也。此中要得千磨百鍊，打成一片，方是「止至善」路頭。惟誠勉之！

敬和堂集卷之五

德清許孚遠著

書

與胡廬山先生論心性書

閑中披誦明公與李見羅所論心性兩書，見我公誠心直道，無少迂曲，而見羅丈雄才卓見，確有主張。此皆斯文之所倚賴。

書中大意：公則謂靈覺即是恒性，不可殄滅；見羅則謂靈覺是心，性非靈覺。從古以來，知性者少，識心者多。二公論旨不合，只在於此。夫心性之難言久矣，混而一之，則其義不明；離而二之，則其體難析。譬諸燈然，心猶火也，性則是火之光明。又譬諸江河然，心猶水也，性則是水之濕潤。然火有體而光明無體，水有質而濕潤無質。火有體，故有柔猛，而光明無柔猛。水有質，故有清濁，而濕潤無清濁。火之明、水之濕，非一非二，此心性之喻也。大率性之爲名，自天之降衷，不雜乎形氣者而言。而心之爲名，合靈與氣而言之者也。性只是一箇天命之本體，故爲帝則，爲明命，爲明德，爲至善，爲中，爲仁，種種皆性之别名也。

此未嘗有外於心之靈覺，而靈覺似不足以盡之。心者，至虛而靈，天性存焉，然而不免有形氣之雜，故虞廷別之曰人心、道心，後儒亦每稱曰真心、妄心、公心、私心。其曰道心、真心、公心，則順性而動者也，心即性也；其曰人心、妄心、私心，則雜乎形氣而出者也，心不可謂之性也。君子之學，能存其心，便能復其性。蓋心而歸道，是人而還天也，即靈覺，即天則，豈有二耶？夫性之在人，原來是不識不知，亦原來是常明常覺，即寂而照，即照而寂，初非有内外先後之可言。若以虛寂爲性體，而明覺爲心用，是判心性爲二物，斷知其有不然也。

見羅兄又謂：「虞廷之相傳者在中，道心、人心總皆屬用；《大學》之歸宗者在善，心、意與知總非指體。」此等立言，俱不免主張太過。中固是性之至德，舍道心之微，更從何處覔中？善固是道之止宿，離心、意與知，却從何處明善？性無内外，心亦無内外，體用何從而分乎？尊教有云：「指體而言，則不識不知；指用而言，則常明常覺。」此語猶似未瑩。蓋常明常覺即是不識不知，本然明覺，不落識知，一有識知，即非明覺。有明覺之體，斯有明覺之用。恐又不得以不識不知爲體，而以常明常覺爲用也。萬古此心，萬古此性。理有固然，不可增減。經傳之中，或言性而不言心，或言心而不言性，或心與性並舉而言，究其旨歸，各有攸當。混之則兩字不立，析之則本體不二，要在學者善自反求，知所用力，能存其心，能復其性而已矣。斯道無人我，無先後。

輒因二公所論一究言之，惟願高明更賜裁正。若尊刻《衡齊》所辯宋儒物理之説，其説頗長，姑俟他日面教，盡所欲請也。

與萬思默年兄論易書

承寄《學易齋集》，伏讀數四，窺兄密旨，窮三教之精蘊，闡性命之根源，灼然獨見，自作主張，本非淺學可及。但中間一二之疑，久蓄於中，不爲吐露求釋，非弟所以事兄之誠，亦非吾儒所爲學問思辨、弗明弗措之道也。

集中首明未發之中爲易之源，爲生生之大本，此千聖以來相傳心法，又何加焉？但以坎卦當未發之中，謂以至陰含陽，有淵然退藏之象者，是則有說。未發之中，不墮方體，不落聲臭，天地萬物性命根源固在於此。若以擬諸易象，謂之乾體可也，謂之太極可也，謂爲坎、離之中可也，雖謂諸卦爻象之中無所不在，亦可也。而獨以屬之坎卦，然則乾之資始、坤之資生非歟？易有太極，豈得指坎而言歟？夫坎、離爲天地之用，《易》著之矣。以畫言之，坎得乾之中，離得坤之中，於乾、坤爲正體；以象言之，在天爲日月，在地爲水火，又坎於天地間爲雲雨；以義言之，坎爲險而離爲麗；以德言之，坎中實，爲忠信，而離中虛，爲虛明。稽諸坎、離二卦象、象、爻辭諸所取義，可證也。唯以人身觀之，心藏神，屬火，象離；腎藏精，屬水，象坎。火欲降而水欲升，神欲斂而精欲固。養生家是以有取坎填離、坎離交姤之説，有水爲道樞、玄含黄芽之説，有凝神入氣穴、真人潛深淵之説。其於攝生鍊形術固有之，然非吾儒窮理盡性至命之道，《大易》所不語也，魏伯陽諸人特借《易》以神其説耳。若謂《圖》《書》「一、六居下」，而天一生水，坎爲水，故以當未發之中。然中也者，中也。上下四方皆從中出。《圖》《書》不曰「五、十居中」乎？十含五，五含一，象未發之體乎？易之源，生生之大本，當在中明甚。堯夫詩云「天向一中分造化，人從心上起經綸」，是也。故堯、舜、禹之授受曰「允執厥中」，《易》言「黄中通理」，劉子稱「人受天地之中以生，未有舍中而可以爲天下之大本者」。是中也，惟其無可覩聞，故曰微；惟其不逐物而遷，故曰「喜怒哀樂之未發」。凡曰密，曰深，曰止，曰誠，曰神，曰易，曰精，皆此理也。學者真能戒慎不覩，恐懼不聞，洗心以退藏於密，則一身之中，天自清而地自寧，水火之用，自爲既濟，豈必專以神氣爲事，如養生家所指哉？

兄論坤、復之際，謂「靈根深而後至精化，游氣息而後淑氣生。不深則不化，不息則不生」，此至理之言也。然謂「子輿氏深平旦之息」，謂「莫善於息，莫不善於爲。爲則牿，而息則存」者，似亦未盡。孟氏七篇之中，僅有「日夜之所息」一言，而非直以「息」爲性命之宗也。善養浩然之氣，此其平生所獨得。而其言止曰「是集義所生」「行有不慊於心則餒」而已，曰「必有事焉而勿正，心勿忘，勿助長」而已。「其息深深」，自是老莊學術，孔孟何嘗有是耶？人心固有「無思無爲」「寂然不動」之真體，然而静專動直，時止時行，乃天理自然之則。今曰：「莫善於息，莫不善於爲。爲則牿，而息則存。」然則將一無所爲，可乎？《易》所謂「自强不息」者，又何以説也？

《説卦傳》「天地定位」一章，繼之以「數往者順，知來者逆」數語，先儒之説，本所未安。今謂：「往者由中之外之辭，來者由外反中之辭。自震至乾，爲由中而之外也，謂之往於生生之機，爲順；自巽至坤，爲由外而反中也，謂之來於生生之機，爲逆。造化之理，非逆則無順。聖人作《易》，參贊之深旨，全在於逆，故曰『《易》，逆數也』。」然則天地之道，謂之半順半逆，可乎？陽爲順，而陰爲逆，《易》之逆數，果在陰乎？且順逆既半矣，聖人參贊化育，安得又從而盡逆之耶？至謂：「羲、文創《易》，畫卦、重卦，所以曲暢其往而使人道盡；孔子贊《易》，遡於太極、於退藏，乃是精研逆數於心而使天道明。」以天道、人道判屬三聖，然乎？不然乎？蓋《繫詞》言「往者屈也，來者信也」，曰「知來藏往」，曰「彰往察來」，往來之義，可以互證。其曰「數往者順，知來者逆」，理亦易明。《易》爲逆數，蓋重知來，若所謂「至誠之道可以前知」者也。但以此數語合於先天卦圖，原無攸當，所以起儒者紛紛之疑。愚以爲《説卦傳》之文，未必非脱簡、錯簡也。求其説而不得，寧闕之而已。

兄謂：「心目之間有物焉，能潛，能見，能惕，能躍，能飛，能悔，日隱隱與我周旋焉而不可離者，殆所謂乾體在我者也。」非過也。至謂「夫子語忠信篤敬，而示之參前倚衡」，及引《乾·文言》「忠信所以進德」之語，而曰：「蔽乾以忠信，蔽忠信以參倚，此正近在心目之間。」然則心目之間、參前倚衡者，果何物耶？又曰：「彼自隱隱心目間，故曰見；彼自潛、見、惕、躍、飛、悔，故曰思。彼自思自見也。自思，則吾無所措其思，故無思。吾思焉，妄矣。自見，則吾無所容其睹，故無睹。吾睹焉，妄矣。無睹無思，淵然睹思，誠是也，所謂乾也。存所無睹，不敢妄睹，存所無思，不敢妄思，忠信是也，所謂乾乾也。」然則忠信篤敬之云，只在空空見箇無睹無思底物事？而且曰「彼自思自見，吾無所容其睹思」，所謂彼與自者，却爲誰氏？吾夫子之教子張，恐不若是之深奇而玄渺也。

至於《原圖》《原象》《易原》諸篇，無非發揮明中之旨。微言至論，難以殫述，窅冥恍惚，時亦有之。如論「乾爲純然生物之精」，又謂：「精爲神之體，君子之學，凝精而神在其中。」歷引《中庸》之「慎獨」、《大學》之

「致知」、《乾》之「剛健中正純粹精」，以明君子貴精之學。夫精之在人，固可貴也，而乾之爲乾，獨精而已耶？曰獨、曰知，可以謂之精，不可以謂之神耶？且「純粹精」之精與「精神」之精，其旨稍别，恐不得混而同之也。

竊窺吾兄平生用力在於反觀静養、收斂退藏，歲月已久，獨於身心之間有所自得，故不覺其親切有味而爲之言，經傳之語，一以神會，闡發秘密，宛若自然，其視他人沿襲舊見、無得於心而漫爲談論著述者，不啻霄壤矣。然此理在宇宙間關涉至大。吾兄之學，將以信天下而傳將來。一絲未融，終累全體；一語未至，恐礙同然。知兄於此必猶有所不快，得無採於一得之愚，更爲深思而詳訂之乎？弟受兄至教有年，於兹種種病根，老而難拔。未發之中，猶在想像。望兄深詣，何啻千里。然而辨難云然者，道之所在，不得不然；情之所在，誠不忍默默而已也。海内談學者多，明道者少，其有二三真實同志，趣向所存，堅執自是，兄固病之矣。若云各是其是而不必有歸一之説，則孔孟以來正法眼藏，誰其領之？天下後世人心學術，其又何所倚賴於吾黨也？伏惟裁察！風便，更望細爲指誨，以發狂愚。弟臨書不勝瞻仰真切之至。

與魏古渠學博論史書

去冬臘月，忽枉長者之車，出思默、定宇二丈書見示，屬爲足下商訂史書。方哀疚中，不勝感悚。蓋羡足下之精勤，仰二賢之高誼。而僕以孤陋寡聞之人，謬承重託，不敢遽爲遜避，謂「且俟先人大事已襄，而後可洗心奉教」，足下固諒之矣。頃者賢郎文學再過山廬，適有倥偬，未盡請正，然亦略談梗概。想賢郎能述之。

僕竊謂：儒者著作，當以孔子爲法。孔子删《詩》《書》，斷自唐虞《典》《謨》《訓》《誥》諸篇，存其大經大法，以垂訓萬世，其他事固不能詳已。獨《春秋》一書，因魯史而脩之，衰周二百四十二年之間，王政不行，刑賞失當，人欲肆而天理滅，故孔子特爲著其是非得失以正人心。《左氏》一傳，則《春秋》之事實存焉。當時列國各有史書，左氏因採摭成文，以發明《春秋》之義。其失實者，不過千百之什一。故《春秋》，萬世之信史也。孔子殁而史法亡矣。漢司馬遷有良史之才，然無孔子《春秋》之志，而獨以其博覽多聞，兼之幽囚發憤，作爲《史記》。其文詞奇邁，膾炙古今。然是非頗謬於聖人，取舍不足爲鑒戒。至其析爲帝紀、年表、八書、世家、列傳諸體，或詳或略，或信或疑，遷亦不敢過爲組繪粉飾。其間時有缺漏、矛盾，亦後人所見。若帝紀起自黄帝，但以《家語》《戴記》所稱「五帝德」爲據，五帝以前不復遠引。遷蓋可謂灼然有見者也，其不學孔子書法，何也？爲紀傳之文猶易，爲《春秋》書法甚難。一字予奪，嚴於命討，非聖人不能也。故愚以爲遷《史》非有《春秋》之志也，然亦不敢僭擬於聖人也。班固而下史家類祖述馬遷，不復有《春秋》之體。至宋司馬温公勒爲《資治通鑑》，體近《春秋》之編年，然亦未嘗有書法。朱文公先生復取其書，釐爲《綱目》，有《春秋》書法矣。乃因《通鑑》起周威烈二十三年，春秋以後、威烈以前，尚缺七十餘年，不知温公、文公二先生何不直繼《春秋》而作也？其後金仁山先生作《通鑑前編》，又起自陶唐氏，蓋博採《詩》《書》以來唐虞三代之事，暨于春秋戰國，概銓年歲，繫之書法，以上附《春秋》，下冠《綱目》，宜可以補朱先生之所未備。然唐虞歲月，自《書》傳之外，遠不可考，而以他書證定，殊有未安。《春秋》舊文，仁山併爲裁削，其間又似文公之所遜讓而不敢者。若夫唐司馬貞作《三皇外紀》，以補馬遷之《帝紀》；四明陳子桱作《通鑑外紀》，起盤古至高辛以冠仁山之《前編》，則皆漁獵諸子百家之談，信爲上古希闊之事。以孔子之神聖、馬遷之多聞，且在千載之上者有所不能知，而今皆一一筆以傳之，恐其不得爲信史矣。

伏讀足下所編史書，起自伏羲，終于勝國，書法倣于《春秋綱目》，而叙事取于遷、固諸家，既詳編年，復兼紀傳，旁搜遠覽，釐枉訂訛，竭精勞神十五六年於此，可謂宇宙間曠舉之事。僕平生竊有志焉而未逮者也。但觀帝紀所書羲、農事蹟，傳之外，紀別有增加，恐非的確。堯舜紀年，同於《前編》，似亦過信仁山之見。《史記》列傳托始伯夷，近代儒者猶謂「叩馬而諫」之事經傳無稽，不足垂信。今自女媧、共工以及唐虞三代諸臣無不立傳，博則博矣，恐未核也。孔孟聖賢特爲《道學傳》，當矣。而秦、漢、六朝、唐、五代千有餘年之間，並無一人列於《道學》，至宋而始傳《道學》，復傳《儒林》。宋固多賢矣，豈從前儒者在儒林亦無足齒耶？封建、司天、輿地、職官四者，誠爲國家大務，别爲論次，以並于帝紀、列傳，似矣。而四者之外，如井田、學校、兵賦、刑法、河渠諸務，不爲編纂，反疑闕略。管窺之見，不若以前數者總附見于帝紀之爲妙也。全史之體，止于勝國，未及當代。此未見國史，亦有所諱避而然。乃《輿地》《職官》二書，詳載本朝制度，恐於體式亦有所未安也。如此數端，據足下首二三册評論，其大都若此。至于秦漢而後所書君臣政事，予奪取舍，權度得失，未嘗偏閲，姑不敢輕議。

竊以爲足下此編，尚屬大醇而小疵，將遂繕寫成帙，奏獻明主，使付史館，垂鑒將來，則不可不加校正之力。且夫編年、紀傳，自是史家二體。以編年而兼紀傳，是以《春秋綱目》之筆，合左氏、馬遷二長，爲力更難，成書非易。妄意編年既在，帝紀所載事蹟不妨更加詳核，以該括其餘。若乃古今聖賢豪傑、忠臣孝子、貞節隱逸之流，其最顯著，足爲百代鑒法者，不過數百人而盡。雖帝紀之外別有列傳，似亦無妨，然不須每代如此之夥也。願足下更思而裁之，何如？

孚遠力不能任贊襄之役，漫爲疑難辨駁以緩成功，懼且得罪。然足下不遠千里而來，虚心咨訪，誠不敢虚，且亦萬、鄧二兄同心見托之意。足下學本淵博，用力已深，一覺悟之間，略爲竄定，不過數月之功而可矣，亦非如來諭劉子玄五難成之説也。僕向在荒迷，近入墓間小樓，專事静攝。足下何時北征？尚能假棹清溪之上一面談乎？臨楮不勝惓惓。

與郭青螺參政論文書

伏承不鄙，以大製序言見委，敬撰如别幅呈上。深慚俚拙，尚藉郢正。幸毋存彼己形迹，徒取皮弁而加衮黼，令不快人意也。

二編之文，披誦一過，仰窺藴藉淵博，學識醇正，琢磨鎔鑄，渾然大雅，成一家言。列於唐宋作者之林，未可軒輊。而鄙意獨羡門下學有淵源，宦遊粤蜀，有政有教，有實有文，孚遠自媿萬萬不能及。如門下《送耿子健督學入閩》，謬引鄙人相爲勸勵，則賢者與善之寬、同心之誼，有如此耳。

編中諸作可以傳遠者，十而八九。愚意所不慊者，略在論説三篇：

其一爲《婦寺論》。巖廊禁闥，廉遠堂高，體統固爾。古者聖王以親賢爲急，公孤師保之官，常在左右，在擇人而任之耳。豈爲世有匪人，概不可近乎？且謂大臣、親戚、父子、兄弟、賓客、佞幸無一可近，而獨婦寺差爲可近，此慮之過者也。是説一出，將以滋人主遠仁賢、昵閨闥之情，甚不可爲訓也。

其一爲《管蔡論》。武王、周公之德不及文王，古今仁人君子每竊少之，似亦非過。但管、蔡在當時，恐未必有忠於武庚，如文王以服事殷之心。何者？管、蔡而有文王之心、夷齊之節，則當武、周之取天下，家庭兄弟必有規諫之詞。不然，其意氣亦必有微露處。周公何得茫然不知，而反使之監殷也？天下已定，武王既殁，成王在襁褓之中，周公居攝而臨百官，管、蔡乃興流言，挾武庚以叛，則疑且貪使之也。蓋歆艷武、周所爲，而不知其時勢之不可者也。門下惜管、蔡不能善處殷周之際，謂當如泰伯、箕子之爲。泰伯遜國而逃于荊蠻，超然無迹；箕子既傳《洪範》，遂之朝鮮。此萬古卓越之事，而望之貪昧之夫，可乎？孔子稱泰伯、文王爲至德，稱箕子爲仁人，而未嘗一言及于管、蔡。千載之下，固不得而輕與矣。

其一爲《寬嚴論》。古之君子禔身以嚴，御衆以寬，於家言齊，於國言治，於天下言平。法行必自近，柔遠而能邇。此親疎詳略之用，皆天則也。然謂：「嚴者專以治國之物，而寬者專以治天下之物。」又謂：「嚴必不可用於天下，而寬必不可用於身與家。」旁引曲證，則立言過當矣。陽舒陰慘，天道之常；仁義並行，聖王之治。故鋤强遏惡，禁暴戢亂，則治天下固有利用嚴之時；而有國有家者，皆必本於忠厚慈仁培養元氣，則寬亦未嘗不可施之家與國。奈何直鳌而二之也！

門下諸作或一時有感云然，然議論稍偏，慮不足以垂訓來學。愚意稍加删潤，毋令爲白璧之微瑕，可乎？昔日尊師廬山先生《衡齊》篇中辨駁宋儒物理之説，涉於太嚴。孚遠猶竊疑之，而不得一面證以爲憾。

古今文章之士，動爲高論，不純於義理者，多矣。顧在有道儒者，言出而爲天下法程，則不可不慎也。惟門下其裁之。儻有未然，不妨往復以開固陋。臨書無任悚仄。

與文弘齋祠部論文書

門下以著作不諧時論，翩然西歸，擬脩問者久矣。歲裹因令叔緑牕先生得觀門下所著《觀宇篇》，驚歎益甚，渴欲請質左右，未敢輕易着語，姑遲之。而翰教忽先施，存注勤切，藹然以同心視我，兼期之面晤。自慚鄙陋，何以當此？抑僕之懸懸於門下，不啻門下之懸懸於僕。聲應氣求，自古而然，非有僞也。

伏讀《觀宇篇·自序》，擬于莊周、邵雍。以僕觀之，豈不誠然！夫覷見大道，睥睨千古，特著一家之言，神奇變怪，不可捉摸，無如莊生；而養深有得，與造物者游，閒中經綸，比肩大聖，文章自其胸襟流出，不蹈襲前人一語者，無如邵堯夫。寥寥數千載之間，僅見此兩人而已。今視門下之文，奇怪則有近于莊子，豪邁則有近于堯夫。如不食煙火而吸風飲露，翱翔于霄漢之表；如空中翻筋斗，而上下四旁絶無倚着。似詩非詩，似文非文。能爲時語不爲時語，能爲古調不爲古調，滔滔滚滚，浩無津涯。其究直以羲、文、孔、孟道德性命自居，種種玄言，發先聖之微旨，闢二氏之虚妄。充其所至，僕以爲等莊周、邵雍而三之，未爲過也。雖然，莊生之文，老氏不爲，其所藴者深厚故也；老氏之言，孔子不言，其所居者中正故也。孔子之教，不離於《中庸》，其言如布帛菽粟，民生用之而不可厭。性命之際，蓋所罕言，僅獨有見于贊《易》。然易簡精切，無一語涉于虚誕。故中人以上者，可由之以臻大道之奥；而中人以下者，亦不至于眩惑而喪其所守。此所以爲聖人之言。門下尊信孔子至矣，立言著論，不取法於孔子，而取法於莊周，何耶？邵堯夫灑落高邁，信稱風流人豪，然二程先生未之深取。程、邵人品優劣，固未敢知，而聖門言動規矩準繩，斷在二程，不在堯夫，此易明也。堯夫且不足爲至，則莊周可知矣。莊周、堯夫且不足法，則非莊周、堯夫者，又可知矣。

僕嘗以爲仲尼祖述堯舜，憲章文武，道並行而不相悖。典章法度，有當代之制，雖聖人不得而違之。今之時，必由制科，乃可以出身；必由三場文藝，乃可以應試；必循先輩律度，乃可以爲文。竊謂孔孟復生，不必違時，不能廢法，顧所由誠僞深淺何如耳。今《觀宇篇》之文，制耶？非耶？今耶？古耶？以神妙、奇特、工巧自命，縱横顛倒，以爲品贊，爲智耶？爲愚耶？即此六字，擬于八卦、六十四象、三百八十四爻，天下有能信之者，誰耶？諸篇之中略舉一二：以離火制坎水之説，奇矣，而遂謂「伏羲乾坤之圖有所未盡」；以「造端乎夫婦」之夫婦爲陰陽，奇矣，而至謂「天地爲夫婦，倡淫慾於太虛之中」，不幾於曠誕而不經者耶？本以聖賢精微之旨而托之乎奇宕之詞，本以閎深博雅之才而費精神于無益之地，竊爲賢者不取也。門下且謂「聚學徒數百人，與論舉子業」，所謂舉業者，亦使效爲《觀宇篇》之類耶？倘後生小子無門下之高而喜門下之誕，其不相率而爲狂怪者，幾希矣。

然以僕環視朋儕，如門下聰明絶少。來教又欲於此道究竟實際，其爲志慮甚深，當必不以所得自多，而有取善無窮之量。僕迂疏淺陋，五十無聞，非知道者。獨願門下於此息慮凝神，姑置神奇巧妙于度外，作止語默，師法孔孟，察倫明物，盡精微而道中庸，則言之虚實、趣之正偏，自不難見。不然，莊、惠復生，窮極辯論，無當於道，無益于學也。海内學者，如空谷足音，良不易得。況承教懇懇，不忍孤負，輒敢盡其狂愚。伏惟鑒察而更教之，不勝幸甚。

答孟我疆符卿

來書略云：每思宋儒謂顏子才覺差失便不萌作，此以私心度顏子，千載不明之誣也。顏子何有不善哉？「不善未嘗不知」，是常知不善也。常知不善，非常明常覺乎？非常善乎？「知之未嘗復行」，常不行不善也。常不行不善，非常著常察乎？非常善乎？顏子只在善上做，不在不善上做。所謂非禮勿視、聽、言、動，非禮者，外感之非禮也。人皆以顏子心上有非禮，誤矣。顏子之功，只在復禮上做，並無所謂克去己私者。何以徵之？顏子曰「夫子博我以文，約我以禮」，何爲不言克去己私而直言文、禮哉？克去己私之說，此宋儒不得其門而入者也。何者？視聽言動，非文乎？非博乎？非禮勿視聽言動，非禮乎？非約乎？而要之，文，一禮也；禮，一仁也。《易》曰：「不遠復，无祗悔。元吉。」解之者曰：「才有不善，不遠而復。」此支謬之見也。夫復其見天地之心，不遠復者，不遠於復也。若有不善，必悔而復。既曰无悔而元吉矣，如何有不善乎？知所謂不遠復之義，則顏子未嘗有不善也明矣。噫！是言也，雖周、程、陽明不能無疑惑於此。誰其信之？望高明裁教。

尊教謂顏子之學「只在善上做」「只在復禮上做」，誠然，誠然。天命之性，渾然至善，無聲臭可尋，無方體可執。善且不可得而名狀，而況於不善乎哉？《中庸》所謂「戒慎不覩，恐懼不聞」，亦只在性體上覺照存養而已。但人心、道心元不相離，善與不善、禮與非禮，其間不能以髮。故閑邪一着，乃是聖學喫緊所在，學者苟知得善處親切，方知得不善處分明。譬諸人有至寶于此，愛而藏之，所以防其損害者，自將無所不至。又譬諸種植嘉禾，無所容其助長之力，唯有時加耘耔，不爲荑稗所傷而已。且夫善無定體，不善亦無定名。古之大聖大賢聞善則拜，舍己從人，乃其常明常覺、性體圓融之處。愚不肖者既墮于非僻而不知反，賢智者又自以爲是而不能化，皆蔽於性者也。故曰：「人莫不飲食也，鮮能知味也。」《易》曰：「仁者見之謂之仁，智者見之謂之智，百姓日用而不知。故君子之道鮮矣。」由是言之，顔子之學，只常知不善與知之未嘗復行，其高處自可以想見，豈必謂其全無不善而後可哉？尊兄持此一見，恐不獨過爲顔子分疏，抑恐自作一善障也。何如？何如？博文約禮，此是孔門設教大方。蓋凡民之性，於道不能遽入，《詩》《書》、六藝之文，皆聖人所以羣天下于倫物之内而鉤鎔之之具也。因其材而教之，當其可而施之，開其蒙蔽，禁其私邪，固其德性，使之優游厭飫，日範圍于天理之中而不自知其能者，即此可以上達，而不能者亦賴有所持循以自立，此聖人設教之大方也。克己復禮之訓，則是直指約禮切要處，示顔子以爲仁之功。會而通之，則所爲博文也者，固不外於視聽言動之中。而約之一言，即已該乎非禮勿視聽言動之旨。聖人之言，徹上徹下，原無滲漏。至謂：「顔子之功，只在復禮上做，並無克去己私者。」竊謂非克無以見復。克己復禮，學者亦不易承當，老丈真有寤寐孔顔直達本體分量，故其言直截如斯耳。弟當深思而實體之，以俟後會請質，不敢煩爲論辯。諸惟鑒念，不盡懸懸。

答陸以建

嘗思古之聖賢，揆事宰物，不爽毫釐，總屬應迹。其主張綱維，則在喜怒哀樂之未發。如所謂：「天動星迴，而宸極常居其所；車旋輪轉，而衡軸常執其中。」但苦涵養無素，求之而莫得其境。敢以請正。

來問：聖賢揆事宰物，必有主張綱維在喜怒哀樂之未發。此語已得之。喜怒哀樂，人心原無停機，而其未發之中，常止而不動，此性體也。千古聖賢，只是存得此中，更無別事。「戒慎不覩，恐懼不聞」，其存之之法也。吾儕學者，但密向不覩不聞處實用戒慎恐懼功夫，則未發之中可以默識。養得未發之中，便自有發而中節之和。揆事宰物，將無施而不得其當。顧此理殊不易言，自昔大儒百苦千辛操存涵養，確有定力，真體始露；今初學之士談玄説微，終日猶任氣質用事，私意紛擾，靡有寧時，而欲窺未發之中，何啻千萬里之遠也！吾子真有志於學，有見於此理之在我，其尚收斂精神，毋令浮動走作，而蚤夜黽勉求之，稍見頭腦，方有商量，可以進步。鄙人正願與吾子共學，不敢不勉，念之。

「回也，其心三月不違仁。」人謂三月之後未必不違，所以未達一間。典意回之與聖異者仁。曰「不違」，則其境界尚在用力持守，未能若聖人之渾化耳。若曰「三月之後未必不違」，則與諸子之月至恐無大異。因思《繫辭》所謂「有不善，未嘗不知」，必非若念慮之間微有差失之謂。願夫子指而教之。

所論顏子不違仁之説，是在顏子分上看得太高，却不曾反身著實體認。操存舍亡，人心最難爲力。鄙人爲學幾三十年於此，仔細點檢，猶未能一日之間全不違仁。三月不違仁，非顏子幾於聖域者不可語此。

然其三月之不違，與三月之後不能不違，惟聖人能知之，惟顏子自知之。子以不違仁爲用力持守，未若聖人之渾化，而非三月之後果有所違，此皆臆見所及，初無關於聖賢輕重。今且不論三月不違，但看「有不善未嘗不知，知之未嘗復行」二語。不善在人，亦不論大小，只是蚤覺而速改之爲難，一覺而改，不使復行爲尤難。惟顏子能之，所以至于三月不違仁，所以爲萬世學者之法。吾儕欲學顏子之學，則務切實遷善改過功夫。徒品題聖賢，無當也。

莫非民也，鰥寡孤獨，尤天所憫；莫非過也，機械變詐，尤天所惡。故典於日用間，惓惓以虐窮民、任機心自戒。但見理未明，植根未厚，恐其所執者特姑息之私，而不可語於俱立俱達；特苟簡之術，而不可進於易知易從。願教之。

憫煢獨、戒機心二者，甚善。憫煢獨，是箇惻隱之心，擴而充之，可以容保民物。但尚在草茅，施恩無地，惟當盡吾心力所及。若冒非其分，從井救人，便有好仁不好學之蔽，不可不察也。戒機心，是箇直諒之體，不爲機變之巧，方稱正大光明。但禮嫌徑情，道貴曲當，自信忘機而失於淺露急迫者，往往有之。《易》云：「擬之而後言，議之而後動。」又云：「巽稱而隱，巽以行權。」此與任機心者，天壤逈別。吾子體察，以爲何如？

今之論人者皆曰：某用情厚，某用情薄。典謂情之所以長久，全恃道義維持。若徒以情而已，則愛爲禽犢，忠爲婦寺，在一時不相成，在將來必相棄，如所謂「永終知敝」「懷利相接，未有不亡」。故典於事親交友間，不敢自謂合道，隨俗習非，實所不屑。但局量褊淺，不免以己之是而形人之非，又不免因人之不合而中懷憤嫉。願夫子廣之。

世俗不知道誼而以利欲相狥，始親而終疎、外合而中叛者多矣。子知以道誼自信，不狥俗情，最爲卓特。但所謂「以己之是而形人之非」，又「因人之不合而中懷憤嫉」者，此病痛不小。道誼，吾所當然；勢利，人所同惑。勘得破時，兩無妨礙，方是大人胸次也。

疫氣盛行，人皆獻神求免。典曰：「人顧一念何如。此何爲者？」一友問曰：「兄自度一念皆可以對天乎？」典曰：「不溺聲色，不殖貨利，不欺暗室，不甘巧令，不虐孤窮，不私妻子，此念耿耿，實有不自埋没者。」因退而告婦。婦謂典：「於夫婦何如？」典微曰：「汝不以吾爲厚，則吾之獨有所厚意者，天所弗罪乎？」不竟其説而罷。敢正諸夫子。

吾子自信處真是可畏。所云「不溺聲色，不殖貨利，不欺暗室，不甘巧令，不虐孤窮，不私妻子」，果盡得此數語，平生心事，可以對天地，質鬼神，又加之學問，其入聖賢之域不難矣。子慎之，重之，毋言浮於行也。賢壼云然，或是俗見，然此意久久行持，須是信於妻子始得。《詩》云：「刑于寡妻，至于兄弟，以御于家邦。」知風之自，知微之顯，可與入德。吾子圖之！

善者好，不善者惡。向嘗舉獻誠獻恭之説，面受教於夫子。近閲《大全》，亦有此疑。但彼因「狡僞者獻誠，暴慢者獻恭」，遂謂夫子此言但以答皆好皆惡之問。觀伯淳在當時，則不善者未必惡，其説似有未全。蓋所謂獻誠獻恭，固秉彜之不容泯，亦其泛泛無干涉耳。若勢相迫，事相形，則此獻誠獻恭之徒皆詆毁排擠之輩。即如伯淳忠信，亦見推於介甫，然未聞引之共國。則善惡之不相能，非古今通患哉！因思真晟有云：「寧百取譏於流俗，毋一得罪於先生。」此誠持身要法。願教之。

善者好之，不善者惡之，是觀人品之法；狡僞者獻誠，暴慢者獻恭，是論感化之道。獻誠獻恭之徒，俄而爲詆毁排擠之輩，是究人情之變；寧百取譏於流俗，毋一得罪於先生，是語特立之操。人情之變態，毋論已。君子所以自立與其所以觀人，總在善者好而不善者惡。論邪正，不論多寡，此爲常法。然感化一着，自是天理人心之公。有苗格於舜，而虞芮質成於文王，謂之非真實獻誠獻恭，不可。故君子脩身獨立，必取信於仁賢；而積誠感物，不輕絶乎頑愚。道並行而不悖者如是。吾子思而得之，則前疑盡釋矣。

舜夔夔齋慄，固古今所稱大孝。然觀其焚廩則下，浚井則穴，爲無後則不告，有多少苦心、多少委曲！則視父王季、子文王，油然於聖聖相親，終爲所遇之不幸。故嘗謂：「舜誠孝，必不能賢瞍；文誠忠，必不能賢紂；公誠友，必不能賢管叔。」特其不以賢否而弛愛弛敬，則大聖舉動，真千萬世所宜法。若曰舉是非之心而泯之，實所不敢信也。一夕，夢以此意質之夫子，夫子怫然不悦。敢請。

父子君臣所遇，誠有幸、不幸，人品賢、不肖之際，雖聖人豈得不心知之？顧人於君父，真如元首、如腹心一般。元首與腹心一有疾痛，則瞬息不能自安。竭力致身，爲忠爲孝，即是奉我元首，保我腹心，不可以爾汝形骸論也。孟子曰：「不順乎親，不可以爲子。」言必諭親於道，心與之一而後可以爲子。豈忍心知父之不肖，苟焉而已哉？從來兄弟稱爲手足，手足之病即身之病，兄弟之過即吾之過。知此，則賢否是非，非所論於骨肉之際矣。子夢中質問，以爲鄙人不悦，此見神靈不自安處。微乎！微乎！

白沙云：「舍彼之繁，求吾之約，惟在静坐。久之，然後見吾此心之體隱然呈露，常若有物。」典謂此善言心學。乃胡敬齋則云：「静中只有箇存養，曷嘗有看見、察見？」夫其無所見也，則所謂涵養者恐涉昏昧，未幾而走作矣。玆欲以不見見之，令愈收斂則愈精明，愈精明則愈收斂。其道何在？

白沙先生向静中養出端倪，是其養深自得處。敬齋先生只説存養不存知見，又其學術中正語，未可以有見無見品第前賢。蓋《中庸》首章言「戒慎不覩，恐懼不聞」，末章言「無聲無臭」，分明天命之性，不可覩聞，不涉聲臭。而夫子告子張曰：「立則見其參於前，在輿則見其倚於衡。」顔淵自叙竭才之後，如有所立卓爾，又却是有所見，有所立。此兩者要須默識而神明之。道之在人，非優游散漫者所可入，必是凝精聚神，念念不忘，若有參前倚衡之見。及其與道契會處，原來聲臭俱無。若存知見，便非道體。此最難言，子試求之。

答朱用韜

來書云：夫性從心從生，乃是人心之生理。理宰乎氣而不役於氣。理一則性亦一。通一無二，奚止於近。如以近言，則猶有彼此之别，似未可以論性矣。而夫子乃曰：「性相近也。」近之一字，聖言必有邃旨，其義何居？而朱子乃釋之曰：「性兼氣質而言也。」則夫子論性，亦以氣爲言歟？允若是，則告子「生之謂性」之説未可盡非，何孟子論性，而以四肢之於安佚等爲性，又以仁義禮智等爲性？則是性有理氣之分也。此何以故？又先儒謂「有天地之性，有氣質之性」，是人有二性矣。性果有二耶？程子曰：「論性不論氣，不備；論氣不論性，不明。」其意與夫子相近之旨有合否？惟師闡而發之，俾弟子得聞性道之教。

天命之謂性，原不雜於氣質，亦不離乎氣質。孔子「性相近也」一語，蓋就人氣質不同處反諸大同者而言。孟子道性善，則直指性之真不雜於氣質者言也。然聖人詞氣渾融，語不迫而意已至。曰「性相近也，習相遠也」，惟「上智與下愚不移」。蓋千古生人之徒，無能逃於聖人鑒別之下矣。夫性無不善，而氣質之清濁厚薄，萬有不齊。惟其不齊，則性之明蔽通塞因之。然而其初未嘗相遠也。迨於習有善惡，品類攸分。習之而善，雖愚可明；習之而惡，雖智亦塞。故聖人教人以學習爲重，知學習，則能善反其本然之性。雅訓諄諄，大率如此。先儒乃別言天地之性、氣質之性，而以孔子此言爲氣質之性者，恐亦未然。性不離乎氣質，而氣質不可以爲性，非另有一箇氣質之性異於天地之性者也。若孟子「性也，有命焉；命也，有性焉」之說，學者不達其意，却似有兩性兩命一般。豈有此理？蓋聲色、臭味、安佚，自是天性之所不能無，前所謂不離乎氣質者是也。第是數者爲性之欲，必其謹節中正，一順乎天命之當然。性通極於命，而後性不蔽於欲，故曰「君子不謂性也」。仁之於父子等事，而謂之命者何？言父子、君臣、賓主、賢否之際，遭遇不齊，天道之升降否泰、消息盈虛，雖聖人有所不能必，是以謂之命也。然仁義禮智，其性在我，隨其時勢所值，而皆有可以自盡之道。聖人奉若天道，如堯、舜、禹、湯、文、武、周公、孔子，作用不同，要之各盡其經綸參贊之事。命責成於性，而後命不違乎天，故曰「君子不謂命也」。究而言之，命無二，性亦無二。但人於聲色臭味之欲，恒謂之性生；而於君臣父子所處難易順逆之間，多諉之天命。故孟子特伸此抑彼，使學者知所重輕云爾。今試玩味孔孟之言，一則曰性相近而習相遠，一則曰不謂性而不謂命，盡性至命之道，分明在人。此吾儕所當實致其力。若夫性氣之説，紛紛有之。學有真見，則聖賢儒者之論至與不至，皆可得而知矣。

來書云：世所稱參三才曰人，而較諸禽獸，則其靈蠢相懸，奚翅倍蓰。乃孟子揭其所以異處，則不過曰「幾希」。不知所謂「幾希」者何指？其所以異者，胡以分也？七篇之中，其言「幾希」者三，其指同歟？抑各自有説也？且「幾希」章後，即繼以舜、禹、湯、文、武、周、孔子相傳之統，則是「幾希」也，乃千聖千賢授受心訣，不特異於禽獸者以此，即參天貳地、超越人羣，亦不外是。然則吾人欲尋向上去高人數等，亦自求其所以異於禽獸者始，然歟？否也？顧幾者，微也；希者，渺也。惟其微渺，淆之甚易，何以精察，勿使昏昧？惟其微渺，撓之亦甚易，何以力守，勿使放逸？幾希，幾希，得之則爲聖爲賢，失之則乃獸乃禽。得失之間，人物攸分。念言及此，不勝悚懼。願夫子明以教我。

《孟子》七篇之中，三言「幾希」，語意皆同。註云：「幾希，少也，謂相去不多耳。」近時學者，獨看「人之所以異於禽獸者幾希」是箇微妙之理，動稱幾希幾希。用韜沿襲此説，故有此問。然不須深論也。今只要見得人與禽獸所以異者實在何處，其所以異處何故僅在幾希之間。夫饑而食，渴而飲，牝牡而相求，與夫趨利避害、貪生畏死之情，禽獸與人無以異也。徒以其人而人之，以其禽獸而禽獸之，則禽獸有知，必不心服矣。蓋《傳》曰：「天地之性，人爲貴。」故聰明睿知、五常萬善，惟人有之，禽獸不得而與也。能孝於親，能忠於君，能仁於民，能愛於物，能盡天地之性而通神明之德，能甄陶一世而垂法千古。凡若此者，惟人能之，非禽獸之所能爲也。此人之所以異於禽獸者也。若夫人而塞其聰明睿知之原，虧其五常萬善之德，無脩於其身，無補於其世，徒然饑食渴飲而已，陰陽配合而已，趨利避害、貪生畏死而已，則名雖爲人，與禽獸何異焉？故曰：「人之所以異於禽獸者幾希。」幾希也者，危之也。學者三復此言而不惕然深思、翻然覺悟者，非人矣。庶民去之，君子存之。存之一言，便是古來聖賢所以全乎人道而不淪於禽獸者之要法。戰戰兢兢，日乾夕惕，存此而已。舍此而索之微渺，以爲幾希幾希焉者，總謬説也。

來書云：前以建陸生曾問「家難而天下易」之説於夫子，夫子謂：「法制禁令，猶可施於天下，而不可施之於家。家庭骨肉之際，論不得爾我是非，所以難也。」光三復斯言，而知夫子之教真有得於天理人情之極。昔虞舜克諧以孝，烝烝自乂，遭人倫之變而不失其常，亦只是先得此意，固宜其立極萬世也。蓋家庭之中，父子、兄弟、夫婦原屬一體，不隔形骸。纔分爾我，便同室胡越矣，如之何其可？然不分爾我，不論是非，我可勉以自盡，而家人未必盡如我心，則亦何道以感孚之？如光所處，尤有難焉。均之父母也，而光則繼母；均之夫婦也，而光則續娶；均之兄弟也，而光則爲異母所生；均之子嗣也，而光則有前後所出。種種去所，一處或不當，間隙從生。是光所蚤夜圖維者，更以奚者感孚其間，使一家之中，人人不分爾我，不論是非，而雍然洽敦睦之風乎？乞開其蒙而指示之。幸甚！

所言家庭之難，誠有然者。用韜謂：「不分爾我，不論是非，我可勉以自盡，而家人未必盡如我心。」更欲求其所以感孚之術。夫感孚之術，只在自盡。自盡之外，别無感孚。吾輩時時自反，細細省察，其於父道、子道、兄道、弟道、夫道恒有未盡分處，所以感孚不來。若到十分自盡，徹底精誠，雖頑傲可化，有不感孚者，鮮矣。《易·家人·象》曰：「風自火出，家人。君子以言有物而行有恒。」上九爻詞：「有孚，威如。終吉。」《象》曰：「威如之吉，反身之謂也。」聖人垂訓，可爲深切而著明。嘗觀古來稱孝友刑家者，莫如大舜與不敢不勉。若曰聖人之事非我所能及，則便是苟且心腸，無可論於感孚之道也。用韜勗諸！

文王二聖。而二聖所爲孝友、所爲刑家，一段精誠，數千載之下可以想見。學者皆當以此爲法，雖有未至，

答沈實卿

枝請問：聖門道派，如宋儒以前，具有定論。入我朝來，祀孔廟四人：初進文清薛公，其學完粹，爲聖門嫡派，尚矣；繼進敬齋胡公、陽明王公、白沙陳公。敬齋之主敬，似可承敬軒之派也。陽明、白沙，均入聖真門户無疑。但陽明「致良知」之説，專主頓悟，不知於孔子下學上達之旨、宋儒循序漸進之訓，果脗合歟？《白沙詩教》有云：「左左可可。」又云：「得山莫杖，臨濟莫喝。繡羅一方，金鍼誰掇？」似涉禪家話頭，何歟？請質先生：陽明、白沙二公，亦得爲聖門嫡派否？

本朝諸賢從祀孔廟之論，紛紛久矣。今薛、陳、王、胡四先生相繼入祀，世之學者猶然各爲軒輊其間。尊文清先生者，謂其躬行純篤，涵養閎深，而清風勁節，凛然可畏，允矣一代真儒，非諸賢所及也；尊文成先生者，謂其超悟性靈，振起絶學，而文章功業，炳烺宇内，偉哉聖哲流亞，雖文清亦當遜之。或以白沙先生玄脩高蹈，潔浄精微，其風格當在文成之上；又或以敬齋先生學本主敬，平正切實，其人品獨可與文清比肩。之數者皆似矣，而未盡也。余竊觀之：孔子之道，大矣！至矣！當時及門諸賢，即顔、曾二子已不同調，如冉、閔、游、夏、由、賜之徒，不過各得聖人之一端，然而皆不害爲高第弟子。後之從祀廟庭者，又奚必真得孔氏嫡派而後可耶？然則薛、陳、王、胡四先生，學術造詣不必盡同，其不媿爲孔氏之徒，均也。况從祀已

有定論，無容置喙。若吾儕後學，尚友前哲，擇善而從，則有説焉。文清言行，粹然師表，求其卓爾之見、一貫之唯，似隔顔、曾一階。文成明睿，學幾上達，若夫動不踰矩，循循善誘，猶非孔氏家法。白沙自得，煞有曾點意趣，而行徑稍涉於孤高。敬齋縝密，似有子夏規模，而道業未臻於光大。吾於四先生，各師其所長而已，其未至者，不敢盡以爲然也。蓋孟子願學孔子，而於顔、閔之徒，猶曰「姑舍是」。吾於四先生亦云。乃實卿所疑「致良知」之説專主頓悟，此學者沿襲之見，其實不然。良知即是明德，致良知即是明明德；知體亦即是仁體，致知亦即是求仁。立言不同耳，無頓漸之異也。實卿又疑《白沙詩教》多類禪家話頭，余觀白沙先生戲作禪語耳。其學自静中養出端倪，所稱亥子中間、元神灝氣之説，蓋近玄而不近禪。得禪之精者，王文成先生也。自有二氏以來，儒者高明之才，往往參以玄寂見解，顧其主張在聖道，而有開迪後學之功，不可輕論。嗟夫！使有孔孟復作，揭日月而行中天，則異教不行，而羣疑屏息矣。

近日與陸友論今人誰不説性，枝每思之，茫茫無得，極是難言。朱子有「性即理」之説，看來一理字，即是性字。先正云：「開眼便見太極。」又云：「《中庸》非天降地出。」太極之理、中庸之理，即是吾性真，一食一息、一語一默不違天則，即是循理，即是率性。然與？非與？

性最難言。如實卿所舉「性即理」之説，又舉太極、中庸即性真之説，總屬影響。其曰「一食一息、一語一默不違天則，即是率性」，似略有體認話頭。《詩》稱「有物有則」，文王「順帝之則」，《易》稱「乾元用九，乃見天則」，此箇天則，超絶聲臭，不涉思慮安排，然只在日用動静之間默識。可見此心一違天則，便有不安；加之於人，便有不合。惟其當作而作，當止而止，當語而語，當默而默，一不違於天則，而後協乎人心之同然，所謂「民之秉彜，好是懿德」者也。知此，則性之面目可得而言矣。然性與天道，夫子罕言；存養擴充，孟子所重。若無反身存養之功，不免任氣質用事，何得日用動静不違於天則？聖賢教人，千言萬語，無非此理，無非此學。願與實卿勉求之！

枝嘗請於三家兄曰：「弟見天時旱甚，人人以饑餒爲憂。弟則竊謂兄曰：『吾所憂：民窮斂急，耒耜將爲戈戟爾。』若弟平生真有『志士不忘在溝壑』之意，但身家念起，又欲咨詢親友，爲糊口計，似又與前志士念頭不同。如何？」三兄曰：「此念與前念不相妨。志士不在憂貧。然古人云『只營衣食不爲害』，況教學助貧，吾儒舍此無以爲計。第教學亦有出處道理，無爲夤緣，無過阿屈，無負人托，亦謀生錫類之道也。汝試質諸許夫子，何如？」

嘗見陸以建道實卿平日自甘澹泊，不蹈非義，舍弟輩俱能信之。所述與令兄家庭相質對之言，並由肝膈，非飾語也。貧而教學，爲糊口計，此儒者之常，即有咨詢，殊非得已，但其中有兩者所當自盡。一是末俗浮薄，子弟鮮知禮教，爲人師範，不可不以端嚴率之。一言一動，必有規矩，自然起敬起信。若狥時俗，苟合取容，雖親洽，弗貴也。一是教學相長，温故知新，而後可以爲師。學問之功，所當汲汲從事，一有義理不明，記問疎略，質疑辨難，何以應之？《書》曰：「惟斆學半，念終始典于學，厥德脩罔覺。」蓋人己交成之道也。余觀實卿老成端慤，足稱師模，而用心尤細膩，爲文儘是醇雅。今欲百尺竿頭更進一步，以不媿於儒者之師，實卿其有意乎！

啓李石塘先生

頃在虔州奉瞻台度，光風霽月，灑然塵埃之表，蓋目擊而道存焉。東行聞報，遂爾長往，不勝悒悒。又蒙假以符，使道之出疆去國，孤踪翩然千里，皆臺下之賜也。

伏念孚遠生世三十八年于兹矣，自少爲諸生時，羞與鄉黨之士争馳騖，竊慕古聖賢之爲人，然方業舉子業，以希進取于有司而已，未暇求所謂聖賢之學也。年二十四，薦于鄉，然後退而學於一菴唐先生之門。年二十八，釋褐爲進士，與同年若先輩之知學者游。日聞性命道德之旨，乃始以反身尋究爲功。筮仕南都，益嚮往焉。當是時，如探寶於山，求珠於淵，不勝其冀望圖度之懷，而猶茫乎其未有所得也。已而内補，又未幾而乞歸，蓋不得於朝市，則思求之於山林而已矣。山中一夕，蒙負芻之難，幾於不免其身。三年之間，困窮艱厄，此意無時而忘。於是恍惚略有所悟，又不得竟其志而出，則遂有南粤之命矣。平生未嘗閑於軍旅之事，且不慮倭奴海寇適與我行相遭如此其殷也。自以分義所在，捨身當之，盡我心力而已焉。當是時，疲勞顛頓，可謂不自勝矣。而危然後安，困然後達，用是以振吾優游怠惰之氣，而消其躁妄欲速之私，則平日之意至此而又一驗也。雖然，其於道尚遠也。夫天下之事，皆可以智力而取，其最巧妙者，猶可以心思而通，而道則不可也。道也者，自得之而已矣。至微而顯，至静而神，湛然若存，廓然無際，文王之所望而未見，孔子之所欲無言，此道是也。以古今豪傑之才，尚不易窺測其閫奥，而况渺余之小子乎？雖然，此生既已承師友之訓，賴天之靈，而有志於斯道矣，而以本來固有之物，特在迷悟存亡之間，其又安得中道而已也？今者解官而歸，方將歿身從之，以究吾平生之志。倘於聖人之道一日有聞，則雖死可以無憾者也。伏惟老先生之學已造其深，而於道已聞其至，精神意氣，苟有相通，雖千里之外，知其不能以棄我矣。歸山勒此，附使者陳謝，并以請正左右，伏乞尊慈原炤。不宣。

啓徐存齋老先生

去春孚遠北上，圖走別于門牆不果。既入都，不幸有亡子之戚，旅抱久惡，人事多廢。頃者令孫正夫還朝，辱賜華函，兼拜腆幣。大賢長者用情於末學小子，何孔殷也！

蓋聞周公爲相，則吐哺握髮，以延天下之士，惟恐其不及；孔子在窮，則周流四方，接引後學，誨人不倦。其道同，其志一也。惟我老先生曩者位居輔相，既有吐握之勤，而今者退在明農，又極接引之篤，此非學周孔之學、心周孔之心者，其何以能然歟？嘗觀《易》著否泰消息，只在上下交與不交之間，然君道之亢，久矣。代天子行事者，惟在于相，而補君相之所不及者，又存乎師。世必有人焉，任其責，故能樂育天下之賢才，以共成夫政治教化之盛。嗟夫！此其所關係豈小小哉！吾於老先生有感矣。伏蒙諭誨，只拱手端居，而容色聞望之間，自足鎮躁消邪，大有益于斯世。至哉言乎！顧愚何足以承之！孚遠平生妄慕前脩，不自揣其力量之不及，然而精神意氣，動多外馳，執己乖方，取戾當世。今年已長矣，知非之心，亦云切矣，而持養未純，骯髒猶昔，万日夕兢惕之不暇。❶夫己之未正而思以正人，此理之所未有也，孚遠之所不敢望

❶「万」，依文義，當爲「方」字之誤。

也。其遂改弦易轍，棄而不脩，此君子所不容也，孚遠之所不敢爲也。

日來惟與山陰張子藎、新建鄧汝德、茌平孟子成二三同志潛究此學，庶幾養德凝神，以爲待時致用之地。老先生何以進而教之哉？令孫正夫未及數相見，淵源既深，氣味逈別，當俟從容求教，以副千里惓惓之懷。敬因羽便，啓謝併上起居，元老一身，係屬於社稷蒼生者至重，願益優游珍養。迓眷無窮，臨書不任瞻仰之至。

簡錢淡菴先生

士之相知，自古爲難，非道術不相謀與智謀才略不相及也。人之精神意氣，有超於形骸之外而存乎感應之微者，惟明哲君子察而得之，是以能久要而不離。史稱管夷吾與鮑叔爲相知，今觀鮑子能知夷吾於貧賤之時若此其深，衆人惡足以語此？唐之房、杜，一稱善謀，一稱能斷，相資以興帝業。夫二子者，能以其謀斷合而爲一，豈其交與之際，固有得於心而忘於形者哉！今孚遠於老丈庶幾有似乎古人者，此非他人所能知也，吾兩人自知之也。丈之才，如商彝周鼎，足係社稷之重，而孚遠猶在璞之玉，方就琢磨而未成也；丈之藴，如深山巨壑，其中珍怪，有不能窮，而孚遠猶涓涓之流，方行而未大也。然吾兩人者，精神意氣不自知其深有所契，而亦常若相須以爲用而不可離。丈如洪鍾，非叩之則不鳴；而孚遠如弩機，非激之則不發。丈得《易》之《震》，能開動羣物之幾；而孚遠得《易》之《咸》，有以虛受人之地。是以言無弗喻，志無弗通，過能相與改，善能相與遷，而吾兩人者之情，於是乎日以膠固而不可解也。若是者，豈有讓於古人之相知哉！

雖然，今有懼焉。雖有萬斛之舟，器械未脩，而投之於江海，則長年必以爲虞；太阿之劍，範在罏冶，而遽出之以殺人，則賁育知其不利。孚遠之行，何以異此？徒負古人相知之誼，而未有古人應用之才，恐徒貽知己者羞，此孚遠之所以日夜兢兢而不能已也。過桐江，登嚴子陵釣處，慨然有懷，以光武故人興帝王之業，而子陵之道終不得顯，是以信乎知己之難。夫知而不遇與遇而不知，二者皆命也。孚遠於老丈既可謂相知矣，百年之内，其竟何如哉？《易》不云乎：「不易乎世，不成乎名，遯世無悶，不見是而無悶。樂則行之，憂則違之，確乎其不可拔。」要當脩德如是，真不媿爲相知，則庶幾吾兩人者之志也。數年聚首，萬里孤行，謾書别懷，伏惟鑒亮。

又

得徐洪間所寄手書，聆教甚悉。年踰古稀，而矍鑠清明如此，浣慰不可言。翁所著史書，固願蚤勒成編以垂來世，然下筆已晚，恐未易即成。如來諭所云「窮日役之力，勞神苦思」，亦似非晚年所宜。夫著書立言，不在多寡，苟足以明道而示訓，即片言隻字，亦有足傳。雖未成書，若規模品藻已定，後之人將繼而成之，願翁益務優游涵泳，出之自然，以俟歲月，觀其成就。若汲汲于此，耗費心神，恐失本末輕重矣。孚遠補官駕部，初無建明，但邇來討得一箇寧耐，世上榮名烜赫看得儘破，胸中亦漸覺恬愉，祇以世緣未斷，隨吾見在了辦職業，如斯而已。縉紳中善類頗多，言行氣象之間，就其所長，種種有可觀法。孚遠每媿其不如人，不敢分别爾我也。湖中新科諸君，可謂一時之盛，其可與共學者，亦有數人，惜力薄不足爲倡率耳。令郎意氣自好，近勸之收斂，向裏爲學，當徐徐相薰勵，道誼骨肉之情，不煩翁囑付。顧其道在我，必有諸己而後求諸人，無諸己而後非諸人。否則，美言正論亦無益也。羽便，勒此附復，併候起居，不盡欲語。

簡王敬所先生

曩承諭教，仰荷翁作養後學之盛心及追踪先哲之微意，然且不鄙愚陋，勤勤懇懇，將引與同心而戮力者，其爲感激，豈可名言！

比來學不加進，德不加修，自顧無以副大賢長者之望。此道之微久矣，本朝王文成先生可謂一振其響，未幾而又寖微，其故何也？文成得之於心悟力行，而諸公或接之以知解議論，其説漸長，其味漸薄，至使「良知」二字若爲贅疣，容易向人開口不得矣。間有賢者欲起而維之，則又不免自作主張，仍以意見話柄相奪。斯道之明，安可望也！孚遠竊謂：今日之學，無有言論可以摽揭，惟是一念純誠，力行不懈，則此道自明。其間辛苦磨鍊，冷煖自知，功夫難以一語了決。至於隨緣説法，因病立方，苟有至誠，即皆妙用，蓋真無一法可執也。高明以爲何如？

翁督漕且三載矣，淮安水灾，近聞異常，拯溺救饑，久煩尊慮。然此中荒饉頻仍，其故乃在河淮之變，不知何道以維之而可？國家根本之計，全仰東南漕運，而咽喉之地，特重於淮。我翁於此必有訏謀，竊願有以請也。

簡耿楚侗先生

讀翁所答吴副憲與寄張陽和二書，具知苦心，此昔賢所謂畏天命而悲人窮之心也。顧當此之時，風俗人心已是翻成一格，言之徒囂囂，而聽之實藐藐。奈何嗟嗟！姑置勿論。儒者之學，苟得其至，即遯世無悶，不見是而無悶。韓子亦謂伯夷之行窮天地、亘古今，非之而不顧，况其近者乎？孚遠竊自省，反以爲此學尚是難言，何者？談説則易，踐履實難；激發則易，潛脩實難。四十年餘，習心種種，仔細磨勘，尚未能徹底掃滌。漆雕開謂「吾斯之未能信」，夫信亦不易承當。孔子許顔子以三月不違仁，此是何等地位！直想像耳。反之吾身，未有實際，奈何思以此學易天下哉！近時朋儕各揭宗旨，以爲獨得聖學之秘，由孚遠觀之，總與古人訓語等耳。德行未成，精誠未貫，立言雖高，何益焉？唯公卓志深養，非淺陋所可窺測，願益努力自脩，收儒者之全功，作榜樣于天下。夫自信而信人，正己而正物，此如影之隨形、響之應聲，不可誣者。幸交勉之！孚遠自慚荒謬，負教良多，然知非省過，近頗深切，其他日倘有寸進，將不遠千里而求證於門下。此學在當世有一二人焉，不爲孤，顧尚恐其難到耳。偶因風便，布此請正，諸不泛及。

又

客歲承寄示《關中手札》并《大學石經發明》與《譯異編》，並領教。古之遺經，數千載而後，殘缺脱誤，固多有之，先後次序，未知孰確，各就所見，則亦無不可通也。《譯異編》，翁蓋借彼以明此，一歸於聖賢中正之學，大有警悟於斯人。近時學者，多被禪語汩没，因援儒入墨，亂人趨向，其惑已久。非翁道力，何以振之？學術明則人心正，人心正則治道隆，此關係不淺淺也。孚遠居秦日久，懷憂老親抱疴，請告殊非得已。而乃誤蒙聖恩，遷以京秩。歸家數月，親病稍愈，又復勉命再三，竟違初志而走。留中二十餘年，三仕於此，江山不改，人物屢更，可爲感慨。蚤年聞教，白首茫然，則又不勝大懼，所謂一息尚存，此志不容少懈者，庶幾勉之矣。便間勒狀，一布積悃，仰祈鑒念，兼惠我德音。不宣。

簡羅近溪先生

二十年來承教於翁，不謂來守盱江，得遂親炙，自謂此生至幸。翁亦憐念故人，誨愛無已。三年之内，感德良深。翁器度廣博，而智識圓融，儒耶？釋耶？玄耶？吾嘗進退求之，而不能窺其際，蓋自是先生之學也。抑嘗觀之，三教所由，各有其至。釋家主於出世，道家主於長生，然而彼此似不能以相易。若吾儒之學，主於經世，爲天地立心，爲生民立命，此與二氏作用分明不同。欲爲儒則儒，欲爲釋則釋，欲爲玄則玄，南越北燕，惟其所向。用志不分，乃凝於神，未有兼爲之而可以履其至者也。後世學術不明，立教混亂，而高明之士好大喜功，輒遂馳求無厭。嗟乎！以孔子、釋伽、老聃之所不能相兼者而思兼之，蓋亦過矣！

雖然，翁本儒者也，立身於三綱五常之内，素講於正心、脩身、齊家、治國、平天下之學，如家業宗盟，在吾孔氏，豈忍舍棄而之他？既不能舍棄而之他，則亦謝彼外道，歇我馳求，專明乎儒者之學而已矣。戒懼慎獨，一依乎中庸；格物致知，必止於至善。孔門相傳，自有規矩，豈容出此入彼，朝釋暮玄，而求以明吾儒者之道耶？又况非釋非玄，出于旁門外道，怪誕而不經者耶？

我翁在盱，實爲後生標準。今二三輕浮之徒，恣爲荒唐無忌憚之説，以惑亂人聽聞，而令守正好脩之士搖首閉目，拒此學而不之信。翁可不思其故耶？翁誠絶去淫邪，幡然一歸於正，則學翁之學者，又將翕然從風，其有補於世道人心非淺淺也。或曰：「翁年已古稀，所學幾於安且成矣，豈肯復有遷改之事？」愚獨以爲不然。大舜之聖，舍己從人，衛武公九十而求儆於國，翁以古聖賢爲師，安知其不能爾也！孚遠面教之時，蓋常效其愚誠而未悉。今已別去，此心懸懸，不能爲世俗套子語，故直披肝膽相示，翁笑而容之耶？抑惕而思之耶？斯文將興，耆德繫中外之望，不日安車下盱中，翁必當以余言爲濟時藥石矣。

又

拜違道範，倏幾二禩，秦楚各天，久稽脩問。方抱歉積，忽有盱人左姓者客長安，得翁手書，不覺色喜，展讀別札，乃知云云。此有可怪。平生辱在道誼知己，敢付之無言而已乎？

孚遠初聆教於京師，再聆教於白下。壬申之秋，返自南粤，訪翁盱上，有從姑竟日之談。當時見翁心量廣大，知見解脱，竊心仰之，疑者十一，而信者十九，恒有可仰而不可及之意。頃守貴郡三年，接於長者故人之情，彼此同之。孚遠事長者之禮，未嘗一日敢怠。至於翁之諸孫，視猶子弟，豈忍以薄待之？獨學問之際，間有意見不同。而翁在高年，接人太泛，往來憧憧，似少收拾了竟，故孚遠不自揣量，嘗面請於翁，亦對相知如潛谷、思默諸丈相與商量，蓋亦愛翁深意也。若云以此遂爲謗毁，孚遠平生不能毁人，况毁翁乎？

且身未至兩京，而謗議騰于兩京，將以書乎？有書必有其人，可終掩乎？記得過滁，曾會丁勺原侍御，語間出示與我翁書札，又聞留都薦紳有作會念佛者，故遺書友人直言其不可，然初不及翁也。豈即此二端，遂爲影響已甚之言乎？孚遠入關一年，未嘗通當路者一字，僅有李漸菴、曾見臺、何心泉三公先施而一答之。三公者，皆翁相知。耿楚侗先生在京必數相見，倘有言，可覆而知也。雖然，孚遠之蒙罪，則有由矣。學未能明，而思正人之學；德未能脩，而過責人之善。非所謂躬自厚而薄責於人者也。惟翁大心，無有宿怨，故猶遺書，委曲以教我。若在他人，安肯如是？尤悔之來，實所自取，今雖覺悟，不已晚乎？近時學禁雖云略開，然朝野士大夫好學者絶少，彼或有所排抑，反借吾黨爲辭，此其情又不可以不察也。契闊甚久，偶通一書，且爲辯謗，媿死媿死！外新刻三種，請正門下，《訂士稿》以寄令孫、諸子觀之。餘俟東還之日，再圖面晤。統惟鑒察。

又

來教惓惓，以透性爲言，深承鞭策。抑所謂透性與未透性云者，不知從何處分别，爲是見解虚實耶？爲是躬行離合耶？爲是身心枯潤耶？爲是論説高卑耶？《易》言「美在其中，而暢于四肢，發于事業」，《孟子》言「根心生色，睟面盎背，四體不言而喻」者，此真透性之學。孚遠誠媿於未能。若以知解伶俐、談説高玄爲透性，則孚遠方恥之而不敢。翁更何以教之？孔門誨人，只在文行忠信；禪家之學，亦重戒行威儀。下學上達，不離日用；明心見性，不捨萬緣。翁素透於此理者，其以爲何如也？耿中丞將至此矣，陸司寇、王司馬皆一時道望，願翁來此相與印證。不盡契闊，統希鑒存。

簡李同野丈

老丈之學，以毋意爲宗，此子絶四源流也。吾夫子六十而耳順，七十而從心所欲不踰距，此毋意境界也。只此二字，立躋聖地，有何不可？然謂孔門學先毋意，遂以此爲訓，使人人皆由毋意之學，得無聖人所謂欲速則不達者耶？豈但不可以訓人而已，即是老丈今日所造，不可便謂之毋意也。不可便謂之毋意，而曰毋意云云者，是有毋意之見也。有毋意之見，正不可謂之毋意也。丈試察之，以爲何如哉？

《大學》「欲正其心者，先誠其意」，所謂誠其意者，只在毋自欺而求自慊，此下學之功也。顔子有不善未嘗不知，知之未嘗復行，亦誠吾意而已。吾儕之學，夫焉可以躐等乎？此理纔有悟處，便覺鳶飛魚躍，觸處流行，不須一毫安排强索之力，然到得與自己身心凑泊尚遠。孟子曰：「反身而誠，樂莫大焉。」程子曰：「識得此理，以誠敬存之而已。」識者，默而識之也。識得，便須存得，方爲己有。時時默識，時時存養，真令血氣之私消鑠殆盡，而此理盎然而流行，乃是反身而誠與鳶飛魚躍同意。不然，饒説得活潑潑地，亦無益也。學者認得容易，翻令此中浮泛，不得帖實，此即誠與不誠之介，不可不察也。凡吾儕平日覺有胸次灑落時，感應順適時，正是誠意端倪，要須存養擴充得去。若作毋意見解，則精神便都散漫矣。弟嘗體驗如此，敢以請正，惟老丈更求之。如云誠意即是毋意，毋存而毋不存，又作解語相示，非所望於高明也。會仁山、菲菴、見羅諸丈，併共商之。

簡顧桂巖丈

昔年奉教，誼均骨肉，顯證密指，寤寐在心。一別三四年，未有聚會之期，念此悵然，豈勝於邑！得報丈補南銓，弟私心期於一出，聞果出，則甚欣然，當知道體倍勝曩時也。弟山中消息，丈亦當得之。寇難及身，蹇剥爲甚，然不可謂無動心忍性。生於憂患之機，尚自羞愧不能如古之聖賢耳。往時吾儕意氣頗鋭，謂此學可以竟成，且多擇地而蹈之意。及已經歷險難，甘苦備嘗，廼知總屬虚妄。吾丈真切平等，自與他人不同，年來想益精進矣。此理無窮，未可一言而盡，所可致力者，只在迷覺存亡之幾。無論境界囂寂，遭歷險夷，只此一念，常自覺悟，常自操存，廼是工夫得力之處。高明以爲何如？弟今春結茅山間，與二三子自相朝夕。山有小樓，環樓皆山也。四顧蒼然，蓊鬱可愛，禽鳥之音，時雜吾耳。又有二鶴，忽然長鳴，響振林木，皆足以相娱。薰風時至，明月滿樓，景意清佳，亦多啓助。山人消受，如斯而已。知相念，故漫及之。留都此學，聞頗寂寥，然諸兄終不可放過。相知中可多感慨，甚有不能爲情者。奈何！適有人便奉此，臨書無任馳情。

又

别來二十餘年，弟與老兄尚存穹壤之内，此便是好消息，他無足論。李見羅横罹此禍，丈能無重念乎？少年嚮道，白首無聞，中夜以興，祇切自媿。顧只在一念真誠光潔，絶無絲毫藏躲黏帶，始爲天地古今一大丈夫。護持意見，脩飭邊幅，總不濟事。朝聞夕死，判在幾微，質對神明，不容言説。藐焉此躬，關係萬古，願與老丈交勉之。後會之期未卜，儻有緣，必以假我，不終睽也。冗中不盡耿耿，伏惟照亮。

簡沈觀頤年兄

弟爲貧而仕，冒爲萬里之行。兄急流勇退，方作高尚之計。此其光景閒忙、路徑險易，不可同日而語明也。然昔人不云乎，「君子處必有所養，而出必有所爲」，是出處皆有事也。往者已不可及，來者願與兄圖之。夫弟之迂疎簡曠之性，非投之以艱難困苦之地，重爲磨折而砥礪之，則不可以望其成；而兄之穎達彊毅之才，非斂之於清虚寂寞之鄉，盡爲解脱而消融之，則不可以幾於道。斯二者亦各有重焉。天誠有意於吾二人，則今日之遭遇，皆所以成就我也，弟與兄其可忽哉！

頃兄語我一夢，甚奇。彼此交脩，以了除宿業，安知夢之不爲真也。萬里遠行，留此寄候，不盡耿耿。

簡魏敬吾丈

得報，知榮起廷丞，不勝喜躍。昔年同朝諸公零落已多，其尚存而徵用者不過數人，皆世所仰爲泰山北斗者也。老丈此出，關係匪輕，伏願盡忠宣力，以大慰天下蒼生之望。

近見公卿臺諫議論紛紛，非不各有誠悃存乎其間，然或病於學識之不足，或病於根本之未純，此由素養，不可矯致。吾丈勉焉。齋戒神明，洗心藏密，丈平生所服膺者。自靖自獻，正在此時，幸勿毫髮放過。

嚮者鄒南皐給諫一疏，乃吾輩盟券，惟二三公有以酬之，則諸人亦有光矣。台旌長發，可在何時？若太迫，則無由面晤，殊切耿耿。

簡胡小渠丈

胡幕傳致手書，二十餘年闊別故人，讀教言，恍如覿面，不勝雀躍。念曩時多般傀儡，今在何處？吾輩尚存天壤之間，得喪榮枯，庶幾無入不得，亦足慰也。來教「正人心在反經，而卑之不溺于富貴，高之不墮于空寂」，甚切時病。顧通世習俗，沉錮已深，即欲提醒轉移，頗難爲力。吾輩只從自己身心上痛加磨濯，漸令篤實光輝，自然足以通天下之志。弟嘗憶當年粗心浮氣，語默非時，動止不慎，招尤取謗，理固宜然。今年逾五十，深自知非，然口過、身過恒不能免。君子終日乾乾，夕惕若厲，以能居上居下，不驕不憂。幸彼此交脩，他非所計也。羽便，勒此復謝，併布積悰。《大學述》一編附呈覽正。不備。

簡李見羅年兄

拜書，憐我至厚，又深以功名相責望，非兄惡有是哉？敬領！敬領！迂疎之人，不蒙亮於世俗，亦既知之矣。頃者冒昧一出，蓋爲禄仕不得已也。辭尊居卑，此禄仕者所宜，况非卑官，又得吾志，其亦何所不可也？獨是嶺表煙瘴之地，孱弱之質，慮有不耐，且難以妻孥往。又彼中久爲盜藪烽煙之警，卒有不虞，書生何以戡此？是以驟聞而畏之。然朝命既不可辭，男兒平生又不能苟且偷避，即浩然往耳。

抑聞古之君子，處廟堂之上則憂其民，處江湖之遠則憂其君。今弟雖以不肖之身去萬里之外，而耿耿一念，亦若於當世有不能忘者。竊觀比年廟堂施爲，可謂肅然有改視易聽之意。顧天下之勢，日以迫促而不可爲。國事之陵遲、小民之窮困，日甚一日，而莫之能捄，則不可以不求其故矣。夫一政之失，易於更張；一人之非，易爲廢置。至於挽回國勢，轉移人心，此殆非區區聲色之所能爲也。當今輔弼諸公，皆以天下爲己任者。吾兄晉接其間，得與從容論議，其亦可以斯言進之乎？比部郎曹盡職有限，惟以道誼相成於上下之際，庶幾有所裨益於時。願兄留意。若夫淺深之宜、明哲之道，則兄固見之早矣，不俟鄙人丁寧也。

又

別來七八月，嶺南消息杳然不聞，不勝懸耿。側聞去冬軍門方興大師征勦嶺西羣寇，吾兄於此運籌調度，必大勞神，今未知得竣事否？

廣東山海之間，妖氛充塞，大征小勦，逆殺順降，其道並行，皆不可廢。顧須食足兵强，緩急由我，張弛由我，足以制盜賊之命，而後所發有成功。功成之日，亦無遺慮。第見曩昔事勢，政恐未然。大舉，則有耗竭之患而力不能繼；零勦，則滅於東而生於西。誅之則不勝誅，降而舍之，則反養虎以遺患。秖見盜賊之日繁而生民之日禍也。其在今日，事更何如？軍門所畫章程，脩内治者，行之朞月，抑有次第乎？吾兄於此良工苦心，必有難知而難言者矣。何時澄清海甸，策勛還朝，以慰答中外之望？弟自去秋歸山，已作晦遯之計，復不能遂，從幕兩淮，今舟發在道矣。往來轉展，馳逐風塵，真如夢寐，可增太息。所自幸者，此心常在。歷經磨折，動忍稍深，日來覺得與物少競而處雜不厭，執此以往，或者其庶幾焉。弟久無廬舍，新搆數間，聊足棲身。新買田三十畝，今年冬可共得租百石。私家之謀，亦兄所垂念者。并附知之，不盡欲語。

又

自道駕入滇中，問耗不達，四載於兹，山川遼隔，無羽鱗之便，其勢固然。而一念耿耿，在有道左右者，實未嘗頃刻忘也。適拜翰使，展《敎學編》「脩身爲本」之説，益以精明，開示無量，欣悦！欣悦！來敎獎與，非所敢當，箴規實切病痛。弟於此學苦心鑽討，蓋亦有年，固未能徹底透悟，獨立乾坤，竊深慚愧。抑平生進退出處、日用動静，不敢不奉教以周旋。督學關中，精神稍覺專一，其於古今聖賢實寤寐而羹牆之，兄必不以我爲茫然不知脩身之學者也。昔者陶、禹、稷、契誠明交贊，而並爲帝者之佐；顔、曾、閔、冉睿魯相資，而均爲聖人之徒；程伯子之純明與正叔之端毅、張子厚之精深、邵堯夫之磊落，千里合併，交相切琢，而皆不失爲世之大儒。從來儒者立言立德，各有所由，苟大端大本不相背馳，即論著小異，語默不同，無所不可。兄以爲何如也？

自兄倡明此學，信者固半，疑者亦半。然信者未必其真信，而疑者未必其真疑。凡有疑者，便於吾兄若分藩籬彼己之迹，弟則不敢。諸君所録兄語，間有可以商量。其贊美之詞，略宜删削。兄至郧，盍酌而更梓之。《大學述》一刻呈上覽正，幸賜批裁。諸容嗣布，不盡耿耿。

又

去歲得邸報，見臺省諸公及滇中撫院連章疏上，明兄制禦遠夷之功。又孟養差使進貢闕下，爲兄頌功頌冤。事有明驗，以爲廟論必同，聖意必釋，旦晚可冀放兄南還，不意尚淹栖至此。來諭：「讀書打坐外，他無事事。顧長此不已，如高堂之倚望何？弟兒輩之羈困何？知友相隨者之淹滯何？今且藉以爲動心忍性助，庶不漫過，亦無可奈何也。」此語深爲得之。莊生蓋云「知其無可奈何而安之若命」，佛家言「忍辱波羅蜜」，吾儒言「素患難行乎患難」。自古聖賢學問實際正在此等關頭，然須勘到盡處，一切世緣等如夢幻，苦樂平等，生死平等，胸中灑灑落落，視囹圄真如福堂，方爲忍辱仙人，方爲行乎患難，無入而不自得之境。弟與兄尚未及此，然不及此，不得爲道，可不勉乎？昔者夷、齊餓于首陽，翛然無怨；西伯囚于羑里，畔援不生。千載之下，仰其休德。若夫達摩入山，面壁九年；惠能隱獵，十有五載。彼看百年直如彈指，乾坤之内，無地不安。此皆爲人榜樣，弟與兄所當寤寐而師法之者也。道誼同歸，雖萬里不失爲知己；塵緣相逐，即對面亦祇爲虛浪。吾儕年俱衰邁，光景無多，順逆無常，離合有數，惟當致命遂志，各求登于彼岸，與千古聖賢相質對而已。兄謂如何？

大司寇陸公初駐江淮間，乞休不得，即便入朝，無緣面晤，已見秋審奉旨查問云云，知司寇公亦難輕易措手，故且遲之。今特作書遣上，中間詞意，頗爲婉切。此老素抱慈悲，兼有智慧方便，當能爲兄善救無疑。主上明聖寬仁，開釋亦必不遠。然其事體在朝廷，責任在大臣，兄惟静以聽諸天耳矣。滇南夷功，公論甚白，兄宜絕口不談。薦紳、士大夫有至獄中問兄者，詞氣之間，願極謙和，論學意見，願勿拘執。若江湖之士，苟非心知，謝而不見可也。

弟自前冬先君見背，去歲三月喪一長姪，九月喪我季弟，生死之際，反覆參勘，百念俱灰。當灰心處，稍有悟入，種種血氣之私，消鑠得盡，始於本來面目相當。顧猶有未易者，願與兄力圖之。早晚俟兄南還，細爲參證，百惟珍重，慰我遐思。臨書不勝於邑。

簡萬思默年兄

辭兄入粵，忽更二秋，今且移官行矣。向來缺然，無一字通於左右，此其鬱塞之狀，難以具陳也。每與見羅兄相對，念兄山居孤寂，極惻惻不能置。及吾兩人馳驅嶺海，勞苦百端，則又念兄徜徉林壑之間，優游自適，未爲不可。抑吾黨此生良有深願，日月云邁，合併難期，總不論出與處、憂與樂也。弟與羅兄近在端州，晨夕相證，最爲密切，自謂十年朋友之誼，可以無憾。

大率吾儕學問見處俱不相遠，只是實有諸己爲難，能於日用工夫更不疎放，一真一切，實實平平，不落意見盤桓，則此理漸有諸己矣。此學無内外相，無人己相，打得過處方是德性流行，打不過時終屬私己，猶爲氣質用事。吾輩進脩得失、涵養淺深，亦只驗諸此而已。吾兄以爲何如？悠悠宇宙，惟有此生，四十無聞，徒切愧恨，幸兄篤力爲世儒宗，弟雖駑鈍，亦不敢不勉也。

海北年餘與盜賊相爲終始，脚勞手攘，所不足道，但得此意默自警省，維持命脉而已。初欲假道章江，與兄一晤，竟迫於憑限，不能及。特具啓，差人代候，伏惟照亮，併祈頻賜教言。不宣。

又

辱翰教，頌《大易吟》四篇，語微而旨深，即曩夕對榻耳提不盡之意。非弟之愚誠，則兄亦似未肯剖露至此也。何幸如之！韓退之謂「孔門弟子學焉而各得其性之所近」，古今學者大類皆然。若能了徹性源，超然脱於氣質之外，則便當作顏、曾以上人物矣。眼中同志諸丈，其卓然特立者，不可謂無人，總未離於性之所近。吾兄力探性命之源，往日垢障漸已銷融，一點靈根隱隱顯露，此心目之間有可見者，加之涵養鍛鍊一二十年，不患不到古人至處也。見羅兄力量精神迥出吾儕之上，其揭脩身爲本一語以爲聖門宗要，此亦何疑？但主張太過，反費詞説，兄須盡誠爲之極論。苟得彼此虚中，如水火鹽梅之相濟，其有益於身心世道不小。弟平生無他長，獨此心可信於諸兄，即愛人之心與愛己無異，在二兄固能諒之矣。

令郎達甫發憤往兩浙讀書，似非上策。是間時藝儘有高手，即近試，盱士亦多美才，若真實學問之士，在吾浙又絶無而僅有也。尊稿并五賢郎佳文奉復，諸容嗣音。不宣。

又

恭諗老年伯矯健如昔，諸郎君頭角崢嶸，天倫至樂，兄實有之，足慰遐想。定宇丈近會疎密如何？見羅兄又歸，洪陽公在告，豫章一時名賢皆當世希有也。交修切琢，共躋道岸，則雖關洛儒者，何以過之？道無人我藩籬，學不妨剛柔相濟，但善與人同，則形迹自忘，薰陶日廣，虞廷孔門氣象可以想見。願兄留神。弟邇日杜門，獨坐一室，頗覺灑落光明，有千里而可對諸兄者。吾黨平生所志，不徹不已。兄謂何如？

簡徐魯源年兄

承遣使遺以教言，感領！感領！弟自金山與兄分袂而還，真有古聖賢發憤之志。寤寐轉展，寢食不遑，平生精神至此覺得一番凝聚，其受益不淺也。吾兄近所發明學之一言，足以救近世空虛影響之病，有志者得此一機，直向上達，所謂良馬見鞭影而行者，更復何疑？但言性言學，總是提掇頭腦，其究在人承領何如。苟無真志，不能領略，一切語言直是模糊到底，所以學之難明也。且今日吾儕急務，要在反己，密切用功。第觀胸中真無纖毫障礙，而天下之善無不可入，方爲虛己，方爲誠意。顏子克己復禮，大舜舍己從人，此聖賢真志真功，後儒皆有所不能到者也。願兄於此留意，百尺竿頭，更進一步。何如？何如？

簡周轂似年兄

遠辱翰教，兼寄詩文，不勝感藉。老丈文章學問追慕古人久矣，弟向未得窺其閫奧，今略見之。大率務朴實，不事浮華，貴深厚，不爲淺薄，要以培養精神爲主，甚善！甚善！古之聖賢，脩其在我者而達之於物，故事皆實事，言皆實言，一切真實，則氣味自然深厚，不須獵取聲華，眩鶩雕巧。吾丈岐路既明，涵養已有分數，願相與力勉之而已。

來教「恨未曾拚捨性命，用箇苦工，通晝通夜，惟此一事尚未得成片段」云云，弟亦正坐欠此。然拚捨性命一言，在志氣，不論時候。孔子發憤忘食，直是終身志氣如此。吾輩但患志氣不立，即有立時，又患移奪間斷，所以終不濟事。又近儒多謂必入山林枯寂之鄉，乃可了此工課，亦未盡然。這段志氣精神，苟得一而不懈，即應事酬物、涖政臨民，正好磨礱體驗，何擇於動靜閒忙也？吾丈細參求之。承念弟勤政過勞，郡邑之吏，自有此事。近加以覆丈一節，弟因小民田賦不平，倡議爲此。經畫區處，不得不任其勞。若完此，亦覺優游矣。南粤之行，千萬珍重，以慰懸仰。不宣。

又

老丈彊毅簡質，不事言解，不作門面，近益向裏體認，意念肫肫。弟所期望，最爲深切。但先後來書皆似有不耐塵囂，欲還静處了究之意。夫動静合一，誠未易言，拖泥帶水，世儒往往失脚，弟與丈豈敢復爲效尤？抑聖賢之學，原不離倫物而脩，戰兢惕厲，操存著察，總在一念上工夫。此志苟定，此理苟明，即合下語默作止，交際應酬，無非是學。禮樂、甲兵、刑名、錢穀，隨其職業所在則致精焉，内無昏昧，外無粗略，不厭煩雜，不憚辛勞，即便是聖學真正脉路。若必欲捨囂就寂，别求了竟，恐躭閣光陰不少也。往歲曾與鄧定宇丈論究此理，鄧丈一時似亦豁然。蓋操舍存亡、昏明迷覺，總在心而不在境，此甚分曉。且丈方出山，將爲國家遺大投艱，樹勛立業，而可有簡擇爲獨善之謀乎？

弟居秦，職業不敢曠廢，顧老父年幾八旬，痰病甚苦，豚兒七齡，抛撇日久，晝夜懸懸，不能戀此一官，事勢然也，不久當作歸計矣。因孫立老使便，勒此報謝，併申私悃，拙刻附呈覽正。不宣。

簡張陽和年兄

昨秋領教後，懸念殊深。吾鄉習俗頹靡，朋友寥落，莫有甚于此時。如吾兄挺然卓立，逈出塵表，真弟所敬服，弟所倚賴也。《北歸録語》，具見兄苦心。陽明先生教人于静中搜尋病根之説，此爲學者胸中有所藏躲，而爲此言以藥之，欲令徹底掃浄，然後可以致此良知云爾。兄謂「討諸妄根，竟無所得」者，既已得之，然又以爲人心有善惡二根互爲盛衰生滅，此亦是沿襲語也。學者喫緊處，只要討尋得良知頭腦分明，明則爲善，蔽則爲惡，一迷悟之間而已。念念覺悟，不染塵根，不滯有我，則良知出頭，是謂至善。立此之謂立大，學此之謂下學。惟兄高明真切，幸相與力求之。佛氏之説，未暇深辨，世人假此以陰售其私者，亦不足爲辨。苟吾良知而明，自無私心可以藏蓄之理，自無影響之説可以假借混亂之理。但今之世，未有實致其良知者也。此理本來固是完具，却爲習心、習氣蒙牿之甚，學者未易分明。今日既有此志，會須有千磨百鍊之功始得。然吾志苟立，即千古之學，當自我而明，又不必汲汲於世。人之病也，求人者重而自任者輕。此亦私意，不可不察也。外諭近世恒有之，士君子處此，只有以義命自安耳。忝兄道愛，率爾布復，幸乞照原。

又

别來怏怏于懷者二：甫受命爲郡吏，即咫尺不得見天子之面；居京朝二載，驀如秦越人。然委質之謂，何其望望然而去，能無慚於心哉？吾儕知己，百年之間不一二遇，遇而忽違，憾也！久於聚而不得竟其所志，等如夢遇耳，尤憾之甚也。此二端者，發於真性，不能自遏，兄其亮我乎？

初登舟無事，細閱《大明律例》一書，先師唐一翁嘗以本朝律爲盡性至命之書，誠哉是言也！以《周官》之法度，而《關雎》《麟趾》之意寔存乎其間，使爲政者有聖祖一念，與天下匹夫匹婦相爲流通，則太平可坐而致矣。日來洗心滌慮，已在盱江，庶幾爲天子牧養一方小民，以塞人臣之義。其匡弼左右，端本澄源，固有任者。兄等代庖，其亦有日，幸自留神。兄之好善，孜孜不息，已有優於天下之量，更神而明之，令表裏洞然，瑩徹無礙，方是調贊大手也。弟性率厲，視兄萬不能及，抑《詩》所謂「德輶如毛，民鮮克舉之。我儀圖之，維仲山甫舉之」，故云然耳。

過張秋，訪孟我疆之廬。盈丈之地，瓦屋數椽，其旁有茅舍倍之，父子棲身，亦恐未足。此風味，大江以南所未有也。以如是人品，復遭遷謫，嗟乎！嗟乎！焉有古之道而可行於今之時者乎？南抵徐關，肅此奉報。諸惟照察。

簡鄧定宇丈

昔年陽和兄與我談兄於西湖之上，欣然嚮往，將不遠千里而叩門牆。而比歲幸遇於京師，有子杞、子輿、子犂、子來相視而笑，莫逆於心者，誠不自知其所以然之故。《易》稱「同聲相應，同氣相求」，而擬之水濕火燥、雲龍風虎，物理故然，不可强也。人性各有所近，近仁者，便爲難得。誾誾、侃侃、行行，皆聖人所樂也。譬諸江、淮、河、濟，稱爲四瀆，而其歸皆可至於海。然則吾儕數子豈亦各有近仁之資而可並趨于大道者乎？

兄本冲虚雅静，其玄悟尤有所自來。然日用應酬，似尚未得種種，信兄本色。夫有所矜而避於物，與有所不得已而狥於物，其非心之所慊快，均也。若夫習性爲累，各有重輕，不得斬丁截鐵，直下勇克，即牽連一生，未有了期。然而吾輩政不免於姑待明日之意，在兄亦容有之乎？别來思惟，痛覺自病，故爲兄言之。以兄大智大勇，急爲凝聚精神，了究性命之學，則經濟事業舉而措之有餘裕矣。

又

頃者聚晤可謂有緣，惜彼此疲於酬應，而不及從容相對，以聆教益。然只會面，自有不同。是夕舟中，樂意欣欣，猶可想也。老丈寓省中安穩，且未須入鄉間，但人事自爲簡省，未嘗不可。若不得省處，即順以應之，洗滌精神，灑灑落落，無揀擇相，更覺平鋪實在。夫定静在我，而不在物也。纔有姑待心，便似當面錯過。丈更思之。見羅兄學識其大，氣象磊落，自是吾輩益友。所見有不同處，不妨往復商量。留念留念。

又

得陽和兄書，知兄雅意未出，蓋爲老伯母高年與熊夢未協故。此至情，弟固諒之。但中外仰望明德，不啻若景星慶雲。側聞廟堂之意，亦欲旦夕起兄，儻得其便，不知台駕可一出否？思默兄近會踈密如何？

洪陽、見羅諸兄同時家食，合并一段精神，似不可少。時静時動，時語時默，廓然無礙，善與人同，非兄虚明之至，不可望於此也。弟承明訓，不敢有違，年來頗覺有進，蓋内外磨礱之久，意念漸以收拾歸根，無復往日憧憧多事矣。何時面對，一證此意，不勝耿耿。弟頃者進退無恒，殊有不得已之情，略具小疏附呈尊覽，統惟鑒照。

答孟我疆丈

别來朞月，光陰如流，不知彼此所作何狀？悚息悚息。再承翰教，反覆玩味，知老丈近日苦心。丈平生篤信師説，以爲天聰天明，本然具足，若不假于探索之力者。而今謂「不思不勉，從容中道，非聖人不能」，是吾斯未能信之意也。又謂「下學實功，只在勤學好問」，旨哉言乎！且以丈之真切篤實，而加以勤學好問之功，不患其不進於高明廣大之域。此區區之所喜而不寐者也。若奉明教，因之自勵以求上達，丈之惠我，抑又多矣！孔子云「默而識之，學而不厭，誨人不倦」，此勤學之凖的也。吾儕之所謂勤學，有可以語於此者乎？「大舜有大焉，善與人同，舍己從人，樂取諸人以爲善」，此好問之凖的也。吾儕之所謂好問，有可以語於此者乎？夫聖人之學，由於默識，其所識者，果何理也？學而不厭，真有悦諸其心而不能自已之機。聖人之好問，在於善與人同。斯善也，何爲其無人我之隔也。舍己從人，略無係吝，蓋未可以形骸之内求之矣。吾儕學者，政爲此理未融，人我未破，謂之學矣而不免各狥于意見之偏，謂之問矣而不免常存乎人我之障，故好高而求勝，彼是而此非，則有之矣！夫誰能真進於學而不厭？又誰能庶幾於舍己從人者耶？兹承明教，可謂頂門一針，願各各自反以求所謂勤學好問之實，斯文幸甚！

老丈守關之政，友朋中頗談以爲不甚順于人情，弟不知其事端，不敢懸斷，然此乃真實學問所在，幸丈更爲虛心求之。天下事但務公平正大，使其長久可行，不在表峻一時而已。恃丈道誼，附此奉規，伏惟鑒察。

簡丁敬宇丈

尊兄天性冲淡，而制行斬截，且有以能問於不能，若無若虛之意，僕真敬服，媿學之而未能也。兄入臺中，方與時静默，其風猷設施，固有所待，僕且翹首望之，而兄又萌歸與之興矣。然立朝則有立朝之節，歸山則有歸山之事，兄蓋計定而動，非草草者也。或出或處，或默或語，要在不違於道，幸益勉焉。僕平生愆戾多端，省悔已晚，今往建昌，即兄之句容也。假我數年，倘得少盡此心，使一方之民庶幾獲所，則掛冠而歸，亦浩然無恨矣。

簡孟雲浦丈

往者我疆兄爲余言「洛中有孟雲浦」，不謂遂得相聚京師，且領教如是之久也。尊兄生而端慤，其致力于身心者已久。日用動静，主宰確然，僕所敬畏，徒以犬馬之齒長於諸君，而兄欲假之爲領袖，故常虛己而就之，且偕貴同年諸英傑相與觀摩討論，兄豈仁者之心，己欲立而立人，己欲達而達人者耶？僕從事學問二十餘年於兹，身心尚多踈懶，而意氣猶涉發揚，每一反省，不覺愧汗浹背，追思昔賢，相去何啻千萬里之遠！頃入舟中，誦薛文清先生教言，竊見其念慮精誠而檢身嚴密，展對凛凛，如承面命。先生有云：「當自今一刮舊習，一言一行求合於道，否則匪人矣。」又云：「萬起萬滅之私，亂吾心久矣。今當悉皆掃去，以全吾湛然之性。志氣精神，真切如是。然而不爲聖賢君子者，未之有也。」僕視先正教言，尤爲對症之藥。惟兄粹養，當不病吾之病。然此一念有不與昔賢相對者，可不省乎？凡諸兄有志于學者，苟不從自己性情上檢察，氣質上消融，秖作一塲話説耳，可不戒乎？

榮選不知在内在外，以兄之德，蓋無所不宜。一切事變人情，皆吾輩所當磨鍊之地，亦不論難易與順逆也。盱江之行，僕既受教矣。政之修否，視吾學之進退。朞月而入覲，三年而考績，當與兄面證焉。

簡鄧潛谷丈

不佞奉教於海内諸君子有日矣。誠明不足，疑信相參，年既五十而道未有聞，心之憂危，豈可云喻？所幸天牖其衷，不自蔽錮於私欲，亦不墮落於邪見，虚心參討，必求以至善爲歸。日用動静，磨礪操存，略有依據，而不得印證於有道，衆言淆亂，秉德甚孤。偶來盱中，得遇足下，則真千載良晤也。

初不佞之慕足下也，在於行與文，而足下之憐不佞也，在於政與事。兩載神交，未及親炙，猶隔千里。今秋始奉顔色於盱城，嚴肅恭讓，恂恂訥訥，默示我儀。微言相指，誠在語外，不覺令人當下豁然，然後知足下造詣之深。而足下亦謂我學術中正，度量冲夷，似可以任重到遠。天人性命之藴，顯對密證，疑慮俱融，則足下之益我既弘多矣。頃者念我遠别，肩輿俯就，相與周旋者四十餘日。扁舟對談，羅源夜會，語默皆宜，而所密示博厚載物之教最爲深切。瀕行，送我金谿郊外，執手言别，沉吟良久，尤以「毋落解」三字授記不忘，可謂頂門一針。命之矣！命之矣！古今聰明智慧之士不少，而深潛純粹，默成於德行者甚難。若孔門顔、曾之徒與宋之周元公、程伯子，其氣象可以想見，竊嘗願學之而未能。夫德行深者，自脱於言解之外。而墮知識言解者，便有歉於德行。故雖語中正而非中正，雖語精深而非精深。吾儕學者病此不淺。

足下知道，知人，知病，知藥，所致勉於不佞者，若謂此生不再遇，不佞其何敢忽也！足下之學，可謂覩其大全，體驗修持，亦儘有定力。而特賦禀質量，原少弘大，居身應物，未得從容。以足下之學，充之亦不患其不至。百年之内，幸彼此交勉焉。盱中後學願擇其法器一二，造就有成，則此學可以寄託於不墜。且夫正人心，厚風俗，即隱居明道之功，不必待顯行而後見也。行次嚴灘，脩此報謝，諸惟鑒念。臨風無任瞻依。

又

辱翰教，寄凃幕所及，領誦《易繹》，竄改處尤精。此理無窮，愈探愈深，愈體究愈難着語。聖人所以學而不厭者也。

不佞於仲春入關中，甫至即出校士，由商洛逾漢沔，徑棧道而迂迴岐、豐、涇、渭之間。又走朝那、環慶、上郡諸邊境，然後税駕於長安。蓋往返五閲月，東望三晉，南俯鄖、襄，西顧隴、蜀，北指賀蘭、横山、青海等處。華夷萬里，宛在目中。自古伏羲、軒轅、文、武、周公神聖之蹟與秦漢而下歷代君臣所爲經略規模，覩其山川，訪其遺事，數千載之上，若可神遊而掌記也。吁嗟！ 茲行亦稱壯矣！ 外涉險阻，内勞品校，兼以人事應酬之煩，雞鳴而起，夜深而息，無時休暇。然而磨淬益至，動忍稍深，隨處操存觀省，庶幾不失其在我之學。

秦中士子，所至啓迪，略有萌動。茲方集於會城書院，身爲督率其間。《書》謂「惟斅學半，念終始典于學」，孚遠雖不敏，其不敢以自棄且自畫也。藍田王欲立時扶病來此，與諸生頗多啓助，需之歲月之久，或者其有可觀乎！ 足下潛修著述，體究天人性命之藴，日以淵邃，匪夷所思。黎川、盱江之士尤望留神接引造就。思默、定宇二丈一時同志，可謂最難，凡有機緣，不妨就之。禪家所謂「布施千億衆生，不如布施一菩薩」者也。因凃幕從者南還，勒此布復。羅近老諸公冗間不及致書，幸爲我道意云。

簡管東溟丈

使至，拜翰貺之辱，存念勤懇，藹如面承。同心之愛，信可知也。宇内英傑，豈謂乏人？ 若求撐立乾坤赤躶躶漢子，未可多見。僕於老丈，故繫心焉。别來歲久，弘養莫測。愛憎毁譽，並未足全憑。私竊窺之：信於心，勇於義，卓然立於流俗塵埃之表，言無矯飾，行無瞻顧，此丈平生操致，可以想見。使在孔門，當居狂者之科無疑也。

前書謬商出處時宜，念丈往因，故爲一破。大抵吾儒動静語默，欲其一順乎天則而不動於一毫血氣之私。正己、正物，皆在於是。時方多艱，内外頗難措手，即使大聖賢復出，未能必有濟於事。顧其道在我者，不可不盡。幸高明留神焉。來書「精神懶涣」數字，固丈謙辭，然惟自彊不息而後可免於懶，惟凝然安止而後可免於涣。彼此願交學之也。僕此補無疏辭之理，尊教誠然。獨迂拙兼衰遲，終無能從高賢樹勛宇宙耳。儻天假之緣，早晚相值，尚圖細請教正，不盡欲語。

簡駱纘亭丈

老丈每有教言，必慮及世道與學術，此賢者苦心。不佞竊知之。學術不明，世衰俗敝，蓋非一日，大都則孔子所謂「過與不及」之患。道不遠人，庸德庸言之外，固無多術。而明而誠之，必由博學、審問、慎思、明辨、篤行之功，亦非一蹴可到。凡騖高遠者，多忽略於平常；而語平常者，又不得實究其所至。道之所以不明不行也。吾丈忠信篤實，重躬修而薄虚見，行已涖官，確有繩準，忱儒者之規模。但往時意見稍有未融，想近來高詣益不可量矣。

孚遠妄意此道二十餘年，慚無一得，頃膺人師責任，儀刑弗立，益復赧顏。方集諸生日與講究，交相切磨，大端不外於前所請教語。要知孔門有終日不違仁之學，語忠信篤敬而必曰參前倚衡，不如是不足以爲聖學，孟子所謂「必有事焉，而勿正，心勿忘，勿助長也」。此集義養氣之道也。聖賢立教，至爲中正，亦至精微，過之不可，不及不可。願與老丈力求之。道無先後，亦不論隱顯。一息尚存，此志不容少懈。若夫得失行止，則隨時而已。羽便，肅此奉報，臨書不任惓惓。

答孟連洙丈

盱江相聚，信有天緣。百年知己，得於邂逅。别來懷想，知彼此同之也！孚遠入關中甫半載，而完録考一事，冗沓至甚，形神俱勞，亦乏羽鱗，無緣脩候。忽辱翰使逾二千里而來，存問故人，遺之嘉貺，此世俗所希有之事。以孚遠之不肖，何以獲此於門下哉！老丈清標勁節，磊磊落落，如鳳凰翔于千仞之上。乃迂踈無當，過蒙采取，意氣洽合，如膠漆之相投，則不知其何以也！比詢使者，知丈杜門廬居，鮮與人接，雖家中童僕罕見其面。此見邇來潛修晦養之深。孚遠當官行役，其勢不得不勞。吾丈憂艱静息，於事不得不省。雖然，時動時静，時行時止，有學存焉。少有偏着，便爲心累。先輩有云「積閒成懶，積懶成癖」，在孤高之士，往往有之。莊生云：「水之性，不雜則清，莫動則平；鬱閉而不流，亦不能清。」真善喻心者也。此吾丈之所當知也。昔季札與子産、叔向諸賢一見而有贈規之語，况孚遠與丈稱爲相知者哉！幸惟留念。使者至，留之十日而始遣，竟以冗甚，弗及盡所欲請。外具粗弊表忱，併以拙刻呈覽。諸惟崇照，不宣。

簡耿叔臺丈

遠承翰使，拜奠章賻貺之辱，光被殁存，豈勝哀感。讀《起予録》，言言從肺腑流出，引掖閩之人士，簡易懇切，足知老丈一片血誠。典郡典學，僕雖謬嘗先驅，顧愧踈略，萬萬不及也。來教謂：「於默識之旨疑信相半。」又云：「年逾五十，未能不惑，豈在儒釋界頭耶！」至論「今之薦紳大夫弁髦孔孟，甘作釋子脚下兒孫，方將大開眼孔，直竪脊梁，以振起斯道」，則丈既可謂卓然不惑矣。夫儒釋之道，毫釐千里，姑未易言。乃吾儕居中國，處人倫，身爲孔氏之徒，誦服《易》《詩》《書》《禮》《樂》《春秋》之教，而欲背此趣彼，盡歸之虛無寂滅之鄉，此真韓子所謂好怪者也！若夫精一執中，常寂常感，吾儒宗旨本自精微，學者顧未之深究。苟究得此理分明，實體而力行之，則毫釐千里處，亦不難辨矣。孚遠德綿力薄，每不自量，攘臂其間，所患孤立而寡助。今賴吾丈有此主張，斯文之幸非淺尠也！冗間勒此復謝，臨書不任惓惓。

簡焦漪園丈

恭惟老丈大魁天下，三十年同心之朋，喜可知也。謫居山林，旋罹凶戚，倏閱兩載。候訊未通，方抱歉衷，不能自已。而敝友朱君采南歸，忽致華翰，且拜奠貺之辱，光被存殁，哀感如何！

本朝狀元及第者無慮數十輩，其以理學著聞，則惟高陵吕涇野、吉水羅念菴兩先生，今海内又稱焦漪園先生矣。潛心大道，博極羣書，模範後學，積有年歲。立朝之始，衆推儒宗。人品與科名等埒，此古今盛事也。夫順風而呼，則所聞者遠；登高而麾，則所指者衆。丈於今日端軌示則，啓蒙發瞶，其易可知。然而名高責重，朝野注瞻，一言一動，關士類之趨向，係斯道之重輕。丈於今日，亦至不易。願惟努力！

不孝孚遠三仕留京，數承教益，芹曝之私，間效左右。而寤對未幾，離别隨之，彼此有懷，常覺紆欝。竊謂：吾儒與佛氏之學作用同異，姑不必言。本來面目，總是一毫添減不得。惟其一毫添減不得，是以操存體察，無容少疎。即佛家所言戒定慧法門，何等嚴密！何等次第！求覓無上菩提，而不由戒定工夫，無有是處；欲達性與天道，而不知操修規矩，了無存泊。此非爲丈言之也，爲通世學者言之。而欲主盟斯文者，慎其所以開導琢磨之術也。昔者文成良知、心齋樂體，豈不善於指點一時，令人活潑潑地？然及門之士稱爲高明穎脱者，猶多走作，其故可知已。好古敏求，下學上達，孔子以之自名；而非禮勿視聽言動，以語顔子；忠信傳習，曾子日省其身。此聖修準則，萬世所不能違也。近世文章日趨於巧便，議論日入於高玄，而行履多見其疎闊，事功鮮見其巍焕，其爲關係不小。有世道之責者，能無慮乎？轉移士習，挽回氣運，其機端在朝廷之上一二賢人君子之力。幸丈蚤圖之，勿以迂闊爲嫌也。

長安馮仲好，才氣勁爽，嚮道亦誠，喜在史舘，日就薰陶，不妨鞭策，偕之上進。羽便，一布積悃，不覺喋喋，統惟鑒存。不宣。

簡鄒南臯丈

仰惟門下直節著於朝野，道誼重於鄉邦，僕傾心有日矣。滇南之謫，嘗繫遐思；諫垣之入，與爲生氣。然而萍跡無緣於合并，介紹未通於左右，不知門下何由見察，疏薦海内四三名公，搜羅及於鄙人名姓，頓令駑蹇增價市朝。固知門下非有私好在僕，其僕之自揣行能譾劣，恐傷知人之明。感激慚愧，實有所不能自已也。株守盱江，京朝聞問一概闊絶。頃門下復寓留中，而僕有關陜督學之行。北渡長江，敢以書訊善人。天地之紀，存亡進退，蓋亦有天數存焉，非智力之所能安排也，即江陵於諸公之事可覩已。往事姑勿論。

今天下關切於社稷生民之慮者，尚多有之。顧忠直之言，不易取售，門下所以扼腕而又南。《易》言：

「藏器於身，待時而動。」知語知默，知微知彰，其道則誠在於我。願門下益留神。先儒蓋云：「道不行，千載無善治；學不明，百代無真儒。」門下以爲當今之世道行而學明乎否？誠欲明而行之，非一二三豪傑之士，誰與望此？未由參對，殊切瞻依，幸門下示之德音，以爲軌法。外書稿數通，録呈覽教，統惟照存。不宣。

簡王東厓丈

別後兩得手教，以自心妙用爲主，豈謂不然？第於鄙意尚有未悉。若曰「特見夫汪洋浩大者之謂海，而不知由於涓涓之流積而致之」，則與鄙意益遠矣。夫自心妙用，即是涓涓之流，亦即是汪洋浩大之海。鄙意則謂：須有鑿山濬川、掘井九仞而必及泉之功，涓流浩海乃其自然，不容人力也。昔人學問，失之廣遠，故儒者反而約之於此心，其實要在反約。又須博學詳説而得之，非謂直信此心，便可了當是事也。區區之心，近益見得學之難言。古之聖賢，必其精神志氣凝聚融結，可以貫金石而通神明，然後爲能開物成務、繼往開來，真非小可的勾當。今吾輩反觀，去此尚遠，是以夙興夜寐，轉展反側，不能自寧，安敢以從前所得者爲是？又安敢輕信人言而不求自得，徒煩頰舌而已也？年幾四十，始知悔悟。比來行往坐卧，不敢暫離。由此措之終身，通乎晝夜，使吾之精神真足與聖賢敵對，則横説竪説，亦無不可矣。高明以爲何如？

敬和堂集卷之六

德清許孚遠著

撫閩疏

交代謝恩疏

欽差提督軍務兼巡撫福建地方都察院右僉都御史臣許孚遠謹奏：爲遵旨交代恭謝天恩事。臣前任通政司右通政，於萬曆貳拾年拾貳月初拾日，准吏部咨，該本部各衙門會推：「奉聖旨：『許孚遠陞都察院右僉都御史，巡撫福建地方，提督軍務，寫勑與他，欽此。』欽遵。」備咨到臣，臣隨於鴻臚寺報名謝恩。又於本年拾貳月拾柒日，准兵部咨，該本部題：「奉聖旨：『巡撫官既稱地方有事，許孚遠等著候面恩壹次，便辭朝去。今後有這等的，該部代爲奏請，其餘不得援以爲例。欽此。』欽遵。」備咨到臣，臣隨於本月拾玖日領勑辭朝，星馳就道，於貳拾壹年貳月貳拾捌日前到福建崇安縣地方。准先任巡撫右副都御史張汝濟將原奉欽給符驗壹道、關防壹顆、旗牌捌面副並吏卷，咨送到臣。交代接管外，伏念臣性質迂愚，學識疎淺，本乏經濟之具，誤膺保釐之責。頃自倭奴傳警，遠近震驚，非安固人心，無以制禦外寇；非簡練將士，整飭水陸戰備，無以保障地方。臣誠兢兢未知所處，惟是荷蒙三朝作養、皇上簡拔之恩，歇歷中外，亦既有年，不敢以時艱退避。入境之後，誓與文武諸臣洗心竭力，共圖綏靖，報効朝廷。脱有海烽警急，增兵增餉，捐不貲之賞，行不測之罰，雖大破拘攣，先發後聞，亦所弗惜。昔賢所謂「上不負天子，下不負所學，苟利社稷，捐軀可爲」，臣竊自盟之矣。臣無任感激瞻仰之至！爲此具本，專差承差李煜親齎，謹具奏謝以聞。

自陳不職疏

奏爲自陳不職乞賜罷黜事。臣叨膺新命，巡撫福建地方，馳至建寧府崇安縣，與前任撫臣張汝濟交代訖，隨接見邸報。當京官考察之期，五品以下，已經部院考察竣事，四品以上，例應自陳。臣猥厠四品，伏思罪狀莫如臣多，臣不敢以自匿。臣本一介書生，忝中嘉靖壬戌進士，翱翔進退，叁拾餘年於此矣。先後柒任南北曹郎署，優游尸素，曾無建明。一任廣東海北兵備僉事，適遇寇盜縱横，備歷艱辛，未有澄清之效。一任江西建昌知府，牧循無術，治行弗彰。一任陝西提學副使，董士徒勞，教化未洽。一任應天府府丞，當畿輔之糾紛，愧佐理之多拙。然而在銓郎以浮躁見謫，在府丞以出位被譴，此其累愆積慝，彰彰甚明。頃蒙皇上過采廷臣之言，拔臣於罪降之後，超遷納言，隨行兩月，未有寸補於聖明。而簡命忽臨，畀以督撫重寄，遺艱投大，自知不勝，極切惶悚。況於今者，倭警孔棘，東南沿海省郡，患在剥牀，自非英達之才，豈堪制禦之任？而以臣之迂踈衰朽且素多謬盭，屢遭顛蹶者當之，僨事貽憂，輒恐非細。臣反覆思之，諸臣之中，其爲最不稱職，宜蒙黜幽之典者，莫臣若也。伏乞皇上俯察臣衷，特勑吏部將臣亟賜罷免，别選材賢往鎮八閩，庶經略得人而上下均賴矣。臣無任激切懇仰之至。緣係自陳不職，乞賜罷黜事理。爲此具本，專差承差李烴親齎，謹具奏聞，伏候勑旨。

議處海防疏

題爲議處閩省海防急務以備倭患事。臣蒙皇上簡拔之恩，督撫八閩地方。已於本年貳月貳拾捌日入境交代，具本奏聞。旋趨省會，餘月於此矣。臣日與司道諸臣講求民瘼，商確軍務。所宜區處經略，蓋非一端。其緩者固將次第舉行，其細者不敢煩瀆聖聽。惟是倭警方棘，防禦當周，調度將吏、措處兵食與整造戰艦軍器，不敢不汲汲從事。然而廢弛日久，振刷實難。將帥多掣肘之患，兵士仍偷惰之習。戰艦不足而多朽腐，軍器不全而更苦窳。糧餉雖經搜括補湊，尚是有名無實。臣到地方之日，正值春汛届期，諸將督領兵船俱出海上，雖欲亟爲查處，其勢無由。今肆月已半，南風漸來，倘幸海上無警，仲夏中旬可以收汛。然轉盻捌玖月之間，冬汛又至矣。若非及時閒暇從頭整理，卒有倭奴大舉入犯，其力必不能支。殷鑒不遠，蓋在嘉靖之季。當時攻陷城池，殺掠吏民，慘毒不可勝言。用兵拾有餘年，糜費至數百萬。迄於今日，瘡痍未起，元氣未復，而可復蹈故轍，因循苟且，以貽將來之禍耶？臣用是博訪羣議，熟思審處，條爲海防急務數事以聞。伏乞皇上軫念邊海生靈，勑下該部，酌議題覆，特賜允行，以飭兵政於今日，弭倭患於將來。臣愚幸甚！地方幸甚！緣係議處閩省海防急務以備倭患事理，未敢擅便，爲此具本，專差承差張一鳴親齎，謹題請旨。

計開：

一、議移處將帥以重彈壓。照得閩省濱海肆府壹州，延袤壹千柒百餘里，控禦至艱。福寧接浙之温州，爲北路；漳州接廣之潮州，爲南路；而興、泉居福、漳之間，爲中路。國初設有烽火門、南日山、浯嶼叁水寨之師，其後增設銅山、小埕貳水寨，又其後增設南澳、浯銅、海壇叁遊兵。伍寨叁遊各置有領兵把總，而叁路並置參將以統之。其後，省會添設總兵，而參將並改爲守備。又其後，以守備權輕，南路仍復參將。邇者北路亦改參將矣。先是，分巡興、泉道副使今丁憂，鄭一麟議於中路比照南北貳路，改設參將，捍衛興、泉，以僉議未同而止。由臣觀之，伍寨叁遊歷壹千柒百餘里之地，統以南北貳將，信地遼遠，其勢誠有所不及。然不必改設參將，而當移處總參。何者？總兵原奉敕書，平時駐劄省城，汛期移駐福寧州，然自來總兵汛期俱駐鎮東衛，蓋福寧居省城之東北肆百里而遥，密邇臺山、大嵛，爲倭寇入閩之路，而鎮東居福州之東南貳百里而近，前接竿塘、五虎，爲倭寇入省之衝，總兵居重馭輕，固宜駐鎮東以蔽全省之門户。但總兵雖駐鎮東，調度曾無專統兵船，故汛畢回劄省城，殊覺優游無事。近准總兵官朱先移文稱：「本鎮標下額有官兵肆百有奇，皆養之平時，需之有事，一欲出海，必得福哨等船貳叁拾隻，未審應否設備。若曰姑待臨時取調，風潮不便，咫尺萬里，勢恐不能以濟緩急。」此誠有見之言。及查得北路信地自烽火、小埕直至海壇、南日，相距柒捌百里，脱有警急，調遣實難。大小將領亦以是紛紛多議。今莫若移總兵常駐鎮東，專設兵船壹艅，聽其督駕，而以海壇遊兵屬之，使得緩急自如，上下俱便。其南日壹寨把總，令其自分信地，與南北貳路參將俱聽大將居中調遣往來。若遇倭寇登陸或陸路地方别有警變，總兵暫離鎮東，提各路營寨之兵隨處遏截，又無之而不可矣。臣又查得南路參將向駐劄玄鍾所，近移漳州城中，出汛銅山、鎮海等處。但潮、漳副總兵既駐南澳，而參將復駐玄鍾、銅山、鎮海之間，雖云要害，亦太繁密。且南路信地，北包泉、興，直至祥芝澳，柒捌百里之遥，汛守亦所不便。今該路參將宜移駐泉州中左所，南衛漳州，北顧泉、興，與南日把總、北路參將之兵道里適均，應援亦易。此皆不煩更置而得控禦之略者也。如蒙允議，乞勑總兵常駐鎮東衛，督練水陸將兵，以重居中彈壓之勢，兼勑南路參將移駐中左所，控扼漳、泉要地，以成首尾應援之形，則馭將有法而兵防可飭矣。伏乞聖裁！

一、議專委府佐以便責成。查得福、興、泉、漳肆府，惟漳州添設海防同知壹員，管理商稅、番舶，移駐海澄。其叁府同知並清軍兼管海防，未有專責。今欲整頓水陸兵防，修造戰艦軍器，非專責之海防官不可。然議添設壹官，又恐多事非便。臣意各府同知所管清軍總捕、屯鹽等務，俱有成規，不難兼攝。今當以海防爲主而兼攝其餘，但有戰船應於某處寨廠，軍器應於某處匠局，即檄海防官移駐其地，監督修造，仍會同總鎮各參及各營寨把總等官將應辦料物眼同估驗，須要精好，各項匠作逐時稽查，毋令偷惰。船必如式，器必依制，寧寬毋刻，寧遲毋遽，監督工程，必待完畢然後可以他往。至於出汛之時，須令海防官涉歷沿海信地，閱視水陸官兵，稽察虛實，監制往來。其所管清軍諸務，遇有緊急，不妨呈請委官帶理，事畢交還，夫然後職掌專而兵政可飭也。及查福、興、泉叁府同知，原無欽給關防，凡百文移，動關軍務，查覈兵馬錢糧，必以該府印鈐申請。今欲專責以海防事體，遇汛巡歷海上，脱有警急軍情，使請印府城，尤恐稽誤。合無比照漳州海防同知事例一體，請欽給關防壹顆，頒領行用，庶便責成。伏乞聖裁！

一、議大修戰艦以備衝擊。查得前任撫臣著有約法，凡各寨遊兵船修造，則例每叁汛小修，伍汛半修，陸汛中修，捌汛復小修，拾汛大修，拾貳汛復半修，拾叁汛准拆。造此以約束捕兵，酌爲中制，未嘗不善也。但造作之初，既未能盡如法式，官捕數易，又不能一心管顧。出汛海洋，風濤射激，磕損亦易，或陸柒汛而壞漏者有之，或捌玖汛而壞漏者有之。近據參將王有麟呈稱：「烽火之船，經拾汛者玖隻，拾壹汛者叁隻；小埕之船，經拾汛者壹隻，拾壹汛者伍隻，俱不堪以防汛。驅有用之兵而駕無用之船，猶以膏脂填溝壑也。」又准總兵官朱先移稱：「各寨船隻多係年久，新堅者少，何以禦敵？乞行增造。」又據原任參將秦經國議稱：「各寨兵船造作修理，法久弊生，委官邀功，多尚節費，以致船不如式且易破壞。惜小誤大，其害匪輕。」叁將之言，如出一口。夫禦倭海上，全賴戰艦。戰艦壯固而足恃，則哨捕人等膽氣自增，進退緩急俱得如意。徒有船而朽腐不堪駕使，與無船同。卒遇寇至，雖有强兵，束手無措，真可惜也。臣欲俟春汛甫畢，亟將伍寨叁遊大小船隻通行查驗，應修者修，應造者造，監督責諸海防，稽考責諸各道，大爲整頓，以備將來。及照總兵官朱先該臣議，令常駐鎮東，添設兵船壹艅與之駕用。又先議北路參將王有麟兵船壹拾捌隻，抽取烽火、小埕、南日叁寨，屢據把總童龍、楊昌言等呈擾紛紛，相應再爲查處，原數之外，約計添造兵船叁肆拾隻。蓋福寧、鎮東俱係上流要害，總兵參將各備戰艦，方可責其身先將士殺敵成功。但各寨遊之船，既欲大爲修造，而總參項下，又有新增船隻，增船亦須增兵，通約工費，便得貳叁萬金。所謂計大事者不惜小費，有備無患，不致臨渴掘井，此兵務之最急者也。伏乞聖裁！

一、議大整器甲以壯兵威。准總兵官朱先移稱：「自古攻守之具，神器爲先。閩中雖有歲造軍火器械，詢之營寨，每稱不堪。至如陸戰水戰，埋伏安營，偷劫破壘，攻擊神器，置之不講，殊非完策。且夫張軍威，奪敵魄，觸之者碎，遇之者焦，無有過於此者。合請查議，擇於省中開壹神器局，鳩工庀材，委官督造，務盡其術，發營演練精熟，以備攻守。」及據原任參將秦經國議稱「捕舵隊兵向無護身衣甲利器，須各製紙甲壹領，置劈刀、透甲槍各壹柄，以資禦敵」等因到臣。該臣看得神器之制備於本朝，此我中國長技，以禦北虜南倭，軍中之所必不可少者。及查約法，火器如大佛狼機、百子銃，在各寨遊兵船，或置或不置，爲數本少，而歲久朽鈍，雖有若無，此所以來總兵之請也。近據分巡福寧道僉事吴之鵬呈：奉前院批：詳浯嶼、浯銅寨遊請添佛狼機緣由，轉行各該道府查議。續據福寧州知州史起欽行准烽火寨牒稱：該寨福、哨、東、鳥船共應添造佛狼機肆拾壹座，該州覆查明白，議造通計用銀捌拾兩零，呈詳到道，轉詳到臣，批行如式製造。以烽火壹寨推之，其餘寨遊可類推而知也。臣欲自今通行查處，一面開局委官，打造神器，以備水陸戰守之用。至於衣甲不完、器械不利，雖有勇士，難責先登，且以卒予敵，何爲而可？合俟汛畢，通查水陸各兵刀槍器械，但有殘缺苦窳，盡行修造整理。及查陸兵，略有自置衣甲，多未堅完。水兵全無衣甲，須得從新製辦。要使人有堅甲利器，刀不易入而銃不易傷，雖强敵在前，無所畏懼，即驅之赴湯蹈火，無所不可矣。前項工費，大約亦得數千金，以俟臨時逐項酌處。伏乞聖裁！

一、議存留募兵以便操習。查得每年春冬汛畢，烽火等五寨貼駕軍兵盡數放回衛所休息，僅止民兵留寨。南澳、海壇、浯銅遊兵應拆造大中修船隻，量存捕舵目兵拾名、伍名，餘兵盡行減放。見在船隻各有放兵，貳隊、壹隊不等。及臨汛期，軍兵换貼，民兵再募，此幸處承平，爲省費計也。夫兵非一日而成，訓練操習，貴於有素，將識兵情，兵識將意，然後臨事可如身臂相使。今倉卒選募，幾同烏合，去取之權，操在哨捕。新兵應募，類以苞苴，至令自備衣甲，拾無貳叁，或置備而來，下班之日往往損價求售而去。將無常兵，兵無固志，雖欲程督訓練，勢有不可，奈之何望其遇賊奮勇取勝於波濤晦暝之中耶？臣議於春汛畢日，行總兵、叁將、把總等官，將各遊水兵重加挑選，應留者俱留，應易者始易。留者量減月糧肆分之壹，常川在船，如期操練，其修造各船即使衆兵看管，催促完工亦易，船以兵爲守，兵以船爲家，而又給之衣甲，新其器械，士氣當百倍於他日矣。其貼駕軍兵，汛畢可如舊例放回休息，然亦須總參親臨衛所，挑選精勇諳習水勢之軍，編定貼駕。待有不堪而後更之，無容衛所擅自分班，以老弱充數，庶幾其可也。及查得陸營土客官兵，遇汛則分布防海，汛畢則輪撥守隘。又土兵陸營例有輪哨放班，亦無常川操練，至有爲把總數年而不識兵之姓名面目者，此皆非法。夫兵以團集而壯，以操練而精，臣議汛畢俱無放班，量減月糧叁分之壹，行令總參、守備、把總等官，各於要害去處時常操演，教習武藝，習其耳目手足，一其心志精神，然後臨事有用。且查閩中依山阻海，隘處甚多，分兵哨守，未必足禦寇盜，而反或有地方之擾。若團聚訓練，兵勢精强，卒有小警，自可相機追捕，此壹舉兩得之道也。但議留叁遊陸營，減放水陸之兵，約計歲增壹貳千名，半年之糧，費亦不下萬金，容臣通融酌處。伏乞聖裁！

一、議預處餉銀以濟匱乏。查得閩省自嘉靖之季倭奴入犯，荼毒生靈，連歲不解。於是徵兵集餉，歲費伍陸拾萬不貲。當時加派丁糧而不足，則有提編均徭，扣留京帑，請給鹽課，乞濟他省，至於糧剩、倉剩、機兵、弓兵、商税、魚課、寺租、倉夫、酒税等項，搜括無遺。加派之法，丁肆糧捌，得銀捌萬捌千伍百捌拾餘兩。至隆慶年間，地方稍寧，該前任撫臣減作丁貳米肆，止得銀肆萬貳千餘兩。其後撫臣殷從儉題請概行免派，至今因之。所存惟糧剩等項貳拾壹萬叁千叁百陸拾餘兩，又節經水旱，徵納不前，每歲大約止完拾伍陸萬上下不等。陸續查取福州等府縣并海澄番舶商税、牙貨，歲約叁萬叁千壹百有零，相兼支用。近因倭奴關白聲言入犯，中外戒嚴，該撫臣趙參魯、張汝濟先後酌議增船增兵，歲約費餉貳拾捌萬玖千陸拾餘兩。其所不敷，議以站剩及鹽幫助餉。海船引税、南臺等處商税、倉糧改折寺田散佃，百計搜求，凑前止得銀貳拾柒萬肆千叁拾餘兩，尚不足壹萬伍千餘兩之數。内海澄番引續奉部文停給，倉糧改折又議本色爲便，寺田方行各府查理未見下落，通共缺銀伍萬餘兩，及查捌府壹州歷年餉銀積逋叁拾餘萬，其在拾捌年以前者，近又奉文停徵，勢必不能多完。見在兵餉實憂匱乏，又該臣所議大修戰艦、製造器甲、留用募兵與處總兵參將兩枝兵船及改造總鎮衛門，一時餉費，約用肆伍萬金，並難措處。查得布政司廣積庫内原有存貯餉銀陸拾萬兩，此即先年加派提編、扣留協濟各項之銀，向來撫臣未敢輕動。蓋慮地方突遭大寇，有如嘉靖末年之事，歲費伍陸拾萬而不足，此項銀兩，以備緊急，不宜用之平時。然今日之計，更無别項箕斂可以抵充，欲遂加派於民，則將以司庫積貯爲辭，免者爲德，派者爲怨，膠柱鼓瑟，既有不可，而無米炊飯，又所不能。伏望皇上憫念邊海警急，容臣每事酌計，除歲額支給外，所缺餉銀并新增諸費，陸續行糧餉道查算明白，行布政司權動前銀給之，以俟數年之後。若動至貳拾萬兩，仍照舊規，稍爲加派丁糧，不許再動，致虛公帑，以貽一旦燃眉之急，則目前固可展布，而他日亦無後憂矣。伏乞

聖裁！

疏通海禁疏

題爲海禁乍嚴人情未便懇乞聖明亟賜議處疏通以安邊海生靈事。案照先准兵部咨，爲申嚴海禁并禦倭未盡事宜以弭隱患事。內開凡有販番諸商告給文引者，盡行禁絶。敢有故違者，照例處以極刑。官司有擅給文引者，指名參究等因。題：「奉聖旨：『是著該撫按官嚴加禁緝犯者，依律究治。欽此。』欽遵。」備咨在卷。該臣入境以來，節據沿海商民紛紛告通海禁，臣奉欽依，不敢輕議，但慰諭遣還，聽候查處。隨據福建按察司巡視海道僉事余懋中呈：據海澄縣番商李福、王珍、鄭旋、黄槐等伍拾陸名連名呈稱：本縣僻處海濱，田受鹹水，多荒少熟，民業全在舟販，賦役俯仰是資。往年海禁嚴絶，人民倡亂，幸蒙院道題請建縣通商，數拾年來，餉足民安。近因倭寇朝鮮，廟堂防閑姦人接濟硝黄，通行各省禁絶商販，貽禍澄商，引船百餘隻，貨物億萬計，生路阻塞，商者傾家蕩産，傭者束手斷飧，闔地呻嗟，坐以待斃。匍叩軫念開導生計等情。批：據漳州府海防同知王應乾呈稱：查得漳屬龍溪、海澄貳縣，地臨濱海，半係斥鹵之區，多賴海市爲業。先年官司慮其句引，曾一禁之，民靡所措，漸生邪謀，遂致煽亂，貽禍地方。迨隆慶年間，奉軍門塗右僉都御史議開禁例，題准通行許販。東西諸番，惟日本倭奴素爲中國患者，仍舊禁絶。貳拾餘載，民生安樂。歲征税餉貳萬有奇，漳南兵食藉以充裕。近奉文禁絶番商，民心洶洶告擾。本職目擊時事，竊計其爲地方隱患者有肆。夫沿海居民，憑藉海濱，易與爲亂。往者商舶之開，正以安反側、杜亂萌也。廼今一禁，彼强悍之徒，俯仰無賴，勢必私通，繼以追捕，急則聚黨遁海，據險流突，如昔日之吴、曾、林、何，變且中起，此其患壹。

東西貳洋商人，有因風濤不齊壓冬未回者，其在呂宋尤多。漳人以彼爲市，父兄久住，子弟往返，見留呂宋者，蓋不下數千人。一旦舟楫不通，歸身無所，無論棄衆庶以資外夷，即如懷土之思既切，又焉保其不句引而入寇也？此其患貳。邇者關白陰蓄異謀，幸有商人陳申、朱均旺在番，探知預報，盛爲之防，不至失事。今既絶通商之路，非惟商船不敢下水，即如宣諭哨探之船，亦無繇得達。設或夷酋有圖不軌如關白者，胡由得而知之？此其患叁。漳南沿海一帶，守汛兵衆數千，年費糧賞伍萬捌千有奇，内貳萬則取足於商税。若奉禁無徵，軍需缺乏，勢必重斂于民。民窮財盡，勢難取給，此其患肆。覩兹肆患，身當其責者，安得不爲之思患預防哉！職以爲禁不便，復之便，急復之爲尤便。原禁絶之意，不過以硝黄之故。今欲革此弊端，必須嚴申禁約。每遇商船將開，責取里鄰保結，委官盤驗，如有作姦犯科，置之重刑，其民間亦不許私相買賣。如是，則釁端自杜矣。若緣此而禁絶商路，不幾於因噎而廢食乎？乞念邊海民生之重，詳請弛禁，復舊通商等因到道。看得昔年倭奴猖獗，由漳、泉亡命，慫嚮導之謀，頃以倭釁復開，故重禁航海者，絶私通之路。此其長慮却顧爲地方計甚殷。况奉明旨森嚴，誰敢異議？但閩中事體與各處頓殊，其地濱於斥鹵，表裏皆山，即思秉耒耜而力耕，常苦無一夫之畝，以是涉風濤而遠販，聊以贍八口之供。前此句引者，起於嚴禁，而數年波恬者，反因通市，則得失之效已明。通之，則未見其害而兼收充餉之利；禁之，則未見其利而兼有肆患，如海防官之所陳者。其去取之權宜審。况近來商船稽查事宜，節經議允通行，如編隸澳甲以防隱漏，知會寨遊以便稽查，重没違禁貨物以肅姦宄，諸凡樞機品式，可謂詳悉。使著實遵守，可保無虞，似不必一概遏之，致其停橈顧嘆，岌岌乎若扼吭而奪之食也。及今商者、傭者方羣，萬衆觀望疏通，譬亢暘之濡以甘雨，所謂不測之權，操之自上者也。有如窮之以所不堪，挺而走險，急何暇擇？勢必扞罔，以圖出柙，甚且有不忍言者。斯時也，縱之不可，禁之不能。太阿之柄，下反持之，而其費官司區處更倍矣。竊謂通販一節，應如海防官所議，復之便。合無行布政司會議，題請施行等因，具由通詳到臣。批行布政司會議，詳報去後。據該司呈稱：依奉行，准各司道并總兵衙門陸續議報前來。該本司左布政使管大勳、右布政使張孫繩、分守福寧道左參政胡心得、糧餉道右參政史繼辰、分守漳南道左參議吳之望，會同按察司按察使劉尚志，屯鹽道副使鄭邦福，提學道副使徐即登，分巡福寧道僉事吳之鵬，福州兵備道僉事張喬松，都司署都指揮僉事田中科、朱一龍，鎮守總兵官朱先議：照漳州沿海，地瘠民稠，無田可耕，素事舟楫販海爲業。嘉靖末年，禁例太嚴，生計蕭索。株守鄉土者羣聚思亂，流落外洋者畏避逃生，釀成句引拾餘年之禍。隆慶年來，蒙前任軍門議開海禁許販，東西貳洋仍禁，不許夾帶硝黃等物，商販日衆。續奉題准歲抽軍餉貳萬餘兩，民生既遂，國課亦充。近因東倭攻陷朝鮮，中外震動，議者不察，輒咎販番召釁。部議通行禁止，蓋恐姦商夾帶硝黃，官司盤詰疎略，委爲防杜至計。但濱海商民出没波濤，冒險倖生，以希刀圭，以資俯仰，殊非得已。目今奉禁阻絶，舳艫鱗次，商旅蜂屯，即其一時洶洶之狀，深爲地方不測之憂，委應議處，以安其心。及查本省兵餉，通計每年實用銀貳拾捌萬玖千陸拾餘兩。除新舊題准各色餉銀，止得貳拾柒萬叁千捌百玖拾餘兩，尚不足銀壹萬伍千壹百柒拾餘兩。今奉禁止販番，則漳州又少稅銀貳萬有奇，故該府復有議留解司充餉站剩等銀之請，若不亟爲議處，將來缺額憑何處給？臨期未免掣肘，合無請念軍儲大計、邊海餘生，會覈具題通販等因，具呈到臣。該臣會同巡按福建監察御史陳子貞，看得東南濱海之地，以販海爲生，其來已久，而閩爲甚。閩之福、興、泉、漳襟山帶海，田不足耕，非市舶無以助衣食，其民恬波濤而輕生死，亦其習使然，而漳爲甚。先是，海禁未通，民業私販。吳越之豪，淵藪卵翼，横行諸夷，積有歲月。海波漸動，當事者嘗爲厲禁，然急之而盜興，盜興而倭入。嘉靖之季，其禍蔓延，攻略諸省，荼毒生靈，致煩文武大帥殫耗財力，日尋干戈，歷拾有餘年而後克底定。於是隆慶初年，前任撫臣塗澤民用鑒前轍，爲因勢利導之舉，請開市舶，易私販而爲公販。議止通東西貳洋，不得往日本倭國，亦禁不得以硝黄銅鐵違禁之物夾帶出海。奉旨允行幾叁拾載，幸大盜不作而海宇宴如。邇因倭犯朝鮮，聲言内犯，部臣用言者議題請申嚴海禁。禁之，誠是也。然民情趨利，如水赴壑，決之甚易，塞之甚難。今使遠近豪黠潛住海濱，日夜思逞，傭夫販子，千百爲羣，謀生無路，滃滃訿訿，其勢將有所叵測。而又有壓冬未回之船，有越販懼罪之夫，其在吕宋諸番者，不可以數計，豈能永棄骨肉，没身島夷？一旦内外句連，煽亂海上，蕭牆之憂，真有不可勝言者。故臣等以爲，通之便無已，則於通之之中申禁之之法。日本例不得往，無論已。凡走東西貳洋者，制其船隻之多寡，嚴其往來之程限，定其貿易之貨物，峻其夾帶之典刑，重官兵之督責，行保甲之連坐，慎出海之盤詰，禁番夷之留止，厚舉首之賞格，蠲反誣之罪累。然而市舶諸人，不怗然就約束而顧身家者，未之有也。臣又訪得是中同安、海澄、龍溪、漳浦、詔安等處姦徒每年於肆伍月間告給文引，駕使鳥船，稱往福寧卸載、北港捕魚，及販雞籠、淡水者，往往私裝鉛硝等貨潛去倭國，徂秋及冬，或來春方回。亦有藉言潮、惠、廣、高等處糴買糧食，徑從大洋入倭，無販番之名，有通倭之實。此皆所應嚴禁。然禁之當有法，而絶之則難行，何者？彼其貿易往來，糴穀他處，以有餘濟不足，皆小民生養所需，不可因刖而廢屨者也。不若明開市舶之禁，收其權而歸之上，有所予而有所奪，則民之冒死越販者，固將不禁而自止。臣聞諸先民有言：「市通，則寇轉而爲商；市禁，則商轉而爲寇。」禁商猶易，禁寇實難。此誠不可不亟爲之慮。且使中國商貨通於暹羅、吕宋諸國，則諸國之情常聯屬於我，而日本之勢自孤。日本動静虚實，亦因吾民往來諸國偵得其情，可謂先事之備。又商船堅固數倍兵船，臨事可資調遣之用。商税貳萬，不煩督責，軍需亦免搜括之勞。市舶一通，有此數利。不然，防一日本，而併棄諸國，絶商賈之利，啓寇盗之端，臣竊以爲計之過矣。臣又訪得，鉛硝等貨，接濟倭夷，其途非一。在廣東香山澳，佛郎機番裝販最多。又有姦商在長蘆、興濟等處豫行匿載，取便過倭。並宜一體設法嚴禁。若夷國之柬埔寨多産鉛硝，暹羅亦有之，倭奴每歲發船至交趾、吕宋地方買運而去。此又非禁令之所能及。然則接濟者不盡番舶，而番舶於通之之中寓禁之之法，豈得肆爲接濟乎？或者謂沿海商民假之利權，往來番國，異日將有尾大不掉之患。夫使處置得宜，制禦有術，雖番夷不足慮，而况吾民？如其不然，事變無常，殆不知其所出。至虞倭奴一日狂逞，恐遂歸咎市舶，則往事可鑒。昔犯浙、直、閩、廣，近犯鮮、遼，曾不係海禁之開塞。臣等又不必過爲規避也。如蒙聖慈軫念邊海生靈，伏乞勅下該部，從長酌議，俯賜裁奪。時禁而禁，時通而通，恩威俱自朝廷，華夷靡不悦服。臣無任仰戴懇切之至！緣係海禁乍嚴，人情未便，懇乞聖明亟賜議處疏通，以安邊海生靈事理。未敢擅便，爲此具本，專差承差陳世明親賫，謹題請旨。

乞勘災荒疏

題爲水旱頻仍災沴疊見懇乞聖明亟行勘處以保邊海生靈事。萬曆貳拾壹年陸月拾柒等日，據福州府閩清縣申稱：本月初拾等日，驟雨滂沱，溪流暴漲。至拾貳日叁更時分，外流奔沸，突衝縣治，水浸貳丈有餘，隨將庫銀樓進看守。天明，衙署水盈玖尺伍寸，俱通舟楫。拾叁日半夜漸退，一應廨宇、儒學、捕廳、分司、府館、監房等處并民間田舍悉被衝壞，居民扶老抱幼，流落無依，哭聲震動，目擊徬徨等因。又據泉州府申稱：本府所屬柒邑，晉、南、惠、同肆縣濱海，安、永、德叁縣依山。去歲旱魃爲災，所幸廣穀通販，米價不騰，物情乃定。今春以來，地土承久旱枯涸之後，雖甘霖屢降，水積不深，灌注不廣，間多不種之田。既而螟蝗爲害，根葉俱傷。正當吐實之時，又遇颶風大作，摧折掃蕩，殆無虛日。至陸月初旬，霪雨如注，溪水下奔，海潮上湧，濱海禾苗盡被淹没，負山稻穀多屬糠粃。天禍屬邑，捌口嗸嗸。又聞廣之惠、潮，五穀不登，邇來米價遂至騰貴，民情洶洶，相率哭泣，赴訴隨行。據晉江縣申稱：拾玖、貳拾肆伍柒、叁拾玖、肆拾壹等都，俱遭旱傷全荒，並無粒收。其餘通縣各都，或遭旱蝗，或被颶雨，所收不及壹貳分，被災均有捌玖分。南安縣申稱：負山田地，今春少雨，播種失時，雖得壹貳下土，却遇螟虫爲害，吐穗未實，又被颶風掃蕩，受災柒分，收成叁分。附海地方，粒穀無成，黍、菽、麻、豆僅存空莖，受災玖分，收成壹分。惠安縣申稱：貳拾貳叁肆都，俱坐邊海，獨無雨澤，春夏貳禾不得下種，野無顆粒，室斷火煙。此叁都之民，大可痛憫。貳拾壹伍陸柒、叁拾、叁拾壹貳叁肆都壹貳等圖，風雨疊災，螟蝗損害，所收僅有叁分。又貳都并貳拾捌玖都，田坐平洋，多被颶風掃蕩，僅收肆分。陸柒捌玖拾都，僅收伍分。其餘附山都圖，雖有陂塘灌溉，結實俱被風摧，收成僅有柒分。同安縣申稱：本縣田土本來瘠薄，全賴雨澤滋生。今春不雨，其地居高亢者既不得施種，近水者稍得插苗，方在吐穗，突生螟蝗，從心蛀折，偏處萎白，徒種無收。至於晚禾，頗有成熟。其翔風里拾叁都貳圖、從順、安人拾肆都等里，顏港埭、溪頭山等處，復被霪雨浸漬衝傷，蝗虫損害嘉禾。感化、積善、白礁鄉等處，俱被颶風掃蕩摧落，復被蝗虫損害，收成拾無貳叁。兼之潮穀不到，米價日騰，貧民束手待斃。安溪、永春、德化叁縣，各申苦雨、遭蝗、颶風、霪潦，大略相同，僉稱受災各有伍分等因。又據漳州府申稱：漳屬地方，春初失雨，已病播種之無多。於陸月初壹等日，又被暴風，霪雨大作。至初柒日，洪水瀰漫，廬舍田園盡遭淹没。隨經揭禀外，今據龍溪縣申稱：本縣拾壹、拾貳、貳拾壹貳叁肆伍陸柒捌玖等都，今春亢旱，早稻播種，拾止陸柒。將欲收成，忽遭連綿霪雨，房屋田園概遭淹没，收成僅可壹貳，災傷拾分有捌。漳浦縣申稱：在坊壹貳及陸柒捌玖等都，春間赤地，鮮能蒔藝，比及垂成，颶風、淋雨、陰曀連旬，畎畆廬舍俱被坍流，人口牛畜概遭没溺，災傷實有捌分。海澄縣申稱：伍柒玖叁等都，春初亢旱，播種拾僅貳叁，及今垂熟，又值颶風霪雨，田園陷溺，房屋漂流，收成止有壹貳，災傷拾分有柒。南靖縣申稱：永感、由義、習賢等里，今春失雨，入夏薄收，又遭潦浸，田房俱被坍壓，所收僅及叁分，災傷拾分有柒。長泰縣申稱：在坊及人和、欽化、方成等里，四望郊野，虫傷禾稻，適遭風雨，顆粒無遺。倒壞房屋肆百餘間，流壓田地數千餘畝，陂塘隄岸淹陷百有餘處，人口牛畜多被溺死。民間愁苦，無如今日，災傷拾分有玖。龍巖縣申稱：在坊、龍門等里，春雨愆常。高阜田土，多不及種。洋田禾稻，正及穎粟，倏遭颶風霪雨淹没者，顆粒無收。在田者，多虛少實。災傷量及伍分。漳平縣申稱：永福、感化等里，春初亢旱，播種失時。邇來禾稻將收，偶值風雨，高者多被損傷，下者又被淹没，田園坍陷，災計伍分。平和縣申稱：清寧、新安等里，今春亢旱，播種失時，近將收成，霪雨連旬，稻穀多被淹没，災傷拾分有肆。詔安縣申稱：叁肆伍都等圖，今歲入春徂夏，亢陽不雨，播種不及拾分之貳。禾稻將熟，風雨連綿，多被淹没，田屋各有損壞。災傷殆及伍分。寧洋縣申稱：集寧等里，地勢稍高，山原峻急，大雨驟集，即時傾瀉，禾苗幸無淹没。但颶風摇落，拾損其叁等因。又據延平府將樂縣申稱：陸月拾壹日自申及酉，電光燭天，雷聲震地，人謂龍水將作。至拾貳日午時，迅風烈雨，晝夜不息，山高水漲，瞬息難當，地解土坍，山嶺亦且成坑。屋陷牆流，縱縣治後，淺窠亦至破石。男婦人口之淹死者數拾餘人，橋梁之摧折者壹拾餘墩。廬舍漂流，通縣概無寧宇。禾苗萎棄，四鄉實多枵腹等因。又據邵武府邵武縣申稱：陸月拾貳日，驟雨傾盆，蛟龍徧出，石裂山解，田園屋宇蕩滌成溪。男婦漂流，米穀無存，哭聲不絕。老幼悽惶，尋妻覓子，棲址無地。又據光澤縣申稱：陸月拾壹日夜叁更時候，忽遇驟雨傾盆，洪水泛漲，及旦不止。至次日巳時，勢遂滔天，聲沸數里。溺死男婦，漂蕩民居，衝破田地，不可勝計。本縣城垣自西至東，皆爲巨浸傾頽拾之陸柒。布按分司、驛鋪、養濟院等處，牆垣屋宇，漂廢殆盡。弘濟、平濟等橋，原費各萬餘兩，今壹柱壹石靡有存者。至拾陸日以後，水勢漸退，始據各都里老王福緣、吴文旺等狀告，衝塞田地共計貳拾玖頃玖拾捌畝肆分，溺死男婦壹百壹拾玖口等因。又據泰寧縣申稱：陸月拾貳日，陡遭水變。城垣坍塌，橋路蕩湮，廬舍漂流，民生魚鼈，桑田變海，禾黍隨波。迄今將拾來日，號哭之聲不絕，告急之狀日聞。且今青黄未接，在室者半沉流水，在田者全未登塲。米價如珠，有錢無糴。值此災荒，民心洶洶等因。又據福州府申：據閩、候貳縣坊里長林春芳等呈稱：連年風雨失調，瘡痍未滿，今春及夏，霪雨作災，溪水暴漲，淹没民居，坍陷田土，麰麥早禾，半無收穫。徂秋亢暘，旱魃爲虐，翻犂無策，晚禾失望，穀價騰貴，玖邑徬徨。呈乞議詳以解倒懸等情。爲照所屬閩、候等玖縣，枕山臨海，土瘠民貧。淋雨則溪流暴漲，一望無涯；亢旱則山泉枯竭，千里赤地。沿江田土，雖云潮水可蔭，病於水鹹。是以米價常騰，民艱粒食。今春以來，海報頻仍，百姓驚摇，每無固志。轉入初夏，陰雨淋漓，禾鮮發生，僅獲半熟，及至收斂，又爲洪水突至，衝壞拾分之叁。米價日增，人心洶懼。即閩清縣堂，水高玖尺有半，田禾可知矣。矧今時值秋初，尤望晚禾接濟，奈何雨久不至，旱魃爲災。未植者寸土難耕，已植者勺水無救。倘復失收，民生何望？今據各縣耆老里排僉呈到府，深屬可憂，似應厚加蠲恤，庶可轉災爲福，少慰人心等因。各陸續申報到臣。除批行各府縣正官躬親查勘災傷田地并淹死人口、應賑應恤者，查處無礙錢糧并原積稻穀申詳，量行賑恤，及將稻穀發糶貧民，以救目前之急。又於布政司支發官銀，委官分投前往廣、浙地方糴穀前來接濟。及牌行該司，將各被災縣分勘實通詳，遵例聽按臣覆覈會題蠲恤外，該臣看得閩省襟山帶海，地勢傾仄而少平衍，雨水之來易盈易涸，頻年苦旱，五穀鮮收。今歲夏初，雨澤不均，早禾不得盡植，漳泉地方失種者半。及陸月初旬，霪雨連綿，日夜傾注，溪流暴漲，四望成浸，一時廬舍漂流，田禾淹没，人民牛畜間遭陷溺死亡，遠近人情爲之洶洶。然在上流，水去頗速，不爲大害。惟福之閩清，延之將樂，邵之泰寧、光澤、邵武諸縣，僻在山中，陡遭洪水，以致多傷。若泉、漳貳府，並在下流，所以泉之晉江、南安、惠安、同安，漳之長泰、龍溪、漳浦、海澄、南靖等處，被災尤重。今自陸月半後，天久不雨，旱魃爲虐，闔省皆然。閩之晚禾，種在此月，若旬日不雨，冬收絶望。據福州府申報，閩、候等縣景象如此，其在捌郡壹州，皆可知已。蓋數月之間，旱而繼之以水，水而繼之以旱，兼有螟蝗爲害，田禾傷損寔多。而閩地米穀素少，半藉他省接濟。乃聞廣中又方閉糴，米價驟至騰湧，山海盗賊漸覺發生。此皆臣奉職無狀之明驗也。所據各府先後報至水旱災傷相應題報，伏乞皇上憫念邊海生靈，勅下該部，亟行勘議蠲恤，庶使災民得以少沾涓滴之惠，而地方亦不至有意外之虞矣。緣係水旱頻仍，災沴疊見，懇乞聖明亟行勘處，以保邊海生靈事理。未敢擅便，爲此具本，專差承差黄漳親齎，謹題請旨。

帥臣乞休疏

題爲帥臣患病乞休查勘情真懇恩放歸并請簡任新帥以重邊防事。據福建布按貳司呈：奉臣憲牌，准鎮守福建地方總兵官前軍都督府署都督僉事朱先手本稱：本職夙有戰傷内損、血氣虚耗之疾，右目已昏，復加頭暈心迷、肚腹氣痛等證，舊年拾貳月内兩請轉題，俱荷勉留。且當春汛戒嚴，又值朝鮮倭奴未滅，只得帶病出防海上，尚圖萬一稍愈。乃今諸證未瘳，氣痛漸入胃口，至伍月拾壹日夜，一痛幾絶。召醫黄湖等診治，至今罔效，飲食不思，僅延殘喘。况年柒拾有伍，西山日逼，風燭難保。惟冀垂念軍機重務，别請代任，亟賜罷歸等因。准此。看得該鎮素負忠勇，地方倚賴正殷，本院入閩之初，即聞稱疾求退，曾經面慰再三，不意今日復有此請。備牌仰司會查該鎮病情果否有加，因何屢動歸念。目今海氛未靖，大將難得。該鎮所請，應否准從，作速會議，具由詳奪依奉。隨該布政司左布政使管大勳會同按察司按察使劉尚志、分守福寧道左參政胡心得、巡海道僉事余懋中、福州兵備道僉事張喬松、都司掌印田中科會看得該鎮素稱實心任事，偶以失調抱痾，因動歸心，屢求解柄，慰留至再，堅志不回。頃觀其容色之漸枯，可信其精神之已憊。且閩海正值多故，運籌難以久虛，即該鎮勉彊肯留，伏枕豈能料理？合無容其告休，代爲題請等緣由，通詳到臣。卷查先准本官手本，爲積病陡發勢甚阽危事，該前任撫臣張汝濟以春汛届期，特行勉留。既而春防事竣，又以疾告。該臣復行查議，乃司道各官僉稱：「本官病態漸增，去志已決。情詞懇切，所當俯從。」隨會同巡按福建監察御史陳子貞，看得鎮守總兵官朱先久歷行陣，威名丕著于東南；屢握兵符，廉勇素聞于中外。入閩甫幾兩載，防汛備極辛勞，耿耿有吞胡之志；艱難固所不辭，番番洵老將之風。安危方切倚任，顧以年齡逾邁，兼之疾病侵尋，屢乞歸休，情非矯飾。況戎務孔棘，大帥有難於卧理；而倭警叵測，先聲尤藉於壯猷。伏乞聖慈垂憫勞臣，拜念重地，勑下該部，覆議上請，容令朱先休致，别選英毅代鎮八閩，則先去有餘榮而地方無誤事矣。緣係帥臣患病乞休，查勘情真，懇恩放歸，并請簡任新帥以重邊防事理。臣等未敢擅便，爲此具本，專差承差黄漳親賫，謹題請旨。

議處復讎疏

題爲報復父讎擅殺叁犯事出非常乞賜議處事。據福建按察司呈：據福州府招詳犯人陳炳供稱：炳以農民納撥本府大儲庫吏，未叁，蒙撥帶管刑房承行。有湖廣武昌府崇陽縣人先存今被殺死王守真的名劉孔真、王效真的名汪廷真、王春仔的名楊春仔，俱係浪子。萬曆拾柒年間，王守真同不在官妻葉二姑并王效真、王春仔，各陸續賣與彼縣在官生員王廷試伊先存今被王守真等同謀毒死父任福建福州府閩縣知縣王仰爲義男，隨將不在官婦女陳三姑配與王效真爲妻，各隨王仰。先任廣東肇慶府新興縣知縣。拾玖年拾月內，本官赴京朝覲，王效真與王春仔在衙通同門皂向佐貳官説事，騙銀伍拾餘兩均分。王守真亦將本官自理紙贖簿壹本賣與該縣吏書，得銀貳拾兩，各入己。王知縣妾父周以庠在見後，本官回任查知，欲待妾父再來面質究治。比王守真聞知驚懼，遂萌逆謀，見衙內所植土名雞爪蘭毒能殺人，商同王效真、王春仔採取壹包，係王效真收藏備用。時有本官幼撫在官義男王繼仔窺見詢問，王效真稱：「本官惱我，若是刑打難熬，服此自盡。」王繼仔不知意在毒主，遂不窮詰。至貳拾壹年貳月內，本官改調閩縣，起程又於沿途恨罵嚴厲，王守真等逆謀益決。本年肆月貳拾貳日，抵閩到任，正當湊任，叁年給由，欲差王守真同吏齎册進京。比王守真見差不喜，於貳拾伍日辰時同王效真、王春仔謀説「我今去京，往返多日，況本官妾父將到，若是究出前情，我妻與尒貳人在衙性命難保，我豈放心？前日所約那情，不如早早下手結果了他。新到地方，別無讐怨，可免猜疑。待等喪柩起身，中途投歇處所，我等相機行事，將宦囊、助喪禮物并今預辦往京盤纏等項劫分，挈妻逃走」等語。王效真、王春仔各懽喜聽記。王守真就向王效真問説：「雞爪草兒可收得好？」王效真點頭答應「是了」。時王繼仔來到，聽説「是了」貳字。貳拾伍、貳拾陸貳日，本官俱在後衙飯食，無從進毒。至貳拾柒日下午，本官在堂審事，貳更方退，即在衙内前廳寫福清縣回書。要喫晚飯時，王守真等俱在伺候，本官分付夜深不用葷腥，只是小菜壹品就好。比王守真與王效真聽知，謀心即動。王守真就問王效真取討前收蘭葉，荒忙挼碎成末，拌入豆芽菜內，裝成壹碗，遞與王效真，轉遞與王春仔，連飯安放卓上。本官食畢，收拾就寢廳側書房，王春仔、王繼仔各在伴宿。王春仔鋪在牀前，王繼仔鋪在房外。至肆更時分，本官毒發，口啞不言，在牀亂動，鼻竅出血，徧身出汗。王春仔任其翻喘，亦不通與王繼仔得知，以致黎明氣絶，王繼仔方報衙内王知縣妻妾出來看視，即唤在官醫生張佳文診脉，已絶無救。隨蒙福州府李推官、候官縣周知縣奔往看視，見得本官暴死，貳竅血流，身體黲黑，明係毒傷。即查貳拾陸日並未在外飲食，李推官、周知縣正在疑間，王知縣妻隨令王繼仔泣訴，求爲根究。當蒙李推官、周知縣即召本縣李縣丞、李典史，并撥吏仵及收殮人等，眼同相驗得本官額角兩太陽穴、兩眉眉叢、人中、上下脣吻、牙齒、舌、徧身、手足等處俱黲黑色，鼻竅并穀道内俱有黑血流出。委因生前被毒身死是的，填报在簿。及審，據王繼仔執稱王效真等採藏毒藺等情，口詞在案，方將王效真牒解福州府監，候本官親屬到日究詳。至陸月内，王廷試聞報，到縣衙内細勘根因，及在卧房隙處搜出藺毒，廉知王守真造意，王效真、王春仔同謀情狀端的，隨將弑主大變等情具狀，於柒月拾伍日赴軍門許都御史告，批：「王知縣甫任陸日，無病陡死。當時李推官、周知縣驗其舌指青黑，鼻孔流血，以爲中毒無疑。此效真所以先被縛也。今告果出效真、守真、春仔叁人之手，冤哉！冤哉！弑逆大惡，法所必誅。仰按察司速究招報。」又赴巡按陳御史告，批按察司究報。蒙司備牌，仰府會審招解，隨蒙本府何知府會同理刑李推官提弔王守真等一干人證，再三研審，前情是的，取供問擬。王守真、王效真、王春仔俱依雇工人謀殺家長罪同子謀殺父，已殺者，律該凌遲處死，決不待時。具招呈解到司。該本司劉按察使審批：「看得王守真等蓄毒謀主之情的的真確。但禍心久藏，何不於自廣入閩之時中途下手，更易脱身，乃於官衙中行事，自羈牢籠也。叁豎深姦，料豈不及此哉？凡人被毒，藥發欲絶，勢必狂呼亂走,何物蘭花能使人嗒然不語,偃然就僵,通不聞其喘息動起,此曾有所試驗考證否也? 採蘭之時,已爲繼仔所見。效真紿云,若再打熬,服此自盡。此背主不祥之語,當時繼仔曾否舉以告之主人? 官役相看,體多毒色,竅中血流,醫生土工曾否取有結狀? 大抵弒主大變,人心共憤,而叁命淩遲,亦非細故,未可遽一成而不變也。仰府再會各館,虛心究確詳報。」蒙府於本年玖月拾壹日會同海防、總捕、督糧理刑等官,親詣城隍廟,弔取王守真等犯證,焚香對神,再三細審。得王守真等執稱本官始在新興,恨騙玷汙,果曾怒責。既在舟中,家眷同食,無罅可乘。比至入閩到任,適湊更深外食,因而下毒,欲不疑究。及查雞爪蘭花性類斷腸草,食葉者少延數時,食根者當時即死,廣人每每食此自盡。再查伊男王廷試執出王守真寄回訃音,詐稱本官冒風暴卒,主母分付不必再帶家人來接。王效真家書内亦稱「本官冒風,辰時死了」等語,益見謀情。間比參詳前後所供,各惡謀主之情,彰彰明甚。隨令各犯畫招,責令在官禁子劉朝、虞清、張椿帶回監候。王廷試禀欲主僕對神細問伊父死時情狀,時值更餘,各官回府,王廷試憤激父讎,預先挾劍在身,將王守真、王效真、王春仔誘至神前。拔劍砍殺間,王效真、王春仔聲言「此事是王守真説起,我爲他哄誘,如何不責他,只責我」等語。王廷試益忿,當將王守真等叁人戳殺身死。炳與劉朝、虞清、張椿見其兇熾,各不合不行極力救援。劉朝等奔禀本府,當委閩、候貳縣巡捕官相驗,王守真等委果被殺身死,將屍收埋,具結呈府。爲照王守真等包藏禍心,毒謀弒主,屢審情真,且已俛首供認,應置重典,斯彰國法。不期伊男王廷試讎不戴天,心急報復,身親對神,手刃叁命,殊可驚愕。隨將王廷試發仰李縣丞保候,及追行兇鐵劍收庫,具由呈報本司。看得王守真等同謀毒主,應服上刑,雖經覆審情真,猶未轉詳批允。乃王廷試挾刃在身,乘其勘畢，誘至神前手戮。守真、效真、春仔叁命，頃刻俱亡。即憤激於報父之讎，而莽戇幾蔑國之法矣。查得律稱父母爲人所殺，而子擅殺行兇人者，杖陸拾。今廷試所戮叁人，雖叁人俱有可死之罪，而廷試原非得殺之人。至於押解禁役，審畢之後，應押各犯先回，何故聽其哄誘，又不極力救援？均有不得辭其責者。具由通詳。軍門許都御史批：「王守真等謀殺其主，固爲罪不容誅。王廷試手刃叁奴，亦太激而非法。事出異常，遽難處斷，仰候題請定奪。行押解人役，另行查究繳。」巡按陳御史批：「逆僕殺主，公義仝憤，况不共戴天者乎？使效真等謀情果真，尚以未及碎磔爲憾，則其斃於刃下，無足怪矣。但該司原駁詳悉，而各官會審既畢，乃不押回各犯，令其對神自質，此何法也？毋亦尚有纖毫疑似，故將聽於神乎？抑王廷試體訪既確，叁僕爭辯不服，故氣憤於衷，乃乘官之去而甘心撲殺之乎？且壹人手刃叁人，若刈草菅，當時押解各役，奈何袖手旁觀而不一救乎？律稱子孫擅殺行兇人者，杖陸拾，或自情形顯著，未經官府者言也。不然，殺人之親者多矣，何人子必以法聽於官而不皆反刃乎？孝義之激，不可不諒其情；生殺之權，不可不揆於法。事出駭聞，理應奏請該司，會同各司道，參酌停妥，招詳另奪。」行間王廷試又將殺奴報父等情，具狀赴本院首，批按察司併行查報。蒙司行府仍會海防等官，弔取炳與王廷試等各到官，審得王守真等毒謀弑主，屢鞫情真，即叁逆生前亦供報無諱，應正國典，以植綱常。廼王廷試挾不共天之讎，激不俱生之忿，竟自手刃，擅殺奚辭？但詳律意，蓋指凡人讎報，恐與主僕有殊，未敢定擬，應候上請施行。其該吏陳炳、獄卒劉朝等，不行力救，典守謂何？取供問擬，陳炳、劉朝、虞清、張椿各不應事重減等，各杖柒拾。具招呈解到司。該本司按察使劉尚志會同布政司左布政使管大勳、右布政使王之屏、屯鹽道副使彭而珩、福州兵備道僉事張喬松，審得王效真、王守真、王春仔毒謀王仰致死情由，先該本司詳駁，覆經府官會審情確，叁犯俱被王廷試持劍殺死，無容究鞫外。看得凡奴謀殺家長，律設極刑，必其情真無疑，然後法行罔赦。其意將使法吏代孝子復讎，使凡抱不同天之恨者，得以平其忿。即有欲藉法擅殺者，不得逞其私也。今王效真、守真、春仔同謀毒殺家長王仰，該府因本司詳駁，初招集同僚官覆審於城隍廟中，叁奴業已招服矣。正宜待其詳請，明正典刑，則王仰之讎何憂不復？乃王廷試不勝憤激，乘其審畢官起，誘叁奴至神前跪質而手刃之。查得律稱：父爲殺，而子擅殺行兇人者，杖陸拾。切詳律意，似指犯人未經到官，而人子恐其法之終有不明者而言。今效真等已付有司，正在招服，廷試又從而殺之，似於本律未協。即主僕與凡人不同，而使三尺之法不執於官，寸斬之刑不肆諸市，是亦不可以已乎？及查律之別條稱：「家長殺無罪奴者，杖陸拾，徒壹年。若違犯教令，決罰致死者，勿論。」今廷試於效真等，明有主僕之分，又有殺父之冤。則逆奴謀主，難云無罪，即推刃之兇甚於決罰，而窮兇極惡，又不止違犯教令而已。且廷試係書生弱冠，血氣方剛，亟報父讎，未諳國憲。觀其殺後愬詞，束手聽命，則其憤實有所激，而其情大有可矜者。夫由前而言，廷試惡得無罪？由後而言，宜若無罪。不罪，未免蔑司寇之法而開專殺之端；罪之，又似傷孝子之心而輕復讎之義。况事出異常，律無正典，非司道所敢擅擬者。及查毒殺王仰，招係雞爪蘭花，此物毒人，《刑書》《方書》俱所弗載，誠無所可證驗。試據該府各官審質，叁犯招認，及詢之廣人，能言其事，諒非無稽之言。陳炳等發回該府，聽候明示外，會案通詳到臣。除將陳炳等另行發落外，該臣會同巡按福建監察御史陳子貞，看得已故閩縣知縣王仰甫任陸日，被義男王守真等叁人同謀毒死，兇慘異常，當該推官李叔春等相驗真的，究詰服毒之情，首縛效真于獄。既而仰男王廷試奔喪至衙，詳察端的，狀告臣等，批按察司行府究問，主謀在王守真，同謀在王效真、王春仔，供認無詞，擬以凌遲處死。再經駁問，覆審情真，罪已在所不赦。乃王廷試以年少書生，痛父之死，悲憤激烈，寢食不安，將父遺劍密帶在身，意圖叄兇定罪之日，必手刃始快其志。方府官會問城隍廟中，供招甫畢，廷試乞對神前面質，遂拔劍手擊叄兇，隨手而斃，如迅雷睒電，出於旁人救援之所不及。此其事非經見，人情莫不駭而異之。夫逆奴弑主，法所不容。爲父報讎，情所難忍。想廷試奔喪入閩，熟察謀狀，母子相向，晝夜哀號。叄兇未斃，恨不即食其肉而寢處其皮。是以明質官府，幽對城隍，一時發憤，拔劍揮擊，若有神助之，如此其迅速而勇壯也。然而叄犯在官，擅誅非法。律所稱「父爲殺而擅殺行兇人」及「家長殺無罪奴」者，俱有不合。及詳玩律意：罪未定而擅殺者，止於杖陸拾，則罪已定者可知；殺無罪奴者杖陸拾，徒壹年，則殺有罪奴者非類。所可怪者，不聽有司，不顧事體，擅殺之罪，終所當議。而或兇逆可憾，孝憤可矜。特賜原宥以示勸激。律例未詳，皆非臣等所敢擅擬。相應具題，伏乞勑下刑部議處上請，行臣等遵照發落施行。緣係報復父讎，擅殺叄犯，事出非常，乞賜議處事理。未敢擅便，爲此具本，專差承差蕭廷鐸親齎，謹題請旨。

請定重辟疏

題爲律無正條罪難比擬恭請宸斷以正典刑事。據福建按察司呈：奉臣批，據漳州府申詳犯人周應魁等招罪緣由，奉批：周應魁投鉢毆兄，誤殺其母，無可生之道。但凌遲極刑，須加於真殺父母之人。若應魁，原無殺母之心，實有殺母之事，過失固非所論，真殺亦有不同。權以情法，似只宜處斬爲當。在律：子孫毆祖父母、父母者，斬殺者，凌遲處死；過失殺者，杖壹百，流叁千里。應魁誠不得比於過失，亦豈若真毆父母而殺之者耶？仰按察司參究詳奪。依奉行。據漳州府理刑推官龍文明呈：覆審周應魁供稱：年貳拾陸歲，漳州府龍溪縣民。故父周承寵在日，娶今被應魁擲鉢擊死母盧氏，生在官兄周應文，及母再孕，父即病故，遺腹生應魁，與兄俱係祖母在官商氏與母盧氏撫養長成，各娶妻，析爨另居。兄認供商氏，應魁認供盧氏。應魁素性兇暴。萬曆貳拾壹年叁月貳拾捌日，因修父墳傾土，每人議出銀貳錢。應魁不合吝嗇不出，商氏率周應文同在官養弟周來仔，前來應魁家論討前銀，盧氏因留商氏與周應文、應魁共飯，應魁仍復抗違。周應文不合用言叱罵，應魁忿激，又不合逞兇提取磁鉢，不顧母在傍邊，向周應文擊去，誤中盧氏頭額，擲傷壹孔，血流不住。周來仔與在官養女春妹各見證。應魁兄弟驚惶，令周來仔奔報在官母舅盧如南、母姨盧五姐，各到看視，救治不痊，就晚身死。次日應魁密買棺衾殯殮訖，時今病故總甲何清及在官鄉長陳承芳，保長柯曰仁，家甲林景厚、許熙等探知盧氏身死，不知致死實情，只以事干地方，連名詞稱：管下周應文同伊祖母商氏，前月貳拾捌日來周應魁家取墓費不從，言語相加。至晚，伊母盧氏不知作何身死等情。於本年肆月初壹日呈縣。盧如南亦詞縣告應魁懼怕殺母重辟，令商氏出頭承認。商氏不忍致孫死地，遂依詞稱：氏往次孫應魁家，較取墓費，料婦盧氏曲庇，次孫抗逆，氏忿將磁器擲碎，誤傷額角，盧氏冒風身死，乞憐誤傷審豁等情告。蒙署縣鄭同知拘提，再三鞫審，未得端倪。事干重情，具由解府，批縣細訪另詳問。盧如南在官堂弟盧宗仔思見盧氏的由應魁擲死，復狀以未到盧永春出名府訴。批縣催弔應魁等一干人證到縣覆審，得周應魁提鉢擊兄，不中其兄，而中其母，豈兄幸而母不幸也！使兄當鉢擊，亦未有不隨擊而斃者。殺母與殺兄，罪均極刑。而因擊兄以傷母，事干異常，悖逆具由通詳。奉軍門許都御史批：據申周應魁提鉢擊兄而中母以死，其情是真。仰漳州府究的招奪，蒙府行弔到官，鞫審得周應魁、應文俱盧氏親生。應文供祖母商氏，而盧氏之養分屬應魁，意母之所憐愛在少子也。修理父塋，爲人子者自宜均費。應魁慳吝錙銖，即兄與祖母坐索，猶然弗與，豈獨無坏土本原之思乎？乃飯席較競，兇悖愈恣，不遜其兄，且不顧其母。土鉢，重器也，持以擊人，當之鮮有不斃者。應魁提鉢，雖意在擲兄，而誤中母額，致盧氏死於當夜，是以殺兄之心而殺母。元兇大逆，何法可原哉？問擬應魁依子殺母者，律凌遲處死。具招申詳本院，駁司參究詳奪，蒙司牌行理刑龍推官覆審，得周應魁素性兇暴，蔑棄天親，即盧如南初詞稱其悖逆，非無謂者。輒因錙銖之算，遂至釀成大逆。當提鉢擊兄之時，母與兄雜在一處，獨不虞投器可以死人，吾兄非所得擊，吾母尤所當顧。遽淫怒以逞，中母立斃，充類義之盡，雖死兄、死母，均所不恤。按誅心之法，即處斬處死，更無可原。惟是凌遲極刑，動關矜恤，魁無殺母之心，竟犯殺母之條，似無嫌于酌議者。第反覆詳，惟必推情以傅律，乃可正罪。又必據律以定擬，方無戾意。應魁本欲擊兄，一發誤殺其母，縱止擬斬，亦屬死刑。子既殞身，母可瞑目矣。但查律云：子孫毆祖父母、父母者斬。謂毆即坐，原無毆死之文。應魁擊母斃命，明係殺者，不得以毆論矣。三尺法懸，無赦五刑，罪重不孝。如必有心殺母，而後坐之，則世之操謀嗜殺所自生者誰耶？應魁殺母之狀顯著，無容深探其所以殺。故應魁處死之律脗合，尚能姑息其所以死，合照原擬具招呈解到司。該本司按察使劉尚志覆審無異。看得周應魁持鉢擊兄，因斃其母，招經屢鞫，情無可疑。

但據其跡也，母已被殺。原其毆也，實非有心。服以上刑，似與真殺之條異等。僅從斬辟，又與殺母之典殊科。惟律無正文，難以比附從重，而事出大變，豈容罪疑惟輕？雖經該府與理刑官定擬凌遲，終非本司所敢擅擬等因，備由具呈到臣。該臣會同巡按福建監察御史陳子貞，看得周應魁投鉢擊兄，誤殺其母，審究既真，擬死無枉。但論母於既殺之後，有死無生；論母於未殺之前，非故實誤，遂坐凌遲，似與本情不合。擬從減等，又無正律可據。查得《大明律》内一款：凡律令該載不盡事理，若斷罪而無正條者，引律比附，應加應減，定擬罪名，轉達刑部，議定奏聞。今周應魁之事，似應比照前條。具題，伏乞勑下該部參酌議擬上請，行臣等遵照施行。緣係律無正條，罪難比擬，恭請宸斷以正典刑事理。未敢擅便，爲此具本，專差承差蕭廷鐸親齎，謹題請旨。

乞調將領疏

題爲更調將領以示曲全以正體統事。臣奉簡命督率文武將吏，宣力一方。首諭以上下同心、大小協和之義，諸將吏亦多兢兢奉法，不敢越踰。惟是分守北路管參將事遊擊王有麟與烽火寨把總童龍屢有小嫌，互相揭辨。該臣諭戒再三，終未消釋。蓋麟與龍並係泉人，並由會試武舉，各負其能，素不相下。又屬有葭莩之親，氣勢原相等埒。而一旦上下相臨，彼此生忌。龍雖束縛於名分，恒不免恣睢偃蹇之色。麟雖濡忍於鄉曲，間不無繩責嚴厲之時。以是兩不相容，數動聲氣。律之大義，皆有乖方。論其體統，罪尤在下臣之所不能隱也。但以兩人材略言之，王有麟新補遊擊，督兵北路，敷陳調度，多中機宜；童龍起任烽火垂及貳年，驍勇嚴明，方資備禦。如以一眚而棄，材有可惜；任其兩虎相鬭，法將安施？

查得銅山寨把總胡熊亦童龍之倫。烽火與銅山俱爲要地，但將熊與龍互相更易，使龍與麟各處一方，則兩人皆泯形迹，而事體亦無掣肘。儻有緩急，可責成功。此不得已而馭將之術也。如蒙聖慈俯允，乞勑兵部，依臣所議，更調施行，地方幸甚！緣係更調將領以示曲全、以正體統事理。未敢擅便，爲此具本，專差承差蕭廷鐸親齎，謹題請旨。

代請休致疏

題爲母子病劇情苦異常懇乞代請休致以全餘生事。據福建按察司呈：奉臣批，據該司呈准屯鹽道副使彭而珩關稱：職年肆拾歲，江西臨江府清江縣人。由萬曆捌年進士初任福建汀州府推官，行取選授南京福建道監察御史，陞廣東按察司副使。該職以將母苦情具疏乞休，部議未允。萬曆貳拾壹年肆月内改調今職，本年捌月貳拾壹日到任。竊念職世受國恩，如天罔極，未効犬馬之報，敢言母子之私！緣職父南京兵部郎中惟亨棄職甚早，職母朱氏止生職壹子。入仕拾餘年，歷任皆以母隨，不能相離。母今年柒拾歲，夙嬰痰疾，舉發不時。去歲春夏之間，右乳忽結壹核，愈長愈堅，狀如拳石，自是痛楚時作，委頓日甚。職心切憂之，猶不虞其決裂也。頃將赴任，再三躊躇，第以叨移近地，不忍負明時體恤之恩，兼分屬外僚，不敢爲屢疏陳情之瀆。因勉彊奉母同來之任，病體驅馳，益見狼狽，猶冀即次調攝，或可安痊。不意入閩未幾，乳病成巖，瘫疽漸潰，血氣因之洩耗，肌膚益見尫羸，兩目昏花，四肢麻木，服藥徒多而罔效，飲食漸少而可虞。愁思日增，歸心日切。每執職手，語及首丘，輒數行泣下。職聞母斯語，寸腸裂矣。職以蒲柳之質，加風燭之愁，遂至神不守舍，發爲怔忡，火以動痰，變爲眩暈，體益虚而嘔泄交作，肉日削而皮骨僅存。數月以來，奄奄一息。蓋職之病，因母病所感；母之病，因職病益增。相向惟有悲號，兩情甚於荼苦。職於此時殘喘未保，尚能供一日之職以酬報國之志哉？萬不得已，哀鳴乞身等緣由。奉批：該道清才雅望，倚重方殷，何爲遽有此請？但爲母氏疾病所感，暫動精神，不妨安心在任調攝。仰司會同布政司共致勉留。此繳。奉此。依奉會同各司道勉留去後，續准本官關稱：職母子病苦之狀，一時司道諸僚所共見共憐者。母歸不遂，則病勢轉加。母病既加，則子病益篤。雖殘軀朝露之危不足計，而衰母如綫之喘實可虞。興言及此，可爲涕下。懇祈早題准令回籍等因。准此。爲照該道蒞任未久，適以母病乞休，似當慰留供職。但查伊母病劇思歸，本官憂鬱成疾，乞休情切，相應俯從等因，備呈到臣。該臣會同巡按福建監察御史陳子貞議：照福建按察司副使彭而珩以慎純端雅之器，兼精敏練達之才，風采素著于留臺，施爲方展于閩臬。上下人情，均切倚賴。而一旦爲母有疾，遂致心神不寧。母病亦病，母歸亦歸，相依爲命，萬不得已，以是堅乞休致。臣等不能彊留。既經該司覆查前來，别無假託，相應具題。伏乞勑下該部查議覆請，將彭而珩准令致仕，回籍調理。所遺員缺，另行推補。再照本官年力方强，才德並茂，遽令長往，不無可惜。或者母壽可延，子心少慰，偶感之疾，痊復有期，容令彼處撫按官具奏起用。惟復别奉裁奪。緣係母子病劇，情苦異常，懇乞代請休致，以全餘生事理。未敢擅便，爲此具本，專差承差周尚賢親齎，謹題請旨。

乞補將領疏

題爲春汛届期急缺參將擬於就近推薦各官以備銓補事。據分守漳南道左參議吴之望呈：據舍人洪如楫具狀告稱：有父洪夢鯉見任南路參將，於萬曆貳拾壹年閏拾壹月内收汛回漳，染患痰喘病證，醫治不痊，延至拾貳月初伍日巳時氣絶身故。據此呈乞早爲報補以副春防等因。又據分守北路管參將事遊擊王有麟呈稱：卑職從前間關海上，兩臂患風，積有數歲。今春出汛，因而劇發。先經告退，未蒙批允。復值汛期，力疾出海，詎意收汛，肩臂疼硬，加前數倍。至拾貳月初伍以後，日夜劇痛，不安牀席，鍼灸無功，精神消減，撫摩抑搔，難離頃刻，重裘温被，猶苦風寒。今不能視事已拾餘日。自念疾勢至此，既不支於卧榻，安可望於折衝？目今汛期將至，恐誤事機，伏乞放回調理，另行舉代等因。各到臣。該臣會同巡按福建監察御史陳子貞，看得南北貳路實爲全閩咽喉，各設參將壹員，分督寨營水陸將兵，關係至重。今洪夢鯉既已物故，亟應銓補。王有麟素患風氣，邇復纏綿，屢詞乞休，情至酸楚，豈能復肩重任？貳將員缺，均當題候部推。但春汛將臨，需人甚棘。若或取諸他省，恐致緩不及事。查得鎮東衛原任參將秦經國，椎魯耿直之性，沉毅果敢之風，作事無虚飾，而將卒靡不歸心。遇敵敢當先，而島夷聞之破膽，足稱老將，閩海無雙。見任都司僉書朱一龍，魁梧氣岸，勁爽精神。督軍旅於轅門，人人稱其整肅；條兵務於海上，言言悉中機宜。近經部考，署爲第一。泉州衛原任都司僉書鄧鐘，學富韜鈐，心懷軍國，居閒不忘磨礪。年方强而神愈充，任事不憚辛勞，操更嚴而衆咸服，近試有驗，大用可期。此叁將者，秦經國宜仍起參將，任之南路；朱一龍宜陞遊擊，署參將事，處之北路；鄧鐘宜補都司僉書，以備左右委使。相應具題，伏乞敕下兵部，查果臣言不謬，覆議上請，將秦經國、朱一龍、鄧鐘照序銓補，惟復別賜定奪。緣係春汛屆期，急缺參將，擬於就近推薦各官，以備銓補事理。未敢擅便，爲此具本，專差承差李炳親齎，謹題請旨。

乞免徵積逋疏

題爲軍務事。本年正月拾柒日，准户部咨，開萬曆拾肆年起至拾玖年止，閩省共未完餉銀貳拾壹萬肆千玖百叁拾柒兩零，要行各府州縣，遵照本部近題事例，由近及遠，逐年帶徵。自今貳拾壹年起至貳拾陸年止，陸年之内，每年凑解壹萬伍千兩，共解玖萬兩，協濟邊儲，其餘悉聽地方緩急留用。仍將每年應解銀兩載入考成，聽本部按期查考等因。准此。隨經案行福建布政使司查議追解去後，續據該司呈稱：案照先爲議處閩省海防急務以備倭患事，奉本院案驗款開閩省額餉，惟存糧剩等項貳拾壹萬叁千叁百陸拾餘兩。節年水旱，徵納不前，每歲大約止完拾伍陸萬上下不等。陸續查取番舶商牙等税叁萬叁千餘兩相兼支用。近因倭警，先後酌議增餉增兵，歲約費餉貳拾捌萬玖千陸拾餘兩。其數不敷。又該前院議，以站剩鹽幫助餉，海船引税、南臺商税、倉剩改折、寺田散佃，凑前止得貳拾柒萬肆千叁拾餘兩，尚不足壹萬伍千餘兩。内海澄番引奉文停給，倉剩改折又議本色爲便，寺田方行各府查理，通共缺銀伍萬餘兩。及查歷年逋數，其在拾捌年以前者，近行停徵，勢必不能多完。見在兵餉實憂匱乏，又議大修戰艦、製造器甲、留用募兵與處總兵參將貳枝兵船，及改造總兵衙門，一時餉費約用肆伍萬金，並難措處。查得司庫積貯餉銀陸拾萬兩，即先年加派提編、扣留協濟之銀，向來未敢輕動。蓋慮地方突遭大寇，有如嘉靖季年之急，不宜用之平時。然今日之計，更無別項箕斂可以抵充。合無容臣每事酌計，除歲額外所缺餉銀，并新增諸費，行糧餉道查實，權動前銀給之，以俟數年之後，若動至貳拾萬兩，仍稍加派，不許再動等因。題：該户部覆奉欽依，量准動支，不得多取濫費。事寧之日，聽其報部，照數開銷，不必復於丁糧加派，以滋煩擾等因。備案遵行在卷。今奉前因，該本司左布政使管大勳會同清軍帶管糧餉右布政使王之屏，議照閩省餉額，節奉明文，清查歲費，浮於歲派。邇因倭報忽傳，先後增備歲費，幾至貳拾玖萬之數，百計搜括站剩等銀，湊止貳拾柒萬零，即使年盡徵完，歲尚少銀壹萬伍千餘兩。況番引奉旨禁絶，貳拾、貳拾壹兩年停給。倉剩改折，仍復本色。寺田行查，未有端倪。加以連年薄收，舊歲水旱，奉令緩征，誰敢違越？徒存貳拾柒萬虛名，原難算作實數。且近奉添設總參標下兵船兩枝，與議留寨營募兵免放下班，并大修造船器等項，年又加費肆伍萬兩。即以原題於司庫動用貳拾萬爲止，不足以供肆年之需。前項積逋，豈可遽稱額外？目今錢銀斗米，民心洶洶。見徵糧餉，尚爾辦納不前，又焉可以歷年經停逋欠，而併徵于今日也？雖蒙寬限陸年完解，竊恐愈遠愈逋，有司終受考成之累，窮民甘茹箠楚之寃，殊與緩征之令大相舛戾，委非海邦生靈之福。相應亟請題免，以惠元元等因，具呈到臣。該臣會同巡按福建監察御史陳子貞，看得閩省軍餉，先經會計，歲費貳拾捌萬玖千餘兩，毫不可缺。該司括湊原額，僅止貳拾柒萬有奇。所入之數，已不足供所出。況每年逋欠，常有數萬。番舶近始開禁，寺田查理未清，原議各項，有名無實。臣又近經題請大整水陸兵防，歲約加費伍萬上下，既無別項箕斂，又難加派于民，故不得已而有權動司庫之議。據藩臣所稱，動用貳拾萬爲止，且不足以充肆年之需。目今連歲荒歉，斗米百錢以上，見徵錢糧，拾分難處。矧民間逋稅拾玖年以前，該本部題，奉明旨，逐年帶征。民間一蒙聖恩寬恤，便多遷延怠慢。催併徒勤，輸納實少，譬如畫餅，豈能充饑？且海濱訛言，不時煽動；倭奴猖獗，形在目前。督責過嚴，内變將起。臣等實貽厥咎，其何説之辭！用是冒昧陳乞，如蒙皇上憫念海邦生靈，兼察事情難易緩急，乞敕户部，特賜寬免，地方幸甚！臣愚幸甚！緣係請免追解積逋事理，未敢擅便，爲此具本，專差承差張一鳴親齎，謹題請旨。

請計處倭酋疏

題爲偵探倭情有據兼覩廷議紛紜懇乞聖明審定大計詔令中外殄滅狂酋以快宇内人心以圖萬世治安事。臣於萬曆貳拾年拾貳月内，欽奉簡命，巡撫福建地方。入境之初，據名色指揮沈秉懿、史世用先後見臣，俱稱奉兵部石尚書密遣，前往外國打探倭情。臣看得沈秉懿老而黠，不可使，隨令還報石尚書。其史世用貌頗魁梧，才亦倜儻。遂於貳拾壹年肆月内密行泉州府同安縣選取海商許豫船隻，令世用扮作商人，同往日本薩摩州。陸月内開洋去後，今貳拾貳年叁月初壹日，據許豫回報：舊年柒月初肆日，船收日本莊内國内浦港，距薩摩州尚遠，探得州酋滕義久同許儀後隨關白去名護屋地方。名護屋乃關白侵高麗屯兵發船出入之所。史指揮就於内浦分别，潛去名護屋，尋覓儀後。又有同伴張一學等密往關白居住城郭，觀其山川形勢，探其動静起居。捌月拾叁日，關白同義久、幸侃、儀後等回家，儀後隨史指揮於捌月貳拾柒日來内浦會豫。玖月初叁日，豫備段疋禮物，以指揮作客商，儀後權重譯，進見幸侃。幸侃曰：「此恐非商販之人。」儀後答曰：「亦是大明一武士也。」侃將伊自穿盔甲送豫。玖月拾玖日，被姦人洩機。有大隅州正興寺倭僧玄龍來内浦，就豫問曰：「船主得非大明國福建州差來密探我國動静之官耶？」豫權答曰：「是。因尒國侵伐高麗，殺害人民，我皇帝不忍，發兵救援。近聞差遊擊將軍來講和好，我福建許軍門聽知，欲發商船，前來貿易，未審虚實，先差我壹船人貨來此，原無他意。」倭僧將信將疑。拾月内，倭酋義久差儀後復往高麗，史指揮於是駕海澄縣吴左沂鳥船先行，不意中途遇風打轉。拾壹月内，義久會幸侃等，又差倭使名黑田，喚豫覆試前情。通事就倭僧玄龍與豫面寫對答，喜爲足信。將豫原買硫黄貳百餘擔准載帶回，仍奉文書壹封、旗刀貳事，付豫進送軍門，以圖後日貿易通利之意。延至今年正月貳拾肆日，豫始得回，攜帶同伴商人鄭龍、吴鸞及先年被虜温州瑞安人張昂，并倭酋義久所上文書壹封、旗刀貳事，幸侃送豫盔甲壹副，又莊内國倭酋滕一雲送豫倭刀壹把，根占國倭酋平重虎送豫鳥銃壹對，逐一呈報：

一、探得關白姓平名秀吉，今稱大閤王，年伍拾柒歲，子纔貳歲，養子叁拾歲。關白平日姦雄詭詐，陸拾陸州皆以和議奪之。

一、前歲侵入高麗，被本朝官兵殺死不計其數，病死與病回而死者亦不計其數。彼時弓盡箭窮，人損糧絶，思逃無地，詭計講和，方得脱歸。

一、關白令各處新造船隻千餘。大船長玖丈，闊叁丈，用櫓捌拾枝。中船長柒丈，闊貳丈伍尺，用櫓陸拾枝。豫訪諸倭，皆云「候遊擊將軍和婚不成，欲亂入大明等處」。

一、日本陸拾陸國分作貳關。東關名相板關，西關名赤間關。各稱有船數千隻。限叁月内駕至千大溪點齊，莫知向往何處。又點兵拾捌歲至伍拾歲而止。若有姦巧機謀者，雖柒拾歲亦用之。

一、日本長岐地方，廣東香山澳佛郎機番每年至長岐買賣，裝載禁鉛、白絲、扣線、紅木、金物等貨，進見關白，透報大明虚實消息。仍夾帶倭奴假作佛郎機番人，潛入廣東省城，覘伺動静。

一、關白姦奪陸拾陸州。所奪之州，必拘留子弟爲質，令酋長出師以侵高麗，實乃寘之死地。各國暫屈，讎恨不忘。及察倭僧玄龍與豫對答語氣，義久等甚有惡成樂敗之意。豫於寫答間，亦微有囮誘之機。

一、浙江、福建、廣東叁省人民被虜日本，生長雜居陸拾陸州之中，拾有其叁。住居年久，熟識倭情，多有歸國立功之志。乞思籌策，令其回歸等情到臣。

本月拾伍日，又據許豫同夥商人張一學、張一治將到關白城郭偵探事情開報，中與許豫同者不開外。

一、稱平秀吉始以販魚，醉卧樹下，有山城州倭酋名信長，居關白職位，出山畋獵，遇吉衝突，欲殺之。吉能舌辯應答，信長收令養馬，名曰木下人。又吉善登高樹，呼曰猴精。信長漸賜與田地，改名曰森吉，於是助信長計奪貳拾餘州。信長恐吉造反，加獎田地，鎮守大堺。有參謀呵奇支者，得罪信長，刺殺信長。吉統兵乘勢捲殺參謀，遂占關白職位。今信長第叁子御分，見在吉部下。

一、征高麗興兵，吉有叁帥，名石田、淺野、大谷，大小謀議俱是叁人。

一、吉發兵，令各州自備糧船，乾米般運，絡繹接應，家家哀慮，處處含冤。

一、豐護州酋首野柯踏統兵在朝鮮，聞大明助兵，喪膽逃回。吉探知，剿殺一家，立換總督。

一、兵入朝鮮，在内浦港抽選柒拾人，近回者止貳拾人。日向國有大船，裝倭叁百，近回者止伍拾人。

損失甚多。

一、薩摩州乃各處船隻慣泊之處。今從此發，有往吕宋船肆隻、交趾船叁隻、柬埔船壹隻、暹羅船壹隻、佛郎機船貳隻，興販出没，此爲咽喉也。

一、器械不過黄硝、烏鉛爲害。硫黄係日本産出焰硝，隨處惡土，煎煉亦多。惟烏鉛乃大明所出，有廣東香山澳發船往彼販賣，煉成鉛彈，各州俱盛。其番鎗、弓箭、腰刀、烏銃、鐵牌、盔甲，誠亦不缺。

一、城池附在山城州。蓋築肆座，名聚、樂、映、淀，俱在大堺等處。每城周圍叁肆里，大石高聳叁肆重，池河深闊貳拾餘丈。内蓋大廈，樓閣有玖層高，危瓦板粧黄金，下隔睡房百餘間，將民間美麗女子拘留淫戀。又嘗東西遊卧，令人不知，以防陰害。

一、日本有罪，不論輕重，登時殺戮。壬辰年，吉有一孩兒病故，妄殺乳母拾餘人。癸巳拾壹月，吉在名護屋，回聞家中女婢通姦，將男女肆人生燒於大堺野中，究殺知情婢僕柒拾餘口。凡盗竊，不論贓證多寡，登時殺之。以是陸拾陸州水陸平寧，任其通行貿易。

一、吉自丙戌年擅政，倭國山城君懦弱無爲。壬辰征高麗，將天正貳拾年改爲文禄元年，吉自號爲大閤王，將關白職位付與義男孫七郎。七郎字見吉，年幾叁拾，智勇不聞。

一、虜掠朝鮮人民，多良家子女，糠飱草宿，萬般苦楚。有秀才名廉思謹等貳拾餘人，被虜在日本。吉令厚給衣食，欲拜爲征大明軍師，謹等萬死不願等情。

據此，臣又屢閲邸報，爲議倭酋封貢一事，該本兵經略大臣與臺省部屬諸臣持論不決，朞月於此。今總督顧養謙抄白倭表呈様，議論益多。該山東道御史甘士价題請差官確勘。奉聖旨：「這倭情未定，着待顧養謙再有奏到，就差風力科道前去兵部知道。欽此。」臣在封疆，義均休戚，且社稷生靈安危，大計所係，不容無言。謹會同巡按福建監察御史劉芳譽，看得平秀吉此酋起于厮役，由丙戌至今不柒捌年，而簒奪國柄，詐降諸島，縶其子弟，臣其父兄，不可謂無姦雄之智。興兵朝鮮，席卷數道，非我皇上赫焉震怒，命將東征，則朝鮮君臣幾於盡爲俘虜，不可謂無攻伐之謀。整造戰艦以數千計，徵兵諸州以數拾萬計，皆曩時之所未有，日夜圖度，思得一逞，不可謂無窺中國之心。使其遣酋率衆，乘風揚帆，寇我沿海省郡，備禦兵力容有未完，一時勝負得失，是未可知也。然臣等竊料平秀吉一狡詐殘暴之夫耳，本以人奴簒竊至此，彼國諸酋欲爲秀吉之爲而思攘奪之者甚衆。陰謀伐國，構怨亦深。如結薩摩州將幸侃逼令州官義久殺其弟中書以自明，義久不得已而佯爲降順，其心未嘗一日忘秀吉也。奪豐後州官之妻爲妾，民間妻女充塞卧内，淫虐百端。諸州質子，禁若囹圄，父子兄弟不能相見，共不勝其仇讎忿恨之情。日本原無征科之擾，而今令各州遠道輸糧；原無興大兵、動大衆之舉，而今則徵發騷然，舉國鼎沸，倭之人民何以堪命？日事殺人而虞其噬，多行不軌而慮其毒，故出則蒙面，卧則移徙，彼亦自知其不免于禍。以事理策之，秀吉之自底滅亡，可計日而待也。今夫謀動干戈，驅無辜之蒼赤而欲盡寘于死亡之地，此爲神明之所不與。恃其取諸州之故智以襲朝鮮，憑其破朝鮮之餘威思犯中國。盡起國内之兵，將爲無前之舉。怒臂當車，不量彼己。兵驕者敗，豈可久長？且彼雖有數拾萬之衆航海而來，我沿海舟师以主待客，以逸待勞，隨至隨擊，勝算在我，而又絶其嚮導，乖其所之，彼未可以遽入吾地也。戰艦雖巨而多，離船則不能守，守之則不能登陸。而戰兵以數萬計，日須數百石之糧，我堅壁清野，使無所掠食，則困斃立至。曩時倭犯浙、直、閩、廣之間，雖有生靈受其荼毒，卒就殲滅，曾無生還。昨入朝鮮之倭，不下壹貳拾萬，遇我王師，僅貳叁萬，壹戰退怯。今偵其死亡者過半，其伎倆可知矣。蕞爾夷邦，主者不過壹匹夫之勇，左右羽翼非素親信，曾無有韓白之略，又或懷豫讓之謀，故以臣等策之，此酋必不能得志於我。而不戢自焚，旋就顛蹶，亦理勢之所必然。今中外洶洶，有畏蜀如虎之意者，皆過也。若夫封貢之説，臺省禮部諸臣言之甚詳，臣等無容復寘其喙。竊謂日本有山城君在，雖其懦弱，名分猶存，一旦以天朝封號加之僭逆之夫，且將寘山城君於何地？崇姦怙亂，乖紀廢倫，非所以令衆庶而示四夷也。北虜俺答之孫把漢那吉來投於我，我執以爲質，而彼卑辭求之，因而還其孫那吉，與之議通貢市，假以王封。先帝有不殺之恩，北虜無要挾之迹，此一時機會，偶有可乘而然。而今非若此也，平秀吉無故興兵，聲言内犯，陷我屬國。東征之師，相拒日久，損失亦多。碧蹄戰後，暫退釜山，尚未離朝鮮境上。而我以細人之謀，聽其往來，講封講貢，若謂朝廷許我封貢則退，不許我封貢則進，要耶？非耶？近朝鮮國王李昖奏稱倭賊方於金海、釜山等處築城造屋，運寘糧器，焚燒攻掠，無有已時。至稱屠戮晉州，死者陸萬餘人，尚可謂之退兵乞和耶？夫乞封固非秀吉本謀，然藉此名號以讋服諸夷，益以恣其狂逞之志，則秀吉亦姑爾從之。行長、小西飛諸酋，慴於平壤王京之戰，既未能長驅直入，而又兵入朝鮮者，死亡數多，恐無辭于秀吉喪師之戮，則亦姑假封貢之説以紿秀吉而緩其怒，是以沈惟敬輩僥倖苟且之謀得行乎其間。若我經略總督諸臣，不過因惟敬輩而過信行長諸酋，又因行長諸酋而錯視平秀吉。不知秀吉豺狼之暴、狐兔之狡，變詐反覆，必不可以信義處者也。玆觀總督所呈請封表文末云「世作藩籬之臣，永獻海邦之貢」，因封及貢，其情已露於此。蓋秀吉狂謀蓄積已久，壹封必不足以厭其意。要而得封，必復要而求貢求市，得隴望蜀，憑陵及我，朝廷又將何以處之？朝鮮李昖之奏，亦謂賊兵仍舊屯留，聲言待天朝准許封貢乃退，又放出臣貳賤息，無非所以姑緩天兵而求逞兇計，則倭酋之情，朝鮮君臣知之矣。今當事之議，欲令倭盡歸島，不留壹兵於朝鮮以聽命。顧彼方進兵攻掠，肆無忌憚，又安肯收兵還國，憣然順從？揆情度勢，臣等恐其不能得此於彼也。即使暫時退兵，旋復入寇，敗盟之罪，又將誰責耶？議者多謂封貢不成，倭必大舉入寇，不知秀吉妄圖情形久著，封貢亦來，不封貢亦來，特遲速之間耳。陸拾陸州與朝鮮壹國，先和後取，此其狡謀明甚，奈何堂堂天朝而可下同于夷邦小國之愚耶！臣等伏乞皇上大震天威，罷議封貢，明詔天下，以倭酋平秀吉干犯天誅，必不可赦之罪，兼敕文武將吏，及詔諭日本諸酋長，以擒斬秀吉，則有非常之賞、破格之封。朝廷不封兇逆之夫，而封其能除兇逆者。以此曉然令於天下，然後姦雄喪膽，豪傑生氣，平秀吉壹酋不久當殄滅無難也。臣等迂籌，以爲今日之計莫妙於用間，莫急於備禦，莫重於征勦。何者？倭酋倡亂，惟在平秀吉壹人，諸州酋長多面降而心異，中間有可以義感者，有可以利誘者。秀吉原無親戚子弟、股肱心膂之人，儻得非常奇士密往圖之，五間俱起，神秘莫測，則不煩兵戈而元兇可擒。一獲元兇，倭亂頓弭，故曰莫妙于用間。備禦之策，頻年屢奉明旨，申飭當事諸臣，亦云嚴矣。臣等竊惟遼陽、天津兩地，密邇京師，壹由朝鮮度鴨緑江而上，壹由山東海面乘風疾趨，設有疎虞，令倭得長驅而入，震驚宸極，此不可以不慮。宜將東征之兵挑選或增募貳叁萬人，遣大將貳員分屯兩地，以防不測。其各省直水陸兵防，更於今日嚴爲整備，俟其入寇吾境，或犄或角，相與戮力殲之。此不可恃其不來而壹日懈緩者，故云莫急於備禦。然用間妙矣，恐未可必得志於彼；備禦急矣，恐未能使破膽於我。臣等以爲彼不内犯則已，果其内犯，大肆猖狂，乞我皇上與貳叁大臣定議征討，特發内帑百萬，分助諸省打造戰艦貳千餘隻，選練精兵貳拾萬人，乘其空虛，出其不意，會師上游，直擣倭國。順命者宥，逆命者誅。彼秀吉壹酋，何能逃遯？此所謂堂堂之陣、正正之旗，名其爲賊敵，乃可服者也。故曰莫重於征剿。或者謂興師遠涉，爲費不貲，當國計詘乏之時，何以堪此？臣等計之，山東、浙、直、閩、廣備倭兵餉，歲不下貳百萬兩，積之拾年，則貳千萬兩，又積之叁伍拾年，其費不可勝窮。今征剿所費，不過壹歲之需而足。若倭奴蕩平之日，海防又可息肩，各處歲派餉銀可以坐省其半。一勞永逸，事半功倍，未有若斯舉者矣。臣等又聞，元世祖曾以舟師討倭，致溺拾萬衆於五龍山下，談者恒以爲口實。臣竊料世祖雖雄，其實虜人，不諳海上形便，當時將帥必多達官，彼以不習波濤、不識風汛之人而驅駕海洋，直顛倒沉溺，雖百萬何用？今在東南而用舟師，則大不然。必習波濤，必知風汛，乘時而往，無憂覆溺。試觀沿海商民興販各國者，百鮮失一。故元事非所論於今日也。夫人情畏倭而慮其來，又惟議株守而憚於往，是以倭酋得恐嚇要求於我。誠知所以備禦之策與夫攻伐之謀，不患其來，復制其往，則彼雖狡詐百出，無所用之。《兵志》所謂「先聲後實」，又謂「未戰而廟算勝」者，此舉是也。臣等非不知本兵經略總督諸臣值此時勢之艱，不得已而從權變羈縻之術，何敢輕爲異論撓阻其間？但偵得倭奴情形既如彼，而審度制禦機宜又如此，灼知封貢非利，不封貢非害，用敢效其愚忠，仰贊廟畫，惟我皇上奮然裁斷而行之。至於廣東香山澳佛郎機番交通接濟一節，實爲有因，乞勑兩廣總督軍門設法禁處。其浙江、福建、廣東叁省住居倭國之人，不論歲月久近，有罪無罪，但有歸志，詔令跟附差去使客船隻回還，則順逆之分明，華夷之防定，四海人心，咸爲一快，而社稷生靈久安長治之計，亦從此可得矣。除將許豫齎到倭酋幸侃等所贈盔甲等件發布政司貯庫外，緣係偵探倭情有據，兼覩廷議紛紜，懇乞聖明審定大計，詔令中外，殄滅狂酋，以快宇內人心，以圖萬世治安事理。未敢擅便，爲此具本，專差承差藍容親齎，謹題請旨。

題處亂民疏

題爲姦民倉卒攘亂旋就寧息遵旨摘究亂首恭請正法并自劾撫綏無狀及參將領違誤軍機事。據福建按察司按察使王橋呈：問得壹名鄧三，年伍拾歲，福州中衛軍。狀招：三與在官陳梅、陳柯、包拉、吴和尚素性强暴。三等住居城市，陳柯充當劊子手，吴和尚向在南臺地方慣做水賊，俱各不合時常横行。有閩縣學在官生員李章與伊在官父李三，住居省城温泉鋪，家資巨萬，開鋪賣米。伊父子平昔嗜利，與人交易，算至絲毫不讓，又執泥不肯零沽。是三等側目已久，無由啓釁。萬曆貳拾貳年肆月內，青黄不接，鄰府俱各缺米，商販鮮至。省城一時米價驟騰，人心洶洶。隨奉軍門許都御史出示，民間米户俱要平價，不許高擡，一面行府發倉平糶，及議詳賑恤間，三等就不合乘機構釁，藉口饑荒，揚言惑衆，以致人心摇動。本年伍月初壹日，三等又不合糾同別案另問驛王一、倉官二等，與今脱逃未獲張七等，在九使神廟密謀搶奪。至初貳日午間，張七在德進橋遇在官劉賓，口稱「我昨往九使廟祈福，要到李三家買米，照軍門定價，壹兩壹石，如不肯，定搐他見官」等語，就與劉賓分別。劉賓隨往李三對門在官趙一家催取會銀，因問：「曾有人到李三家買米講口否？」趙一答：「無。」至本日酉時，是陳梅、張七同到李三家，陳梅執銀壹兩捌錢，面要買米貳石。比李三亦不合推拒不允，互相争競。陳梅又不合高聲喊叫。比時省城内外觀望窮民俱各蜂聚前來。三等又不合乘勢率衆擁進，喝同别案另問潘三等拆毁房屋，將伊米穀壹百餘石并首飾、金銀、器皿、衣服、段布等物盡行混搶訖。三又不合故違「强盜放火燒人房屋，積至百人以上，不分曾否得財，奏請梟示」事例，將伊園亭舉火焚燒，乘兇分黨劫奪本鋪在官莫三家首飾、衣服等項。三仍又不合爲首喝，同别案另問彭六等，移衆齊到仙塔街地方在官紙鋪户許茂槐門首，將門打開，擁衆百餘徒攻入，劫奪首飾、金銀、器皿、紙劄、貨物、米穀等項。三等仍各不合聚衆通衢喧攘。節奉軍門傳牌嚴諭利害，令各解散，不聽，隨差標下坐營古應科帶兵擒拏，當獲黨犯。今省發陳三等叁拾捌人，於本月初叁日解院細打，省發外衆黨仍復不散。本日午後，又分投别案另問夏肥一、柳六、林耀等前到候官縣召公坊鋪在官鄭七家勒要借銀拾兩。比伊不允，遂打進伊家，將卓櫃内銀壹拾陸兩搶散，仍率衆擁入内室，搶去米穀壹拾石，并家火牲畜等項。本日酉時，陳柯又不合爲首倡，同别案另問徐三等，齊到懷安縣前居住在官回籍州同蔡忠門首吶喊，打入家内，陳柯將伊幃轎壹乘放火焚燒，仍混劫去穀叁拾石，并丢入池内小箱壹箇，内稱有銀叁百兩，并首飾、衣服、豬畜等項。在官林五見證。本時又分投别案另問周門、陳五、鄭麻四等，齊到龍山巷地方在官鄭誌門首，放火燒伊櫃欄，攻入家内，劫去穀柒拾石并金銀、首飾、衣服等項。又分投倉官二等劫去在官張五、謝一、鍾五米店内白米柒石、粗米伍石，穀貳拾石。又分投驛王一、林耀、魏藩等，搶奪懷安學前在官黄存仁家首飾、衣服、米穀等項。又分投别案另問王三、林五、傅四等，搶奪西門地方居住在官生員林東榮家穀壹百伍拾石并首飾、衣服、香爐等項。三又不合同别案另問孫一等混行搶奪南關在官吳一貫家皮箱壹箇，内銀壹百貳拾伍兩并首飾等項。比三懷挾古坐營擒拏黨夥陳三等，解責前忿，聲言要代出氣。又不合爲首倡，率結義喫血兄弟別案另問張二等百餘人，聚衆攻拆本官住宅，强將門户什物放火焚燒。及至官兵楊雄等前來救援，三等强撤人家鋪櫃，排塞街巷抵拒。仍又不合故違强盜殺人梟首前例，用甎石毒打兵士王二傷重，及落牙將死倒地，仍要拖身焚燒，幸有地方人民救護得甦。三又打傷兵董益，至初陸日身死，古坐營行令把總黄鸞相埋訖。三又不合搶奪楊雄鐵鋭壹把，麾舞欲殺官兵，仍要打武生陳應禎見在識證。三又不合勒要彼處居住在官生員藍盛銀伍兩，主衆免劫。是夜叁更時分，包拉又不合爲首手執鐵槍，同三等攻劫寓居三山驛前在官生員劉文爌家財。包拉要銀拾兩，劉文爌寫票壹紙，許明日與銀，包拉不允，劉文爌止付酒銀陸分，包拉不快，仍擁衆叁百餘人混搶去穀肆千斤并衣服等件。包拉又不合逞兇用鎗殺傷劉文爌父子叁人頭額并手，各散，槍即丢棄無存。吴和尚在鄉風聞城内搶奪，就於初叁日夜又不合爲首率同別案另問黄恕等搶劫南臺等處地方在官潘飛龍家財，打破房屋，劫去銀首飾壹副、衣服柒件，又劫朱姐、林二、徐權、張七、何三、劉四、范細四、王三等家銀兩、衣服、米穀等件。吴和尚又不合强勒在官史繼昭、史繼美、張汝達、韓八、大廖等家銀兩不等。史繼昭拾貳兩陸錢，史繼美貳兩、穀貳千斤。時張汝達出外，伊妻送銀伍兩。韓八、大廖等拾餘家，各銀壹兩，分受，方免焚劫。史繼昭面質是實。前後兩晝夜，三等仍各不合出没無忌，愈肆猖狂。隨奉軍門召遣標營把總林翔鳳、石文綱領兵并巡捕指揮雍炫、安繼爵、王鼎，典史李守歡、何良教，督同地方保約應捕人等，陸續擒獲三等貳百餘人，并獲見在贓物白綿布伍疋、布皮壹塊、鉛捌兩、學士椅壹張、圍屏壹件、衣服壹拾貳件、金漆卓壹張、屏風座壹箇，係李三家；青綿布道袍壹件、青濟布道袍壹件、白綿布男衫壹件、破碎壽板壹塊、氈襪壹雙、儒鞋壹雙、青布衫壹件、白布壹疋、白布裙壹件、藍布半疋、黄絹帕壹箇、連紙肆拾伍塊、牌紙貳拾叁刀、粗紙貳拾張、穀壹百貳拾伍斤、蘇木伍斤零叁塊、錫茶壺壹箇、掃箒捌合、白豆玖拾斤零貳斗，係許茂槐家；米栳貳箇，穀叁拾斤，箱仔、酒罈、米籮各壹箇，係鄭七家； 凉牀、綿被各壹張，係蔡忠家； 壽板貳塊、白碟貳拾捌箇，穀肆拾斤，係黄存仁家；耳環壹雙，係陳氏家；米叁斗伍升，青布道袍、葛布道袍、藍布女裙、舊青布夾襖、舊青布道袍各壹件，李乾貳斤，油麻壹斗，牛油陸拾斤，係潘飛龍家； 穀貳拾斤，係朱姐家； 又穀肆拾斤，係林七家； 銀壹兩，係史繼昭家，各被搶是的。 官兵原奉軍門嚴諭，拏獲各犯，贓物不必窮搜，恐有冒濫，以致前項銀兩首飾等件俱未窮追。 將各犯解奉轉發分守福寧、福州兵備道會審招解間，泗洲堂鋪在官保長袁惟方及生員藍盛各狀赴軍門呈告，俱奉批行守巡貳道併究，蒙道轉行福州府，會同各館究招間。 時巡按福建劉御史巡歷漳、泉地方，蒙道府將三等搶掠緣由通詳本院，俱蒙批行會官審確招詳。 隨蒙本府何知府會同海防温同知、總捕閻通判、理刑李推官，弔取三等并失主干證到官，查驗劉文燫被包拉槍傷頭額并手明白，將三等分别議擬招詳，叁道審看，情罪未妥，駁行再審。 分守道余左參議、兵備道張僉事俱齎捧啓行，隨蒙督糧帶管分守福寧道陳右參議、按察司帶管分巡福寧道王按察使覆閱前招，將情罪未明者開單駁行該府細加審確招解間，蒙巡按劉御史詳批叁道原呈各犯詞語，蒙批： 鄧三等乘機鼓衆，横肆劫掠，即盡誅之藁街，亦曷足惜！ 但詳會審，由語情罪未妥者尚多，能無誤入網羅者哉？ 死者不可復生，斷者不可復續。 下關人命，上係天和，信不容草草者。 該道會委多官虚心辨審，勿漏渠魁而波及無辜也，法始稱明允矣。 事干奏請，妥招解報，蒙道催詳間，蒙府仍會各官弔取三等并各犯證到官覆審。 得鄧三、陳梅等市井惡少，結黨縱横，平居賭博犯禁，遇事火囤害人，垂涎富民李三、許茂槐等家銀貨饒裕，乃於今年伍月初壹日乘見米價驟貴，人心易摇，糾衆夥黨，潛於九使廟内飲酒密約，同行打劫。遂於初貳日酉戌之交，陳梅先往李三家，以買米爲由，縮價起釁。鄧三候其争鬧，即擁衆齊入，焚掠一空。復移黨攻許茂槐之家，又分衆及莫二之室，而叁家之積蓄一時盡矣。幸軍門召兵擒勦，獲其餘黨叁拾餘人，綑打令衆，而各惡仍恣猖狂，行劫無忌。初叁等日夜連搶蔡忠等叁拾餘家，不惟虜其米穀，而又罄其金帛，不惟拆其房屋，而又傷其頭手。蓋至於讎報坐營，敵傷兵士而潑逆極矣。藉非軍門嚴令勦捕，次第就擒，省會之地，不亦危哉！今審鄧三、陳梅、陳柯、包拉、吴和尚俱係極惡渠魁，况又證認明確，各依强盗得財，擬斬鄧三，分别殺人放火，照例梟示，以靖地方，以昭國典。李三不應示儆。蒙將驛王一等另問招詳外，將三等具招，呈解守巡道會審前情無異。及蒙看得鄧三等市井無賴暴戾兇人，藉口饑荒，一朝而聚陸柒百衆，公行搶奪，兩日夜而破一二十家，拒捕殺傷官兵，縱火拆燒民舍，罪狀顯著，惡貫滿盈。雖黨類實繁有徒而倡率甘爲戎首，即銀贓未及追獲而證佐各已輸情。明旨所謂不宥亂民，此正其首懲者矣。擬正典刑，似無枉縱。李三射利，量杖示懲。其餘見獲多人，分别具招，與已散各黨，姑免窮究。將三與陳梅、陳柯、包拉、吴和尚問擬强盗已行而但得財者不分首從，律皆斬決不待時。李三依不應事，重具招解，赴軍門詳審。奉批：據招於亂民數百之中而摘其爲首者伍人以正法，此已甚恕。但招内鄧三元兇及陳柯、包拉、吴和尚，各爲首糾衆劫奪、放火傷人，事證俱明。其陳梅但稱與張七同到李三家買米，争競喊叫，此固起釁之人。所云張七等在九使神廟密謀搶奪者，又不明言陳梅同在。今張七在逃，梅無他證，坐以重辟，恐尚有辭。然數百人之狂亂、數拾家之被禍，起于梅、七貳人，情法又難輕恕也。仰按察司覆究招奪，蒙司行府復提陳梅及緊關干證添提在官廟主李茂各到司覆審，得陳梅伍月初貳日晚執銀壹兩捌錢，向李三要買米貳石，李三與伊男李章不允，當就争攘。李章見聚人衆，勢難抵對，取紙壹張，上寫「明日支米貳石」付梅。比梅喊叫不退，突然擁入混搶是實。至於九使廟飲酒商謀之情，審劉賓吐稱：初貳日路遇張七，口稱「我在廟祈福，午後要往李三家買米」，彼時未見陳梅同行。又審李章，亦稱被搶之後，風聞街市傳説陳梅與張七等俱在前廟，謀約方來買米尋攘。又審廟主李茂，稱「初壹日燒香人衆，不認陳梅曾否在廟，亦不見伊同人飲酒」等語。看得陳梅買米起禍，糾衆行搶，若果與張七在廟謀劫是真，論法即無原宥。今據李章、劉賓、李茂之言，前項謀情委無確證。且張七未獲，本犯曾否與之在廟共謀，果憑何人供質也？此壹犯者，劫奪未有贓仗，造謀亦屬影響，似應較鄧三之罪稍從末減者。遽擬重辟，終有執詞。但查本犯乘倚米貴，故意争買，雖有李章付票，猶示人衆喊攘，以致各惡乘機搶掠李三家財一空，及後狂暴蜂起，搶劫多家，幾釀大禍。揆其首事肇釁者，皆本犯爲之，又難與諸爲從者同科也。合無將本犯比照矜疑事例，饒死充軍。鄧三等肆名仍依原擬監候。奏請定奪，具招呈詳到臣。該臣看得福建地方邇年旱潦頻仍，米穀騰貴，已非一朝一夕之故。臣於去年柒月内，據福、泉、漳、延各府先後報到水旱災傷，題請勘處蠲恤。後因晚禾稍收，該按臣陳子貞勘覆災傷分數不多，議且停止。又該臣看得省城絶少儲積，荒警無備，特行布政司查發備賑等銀貳萬壹千兩，轉行福州、邵武、汀州叁府及福寧州，分投糴買米穀，運至省城。自去秋迄今，據各府州陸續解運，前項米穀上倉甫及壹半。本年叁月内，據福州府申詳閩縣嘉登里民陳尚賓等告賑議處緣由，該臣批：嘉登百姓屢次告賑，果有災荒，賑恤誠不容已。該府所議出示，令有餘貸不足，其意固善，却恐有餘之家不肯自認，又生煩擾。該縣所申積穀報部銀兩，宜就用此賑之。當官領散秋成償還，亦不費之惠也。貸銀多寡，當量其家産厚薄。無産而與，恐其難償，須别議賑恤。若有遊手棍徒素行不良者，俱不宜貸與。仰府再議詳報去後。春夏之交，米價漸湧，每石至壹兩叁肆錢。臣與司道官商議，將見積在倉米穀量發平糶，又行福州府，將各衛官軍糧米借支叁箇月，以紓目前之急。仍行産穀府縣，傳諭商販裝運到省，并令省城有穀之家零星發糶牙儈人等，不許罔利高擡米價，每石暫定壹兩，俟後漸減，百計調停以救時艱。不意伍月初貳申牌時分，忽有生員李章奔臣衙門，投告見被棍徒以糴米爲由，聚衆搶奪，乞要救援。臣隨遣巡捕中軍等官往諭解散不止。該閩縣知縣蘇兆民、福州府總捕通判閻恒悟先後進見，以爲人衆勢急，不易解散。臣亟呼坐營官古應科調兵擒捕。古應科禀稱：時已薄暮，姑且需之。臣復發牌，遣標下把總王思舜等曉諭。未幾而報劫莫二、許茂槐之家矣。臣復叱令古應科飛召營兵入城，遲至更餘始到，追及許茂槐家，將賊趕散，不曾拏獲。臣又差官切責應科，復督兵追及李三家，擒縛賊黨陳三等叁拾捌名，於初叁日解臣，姑各綑打，分遣巡捕官兵押往搜贓。該叁司官左布政使管大動等見臣咸謂：「綑打已足示懲，贓物遽難搜獲，乞從寬發落，衆自感恩解去。」又該鄉官太常卿陳聯芳等亦勸臣姑從寬釋，遂將陳三等釋放。行閩、候貳縣分投賑濟間，乃賊衆益復無忌，四散劫掠，忿坐營官古應科發兵拒賊，聲言欲往應科家肆害。臣督令本官勒兵擒拏，否者徑行剿殺。廼應科以鄉里軍民兇很衆多之故，畏縮而不敢前，反戒各總哨官兵勿與抵敵。是夜果拆應科房屋，以爲得志，因復蔓延劫掠林東榮、蔡忠等貳拾餘家。初肆日，臣怒應科，叱令迴避，徑發牌與該營名色把總石文綱、林翔鳳、薛應梅等，及行都司督押叁衛管操巡捕官軍分布信地，示以勦捕令格。是日午後，猶聞喧噪之聲。臣又鎖拏石文綱、林翔鳳、薛應梅等，各綑打，嚴陣而出，衆始退遯。臣計城中兵軍咸集，無憂再亂。城外南臺、洪塘等處，恐其夜出劫掠，隨又發兵貳哨潛往南臺，發兵壹哨潛往洪塘。洪塘離省城貳拾里許，兵至洪塘，已及貳更時分，各賊正在攻劫僉事鄭元韶家，被哨官張一仕督兵疾趨，擒獲林一等叁拾叁名，又續拏壹名。當夜指揮雍炫等在城南隅拏獲鄭一等貳名。南臺等處，鄉約長林文灝等擒獲車三等玖名。共肆拾伍名，於初伍日解臣，登時俱割壹耳，發守巡道會問，衆乃寧息。是日與初陸日，據閩縣典史李守歡同把總石文綱、薛應梅及各鄉保長人等陸續拏到吴和尚等壹百玖拾餘人，併發該道究問。其初柒日以後，告稱被劫，紛紛牽連數多，俱不准理。今據前因，照得地方米價久貴，小民艱食，當青黄不接之時，謂非饑歉不可，然幸雨暘時若，新穀將登，亦未見有拾分饑荒之狀。閩縣惟嘉登壹里切近海邊，舊歲收成獨薄，赴臣乞賑，批行議處，其城市百姓並無壹人到衙門告饑。臣知米價日高，出示減糶，正爲憐恤貧民。乃陳梅等之藉言强糴，鄧三等之乘機搶虜，甚至滿城呼噪，放火行兇，肆無忌憚，實爲亂民，非饑民也。但聚衆千百，誅之不可勝誅。又事起倉卒，一倡百和，如火因風發，莫測其端。市井頑愚，良可哀憫，不摘其首亂數人，寘之重典，無以正法。不將餘黨分别處治，姑從寬釋，無以安衆。除從輕者不敢煩瀆聖聽，敬將正法者具題請旨定奪。再照治亂無形，制馭有術，臣叨簡命，填此海邦，平時乏拊循化導之略，臨事失調度緩急之宜，以致白晝大都之中，劫奪公行，呼噪擾攘者，幾兩日夜。罪實在臣，其何能逭？所當首蒙顯罰。守巡、兵備暨于守令諸臣，均有地方之責，然臣不敢以苛求。標下坐營把總壹官，臣之爪牙手足也。乃古應科者，臣初諭之調兵，則請需，俟既督兵而入，則又逡巡。至於次日，圍拆本官住房，狂肆至極，復違臣戒令，按兵不動，以致是夜縱劫諸人。若非臣親爲調督把總石文綱等分布把截，四路擒拏，則亂將不可復遏。蓋本官惇慎有餘而武毅不足，重懾于鄉里惡少之先聲，竟莫知軍門將帥之大體。身家爲重，法令爲輕，設有大敵，將焉倚賴？此壹臣者，年方壯茂，可望將來。所當革令回衛，以待他日營寨有缺，議令改補者也。臣又查得原任廣東坐營把總功陞金華所千户姜虎，歷經戰陣，勇敢素聞，頗有鷹揚之風，足代坐營之任。且見寓閩中，就近僉補，事體亦便。如蒙俯允，勑下該部，將臣孚遠首議顯斥，别選才望之臣前來巡撫，古應科革令回衛，即以姜虎代之，則文武各官俱知儆惕，而地方仰賴不淺矣。緣係姦民倉卒攘亂，旋就寧息，遵旨摘究亂首，恭請正法，并自劾撫綏無狀，及參將領違誤軍機事理。未敢擅便，爲此具本，專差承差陳世明親齎，謹題請旨。

敬和堂集卷之七

德清許孚遠著

撫閩疏

題革移巡司疏

題爲革移巡司以裁冗費以資防禦事。案照先據福建布政使司呈詳，覆議過泉州府安溪縣源口渡、德化縣高鎮二處地方，先因盜賊竊發，各設巡檢一員、弓兵三十名，以備盤詰。嗣後稍寧，每司裁革弓兵一十八名，扣銀充餉，量留一十二名，内以三名給官薪水，九名應役。即今承平日久，巡檢則賃居縣治，營求差遣；弓兵則買閑歸家，虚糜月糧。委應裁革工食，扣留充餉等因，通詳到臣。該臣看得朝廷原設各巡檢官，以備守禦譏察，匪爲冗員。今時移事改，頗多曠廢，往往官無衙門而寄住郡邑城内，專聽差使，如源口渡、高鎮事情，在閩中恐不止此二處。中間孰衝孰僻，應否革留，相應概行查議，以便併題。牌仰該司轉行各該守、巡、道，篤行府、州、縣，備將所屬巡檢司逐一查議，要見某處衝要，原司必不可缺，某處偏僻，有官反覺多事。孰爲應革，孰爲應留，留者，署宇有無完固，應否修復，弓兵果否足役，應否添設，逐一集議妥當，具由通詳以憑會覈去後。今催據該司呈：准福州兵備道牒議，福州府分守福寧道咨議，興化府分守建南道咨議，延平、邵武二府分巡建南道牒議，建寧府分巡漳南道牒議，汀州府分巡福寧道牒議，福寧州各所屬巡檢司俱當山海要衝，均有巡緝之責，誠不可缺。各司原額弓兵，節經酌減，俱各相應，亦無容于議增。惟是署宇中間查有傾頹不堪住止者，聽各該府縣查估，堪動官銀，量行修葺。分巡興泉道牒稱：泉州府所屬巡司除源口渡、高鎮二衙門應照原議裁革外，其餘坐臨濱海，寇盜出沒，各有防禦之責，俱當存留。弓兵各已足用。分守漳南道咨據漳州府申：查得漳浦縣之盤陀嶺、詔安縣之洪淡司，昔爲山海要衝。然以今時而論，盤陀嶺處在腹裏，離縣治不遠，且密邇雲霄。該鎮見有督捕通判一員在彼駐劄，該司已在彈壓之中，是盤陀官兵可無設也。洪淡上鄰銅山，下接玄鐘，目今寨遊兵船環守其地，又有浙兵分哨到彼，水陸之防，羅列森布，是洪淡司可無守也。即二司均屬贅疣，委當裁革。又查長泰縣之朝天嶺巡司，昔時建設地非不衝也。近該漳州府推官龍文明署印長泰，見該司官兵率多無事閑曠，而溪口地方每有姦宄爲梗，較之朝天，是溪口又更衝也。故因衙宇傾廢，而議一轉移之。弓兵名數，悉如舊額。惟是建復司署兵房以爲官兵棲止，工料銀兩聽該府估處。蓋與其鼎新于朝天之舊地，不若移建于溪口之爲尤要也。其餘衝要巡司，仍應存留，以備巡緝。兵役俱各照舊等因。各報到司。該本司左布政使管大勳、右布政使王之屏會同分守福寧道左參議余懋中、福州兵備帶管分巡福寧道僉事張喬松、分巡興泉道副使楊際會、分守漳南帶管分巡道左參議吳之鵬、分巡建南帶管分守道僉事莫睿議，照福建地方枕山跨海，鯨波萑警，最爲叵測，轄屬福、興、延、建、邵、汀六府，福寧一州，巡司官兵俱當山海要衝，盤詰警巡，誠不可缺，委應存留。惟泉州之源口渡、高鎮，漳州之盤陀嶺、洪淡四巡司，在泉州則議稱無所事事，在漳州則議稱委屬贅疣，均應裁革。至於長泰之朝天嶺，雖係衝途，然溪口更爲要害。據議將朝天巡司衙門移設於此，誠爲得宜。俱應俯從所議。再查盤陀、洪淡二司巡檢先後病故，源口渡巡檢見今巡按考察革逐，高鎮巡檢周如金扣該萬曆二十二年九月初十日三年考滿，例應給由赴部。各該員缺，俱應免補，以後俸薪銀兩行縣免編，弓兵工食併扣充餉等因，呈詳到臣。該臣會同巡按福建監察御史劉芳譽議：照巡檢一官，曠廢職業，爲日已久。在巡檢，簣緣差遣；在弓兵，坐糜月糧。殊非國家建設初意。今當於地方要害去處，力爲修復舊制，使備非常，而於偏僻安静之鄉，裁省員役，免使擾累，是乃通變宜民之術。顧各屬有司狃于故常，鮮關痛癢，雖經查議，經年多以虛文塞責，事勢亦無如之何。今據司道僉議，所屬巡司，除設居山海緊要去處者仍舊存留外，惟源口、高鎮、盤陀、洪淡四司均稱冗贅，相應裁革官俸，免編工食充餉，事體亦宜。至於移朝天之偏僻，遏溪口之姦萌，調停頗爲得策，俱應准從。其合用工費與存留巡司應有修葺者，並聽該府縣各查處，詳請修建，相應具題，伏乞勅下吏部覆議上請，將源口渡、高鎮、盤陀嶺、洪淡四巡檢司通行裁革，員缺概免銓補，朝天巡司聽其移建溪口要地，行臣等遵照，庶官無曠廢，食不冗糜。緣係革移巡司，以裁冗費，以資防禦事理。未敢擅便，爲此具本，專差承差蕭廷鐸親齎，謹題請旨。

請諭處番酋疏

題爲逋商激殺番酋罪人已得恭請正法并乞勅部檄諭以慰夷情以結外援事。本年五月十二日，據漳州府海防同知舒九思呈：據海澄縣船商張瑞等報稱：舊年八月内，吕宋番酋抽召壓冬久住商衆同征美洛居，法令過嚴，商衆難堪，因而殺酋，駕船逃遯。今酋子稱有分封印信劄付在船，概被帶行。具文一道，用金篋牢封。另小書一摺釘封，外用紅綾包裹，付瑞等七船商人同領齎報等情，連金篋、綾包呈送前來。又據偵探倭情哨官黄文英等齎到金篋一箇，亦藏夷文一道，將文取出，金篋并綾包暫發布政司貯庫。前詳批，仰分守漳南道查報。及查夷文内有中國字義開寫郎雷氏敝裹系勝是猫吝爺氏奉干系蠟國主命，鎮守東洋、吕宋等處，稱蒙差官來探日本消息、招回唐人。日本近雖稱兵入境，然彼國有征伐之兵，敝國有備禦之固，况日本熟知敝國士卒精壯，遇敵無不争鋒，何足以懼？其前革回唐民，係是久住不安生理，專好淫賭，非爲今之革者。因敝國狹窄，米穀稀少，糧食不給，别無他端。伏望尊慈鑑察其被害戰船，乞追軍器、金銀寶貝，并究殺父之人償命，以警後人，以正法紀。從兄巴禮，於舊年十月内駕船往貴省奔訴父冤，萬里懸情，惟冀秉公嚴追究治。從兄巴禮厚遺歸國，感佩圖報等情。及據郎雷氏訴詞一紙，爲辯明父冤事：緣父守國欲討美洛居時，有澗内唐民願充助敵者二百五十人，自備行糧，立功給賞。時父與兵同船開駕到交逸地方，有佛郎人與唐兵言競，父責番人，吊在船桅懲戒。原船裝載金銀莫計，同船番目各帶寶貝銀錢數多。船進合萬門灣泊，父令唐人牽罟捕魚，共烹而食。臥至半夜，詎料唐人心貪財寶，陰謀不軌，將父并番目四十餘命盡行殺死，僅存巴禮、書記二人報息，將本船寶貝駕逃，對西北而行，未知去向何方。僕時奉命帶兵駐劄朔務，各屬聞變，共議報冤，將城内舊澗拆卸。僕聞訃回國，勸諭不許生端報怨，復議設新澗城外，慮及番兵横爲擾害，著頭目四人，逐日在澗看守，以便唐人生理。不想起蓋未完，而日本報警。番目思見澗地接邇城郭，兼之唐人每有交通之情，恐招蕭牆之禍，再議移潤。此非本心。革回唐民，每船給米五十包資助，想來人必能道其詳者。激切含冤，伏望作主，轉達施行等因到臣。案照萬曆二十一年閏十一月内，該臣看得倭酋關白情形叵測，選委哨官郭明、顔仁、黄文英等，賫文前往吕宋，知會夷酋，密探動定回報。及訪沿海人民先時往販諸番者甚衆，邇因警報，奉旨禁商，不許往來貿易。在番百姓懼不敢歸，見留吕宋者數十餘艘，及先後失利或削髮從俗者不計其數，思歸不得，流落無依，情甚可憫。今海禁復開，若不招回，恐生他患，隨頒招來票式。行據署南路參將秦經國選委海澄縣商人朱良材、魏德、周元、陳申等賫往招回間，續據本官呈稱：差去各商，有票無票，約招壓冬黄復等商船五十餘隻，載回逋販共有二千一百二十餘名。幸其獲歸故土，不至失所淪没異域等因。并據商人朱良材等報，殺吕宋酋長商民有自交趾還漳者，又經批仰該道行海防官密爲緝究詳報去後。今據該道左參議吴之鵬呈，據海防同知舒九思呈，據交趾船商黄磐報稱：吕宋失事，王廷等三十六人，搭磐船回。除王廷、郭明、林一顯三人患病在船未到，將郭惟太等三十三名送職審。據供稱，俱於先年往販東洋，各因失利，留彼壓冬。萬曆二十一年八月，吕宋番酋欲征美洛居，抽召唐民高肖爲把總，魏惟秀、楊安頓、潘和五、洪亨五爲哨官，鄭振岳爲通事，并惟太與鄭玉廷等共二百五十人，充兵助敵。令中土住番二千餘人，每人各出銀錢一十文，番酋只以其半給惟太等爲工食。内高肖、魏惟秀、楊安頓、鄭振岳原係削髮從番者，與衆同酋一船出洋。番酋暴虐，要我商人日夜橹駕，不勝苦楚。及至橹駕不齊，即將鄭玉廷一槍戮死，又將一人弔起桅頭，亂箭射死，高肖等一十三人跳水淹死。衆人思無活計，謀欲殺酋。時係洪亨五、陳西巖、陳我廷、吴攀爲首，夤夜將番酋刺殺，番衆驚懼，各投水身亡。惟太等將船駕逃，被風飄至交趾番地，登岸，又被番人千餘將各人沿身搜劫，衣服概剥。呂宋原船長二十五丈，闊二丈五尺，內大銅銃二門，鳥銃六十門，槍刀器械難計，金銀千餘兩，俱被廣南番掠盡。惟太等饑餓三日，姑散番山，求丐半載，幸遇黃磐船至，惟太等三十二人借磐銀三十六兩，買辦柴米，附搭先回，餘人欲搭後船回澳。及查金印下落，衆稱：呂宋原有正次二酋，正酋同子出征，次酋守國，金印亦係次酋掌管，船中並無前印。又稱銃器俱被交趾人鑿碎分散去訖。爲照販番之徒嗜利忘返，甘爲夷虜，被其魚肉者，不可勝計。今因助征之役，戮死一人，射死一人，淹水死者一十三人。衆思完軀無策，故潘和五等五人爲首，刺殺其酋，此其變出異常，而實有以激之者，據法當坐。元兇今潘和五等首犯尚逃未回，郭惟太等供係爲從，尤難定執，合無俟至商販之期，移文交趾夷酋，嚴緝潘和五等，解回正法。仍令能幹商首齎文安慰呂宋國酋等因到道。覆議相同，備呈到臣。該臣批：呂宋係通商之地，其國酋被我民賊殺，非細故也。郭惟太等逃往交趾，搭船回漳，宜據見在三十六人鞫究端的，分別首從處治，以慰遠夷之情。豈得因渠供稱潘和五等爲首而議移文彼國捕獲？此獄將何時决耶？海澄縣原稟殺呂宋王隊長有肖峰等十九名，三十六人之中必有名號相對者矣。仰道速行審確招詳，毋致遲誤去後。未報。該臣會同巡按福建監察御史劉芳譽，看得呂宋地在東洋，與中國商民交通貿易，其來久矣。聞邇年爲佛郎機番占管其地，所稱郎雷氏奉干系蠟國主命，鎮守東洋、呂宋等處者，即佛郎機番也。我民往販呂宋，中多無賴之徒，因而流落彼地，以耕種捕魚爲活者，幾不下萬人。番酋築蓋鋪舍，聚劄一街，名爲澗內。唐人受彼節制，已非一日。去秋彼酋興兵往征美洛居國，抽取我民二百餘人爲兵，刑殺慘急，遂致激成此變。夫以番夷豺狼之性，輕動兵戈，不戢自焚，固其自取。而殺其酋長，奪其寶貨，逃之交南，我民很毒亦已甚矣。今據新酋來文與其訴詞，惟欲乞究殺父之人及厚遣從兄巴禮歸國，並不遷怒加害於澗内唐人。又臣所遣朱良材、魏德、周元、陳申等，招回壓冬流落二千餘人，新酋且爲資其糧食而遣之歸，意亦至厚。彼明有尊事中國，哀求親附之心，而我以外夷視之，不問其讎，不恤其孤，非義也。況日本素與吕宋交通，我因吕宋而得日本之情者，十有四五。其來文且云：彼國有征伐之兵，敝國有備禦之固，士卒精壯，遇敵無不争鋒。則固結吕宋，使之自守，以爲外援，尤有不可輕絶之道。除臣等一面移文兩廣督臣催取番使巴禮到此，厚加禮遇，及究郭惟太等擅殺之罪，分别處治，以俟冬月風汛，届期徑差官往彼慰勞外，今將夷文仍用金篋裝貯，咨送兵部備查，相應具題，伏乞勅下該部覆議，移檄一道，行臣等傳諭彼酋，庶使外夷益知嚮慕感激，而於招徠之中存制禦之道，其有裨于安攘不淺矣。緣係逋商激殺番酋，罪人已得恭請正法，并乞勅部檄諭以慰夷情，以結外援事理。未敢擅便，爲此具本，專差承差蕭廷鐸親賫，謹題請旨。

議留朝覲正官疏

題爲朝覲届期酌留沿海地方正官以重保障事。據福建布政使司呈，奉臣牌面卷查：閩省歷年議留福寧一州海澄、漳浦、詔安三縣正官免朝，至萬曆十九年增留興、泉、漳三府并福清、莆田等十縣以備倭警。今二十三年，又值朝覲之期，頃閲邸報，該户科給事中陳世恩條陳議入覲之員一款，内稱南直、浙江等處沿海地方有倭當防，預行各省直撫按查有事情重大者，正官免其入朝，題奉明旨，下部已經議覆，所據該省附海府州縣官員應否照舊議留，仰司會同各司道查議停妥通詳，以憑會覈具題等因，依奉行。准分守福寧道咨稱：卷查上年海上傳有警報，議留所屬興化、泉州二府知府，福寧州知州，并福清、長樂、連江、莆田、晉江、惠安、同安、福安、寧德九縣知縣在任。今照海上警息未靖，各該府、州、縣俱屬濱海要區，仍應議留，以資保固。福州兵備道牒稱：長樂、福清、連江三縣均爲省會咽喉，正官委應留任。分巡興泉道牒稱：泉州一府與晉江、惠安、同安三縣密邇海濱，警報頻傳，隄防料理須賴正官，似應仍舊留任。分守漳南道咨稱：漳州府屬漳浦、海澄、詔安三縣，均當邊海之衝。各正官節年留任供職，無容別議。若十九年併留漳州府及龍溪縣掌印官，則又通省事例。方今關白之報不減曩歲，而海上隄備不容一日少弛，相應併留。及准分巡漳南、福寧二道各牒議相同。該本司右布政使王之屏會同按察司并帶管福州兵備分巡福寧道按察使王橋、分巡興泉道副使楊際會、分守漳南道左參議吴之鵬、督糧帶管分守福寧道右參議陳應芳、分巡漳南道僉事王建中議，照入覲爲三年之大典，而海防亦地方之重務，查得福建福寧一州，漳浦、海澄、詔安三縣，均屬濱海要區，以故歷年議留正官免朝。萬曆十九年，因海上警報傳聞，議將興化、泉州、漳州三府并福清、長樂、連江、莆田、晉江、惠安、同安、龍溪、福安、寧德十縣與前項州縣正官一併題准留任。今照萬曆二十三年又當朝覲之期，即今地方雖幸寧謐，而海洋警息叵測，各官啓行應朝之時，正值冬春防汛之日，一應修船、置器、徵兵、給餉、調督、防禦、保障地方，悉賴正官經理。所據前項府、州、縣正官俱應照依上年事例留任供職。内查漳州府知府并同安、詔安二縣俱缺正官，合無呈請具題，將興化府知府陳王庭、泉州府知府汪道亨、福寧州知州史起欽、福清縣知縣丁永祚、長樂縣知縣彭晳與連江縣知縣張礽旦、莆田縣知縣嚴廷儀、晉江縣知縣應朝卿、惠安縣知縣何志皋、龍溪縣知縣蔡承甲、漳浦縣知縣楊材、海澄縣知縣毛鳳鳴、福安縣知縣陸以載、寧德縣知縣黄試，與漳州府并同安、詔安二縣各正官，至日一併准留在任，計安地方等因，呈詳到臣。該臣會同巡按福建監察御史劉芳譽議：照閩地濱海倭患孔棘，嘉靖之季，該前撫按諸臣將沿海府、州、縣正官題請免覲，其後地方稍寧，止留福寧一州與漳浦、海澄、詔安三縣正官。至萬曆十九年，傳報倭酋將犯中國，復議留興、泉、漳三府與福清等十縣正官在任，俱經部覆奉有欽依遵照外。今據司道議，照上年事例，將各正官留任，無非爲保障地方之圖。但入覲大典，所當酌議，如附郡之邑，留守則令可行，留令則守可行，一以遵制述職，一以守土保民，道始兩盡。今漳州府知府尚未履任，興、泉兩府知府各爲一郡總帥，倭患未形，暫徼寧謐，當仍令入覲，以明臣子尊君之義。覲畢，即嚴限回任，保障地方。其附郭莆田、晉江、龍溪三縣知縣俱應議留在任。及查漳州府南靖縣，離海六十里而近，向未議留，第該縣舊城嘗於嘉靖末年被寇殘破，其後知縣林挺春倡議遷城，風氣淺薄，民不即居。今知縣陳宗愈從士民之請，申復舊城，該臣等批，行分守漳南道查議，其造城工費取諸佃銀，出於民願，似可不勞而舉。然非留正官在任，及時興役，則歲月易於因循。卒有寇至，新城鮮民可守，仍恐有意外之變。相應併題暫留，後不爲例。伏乞勅下吏部覆議，將福寧州知州，福清、長樂、連江、莆田、晉江、惠安、龍溪、漳浦、海澄、福安、寧德并南靖等十二縣知縣上請容留在任，與漳州府及同安、詔安二縣各正官至日一體留任。各委年深佐貳官一員，帶同首領官吏齎册暨福州等府縣各該正官齊集赴朝，庶計典不違而海邦鞏固矣。緣係朝覲屆期，酌留沿海地方正官，以重保障事理。未敢擅便，爲此具本，專差承差蕭廷鐸親齎，謹題請旨。

聞言自陳疏

奏爲弭亂無術聞言慚悚懇乞聖明亟賜罷黜别選才望以全樗朽以重彈壓事。臣頃爲姦民倉卒攘亂，旋就寧息，遵旨摘究亂首，恭請正法，并自劾撫綏無狀，及參將領違誤軍機事。奉聖旨：「該部知道，欽此。」續得邸報，該兵部覆：「奉聖旨：『是古應科著革任回衛。』」又該吏部覆：「奉聖旨：『許孚遠著照舊供職。欽此。』欽遵。」謹北望叩頭謝恩外，據承差陳世明自京師傳報，禮科給事中孫羽侯、吏科右給事中耿隨龍交章論臣未奉明旨發抄。臣不知二臣疏中爲何説，若以地方亂民之故歸罪於臣，臣何能辭？臣固自劾之矣。臣所謂「平時乏拊循化導之略，臨事失調度緩急之宜」者，皆自艾的實語，不敢一毫粉飾推避其間。但閩中倉卒亂狀，臣前疏略已言之。以爲饑荒之故耶？則未有十分旱潦流離死亡之形。以爲非饑荒之故耶？則米價騰貴，小民艱食。八府一州，垂二年於此。臣於去歲秋間，行布政司發銀貳萬餘兩，分投買米，運貯省城。及行泉、漳二府，各動銀壹萬餘兩，分投買米，以備警賑。臣又移咨兩廣督臣行令地方，無爲遏糴，使有無相通。去冬今春，廣穀亦漸入閩漳、泉二府，米價稍減於省城，則廣穀濟之也。四月内，省城米價日貴，臣准司府議，散三衛軍糧本色三箇月，及行福州府，轉行閩、候兩縣。查報饑民，是時並未有城市百姓赴臣等各衙門告賑者。而姦民鄧三等搶掠攘亂忽然起矣，一呼百噪，千百成羣，禁令之所不行，勢非用兵不能驅散。而坐營官古應科怵於鄉里姦慝，違臣軍令，逡巡退縮，以致肆無忌憚，刼掠公行。一時司道各官相顧駭愕，束手無措。臣叱退古應科，親督將兵與三衛官軍，分布把截，四路擒拏，衆亂乃定。然自五月初二日酉時亂起以至初四日巳時亂定，僅兩夜一日餘耳。臣伏思之：方亂之未形，蚤察民情，振救有術，則雖有姦徒，無因而起。及亂之既形，不爲將領所誤，不爲司道所牽，縛其渠魁，即寘重典，則必無蔓延之禍。此皆臣之罪也。臣不敢徒諉咎于諸臣也。若令初四以後，復恣猖狂，劫掠不已，將成叛亂。往日浙省、寧夏之變，如在目前，其禍有不可言者。乃不二日旋就寧定，此猶臣之幸也，亦有司諸臣與地方之幸。仰藉我皇上威靈所及，不敢謂爲誰之功也。臣受朝廷重寄，撫此一方，慚無絲毫補濟，而又倏起倉卒之亂，幾至不可收拾，雖無人言指摘，臣心何能自安？况臣才德譾薄，精力衰疲，平居無事，枝樽猶難，一旦有警，顛踣可待。兩科臣之言，必有見於臣之不勝其任，而慮重地不可以非人處。此其爲國家謀、爲地方計至深遠也，亦所以愛臣而使全之也。伏乞聖慈垂察臣衷，特勑該部，將臣亟行罷黜，別選素有才望之人前來填撫。八閩幸甚！臣愚幸甚！緣係弭亂無術，聞言慚悚，懇乞聖明亟賜罷黜，別選才望，以全樗朽，以重彈壓事理。爲此具本，專差承差駱中龍親齎，謹具奏聞，伏候勑旨。

請改期武舉決囚疏

題爲按臣偶值陞任武舉決囚並邇乞賜改期行事以明職掌事。據福建布政使司呈稱：近蒙巡按福建監察御史劉芳譽案驗，將武舉事宜發司出示曉諭，并行按都二司、守巡提學等道及應試官生人等一體查照等因，蒙此遵行間。本年九月二十一日，巡按劉御史聞報陞轉離任，該本司議照前項武舉，係干制科三載闢闈，與文舉一體，各有定日，若候新院，則必改擬次年，恐非設科之意。撫按同事地方，按院既缺，相應呈請本院裁酌舉行等因。又據福建按察司呈：蒙按院憲牌行司將節年奉有決單重犯，查照舊規造册，該司分別情罪，固封送閱，以憑弔取審決，蒙此。依蒙造册候送間，頃按院報陞去任，爲照決期在邇，若候新院行事，未免過期。且各囚監禁漳、汀等府，臨時卒難弔取。及查萬曆十年十月内，巡按沈御史陞任，遇蒙恩赦，停刑無決。今值審決之期，合無造册呈送本院施行，惟復照舊監候免弔等因。各到臣。該臣看得武舉雖係制科，業有定期，然會試尚在次年玖月，即鄉試稍遲數月，未爲不可。且與處決重囚，原係按臣專職，今雖偶缺，未經奉有明旨，均難越俎代庖。除將重囚批行免弔外，相應具題，伏乞勑下該部議，將萬曆二十二年武舉鄉試改於次年二月内舉行，重囚姑候下年併決，上請行令新任按臣遵照施行。緣係按臣偶值陞任，武舉、決囚並邇，乞賜改期行事，以明職掌事理。未敢擅便，爲此具本，專差承差李煜親齎，謹題請旨。

參劾武職并議革行都司疏

題爲參劾貪肆閫臣將領以肅軍政併議革行都司衙門以省繁擾事。照得閫臣總軍政於一方，將領督舟師於海上，均有干城之託，關係匪輕。臣欽奉簡命，填撫八閩，蚤夜淬礪以繩約諸臣，不敢不力，亦知人才實難，不敢苛於責備。迺其貪肆不檢，物議沸騰，不可復容於三軍之上者，謹據實爲皇上陳之。看得行都司軍政掌印署都指揮僉事某云云，此一臣者，席寵生驕，倚法爲削，儼然三司之列，不厭上下之心。然而年尚青茂，識未老成，加之摧抑，可使策勵，應從罷閑革任回衛者也。及看得銅山寨把總某、烽火寨把總某，去歲十月内，該臣題請彼此更調，似謂其均有可用之才，乃徐考兩總管兵，放縱無忌，如出一軌。在某，以猛濟貪肆，其虎噬罪惡，幾於貫盈；在某，以滿志得恣，其狼貪朘剋，至於殆盡。計所開報贓私，俱不下四五千金。兩寨衆兵恨入骨髓，有及汝偕亡之意。玩法殃軍，一至於此，理不可以復容。除遵奉勅諭内事理，徑行拏發巡海道究問，以俟鞫訊的實，重行議處者也。

再照文武衙門建置沿革，惟視時勢所宜。福建省城既有都司，而建寧又有行都司。蓋自國初以來，爲閩、浙接壤，慮有鑛寇竊發，特設行都司於建寧，重其彈壓，不爲無見。然當時兵制無論邊腹，盡在衛所，故都司官員即爲將帥。今衛所之軍，十耗六七，見隸尺籍，疲弱不堪，而軍職幾爲冗員，非一日矣。況福建舊無撫臣，今有撫臣，舊無總兵，今有總兵，事權既有所歸，控制無所不及。設或閩、浙之間一旦有鑛徒之警，勦捕在兵而不在軍，督調在撫臣與總兵而不在都司，其事理明甚。然則何取於行都司之重設也？若謂延、建、汀、邵五衛所軍政不可無統，則省城固已有都司，浙江、江西府分衛所俱多於福建，而止設一都司，何獨福建有兩都司也？然此一衙門，以事實論之，則爲贅疣，以體統論之，則爲閫帥。非但衛所官軍受其節制，而地方吏民亦多關涉。有三司往來之禮，有府縣交接之儀，有鄉縉紳舉監生員之酬酢，有黠吏姦胥之舞弄，而又每歲有入賀之行，五年有軍政之選，有官舍之差遣，有驛遞之供應，其爲繁費，不可計度。若掌印操屯各官稍涉多事，則軍民疾苦尤不勝言。以無益之衙門，滋一方之擾累，臣誠不知其可也。且建寧有駐劄巡道，延平有駐劄守道，汀州有駐劄巡道，衛所官軍不患於無所鈐制，操屯諸務不患於無所統攝。如慮鄰封鑛徒終不可以無防，則以見在建寧團練營兵增設一守備領之，聽該道調度遣發，身臂相使，令約易行，其實用反勝於行都司，又易明也。

伏乞勑下該部，查果臣言不謬，將署都指揮僉事某革任回衛，并議裁革行都司各官，添設建寧守備一員，此謂因時制宜、省事安民之術。其把總某某先行革任聽問，仍亟選堪用武弁代之，以重春防，則帥領俱知警惕而地方仰賴無窮矣。

請林宗伯贈謚疏

題爲闡名賢以維風教事。據福建布政使司呈：奉臣批，據福州府閩、候三學廩增附生員劉深等連僉呈稱：已故南京禮部尚書林廷機，孝友夙成，忠貞世篤。直道不阿權相，致同列拘儒之譏；雅量見慕同僚，來史館學林之仰。心事如青天白日，器度若甘雨和風。休休有容，喜怒不形於色；恂恂退讓，暴慢咸獻其恭。清白擬于關西，醇謹追乎萬石，舉凡一言一行，要皆可法可師。矧三世四登尚書，已爲罕遘；而一脉俱稱良弼，尤所希聞。蓋天欲永祚乎聖朝，所以作求乎世德！豈但八閩之重望，實係四海之具瞻。雖蒙祭葬之頒，未霑贈謚之典。竊見近者錫謚文恪、贈官太子少保林𤆬即庭機之子，因父殁在於子後，故子請在於父先。論德行實爲橋梓同符，遡淵源尤爲教育有自。伏乞俯詢輿論，仰達明廷，庶名德幽光得附青雲之託，而後生私淑不孤月旦之評等情。奉批：仰布政司查議，報奉此。依奉行。據福州府申，據閩縣申，備本縣儒學牒呈，具結黏申到府。查得故宦尚書林庭機，性資忠孝，操履端嚴。居翰苑者二十年，遠跡權門，寧婞娿而媚竈；滯南國者十餘載，甘心散局，不汩没以隨波。惟竭節以奉公，能急流而勇退，傳家經史，蕭然環堵之儒，持己準繩允矣。廟廊之輔，大用惜乎未究，高風宛其可思，誠一代之蓍龜，八閩之山斗也。頃專祠崇祀已允愜於輿情，今請謚易名，實無間於衆口等因，申報到司。看得已故尚書林庭機，孝友懿宗道壼，詞章雄帥文壇。訂會典於木天，綱提領挈；校士曹於棘院，鑑朗衡平。愧爾冰山，守我介石。惟是中流砥柱，久從南國徜徉。署户篆而流滯者疏，驕悍者定，持籌濟萬國生靈。掌水曹而夤緣者杜，冗濫者裁，創晝清一時耗蠹。禮卿晉陟，帝命涣頒。竦巖石之具瞻，頓急流之勇退。赤松身隱，緑野聲高。雖鼎鉉之業，未竟厥施，而月旦之評于今增重。此誠一身而是承是顯，允宜百世而載卹載謚者也。查與其子南京禮部尚書林燫及南京兵部尚書郭應聘等事例相同，伏候題請，用表名賢等因到臣。查得《大明會典》并卹典條例，内開凡兩京二品大臣行業俱優，並無論劾者，例給贈謚。若係勳業隆重，行誼超卓者，撫按官不防另奏。今照已故原任南京禮部尚書林庭機宦跡鄉評，正所謂行業俱優者。蓋臣嘗事庭機於南司空之日，而近又瞻其祠宇，詢其遺事，知之最詳。渾樸簡静，泊然古德之風；正直光明，凝然元老之度。久在史局，而遷南官出權相之排抑，曾無芥蔕，終滯留京而返初服，辭秩宗之重任，莫可挽留。當營兵變亂之秋，署户曹而聲色不動；以闗政闒茸之日，嚴題處而税鍰頓增。一時諸卿並讓其賢，兩部庶僚咸服其量。既歸故里，無異寒儒，惟汲汲於卹孤收族之圖，尤肅肅乎刑家範後之義。人謂林氏三世孤卿，一門忠節，如庭機者，上不媿於父兄，下足啓乎孫子，爲朝廷培養元氣，爲鄉黨樹立清風，遡論士林，鮮有比德。且其子燫先父而殂，已得請謚文恪，贈官宫保。乃庭機尚未蒙恩典，誠於人情未安。今據司府縣學查勘，相同相應題請，伏乞勑下禮部，從公查議，上請宸斷，俯賜贈謚。庶幽光得以闡揚，而臣工知所感奮矣。

議處機兵疏

題爲議裁機兵工食銀兩以備地方緩急事。據福建布政使司呈：奉臣批，據該司覆議過守巡清軍等道查議福建所屬府州縣機兵留革緣由。奉批：「據議各屬機兵以職務大小爲經，以地方衝僻爲權，劑量裁定，較若畫一，此可訂額行之永久矣。本院會按院面商，謂各州縣聽差人數可以通融議留，省縣爲一等，餘分爲三等，最多者一百四十名，最少者八十名，其大較也。若原額數少者，無緣例增加之理。各處守把關隘，該司以爲虛應故事，量留二名，以司啓閉及偵探者得之。倉廒、鼓樓各項名色，依議盡行裁革。各府縣中有聽用防夫者，機兵應照數扣減其工食，通照原編七兩二錢，以爲裁留。裁減工食銀兩，各解府州存庫，以備地方警急募兵之用，並不許别項那移。蓋無事耗之易，而有事派之難。且原設機兵爲各處防禦地方故，或存其人數於官，或積其銀數于庫，但欲稽查有法，使無爲姦宄乾没耳。該司再一酌議，開册詳行。此繳。」奉此。該本司署印右參議陳應芳覆議，得通省所屬各州縣，除海澄一縣向係委官團練已有成法相應免議外，其餘如福寧一州係濱海要地，閩、候二縣係附省首邑，以上三州縣合定爲第一等，各一百四十名。如莆田、晉江、龍溪、南平、建安、甌寧陸縣俱係附郭，且更衝繁。長汀、邵武雖不衝繁，亦係附郭。漳浦、福清、長樂俱係大縣，且復邊海。建陽、崇安、浦城、惠安、同安雖係次縣，然當孔道。以上十六縣合定爲第二等，内除莆田縣原編一百一十五名、晉江縣原編九十名照舊外，餘各一百二十名。如寧德、羅源、連江、南安、南靖、長泰縣治雖僻，然設居大海之濱。上杭、古田、將樂、順昌、沙縣、寧化、清流、歸化、光澤、泰寧、建寧、永定、閩清、福安、政和、武平縣治雖簡，然各居深山之内。以上二十二縣合定爲第三等，各一百名。如詔安、永福、仙遊、安溪、永春、德化、龍巖、漳平、平和、寧洋、尤溪、永安、大田、松溪、壽寧、連城等縣，雖亦山海，俱係簡僻。以上十六縣合定爲第四等，各八十名。及查各府縣内原編有防夫者，今各官差用機兵數内行令照數退出，存縣各處守把關隘，其餘倉廒支吏等項名色盡行裁革。通計八府一州屬縣額編機兵，除扣充兵餉外，見存九千一十名。今議應留六千二百七名，應裁二千八百三名，共該銀二萬一百八十一兩六錢。其徵收貯庫一節，該本司議：照各府縣原設機兵專爲防守地方，至後因循，止供差役，無益防守，寖失初意。今奉欽依通行，意在革因循之夙弊，求訓練之實用而已。本院洞見弊源，以訓練終屬彌文，申飭徒爲故事，通行裁議。存留者酌量繁簡，裁革者徵銀貯庫。無事不致虚糜，有事堪充召募，誠一舉兼利之道也。顧徵銀貯庫，有司往往視爲緩圖。將來拖欠之弊，勢所必有。即如該省額派兵餉，原非可緩錢糧。今積欠成風，至司庫無憑支給。况此機兵徵貯該府縣庫，比之軍餉，又在稍緩。視爲存留，總歸逋負。年復一年，恐未必得其實濟。必欲稽查有法，仍令解貯司庫，用以考成，似爲可久。如每年十月各州縣奉糧餉道派單到日照舊開徵，將額派機兵銀兩徵收在庫，輪季支放。每遇季終，該州縣給見役機兵工食之日，即將前項扣存之數差人解府，一面申報本司。仍置一簿，并前節次扣解機兵工食查算額數，專發該府管糧及總捕官會同查理。一季不解，或解復愆期，聽委官參申本司提吏究罪。每年終，該府盡數於十二月内解司，不得延至正月。如有拖欠稽遲者，本司將各州縣掌印官及該府管糧、總捕官參呈本院處治。庶扣存者無所逋負，而貯庫者不致那移，將來一旦有事，可得其實用矣。相應造册通詳，伏候詳允通行各道，轉行各屬府、州、縣，一體遵行等因，具呈到臣。卷查先准兵部咨，爲西賊東倭並起爲患，敬陳膚見，以定長策，以圖萬世治安事。該本部題，奉欽依，備咨通行清查，隨經督行各司道會議，續據議詳不一，駁行該司酌議去後。今催據前因，該臣看得機兵之設，原爲守禦城池，截捕盜賊，各處有司用之失初意久矣。邇因倭虜交警，募兵煩費，議欲團練機兵以求實用，誠爲長策。但此項在官供役，既非一時一地爲然，即欲一旦屏除，事勢亦有不便。編伍訓練，屢經申飭，竟鮮成功。稽名籍，則有千百其人；置戎行，曾無一二可用。徒事彌文，終坐積弊，臣之所不敢出也。臣與諸臣計以爲漫行查劾，莫若分別區處，必使兵自爲兵，而役自爲役，兩不相涉，庶幾事體可行。然度福建地方，業有五寨三遊，土客各營水陸之兵，頗足備禦。且各縣機兵扣存有限，分則患於寡弱而行伍難成，合則苦於窵遠而廩餼不足。幸處平寧，似宜省事，不若量留差用，汰存工食，以備有警召募之爲得也。今據該司分別繁簡存留名數，儘爲得中。太平無事，此輩不妨服役在公；寇警突臨，前役俱可團操成伍。其餘役占各項名色，盡行革汰，扣存工食，年約二萬一百八十餘兩，徵貯司庫，積之一二十年當不下三四十萬。其於裁省冗浮，地方利賴不少。抑前項兵銀，非不可免派以寬民力，第恐將來有事，加編尤難，蓄之平時，用之警急，官民兩便。相應具題，伏乞勑下兵部覆議上請，行令各屬，永爲遵守，照等存留，照數編派，扣銀解司，以備他日募兵之用，並不許別項那移，庶冗濫可清而儲豫不乏矣。

議寺田免加餉疏

題爲寺田加餉難行乞仍舊額以蘇困累事。先據福建布政使司呈送委官清查寺田略節草册，内開通省原額除先年奉文抽賣荒陷、砌築海岸、抽充學租、無徵荒蕪迷失外，實田園、池地、山塘四千五百五十六頃六十八畝二分一釐二毫七絲四微，海蕩一所，水門二間，内減一、減二、全徵不等，餉銀二萬二千四百四十三兩四錢九釐五毫八絲九忽六微四纖一渺。今各委官清出。續墾及原未報餉、欺隱、錯漏、失造田園地一百八十六頃五十九畝三釐三毫一絲七忽四微，又零田一百四十把又一千五百七十五斤，歲收租粒，并增出餉銀，共二萬五千七百八十五兩八錢三分三釐九毫四絲一忽四微九渺。通共見在田園、池地、山塘四千七百四十三頃二十七畝二分四釐五毫八絲七忽八微，與查出零田内除給僧焚修一千六百三十八頃一十畝九分七釐八毫五絲八忽三微，又田二百七十斤，又改入官學租田二十七畝七分一釐七毫外，實充餉三千一百四頃八十八畝五分五釐二絲九忽五微，又零田一百四十把又一千三百五斤，海蕩一所、水門二間。各州縣年收租則不等，除納糧差外，實該餉銀四萬八千二百二十九兩二錢四分三釐五毫三絲一忽五纖等緣由到臣。卷查先爲議處兵食歲額以資防禦等事，該前任巡撫右副都御史張汝濟因閩省兵食不敷，條陳查理寺田一款，議專委府佐能幹官二員，將通省寺田盡數查出。其寺廢僧逃者，概行入官充餉無論。寺在僧存者，除原給四分焚修外，其餘六分充餉。田地通將界段畝數，盡報在官。設立官餉田，佃户令其徑自領種。查照該地方田畝高下，起租數目照依時值折價。佃户赴縣上納，仍歲輪一户充當佃甲，責之督催。每畝除八分扣納糧差外，餘銀不拘多少，通行解司充餉等因，具本題請，已經户部覆奉欽依，備咨通行委官分投清查。延今二年，節次行催，造册未報。該臣查得略節册内原額與加增之數相去懸絶，亦復參差不齊。以通省計：原額二萬二千四百四十三兩有奇，加至四萬八千二百二十九兩有奇，是倍而過之也。福州府原額二千七百兩有奇，加增一千九百三十九兩有奇；興化府原額一千二百八十二兩有奇，加增一千一百三十兩有奇；漳州府原額七千二百二十九兩有奇，加增四千七百五十三兩有奇；福寧州原額五百六兩有奇，加增三百五十八兩有奇，猶未及倍。泉州府原額二千七百一十六兩有奇，加增三千五百六十七兩有奇；建寧府原額三千一百九十兩有奇，加增四千七百九十九兩有奇；邵武府原額一千七百三十八兩有奇，加增二千六百一十二兩有奇；汀州府原額五百五十三兩有奇，加增一千二百六十一兩有奇，則皆倍而過之。延平府原額一千七百四兩有奇，加增四千一百四十三兩有奇，幾於三倍矣。尤可異者：順昌縣原額一百二十三兩，加增六百四十二兩有奇，幾於六倍；永安縣原額一百兩有奇，加增七百六十五兩有奇，幾於八倍。臣盖求之而不得其説，因行該司轉行各府州，將萬曆二十二年充餉寺田且照舊額追徵，以待查明完報，另行議處。續據延平府申：詳永安縣高飛等寺田，原係汀州府通判王吉人清查。向係流傳者照四六例續舉，新僧者照二八例，各充餉不分等。則每畝概收租穀五石，折納糧餉一兩，以致僧真明等具告稱累。該府議欲每畝只徵銀三錢，臣批分守建南道行令，止照舊額追徵，如有多徵，開報明白，抵作萬曆二十三年餉銀。及行布政司，移行守巡各道通查各屬寺田餉額，俱照舊徵收去後，亦未回報。

臣看得福建寺田其來久矣。嘉靖年間，爲議處兵食，將各處寺田除變賣之外，見在者議以四分給僧焚修，只徵本等糧差，六分入官充餉，每畝糧差外，加徵銀一錢二分。續該撫臣趙可懷議減，只徵九分。撫臣周寀再減，只徵六分。撫臣趙參魯查，將寺廢僧亡、佃人承納者，照原議全徵。先後額數增減不一。今二萬二千四百四十三兩有奇，即撫臣趙參魯時所裁定也。夫有田則有租，此天下通例，不應在福建獨異。均之受田，均之納租，亦不應在僧人獨異。福建通省田糧，大略每畝八分之數。今寺田充餉，每畝既加六分，其寺廢僧亡者，加徵一錢二分。蓋因此中寺田太廣，姦僧占利太多，故建議者抑使加輪於常賦之外，亦不得已而酌盈濟虛之術也。迺其後求之愈深，而處之愈迫，至欲盡取其充餉田畝而歸之官。有司奉行者不得其說，則加之又加，或至於二三倍，甚至於六七倍，此豈人情哉！且此田不專在僧人而已，有佃之貧民者，有賣之鄉宦者，有一田三主者，有田在豪家稅存僧户者。傳歷日久，情僞百狀，即見在餉銀尚多逋欠而不納，一旦加增至此，民力何堪？雖日箠撻而誅求之，勢亦不可必得，所謂畫餅不能充饑者也。故臣之愚以爲，寺田餉額但宜仍舊，其各委官清查續墾及原未報餉、欺隱、錯漏、失造田園地一百八十六頃五十九畝有零，照例議餉。寺在僧存者，每畝六分。寺廢僧亡者，每畝一錢二分。行令有司，著實催徵，毋令姦徒侵欺逋負，始爲長久可行之策。伏乞勑下該部再加查酌，如果臣言不謬，覆議上請，行福建撫按諸臣，將通省寺田餉銀悉照舊額追徵，清查漏報者，酌量議餉，則一方困累可紓而官民並受其福矣。

題琉球册封疏

題爲琉球乞恩册封事。萬曆二十二年十二月内，據琉球國使者于灞、通事葉榮吾等呈前事：本年八月二十九日，有中國二人，身服敝衣，蓬頭跣足，稱説使臣指揮史世用、承差鄭士元，奉差日本偵探，遇風沉船，倖免死脱。至琉球，查無文憑可據，視其人品談論，疑似官體，隨撥船差灞等四十三人伴送福省，上載硫黄八千斤、馬二匹，以備明年正貢之用。思得琉球雖僻居海島，世奉天朝，正朔每年修貢稱藩，恪守侯度。比因天災流行，地之所出，不足以供國之所用。又爲關白擾害，十九年差人要金進貢，二十年世子差僧天龍寺到日本，送關白金二百兩、蕉布等物。關白要討琉球北山屯兵，此僧不敢違命，遂賞銀四百塊，每塊重四兩三錢。及同倭使至琉球，見世子不允，此僧費去前銀，遂自弔死。倭使回報關白，乃曰：「既不肯與北山，何故受我銀兩？」每年加利算，要銀四千兩，世子不得已陪還。二十一年，又差僧建善寺到日本行禮，關白將僧留住，即差倭使新納伊勢到琉球，要萬人三年糧食載至朝鮮。世子以民窮國小，錢糧無處，二十二年二月差僧回復關白，假以賀生子爲由，觀其動静，至今十月未回，不知音信。今中山王世子惟修貢於中朝，恥稱臣於關白，年三十歲不敢稱王，以世子當國，位號未隆，懇乞奏請加封，仰荷皇恩之廣大，益堅效順之微忱等因。又據兵部原差指揮史世用呈稱：琉球一國，效順二百餘載，朝貢不絶，必待册封，方敢稱王。屢歲爲關白擾害，蓋因地勢聯屬，倚山而行，風順開洋，風逆收山，無波濤之險。由薩摩開船，四日可到琉球北山。其山延袤三百餘里，爲日本琉球之界。又三日，可到琉球國。隨路有山，早行夜宿。關白見其路順，欺其國弱，所以聲言發船來伐，要彼北山屯兵。若果據北山，則琉球必爲所得，而閩、廣爲其出没之地，盤據騷擾，將無寧歲。今中山王世子尚寧，年三十歲，容貌英偉，頗有力量，不肯臣事關白，一意向化天朝。其年大爲世子不敢請封者，因舊時封王官二員，隨從五百餘人，在彼半年，食費供給最是浩繁。又連年爲關白所擾，國貧民困，故力不能請。懇乞酌處奏請，勑諭加封國王，頒賜冠服，愈篤其忠貞之念。差去員役，不必另造海船，動費官銀幾千，止覓慣過海者數人，以商船護送，或與進貢夷使帶回，豈不便益？世用因去年蒙軍門差往日本偵探，今年正月開船回報，風逆衝礁，打沉於海，幸救殘喘，順搭琉球船歸國，所以備知其詳等因，各到臣。先是，臣於二十一年四月内，據史世用奉兵部石尚書差遣打探倭情，臣即選取同安人許豫商船同史世用前往日本。至二十二年三月内，據許豫先回報知倭情，已經臣具本奏聞外。及十二月内，史世用始自琉球回還。蓋世用遭風沉船，僅以身免，流落薩摩州者數月，偶遇琉球使船，脱至琉球，賴彼世子差使者于灞等伴送還閩。臣嘉世子之義及卹灞等之勞，隨行布政司轉行福州府重加賞宴，訖今于灞及史世用具呈前因。該臣看得琉球遠在海外，自古不通於中國，維我祖宗威德遠被，朝貢始通，請封則自宣德間尚巴志始，於今十有二王矣。其定正使給事中、副使行人起於正統年間。臣嘗讀先正刑部尚書鄭曉《吾學編》有云：「海島之夷勤我封使往來之禮歟？夷不言往來，往來言諸侯也。四夷來王，八蠻通道，未聞有報使焉。然則領封可乎？奚爲而不可也？夷官請命于京師，使臣致命于海上，兩得之矣。」臣又嘗面會先臣郭汝霖、蕭崇業及見任南贛撫臣謝杰，備聞出使琉球事，俱稱：「琉球去閩萬里，曾無地可以止泊。浩蕩風波，危險萬狀，出百死得一生。」語間猶有驚怖之色。蕭崇業有言曰：「昔者蘇武幽置窮窖，彼猶然膏草野耳。玆奉不貲之軀，僥倖於陽侯之險，至欲設桴翼，造水帶，又欲藏棺懸牌，令見者瘞之崖谷，豈能庶幾於萬一？」臣竊危焉。臣聞往者琉球當使諸臣往往計爲規避，有司假以勘覈應否，故爲遷延，臨期不得已，則以付之朴忠孤亢之臣而不顧。蓋馳驅鞅掌，恒有不得其平者矣。臣又考嘉靖間給事中陳侃、行人高澄之奉使也以壬辰夏五月，其行也以甲午夏四月；給事中郭汝霖、行人李際春之奉使也以己未夏四月，其行也以辛酉夏五月；萬曆初給事中蕭崇業、行人謝杰之奉使也以丙子秋九月，其行也以己卯夏五月。或二年，或三年，其難如此。蓋採木一節，至爲繁費，合抱之梳，千不得一。而又巨艦造作，與尋常異，非經年累月則不能成。及其垂成而定穩，猶有如丁丑壞裂重復興工之事，所以難也。夫以海外遠夷，特煩朝廷近侍諸臣奉命而往驅之萬分危險之地，本於事體有所未安。而况造船選役，煩擾百端，每一使至閩中，便增有司二三年之累。及其到彼也，以帝臣而臨島服，卹前王而封後王，禮遇隆渥，彼固頂戴無地，於是日有廩餼之供，旬有問安之禮，月有筵宴之設。隨從四五百人淹留三四五月，糧食犒賞，費尤不貲，則琉球之情亦爲甚苦。此世子尚寧所以既壯而不敢請封，而使者于灞等之所以陳乞也。在朝廷，遣使之難既如此；在琉球，請封之難又如彼。然則先臣鄭曉所謂「領封」之説，不於今日可議而行之乎？况琉球方受日本之侵侮，正切歸戴於聖朝，不爲及時封以王號，恐無以堅其效順之志而資其捍禦之力。誠發詔書一道，諭令中山王世子尚寧即具本來奏，朝廷止遣使臣一員齎勑至福建省城，聽其差官面領，或遣慣經海濤武職一員同彼差官前往致命，其頒賜儀物與受封謝恩一如舊禮。則使臣無波濤之險，而朝命已達於遐方夷邦，省供億之煩，而封典得承於上國。且使諸臣免規避之情，有司免採辦之累。其爲利益非淺鮮也。伏乞勑下該部再加酌議，如果臣言不謬，乞即詔諭琉球世子尚寧亟來請封，遣官如議，則朝廷體統益尊而夷邦受賜無量矣。

議處海壇疏

題爲議處海壖閑曠田地并建城營屯守以資保障事。據福建布政使司署司事右參議陳應芳呈詳：看得海壇山田價、田税屢奉批詳，節經司道府縣勘議非止一次，然所以久而不决者，蓋事關創造，則民情難與慮始；謀貴久遠，則建議必須畫一。本山對峙福清，延袤至七百里而遥，儼然一門户藩籬也。嘉靖三十七年以前，島夷窺伺，常爲倭奴入寇必據之地。嘉靖三十八年以後，海波寧謐，漸爲吾民生息開墾之鄉。至於今，生息者日至繁衍，開墾者頗見沃饒。此而徵其價，增其税，築城建倉，屯兵置守，揆之事理，誰謂不宜？顧其中有緩急，不可不熟慮而詳審也。先以徵價一節言之，本山田地，前此數經丈勘矣，畝多匿而未清，税亦輕而無定。昨經該縣新丈報原額七萬七千四百有奇，今增額六千三百四十有奇。隨其高下，一概議價，由三錢以至五分，非不犂然具矣。而告者紛紛肆起，嘖有煩言。以故本司右布政使王之屏議遞減有差，議先價後税，又議以欺隱者徵價，皆不得已而調停之意也。及奉再行查議催，據該縣所呈，復將司減者擬以再減有差，而謂徵欺隱爲朝三暮四之術。細考其議，不過因初議未盡於人情，曲爲調停計耳，終非畫一之説也。以本司管見度之，與其調停減之又減，不若明言捐以與民。古者山澤之利，與民共之。姑且不論此一山也孤懸海外，比之腹裏稍不同；開荒成田，比之原熟又自異。計其工本，當與買價不相上下。假使草昧尚當召人佃種。今百姓自爲田就税，亦既有年矣。若復徵價，是工本之外又一番費也。況開墾以來，中經三四易主，前主業已受值而去，追之必不可得；見主嘗已出值而承，追之是爲重科。無惑乎民情之駭且疑，而告者紛紛四起也！況徵價與增税又有相妨者，何也？有田則有税，百姓何説之詞？今以議税之中，挾以徵價之説，兩相糾纏，不得不於税有所縱舍。故本司前議酌年，該縣今議減，則皆爲徵價一説所束，遂并其税亦爲減之又減耳。即税減矣，而價果能一一盡完乎？即遲一二年加税矣，而價至七千，果能一年之内盡令輸之官乎？切恐拖至一二年，價與税勢必不能兼全也。故今日之議，本司直敢謂田價遞減不如盡捐，便若果盡捐其價，自當專議其税，合無查照前議。上則田每畝徵銀五分，下則田每畝徵銀一分五釐；上則園每畝徵銀二分三釐，下則園每畝徵銀一分；埔地每畝徵銀三釐，一如今裁定之數。通計田地八萬三千八百九畝七分三釐三毫六絲八忽，該税銀二千三十六兩玖錢二分四釐二絲二微八纖，即於萬曆二十三年爲始，照數催科，不必又待後年矣。如是，則公平正大之體、周恤保愛之仁，一舉而兼得之。諒本院之所樂聞。非如該縣畏一時紛紛之口，姑爲是不得已調停之説也。至于建城，委不容已。既稱原議酒店地方不如地名一道者形勝便利，自當就一道相度制置，與倉廒、公館、營房一如今議，次第舉行，候另委官估計委確。即以二十三年税銀爲主，不足者別爲措處，務求堅緻永利。其屯兵防守，即以海壇營兵充之，不必別議民兵。其徵收，即該縣縣丞每年令其九月以後往海壇住劄，專備催徵，或本或折，臨時酌量，事完回縣，不必更議添設縣官，以滋煩擾。通候裁酌，具題施行等因，具呈到臣。卷查先據福清縣知縣丁永祚條陳興革事宜，首及海壇山開墾一節。又該臣咨訪得海壇山密邇鎮東，爲閩省藩籬之地，延袤七百餘里，中間沃壤頗多。頃議令民開墾，未及十之二三，海澨閑田，荒棄可惜。軍資方乏，屯耕爲先。牌行該縣掌印官同中軍指揮呼鶴來前到海壇周圍踏看圖記，前來隨行知縣丁永祚親往丈量。據該縣申詳：丈得海壇山十四甲并各斷嶼、田、園、埔地，通共八萬三千八百六畝七分四釐零，比原丈出六千三百四十六畝一分零，并議分別等則增税、徵價等緣由，批行布政司查議詳奪，以憑題請去後。續據該司行縣覆議呈詳，中尚未妥，再經批駁。又據該司行，據福州府申稱：查得海壇山通共田、園、埔地八萬三千八百六畝七分三釐二毫六絲八忽，内上則田二萬一千八百七十八畝六分一釐八絲八忽，下則田三千九百五畝二分四釐五毫二絲八忽；上則園三萬三千一百六十二畝九分六釐九毫六忽，下則園六千三百七十三畝九分五毫八絲三忽；下則埔地六千二百九十畝四分六釐五毫八絲六忽，無人承認下則埔地一萬二千一百九十五畝五分四釐五毫七絲七忽。已據該縣將上下則田、園議徵價銀除減外，實該價銀六千九百二十兩八錢二分八釐九毫一絲八忽六微，已奉允示，無容再議。上下則田、園、埔地各税遵奉明示，上則田每畝定税五分計，該銀一千九十三兩九錢三分五毫四絲四忽；下則田每畝定税二分五釐，計該銀九十七兩六錢三分一釐一毫三絲二忽；上則園每畝定税二分二釐，計該銀七百六十二兩七錢四分八釐二毫八絲八忽三微八纖；下則園每畝定税一分，計該銀六十三兩七錢三分九釐五絲八忽三微；下則埔地每畝定税三釐，計該銀一十八兩八錢七分一釐三毫九絲七忽五微八纖。以上通共税銀二千三十六兩九錢二分四釐二絲二微八纖，比之該縣原議税數一千七百六十八兩二錢一分三釐四毫七絲八忽九微，今止加額銀二百六十八兩七錢六釐九毫四絲一忽三微八纖。揆之民情，不甚虧損，事宜亦頗相應。及查建城、建倉、建營最爲急務，至於設縣佐、添民兵，則所費不貲，今日遽難輕議等因。及據福清縣申稱：造城、建倉、建營，先該本縣踏勘，議在酒店地方續往細勘，地盡浮沙，風氣不聚，兼以無險可憑，似非地利之得。更踏得地名一道者，正當海壇之中，其地負陰抱陽，據山臨海，厥土堅壤，厥泉長流，城因岡陵，亦有天險，城中夷曠，可容民居。城址五百二十丈，費亦不多，度建公署處所，咸有自然之勝，民甚樂居。近城海水稍淺，渡船可至平壇，在城三里外，兵船可泊。潮至則城下水亦不淺。城立四門，宜有出水閘一座。城中宜建倉廒二十間，可貯粟萬石，就以海田本色充之。宜建營房百間，可屯兵千餘人，即以海壇遊兵收汛時駐之。夫有兵則有統領之官，把總之公署不可無也。有粟則有出納之官，縣佐之公署不可無也。有城，有兵，有粟，則巡海道、海防舘與總兵、參將或亦往來巡視其間，上司之行臺不可無也。合無於城内横岡中脉最高處，建上司行臺一所。於左肩山麓，建把總公署一所，面雙旗山。於右肩山麓，建縣佐公署一所，面文筆峰。其倉廒則建於縣佐公署頭門之内，以便看守。其營房則建於上司行臺之後及沿城一帶，以便登城巡邏。而又於西門靠城高阜處，建城隍、旗纛二廟，以時祭祀。城中空地，聽民自居住，使閭閻闤闠輳集周遭。其規制大略如此。以上各項工費，通計用銀六千七百有奇。若以田、園、埔地之價抵之，亦僅足用。再查把總官當出汛之時，操舟外海，即收汛矣，設有不時警急，則亦不時統兵出敵，何暇守城？合無時分縣佐一員，或添設一員，駐劄其地，責之城守。又增設機兵一百二十名，聽縣佐操練，以備常川守城之用。其本山諸税田産稻，宜徵本色。園與埔地産麥、豆雜種，宜徵折色。即以付之駐劄縣佐，就近追徵。本色上倉，折色解縣，以足軍儲等因，轉詳到臣。該臣看得東南環海一帶，諸山嶼錯峙海中，大小遠近，不可枚數，其近内地而當衝要，如浙之陳錢、金塘、舟山、普陀、玉環、南麂，及閩之彭湖、海壇、南日、嵛山等處，皆是也。諸山在前代，多爲沿海軍民耕聚其間。至國初，人煙村落頗盛。當時武臣建議，慮爲盜藪，撤還内地。今諸山所遺民居故址、磚石坊井之類，往往有之。邇緣承平日久，近海居民潛往開墾，利歸豪右，官府因而丈度田畝，漸起征科。然無城郭可依，無軍兵可衛，一遇寇至，將復抛棄，反爲盜資。此病於經略之無術也。臣查得海壇與福清相對四十里，而近爲福州之門户；南日界於莆田、福清之間，爲興化之上游，俱稱險害。而此二山者，開墾已多成熟，可因爲疆理保障之圖。除南日山行分守福寧道，轉行福、興兩府會勘未報，惟海壇查勘年餘，已有成議。據該縣丈量田地八萬三千八百有奇，數尚未盡，豈得荒棄而不耕？其所議税銀，田之上者不過五分，地之下者僅止三釐，民情已無不輸服所議，量追價值，似亦甚輕。然據該司參議陳應芳覆詳，良爲有理。山澤之利，本宜與民共之。彼既有開墾之費，難責以價值之輸。盡從捐豁，以示大公，未爲不可。至於造城、建營、建倉、建署，該縣逐一查議，頗爲詳確。各項公費不過六千有餘，即以本山田地税銀三年充之，可以不勞而辦。及今議定之日，該司先動税銀，發與福清，責成知縣丁永祚趂時興工，則朞月之間便可就緒。城郭既完，營房又建，海壇遊兵一枝就可常川屯聚。其中有田可耕，有兵可守，雖有寇至，可以無虞。海壇屹然，足爲雄鎮，則福州門户扃固，寇無越海壇而直抵福城之理。外禦盜賊，内護省會，下保兵民，此一方千百年長久之利也。其南日一山，僅比海壇三分之一，以俟查勘明白，將來亦可爲屯守之計。及查彭湖屬晉江地面，遥峙海中，爲東西二洋、暹羅、吕宋、琉球、日本必經之地。其山周遭五六百里，中多平原曠野，膏腴之田度可十萬。若於此設將屯兵，築城置營，且耕且守，據海洋之要害，斷諸夷之往來，則尤爲長駕遠馭之策。但彭湖去内地稍遠，見無民居，未易輕議，須待海壇經理已有成效，然後次第查議而行之。又查崳山屬福寧州地面，中間可耕之地無多，不煩區畫。若浙之舟山，設有二所，田地已經編納糧差不必言，其陳錢、金塘、普陀、玉環、南麂等處，或在寧波，或在台温，似俱可以查議疆理者也。再照沿海諸嶼，民間私墾甚多，其利率歸於勢豪之家，一經有司查理，輒爲訛言撓阻，以故常格而不行。先是，臣於二十一年九月委官查勘，至今二十三年二月，議尚未決。非臣臨期督催該司及該司議捐價值，則海壇事且將爲畫餅矣。故沿海諸山欲議開墾，公利於民，且設將屯兵，爲地方捍禦之策，非委任得人，斷然不惑，未有能濟者也。伏乞勑下該部，覆加酌議上請，行令福建撫按諸臣遵照督行，并行浙江撫按諸臣一體查議，庶海滋閒田不致荒棄，而東南門户益以扃密矣。

請調縣官疏

題爲濱海要縣急缺正官乞賜就近調補以重地方事。據福建布政使司呈稱：長樂縣知縣彭晳與報陞南京户部山西司主事，晉江縣知縣應朝卿行取赴部，惠安縣知縣何志皋考察降調。緣查三縣均屬邊海，見今春防汛期，一應調度稽察全賴正官，若候銓補前來，誠恐耽延月日，政務不無廢弛。隨經會行按察司并守巡各道，查議所屬知縣中有才幹優長，堪以就近調補三縣者，作速揭報會議去後。續准分巡福寧、福州兵備分巡漳南三道各牒稱：長樂、晉江、惠安三縣坐居邊海，事務繁劇，委應照該司所議，擇其才地相宜，如連江縣知縣張初旦、閩清縣知縣黄可教、上杭縣知縣鄧良佐，俱堪就近調補等緣由，牒報前來。該本司署印督糧道右參議陳應芳會同按察司署印提學道副使徐即登、分巡福寧道右參議兼僉事馬邦良、屯鹽帶管福州兵備道副使徐師張、分巡漳南道僉事王建中議，照閩省邊海之區，地方需人爲急，至如長樂、晉江、惠安俱係濱海要衝，難以一日缺官者，即今陞調行取，三縣一時俱缺，以事理度之，若候開科新選，計其到任，則當在十月之交。即有署官更代不常，終不若正官專理者之爲得也。前項員缺似難久虚，今會查得連江縣知縣張初旦、閩清縣知縣黄可教、上杭縣知縣鄧良佐，俱各青年練達，才守並優。即其已試之成事，可卜繁劇之能勝，處以簡僻，似有未盡。倘以三縣就近更移，是所謂駕輕車就熟路，比之筮仕學製者，當自不侔，其於地方深有裨益。既經會議，僉同晉江縣員缺，似應連江知縣張初旦；長樂縣員缺，似應上杭知縣鄧良佐；惠安縣員缺，似應閩清知縣黄可教，各調補。至於連江、閩清、上杭，雖設居山海，然視之長樂、晉江、惠安，繁簡不同，一轉移之間，隨才器使，兩有攸當。請乞裁酌，具題施行等因，具呈到臣。時巡按福建監察御史周維翰尚未入境。該臣看得：才有長短，地有重輕，因地用才，無非造就成全之意。今晉江、長樂、惠安俱屬濱海大縣，視連江、上杭、閩清繁簡原自不同。而連江知縣張初旦孤介剛明，洵任重致遠之器；上杭知縣鄧良佐警敏揮霍，有發姦摘伏之能；閩清知縣黄可教醇謹精詳，堪剸繁理劇之任。使移之晉江、長樂、惠安，必當展布以盡其用。若連江、上杭、閩清三邑，治之稍易，所據司道議，欲就近調補，允爲相宜。伏乞勑下吏部查訪，如果臣言不謬，將張初旦調補晉江縣，鄧良佐調補長樂縣，黄可教調補惠安縣，覆議上請，行臣等轉行各官，遵照到任。其連江、上杭、閩清三縣更擇才而任之，庶衝繁之邑不致久虛，而人與地相適，吏治可望振舉矣。

薦方面官員疏

題爲薦舉方面官員事。臣奉命巡撫福建，甫及二年。蒙恩陞任，已經與新撫臣沈稠覿面交代訖，所有撫屬方面官員，例當分別舉刺。第大計方行，有不職者，臣已具疏糾劾，其任太淺者，即賢能不敢概敘外，謹以見在應舉者據實爲皇上陳之：查得福建按察司按察使王橋，温和慎密之度，老成練達之才，持三尺無私喜怒，而憲體自嚴。裁庶務每見精詳，而人情胥服。分守建南道右參政錢拱宸，德器以涵養而日厚，才猷以歷練而愈精。振綱肅紀，重彈壓於上游；弭盜安民，沛膏澤於三郡。提督學校副使徐即登，資本高明，學尤醞藉。闡道術於文章之外，而多士歸依；飭臬事於教化之餘，而百度整肅。分巡興泉道副使楊際會，渾厚有長人之體，明通具作事之才。分猷兩郡，處置咸得其宜；董憲一方，激揚不失其道。分守漳南道左參議吳之鵬，標格淩霄聳壑，才思流水行雲。兩任山海之間，功存保障；端居將吏之上，惠溥黎元。糧餉道右參議陳應芳，品格孤高，學識淵邃。督餉而綜核嚴明，軍民胥戴；攝符而厝注精確，僚屬咸欽。巡視海道兼理邊儲右參議兼僉事張鼎思，聞望素隆，風猷甫著。擘畫水陸機宜，如駕輕而就熟；章癉文武淑慝，若懸鑑而持衡。清軍驛傳兼福州兵備道僉事張喬松，心存謹畏，政尚寬平。綜理最爲周密，而庶務修明；審讞恒致哀矜，而小民懷戴。分巡漳南道僉事王建中，秉心淵塞，莅事精明。肅紀法於南徼，一路風清；勤經略於山陬，百爲日飭。以上諸臣皆藩臬之良，所當薦揚以備擢用。内參議張鼎思歷俸纔半年之上，然料里冬春汛防，勞績獨多，應爲破格薦舉者也。又查得都轉運鹽使司運使周喬先，其德器重以舒，其才猷練而達，洞悉商竈之情，一清胥吏之弊。此一臣者，所當并薦於藩臬之後者也。伏乞勑下吏部，再加查訪，如果臣言不謬，將王橋等循資擢用，庶賢能奮庸，而吏治益振矣。

薦有司官疏

題爲薦舉有司官員事。臣蒙恩陞任，已經交代所有撫屬有司官員例應舉劾。第大計方行，其應劾者已具題蒙賜處分外，謹據廉察所及，得其治行可觀者列狀以聞：查得汀州府知府萬振孫，氣象渾樸而冲夷，才識精明而藴藉。德化動一方之感，循良居八郡之先。泉州府知府汪道亨，操臨深履薄之懷，布和風甘雨之政。章癉明而屬城承德，興釐當而黔庶懷恩。建寧府知府龔道立，英標山立，雅度春温。勤恤民隱而刑最寬，精察吏弊而風甚肅。延平府知府聞金和，嚴明得師帥之體，沉密有幹濟之才。民心方切歸依，吏治日見整飭。興化府知府陳王庭，性度冲夷而無競，才諝練達而有爲。兩載勞于承宣，一郡德其寬簡。建寧府同知施可大，心與貌而俱古，才與品而並真。清操有如一日，人情靡不孚信。福州府同知温景明，聲起臨汀，勞多防海。十年無改于澹泊之素，歷試乃見其厝注之詳。漳州府同知舒九思，性度温文，才猷敏達。防海而兵糧甚覈，攝郡而吏事咸修。邵武府通判吴一旭，縝密有持，從容善應，歷委曾無難事，諸司靡不稱能。泉州府推官劉純仁，有才不露，抱德甚弘。審鞫徹覆盆之冤，剸裁見游刃之用。汀州府推官吴中明，外朴而中瑩，才敏而志潔。不事苛察爲能，久揚明允之譽。延平府推官佘炶，心術光明，氣象侃直。詳讞恒多平反，品隲不爽權衡。邵武府推官喬惟槐，春容雅度，明爽俊才。司理以矜恤爲心，攝郡有循良之政。建寧府推官武尚賓，簡質無華，精嚴有執。案牘曾無留滯，郡邑頌其廉明。建安縣知縣胡玠，偉度弘才，貞心粹履。釐革當而弊絶風清，刑政平而民懷吏畏。閩縣知縣蘇兆民，純誠猶赤子之心，清苦同寒生之味。臨事不動聲色，理繁自見從容。崇安縣知縣史弼，雅操冰清，雄才風動。衝邑藉拊循之德，朞年起謳頌之聲。漳浦縣知縣楊材，博大有容，明敏能斷。豪右望風而屏息，閭閻戴德而安生。南平縣知縣堵維垣，心存節愛，政尚嚴明。師聽審而兩造稱平，撫輯勤而三征得體。福清縣知縣丁永祚，精神勁爽，才識明通。拓城垣不避怨勞，查海田具見區畫。甌寧縣知縣王玠，操履清嚴，施爲安静。四載辛勞備至，百民愛戴亦深。莆田縣知縣嚴廷儀，英年雅志，潔守清才。六事日見修明，四境喜看寧輯。龍溪縣知縣蔡承甲，天資渾樸，志慮端純。政歲計而有餘，民相安於無事。南靖縣知縣陳宗愈，志勵困衡，才堪艱鉅。釐弊落姦豪之膽，遷城悉利害之源。福安縣知縣陸以載，操修廉慎，撫字辛勤。興釐悉合乎人情，士庶舉安于治理。連城縣知縣牛大緯，褆躬端謹，敷政和平。有不激不隨之風，得宜民宜人之度。歸化縣知縣史戴德，性質仁慈，心事誠朴。條議並切于民瘼，補助特見于官評。永安縣知縣蘇民望，秉心真實，涖事嚴明。務癉惡以安良，克振民而章教。海澄縣知縣毛鳳鳴，性有執持，才更縝密。處盤錯而不擾，舉商民以相安。以上諸臣，皆有司之良，所當薦揚以備擢用行取之選者也。伏乞勑下吏部，再加查訪，如果臣言不謬，將萬振孫等各循資擢用行取，庶吏治奮而民生安矣。

薦地方人才疏

題爲薦舉地方人才事。臣蒙恩陞任，已經交代所有地方人才例應薦舉，除耆舊大臣方膺新命及久在野而年已高、甫歸山而論未定者不敢概叙外，查得：原任禮部尚書陳經邦，德器美如金玉，聲名重若斗山。莆陽臥轍，未忘補衮之忠；魏闕傳麻，當究調羹之用。起任户部左侍郎今丁憂裴應章，立朝素懋忠猷，還里益徵孝行。睦族和鄉，清風獨高月旦；匡時輔世，鴻勛擬著旂常。原任户部右侍郎莊國禎，八閩名碩，一代老成。行不苟同於俗，而謇諤之風自存；才未盡展於時，而康濟之謨實俗。原任户部右侍郎石應岳，久抱醇和之德，矧當强盛之年。歷躋膴仕而志益謙冲，退處幽居而行尤檢飭。原任南京太常寺卿陳聯芳，歷宦夙有鴻名，投閒實爲蠖屈。尺步繩趨，克樹鄉邦之範；夙興夜寐，恒存軍國之憂。原任禮科都給事中李獻可，一腔忠赤，滿腹經綸。抗疏帝庭，允矣朝陽鳴鳳；考槃家食，顒然海國人龍。原任四川布政使司右布政使林澄源，仕稱循良，鄉推碩望。一馳驛而投閒，老成可惜；久養恬而致用，名實必孚。原任廣東布政使司參政林偕春，剛方有君子之德，澹泊擬古人之風。屢與俗忤而志不回，獨與天游而道自重。原任湖廣布政使司參政陳長祚，丰儀峻挺，志慮沉深。蚤賦歸來，雅有過人之識；善圖繼述，行占經國之猷。原任廣西副使林烴，忠孝本自家傳，端潔出于天性。辭榮急養，真堪師表人倫；崇雅黜浮，尤足羽儀朝著。起補浙江副使今丁憂林如楚，性厭紛華，道存沕穆。一出言而不敢肆，粹然盛德形容；久在野而若將終，允矣明時碩彦。原任浙江副使，以御史養病蔡夢説，才裕劻勷，行深砥礪。約己樂施，雅尚清脩之節；憂時抱憤，終堪盤錯之資。原任山西提學僉事李開藻，粹質天成，高標壁立。急流勇退，利禄不入其心；壯日藏修，德業莫窺其蘊。原任翰林院庶吉士蔣孟育，趣超物表，性篤天常。筮仕而遽陳情，三公不易；茂年而圖養晦，名世可期。以上諸臣，人品才望皆鄉論共推，相應薦揚以備擢用者也。伏乞勑下吏部，再加查訪，如果臣言不謬，將陳經邦等及時録用，庶野無遺賢而聖治益光矣。

薦武職官疏

題爲薦舉武職官員事。臣蒙恩陞任，已經交代所屬武職官員例應舉刺，其貪肆不職者，近該臣參題革任及拏問外，今據司道諸臣開報材品頗優兼親試而知其實者，謹列狀以聞：查得協守潮、漳副總兵周于德，深沉持重，練達安詳。廉明素著而威動三軍，機宜熟閑而才堪八面。北路管參將事遊擊將軍朱一龍，勇比干城，忠存擊楫。寄鎖鑰於上游，戎行頓飭；制鯨鯢於指掌，將略獨雄。都司僉事劉效節，椎朴而有沉毅之風，廉静而有鷹揚之氣。枕戈自勵，推轂可需。行都司僉書劉宗漢，矯矯虎臣之姿，兢兢墨士之守。分閫建州而軍民戴德，攝總南澳而閩廣宣威。都司僉事兼守備鄧鐘，心存經濟，學富韜鈐。畫山籌海，著述何啻萬言；仗劒鳴鏕，寤寐常期一試。浯嶼水寨把總晏銨，勇略雅有父風，馳驅夙成將骨。同甘苦，爲一軍所賴；嚴戒備，經七汛無虞。南日寨把總胡國卿，錙銖不染，令約獨嚴。教水戰，志掃妖氛；恤寨兵，情親赤子。總鎮坐營把總陳有光，氣度温文，志節慷慨。領褒轅門而毫無濡染，撫馭部曲而衆有畏懷。建寧右衛指揮使馬乾元，武略兼通文藝，壯志亦有小心。脱穎自矜，奮翼可待。延平衛指揮同知孫繼爵，孝友素徵於鄉譽，廉威能服乎士心。鵬飛每欲圖南，驥足終難伏櫪。鎮東衛指揮僉事呼鶴來，倜儻真稱將種，深沉迥異武流。臨事變確有主張，處尋常不失尺寸。漳州衛指揮僉事周維新，敦禮讓而悦詩書，雅有儒紳之度；飭廉隅而恤士卒，足稱介胄之良。福寧衛前所千户馬權，魁梧之貌，勁捷之才。署篆而處置得宜，造船而綜理周密。福州右衛中左所百户黄泮，性行醇謹，才幹周詳。管操印，素著賢聲；承委用，曾無慢事。漳州衛左所署鎮撫張邦翰，甘守清寒，力圖進取。奉公執法而諸務就理，約己惠衆而一軍懷恩。以上諸臣，皆武弁之良，所當薦揚以備擢用。內劉宗漢近經題准裁革行都司衙門，本官相應速爲推補。鄧鐘原起都司僉書而兼守備，今閲朞年，歷有勞績，應改職銜以優體貌者也。伏乞勅下該部，再加查訪，如果臣言不繆，將周于德等循資擢用，劉宗漢亟行推補，鄧鐘先行改銜，庶武弁知勵而兵戎益飭矣。

薦教職疏

題爲薦舉教職官員事。臣蒙恩陞任，已經交代所有撫屬教職官員例應薦舉。但近年舉人就教者衆，一省通計幾四十人，兼以貢途行業多勵，隨據提學道及各司道開報名次到臣，謹擇其優異者，分别具聞：查得崇安縣儒學教諭劉炅，器如金玉，學有淵源。蘊藉迥别凡流，事業可期遠到。建陽縣儒學教諭何喬遷，學識弘深，丰儀整峻。卓以道誼自律，裒然圭璧之英。同安縣儒學教諭鄭燿，文藻與行實俱優，師範與鄉評並重。教行多士，才壓時流。龍溪縣儒學教諭凌登名，標格挺異人羣，行誼允堪師表。鴻名久著，驥足難淹。歸化縣儒學教諭鄭維城，志行潔修，文思敏捷。八議見作人之術，三冬足稽古之功。閩縣儒學教諭鄭須德，博洽能文，深沉不露。每見繩趨尺步，允矣經明行修。長泰縣儒學教諭蔡用明，清標岳峙，邃養淵渟。匪徒絳帳之英，雅是青雲之選。泰寧縣儒學教諭洪啓釆，文學得於家承，才品尤稱國器。纖塵不染，大就可占。連江縣儒學教諭劉克修，逸度超羣，雄文接武。教已徵於振鐸，志尚擬乎凌霄。平和縣儒學教諭黎憲臣，才學稱贍，行誼尤高。捐俸而泮宫一新，攝符而邑政具飭。長樂縣儒學教諭李伯元，摛藻夙擅時名，志學尤稱獨詣。端方可式，敏達有爲。上杭縣儒學教諭程可達，性甘澹泊，行篤倫常。辭邑符，卓爾高風；談時務，犂然讜議。德化縣儒學教諭魏雲璜，戀母而辭上公車，孝堪範俗；董士而戒嚴私謁，才裕淑人。羅源縣儒學教諭錢正志，丰姿秀穎，矩範端嚴。視山城造士之規，占他日宜民之略。順昌縣儒學教諭江世禄，心地光明，才識充裕。課士起數科之厄，飭躬重輿論之推。漳浦縣儒學教諭徐良橡，孝友聞于居家，廉慎徵于攝篆。士民交仰，文行兼優。詔安縣儒學教諭江化鯉，手不停披，屨常盈户。文章有聲于藝苑，操行可表乎儒林。安溪縣儒學教諭滕養志，恬静不涉於紛華，沉潛惟篤於經史。儒紳雅重，民社堪膺。閩清縣儒學教諭陳蕙芳，丰儀秀偉，才思通明。立身不墜家聲，績學可經世務。平和縣儒學訓導饒倬，篤志聖賢，脱屣塵俗。

言動必依乎繩準，高風足振乎廉頑。古田縣儒學訓導黄鉞卿，學行素推月旦，風規丕著芹宫。多士咸欽，百里可寄。以上諸臣才品雖不盡同，均可以備六館有司之選者也。伏乞勑下吏部，再加查訪，如果臣言不謬，將劉炅等量材擢用，庶儒官奮於激勸之明，而文治舉於賢才之集矣。

敬和堂集卷之八

德清許孚遠著

公　移以下俱撫閩稿

門　牌

一、本院奉朝廷德意，保綏一方，共念分猷，全仗各文武僚屬。文官但要撫字百姓，武官須要體恤軍情。誠得上下一心、文武一體，不患地方不治。撫字、體恤本在潔己。一有貪尅，殃及軍民，下失人心，上干國法，本院不能輕貸，特首揭數語，與爾將吏知之。

一、本院處此，任大責重。八閩之間，一事失當，一物失所，本院皆不能辭其責，況於體統尊嚴？下情難達左右，羣小壅蔽易生。凡我僚屬，自司道而下大小各官及鄉縉紳先生、民間耆老，但聞有軍門過差，不妨直入相告，本院虛懷聽納，斷無上下彼己形迹之嫌。遷改在於一人，利益及於衆庶，何憚而不爲此？此出肺肝相示，庶幾體亮以慰懸懸。

一、法行自近，近者不治，遠何能施？本院中軍官及常隨、把總、武舉生、承舍、牙健各員役，但在軍前聽用，須是謹奉約束，毋得一毫縱恣禮法之外凌虐諸人。坐營把總統轄親兵尤要紀律嚴明，秋毫無犯。兵有節制，無敢二心，然後緩急可賴。且爲各將兵倡率，使知觀刑，其有不遵，悉以軍法處治，斷無姑息。若軍中有疾苦事情，許將官不時禀白，以憑優恤區處。

一、本院委用官員，必先廉察材品行能。舊者應更則更，新者應委則委，决不令請託夤緣者得志。今後各將官務勉修職業，砥礪行能，以聽選擇委使。如有鑽刺干求，即屬不檢，圖榮反辱，其慎思之！

一、本院文移俱親自裁決，書吏止供謄寫，毫無干預。常隨官總但聽使令，承舍人役止備差遣，斷不寄託耳目一人以開騙局。如有姦徒指稱打點訪緝，誆騙財物者，許諸人訐首到院，各巡捕官密行拏解，以憑究遣。

一、本院日用供給并吏書、廩糧、肉菜等項俱先註簿發驛，及差賞功官各照時價以紋銀平買，並不票取舖行一物。若有指稱本院賒買貨物與短少價直、攙和低銀者，許被害人即時赴禀，從重究治。

興革事宜行分巡建南道

照得本院入境之初，隨據崇安縣申議興革事宜五款到院，除折解豐米以紓民困一款係干軍需，批行布政司酌議詳奪去後，所有禁狀師以清刁訟等四款，從前有司非無禁約，總屬虛文，今不嚴爲設法區處，何以洗革地方積蠹？且恐不獨一崇安爲然，相應通行釐禁。爲此牌仰本道官吏即將單開四事會同守道設法區處。大抵訟師、賭博，須縛其尤者重加懲治，以儆其餘；服毒輕生，察在有司；崇信異端，在明教化。詳爲議處，通行延、建、邵三府督行所屬各縣掌印官備查軍民人等，如有違犯前禁者，速令洗滌悔改以保身家。敢有故違，各該府縣官訪實擒拏。輕則朴治發落，重則解道究詳。務期蠹剔民安，風移俗美。仍取府縣不違，依准呈來。

疏通河路行水利道

近據三司各道到院議稱：省城内外河路淤塞，以致糧運不便，城中士民儲積甚寡，且頃歲頻遭火患，水不足以制火，理數宜然。及查省城七門原有環河一帶，上接溪流，下通海渚，潮汐往來，此一方血脉，尤風氣人物之所關係。今歲久壅淤，或有士民之家阻水爲塘，堙港爲田，漸成斷塞，相應亟爲查復疏濬。爲此牌仰本道官吏即便行委該府水利同知，督同閩、候二縣掌印官，分投七門内外沿河勘閲。要見各河應作何疏濬，斷塞幾處，作何開復，泥土作何般運，河岸作何修築，人夫作何召用，并議何項錢糧堪以動支，務期一勞永逸，爲地方長久之計。作速查估，具由詳奪施行。

議建敵臺行福州兵備道

據三司各道到院議稱：會省城垣規制低矮，又城上覆以串樓，卒有寇臨，易於攻打，難於守禦。本院因謀諸總鎮，以爲沿城一帶可增置敵臺。及登城看得各門原有敵臺，但低隘如城，亦有串樓在上，須得更加崇廣，拆去遮蓋，每臺可容三四十人，安置火器石磈，自高臨下，東西適均，矢石相接，雖有寇至，不敢泊城，方爲守禦城池之策。隨據左、右、中三衛指揮開報，分轄敵臺共五十一座，相應查勘。爲此牌仰本道官吏即督該府掌印官親詣省城，閲視各座敵臺，何處應加高，何處應拓廣，何處應仍舊，何處空疎應增，何處太密應減，并閲各門城樓低矮闇塞之處，宜與敵臺一體崇廣開豁。通行查估合用工料，造册詳奪施行。

頒正俗編行各屬

照得保甲一法，載在勑諭。鄉約與社倉、社學屢經題准頒行，此皆酌古準今，爲民牧者之良法也。夫禁姦戢亂，則保甲爲急；維風善俗，則鄉約尤要。二法實相表裏，而社倉、社學又即在鄉約保甲之中。有司者於此數事，蓋嘗行之而鮮得其效。非法之不良也，所以行法者非其人也。是故保甲塞責於門牌，鄉約彌文於聖諭，社倉艱難於建置，社學因循於作養。虚應故事，漫不經心。甚者鄉保懼有司之擾累，閭閻苦鄉保之凌虐。縉紳、士大夫至以鄉約、保甲不若無之爲愈，則因噎廢食之説矣。本院叨膺簡命，來撫七閩。查得此地依山帶海，既多姦宄可慮，而民俗輕本逐末，又重淫慝之憂。蚤夜思惟，治教無術。用申舊法，冀與爾有司諸君子共設誠而行之。《傳》不云乎：「必有《關雎》《麟趾》之意，然後可以行《周官》之法度。」蓋昔者保伍之法，程伯子行之於晉城，而晉城遂化爲善俗；社倉之法，朱文公始創於崇安，因條上其説於朝，頒行天下。本朝王文成先生以保甲、鄉約之法行於南贛，而寇盜斂跡，文教振興。前院耿、趙二公亦皆倣襲行於閩中，民心稍動。道固待人而行，初無分於時之古今、地之遠近者也。本院嘗守盱江，修舉舊法，因採輯前人所著鄉保、條規及律纂、禮要、社倉、社學數事，加之潤色，梓示吏民。今復酌於人情土俗之宜，損益裁定，名曰

《正俗編》，合行刊刻頒布各府、州、縣，一體遵照施行。鄉約、保甲具有成規，振舉爲易，然非一段精神流貫其間，猶無實益。社倉、社學或略有舊貫，可仍或須從新創置，尤要審時量力，次第行之。本院所望於賢有司者，以實不以文。各有司亦無以文具報塞。賈子有云：「移風易俗，使天下回心而嚮道，斷非俗吏之所能爲。」本院與爾賢有司勉之！所訂各項事宜，一一詳具于後。

鄉保條規

一、舊法先編保甲，次議鄉約，本爲有理。但保甲長出於里胥之供報，約正副出於保甲之阿私。二者常患不得其人，所以行之無益而有害。今法欲先定鄉約，後定保甲。蓋古者舉士於鄉，而公論出自學校。有司正官盡以誠心實意就而謀諸鄉薦紳先生，謀諸耆老，及親臨庠序謀諸通學英俊之士，令其公舉。在城在鄉，堪爲約正者幾人，約副者幾人。其人以心術光明、行誼高潔者爲上，宅心忠實、操履端謹者次之，才識通達、素行無虧者又次之。首推士夫，及於耆老，及於舉監生員，隨地方人才多寡爲率。短中求長，咨訪必確。已得其人，則有司官以禮敦請，或親造其廬，或具簡行學，遣生員代請。期以吉辰，議舉鄉約。鄉約已定，然後就鄉約中僉保長，就鄉約中編保甲。保長必有身家、行止足以統率衆人者爲之。夫編保甲於鄉約，則其法公；僉保長於鄉約，則其人當。爲保長者亦可以爲約中之執事，而執事於鄉約者亦可以爲甲中之保長。使之戮力同心，一面講諭，一面糾察，則保甲之法通融於鄉約之内，而鄉約之意流貫於保甲之中，庶乎政教相資，一舉兩得之道也。約正不得其人，無以爲鄉閭之表率。保長不得其人，適以爲地方之蠹害。宜舉者舉，宜更者更，振作鼓舞，耳目一新，然後人知感動而興起矣。

一、約正全要望以德誼率人。如其高年有德，雖非縉紳，亦當優崇禮貌，不可責以繁縟之節。約正尤須自重，不可輕入公門。地方有事，責在保長。然須一切寬假，毋爲束縛，毋限以朔望參謁，毋苦以往來送迎，毋委勾攝以啓需詐之端，毋批詞訟以生告訐之釁，毋以逋負滯獄責之拘捕而重違慢之罰，毋輕信細民一紙之詞而坐之桎梏以傷在事之氣。要使上下相安，大小相得，鄉保之法方爲長久可行。有司者留意焉。

一、審編悉照舊法，十户爲甲，十甲爲保。或多或少，亦不必拘。甲有甲長，保有保長。不分鄉宦、舉監、生員、軍民之家，一體次第編號，如魚鱗格式填註牌面，送該州、縣官親筆標點，不許遺漏一户一丁。蓋此係排門保甲，無事欲互相保守，有事將逐户挨查。非有别項差遣，中間不必規避。且火盜生發，富貴者安居，而欲以守望救助專責之貧者、賤者，理勢亦有所難行也。各宜相體以靖地方。

一、凡保甲長人等，止於互相稽察出入不明之人，嚴行舉首窩隱之條，更無别項煩擾。有司官不許加丁派役，巡捕官不許查點生事。保長准免火夫雜差，其有與約正屢舉善惡得實，奉行保甲有功，定行優待獎賞，以爲諸保之勸。

一、每二牌之内，保長選報精壯能幹鄉勇一名，註於牌面，免其火夫，專司巡察。一遇地方有警，若小盜可捕者，即率各甲并力捕之。若大盜勢不易擒者，即令鄉勇數人飛報沿途地方保甲人等併力協拏，一面馳馬飛報官司添兵捕剿，不許時刻違誤。擒賊有功，定行給賞。

一、各處寺廟、庵堂，多有停留遠方遊僧、遊道、齋化不明之人。或倡行邪教，惑衆圖財，或盜賊隱名，懷姦窺伺，爲害地方不小。仰各照例與民家一體編入保甲，以便稽查。其樂户之家，尤姦盜藏匿之所，亦各就近附於甲牌之末，毋令遺漏以滋他弊。

一、山海寓居人户，如種菁、栽蔗、砍柴、墾荒之菁客與藍、雷、盤三姓之畬人及鑛徒、鹽販等，十百成羣，結簝重岡密澗之中。又有漁人海賈，傍澳而居，駕船而往，亦十百成羣，出没島嶼波濤之外。總之，莫非吾民而藏姦階亂最甚。除盜鑛、私鹽嚴禁外，批山有山主，佃田有田主，澳居有澳甲，船居有船號，各宜藉以保甲之法，或給簿，或輪牌，或遞結，或禁夜，隨宜處置。

一、每月初一日爲始，各甲長將牌懸在一户門上，初二懸在二户門上，週而復始。如有出入存亡，應增減姓名，會日揭報于約正。保長明註牌面，以憑二季類報于官，改正底册。

一、各保甲人等，止於每月初二日赴會所申明鄉約、保甲條規一次。保長止於每月十六日赴官遞地方，有事無事，結狀一紙。遞結之日，即帶善惡簿，聽掌印官查考，酌量奬戒。或有司官親臨會所，然後行之。如或無善濫書，有惡不舉，查出究治。

一、鄉約各隨地里遠近、人户多寡酌量爲會。如在城，於四街四關，在鄉，於人烟輳集去處，各就閑曠公所、寺觀社廟寬廠處行之。鄉村大者，一保一會不爲多。鄉村小者，或二三處、或四五處一會不爲少。每月初二日，保長率諸保甲隨約正俱赴鄉保會所行禮。若實有事故或疾病不能赴者，即先期告于約正。其無事託故不赴會者，即非良民。約正、保長逐一掣牌查點，量情罰穀公用。

一、每會自約正副而外，選生員二人爲約贊，又選生員二人爲約講，選諳曉勤事者二人爲約通。約通即用保長可也。老人二人振鐸，童生二人司鼓，月輪五六人，爲直月置辦會事。如鄉村少生員處，則以忠謹熟禮者或社師爲之，振鐸無老人則以老成人充之。又選童生七八人或四五人爲約歌。凡在執事之列，俱要得人，不許苟且敗事。

一、凡鄉先生舉貢諸君，肯入約者，有司盡延之約中，以成善與人同之意。

一、有司須親臨約所以示表儀，或臨于城東，或臨于城西，遠鄉近鄉或不時一至。其各縣附郡城者，還須請於郡守主張行之。守與令本同一體，且鄉約非郡守一臨，無以爲地方之重。本院從容巡歷郡縣，亦將至鄉約觀之矣。

一、宣講聖諭事宜及六言疏解，詳見《正俗編》。

一、地方之事，莫大於火盜人命，各保甲務要用心隄防。每日直牌者執牌往各家查點一遍，如有某丁無故出入，及遇面生可疑之人，各甲務要公同勸戒，互相發覺，省諭驅遣，或報於保長，公同擒拏，送官究治。敢有容縱，十家同罪。直牌不行查點，甲長記名罰穀。

一、凡强盜窩主等項，各家不行發覺舉首，倘遇拏獲或躧訪得出，定將隣佑十家從重連坐究問。除知情同謀問擬重罪外，其餘徒杖以下，仍用大枷枷號一箇月警衆，決不輕貸。

一、每一户各置槍鈀或刀棍一根，每一牌共置鑼一面、銃一竿。凡遇火盜生發，各甲鳴鑼放銃爲號，一以傳十，十以傳百，各要齊執器械併力救護。事畢之時，保長共收十甲牌面查點，有不到者，量罰穀石，以備賞勞。不聽罰者呈官究治。有能獲賊送官，定行重賞。鄰近鄉村及追賊所過地方，俱要一體互相援應，敢有各分彼此，聞號不救，致賊脱走，定行一體重究不恕。

一、凡有嚷鬧，各家即行勸解，勿使成訟費錢。凡有鬬争，各家即行救解，勿使成傷致命。如有人命，保長及同牌人户即備將致死情由據實先行呈官，以待本人自行告理。若審得各家不行救解，或知而不首，或首而不實，及呈内只將不知因何致死等語朦朧抵搪者，定行重治不恕。

一、凡有户婚田土一切小忿，會衆互相勸解，或口禀約正，從公分辯，務使侵犯者歸正，失誤者謝過，心平氣和，以杜後争。其或曖昧不明，跡無指證，止可敷陳禮法，微言諷諭，毋得輕發陰私以開嫌隙，毋得擅行決罰以滋武斷。如違定行查究不恕。

一、會衆務要各勤生理。士農工商，各居一業，凡可助理家計者，皆量力經營，不許遊手遊食，蕩廢家業，以致非爲。有如此者，衆共禁治之。

一、會衆務要恪守官法。錢糧、差徭，依期究納，毋得拖欠。官府勾提，隨牌赴理，毋得躲拒。不如約者，衆共斥之。

一、地方果有被人誣枉不能自伸，或圖賴人命，或妄攀軍役，有司卒難辯理，誣者展轉不息，以致賣兒蕩産，寃將終身者，會衆若有方略可爲救解，則爲解之，如不可解，則率衆指具真情，赴掌印官處爲之求直。但不許假此狥私朋比，欺罔生事，如違重究。

一、閩俗賭博最盛，始於市井惡少，浸淫及於學校衣冠，倡狂流蕩，恬不知恥。本院聞而痛之，顧欲先以教化，不忍遽加刑罰。今後不悛，定行拏究，如律盡法處治，斷不假借於勢豪子弟之流。凡爾會衆必知其人，亟爲勸戒，毋犯吾約。

一、閩稱海濱鄒魯，先賢遺教猶存。邇來風會浸入淫靡，麗衣豐食、畫棟崇簷，爭相夸競。婚姻而殫竭家資，喪葬而侈爲觀美。平時浪費不節，飾虛爲盈，一遇凶荒，富者無倉廩之儲，貧者乏斗升之蓄，不軌之民枵腹待哺，延頸思亂，制之何繇？國奢則示之以儉，此今日第一急務也。爾衆共相戒之，犯者有罰。

一、民間賀慶賽祈宴會之事，不能盡免。乃演戲一節，誨導淫邪，壞人心術，或且爲火盜之招，最宜禁止。今後街坊廟宇不許般戲，村落不許教戲，歇家不許歇戲，貴宦子弟不許主戲。犯者一併拏究。衆共戒之！

一、有遊民投託勢豪之家，名爲門幹，虎視閭里，凌虐百端，把持官府，佔奪民利，道路側目，莫敢誰何。主人不知斂怨爲德，近者敗壞名檢，遠者流禍子孫。此可痛惜！今後會中父老交遊親戚，其共戒之。稔惡者，驅之。怙不省改，本院且以法繩之矣。

一、閩省地窄人稠，糧食往往取給他處。比年荒旱頻仍，民益艱食。海上穀船自浙之温、台，廣之高、惠、潮而來，又被豪牙囂户一網包羅，因而閉糴。價值一時騰貴，貧民難買升斗之糧，可爲傷憫。夫饑餓切膚，將甘心爲盜賊，而不顧唇亡齒寒，雖富豪將有所不利，可不思乎？今後會衆勸令積穀之家倡義平糶，但有穀船到港，聽其照依時價兩平交易，不許豪家囂户仍前包吞。違者，保長人等呈首查處。但官府不得抑勒價值以阻商船之路，近海經由港口，防汛官軍人等詰係商船，聽其入溪，不許阻止索騙。違者併首治之。

一、違禁取利，律典昭然。乃有富豪之家恣行無忌，以致勒寫人田房，准折人妻女。天理何在？良心何安？今後鄉保勸令富家存積陰德，毋磊算重利，毋蚕食鄉民。乘人之急不仁，奪人之有不義。務返貪横之俗，漸歸長厚之風。否者首告到官，究治如律。

一、此中錢糧積逋，多由姦人包攬之弊。有等里班結納吏胥，相爲表裏，賺收納户，官錢入己，任意分肥，脱换簿籍，百計遮哄。官府稍不精明，便爲其所愚弄。又有一等近倉光棍，遇里户上納本色，巧設機關，横恣需索。兒童、乞丐蟻聚蠅逐，攫取狼戾，勢不得已，則爲棍徒之所包攬。一經包攬，便肆侵欺，少者數十，多者數百，經年累月，無一完官。比及事覺，則錢糧花費已盡，而里户不免重追矣。除行有司及管糧官嚴革宿弊，本折錢糧，悉令人户自行輸納外，今後各保甲互相糾察，如有仍前包攬及到倉擾害納户者，本犯拏來重治，同甲連坐，决不姑容。

一、錢糧詞訟，除州、縣正官差里遞催勾外，其佐貳首領、巡檢等官並不許差一人一票下鄉。及里老、保甲、應捕、機兵人等，不許藉言公幹，多方騷擾，令民間雞犬不寧。今後但有前項人等到鄉，即係詐騙，衆共逐之，不已則保長呈官拏治。

一、訟師爲民害最深，除行有司訪拏及問理詞訟，訊得主唆之人究擬外，今後城市鄉村，但有大小訟師，會衆勸令速改，不改者首官懲治。爾等小民，毋争閑氣，輕聽教唆，一紙輕入公門，累人自累，費財妨業，甚者亡身喪家。此與安分守己、含容和氣之人，得失利害相去霄壤也。切戒！切戒！

一、地方各處有慣造假銀及造假僞金銀首飾者，欺騙諸人，爲害匪細。今後保甲人等速行驅逐。其潛藏某家仍前打造者，拏送官府，從重究罪，併治其窩歇之家。

一、閩中無藉之徒，偶因小忿，輒服毒自縊，或故殺奴婢子女，甚至逼令老病父母自經溝瀆，肆行圖賴屍親人等因，而攻家搶虜財物，或打傷人口，及以人命告官，吏仵皂快地方諸人，百般恐嚇，立至傾家。此風漸不可長。今後鄉保諭令斂戢，但有乘機糾衆攻家打搶者，不論人命真假，先行拏究。其輕生自盡，非有威逼情狀者，有司官不許斷給埋葬，以長刁風。若故殺子孫，逼勒父母者，悉依律反坐。

一、婦女入寺觀神廟燒香，律有明禁。閩俗尚多有之。傷風敗教，或致出乖露醜，所不可言。今後鄉保人等嚴行戒諭，違者依律究處，併拏寺觀僧道枷號示儆不饒。

一、訪得此中姦民貪圖寺産，輒置其妻子半路出家，老而還俗，則以子若孫承嗣，敗壞清規，此沙門之所不容，亦王法之所不宥。今後查各處寺院，但有嫡親父子祖孫相繼爲僧者，即行驅逐。違者保甲長首官處治。若係兄弟宗族子孫，又所不論，不得因而詐害僧家。

一、訪得建寧等處人家買養義女，即終身不令婚配，白頭老婢怨恨無窮，有傷天地之和，甚爲風俗之陋。今後義女年二十以上盡行出嫁，或配與本家義男，不許過時淹抑。若有不遵，許義女父母兄弟告官贖回，自行婚對。保甲人等呈首到官，將本犯重行科罰，義女徑配與無妻之人。

一、閩中惑信風水，輒將父祖妻兒棺柩停頓在家，或寄放郊野，不行安厝。甚至有二三十年任其裂棺暴骨而不顧者，有一家停至三五柩者。骨肉死亡，如棄溝壑，不知何心？今後甲中凡有喪之家，亟令隨宜塋葬，限本年七月以後、十二月以前，盡數葬完。如再停暴，首官依律重治。

一、火葬，閩亦有之。蓋火化一説，起於西方異教。愚民無知倣習，忍將父母屍骸投諸烈焰，幾於滅絶人理，可爲痛恨。今後鄉保人等轉相戒諭，父母不必言，雖兄弟、妻子，並不許從火葬之俗。違者重治。

一、溺女，閩亦有之。夫溺女之故，慮養而嫁之之難也。富者循禮，貧者隨力，荆釵裙布，可聘可嫁，何以溺爲？女亦人耳！始生而致之死，不仁爲甚。今後民間溺女者，以故殺子孫論。保甲地方不時舉首，務令一變此俗。

一、將樂縣條陳有鬻賣祖父墳墓者，蓋由富家貪圖風水，貧人希冀財帛，公然立契，毀及枯骨，曾無人心？今後各處墳墓，除果有風氣受傷以禮改遷外，如有指稱貧寒，市及祖父葬地者，以忤逆不孝論，其强買人墳塋發掘者，以發塚論。鄉保人等時令人糾察戒諭之。

一、訪得貧人妻室，非不得已而賣，有惡少故爲設計而買之者，無端拆離配偶，或且轉鬻他人，薄惡殊甚。今後鄉保中但有此等賣妻、買妻之事，力行禁止。違者首官重治。

一、方巾儒履係縉紳學士所用，吏典用之已爲踰僭，乃有奴隸、庸流、豪俠、惡少濫著前項冠履，混跡街衢，何以爲貴賤儒俗之别？今後通行禁革，違者拏究。

一、城市鄉鎮，有等惡少，結夥成羣，自稱爲龍爲虎爲將爲傑者，恣行閭里，莫敢忤視。甚至强取人財物，淫污人妻女，毀辱人衣冠，含冤負屈，無可誰何。除行有司嚴拏究處外，今後鄉保人等時加禁諭，犯者呈首，不許阿容。

一、省城重地，夜禁宜嚴。有等無賴惡少，專一夜遊，三五成羣，團聚街巷，不知所爲何事。或致門禁疎虞，盜賊因而竊發，深爲不便。今後保甲嚴行諭止，如有浪子夜遊，送官懲究外，郡、州、縣禁城之地，一體遵行。

一、社倉、社學事宜，并律纂、禮要，詳具《正俗編》。

禁佐領受詞行按察司

近據齊陳情狀稱：首領巡捕等官，狼貪虎噬，剥民膏脂，縱應捕漁獵街坊，嚇騙小民，一獲到官，索要工價、徒價，中有不服，即具申正官乞批。本衙恣意勒騙，仍令犯人供攀多人，慘如倭劫。典妻賣女，方得召保。又擅受民詞，不判日子，一面出票差人拘拏索騙。間有一二知覺不與者，即將原詞申乞標行。

據此看係匿名，不當准理，第其中備悉佐領、巡捕等官貪婪害民情弊，又非匿名害人者比。該本院查得問刑條例，内開：在外軍衛有司，不係掌印官，不許接受詞訟。其佐領肆虐害民之禁，歷經本院及巡按衙門，不啻三令五申，乃府、州、縣正官類多狥情，僚屬扶同隱蔽，縱惡殃民。相應亟行禁戢。爲此牌仰本司官吏即便通行各該駐劄道，嚴督府、州、縣掌印官，以後不許狥情曲爲佐領官請批詞狀。仍嚴禁軍衛、有司、佐貳首領、巡捕等官，不許擅受民詞，問罪剥害小民，及縱容應捕或白役、積棍漁獵街坊，騙害良善。如有再犯，各官定行拏究。掌印官鈐束不嚴，併行參處。該道仍揭示各府、衛、州、縣門首嚴禁，敢有不遵者，許被害之人詣院指實陳告施行，毋得縱容。未便。

查議海禁行布政司

查得接管卷内近准兵部咨，該本部題：恭候命下，移咨福建、廣東、浙江、南直隸、山東沿海督撫衙門及咨都察院，轉行各該巡按御史，凡有販番諸商告給文引者，盡行禁絶。敢有故違者，照例處以極刑。官司有擅給文引者，指名參究等因。題：「奉聖旨：『是。著該撫按官嚴加禁緝，犯者依律究治。欽此。』欽遵。」備咨前來。該本院查得先年卷内該原任督撫塗議開番舶之禁，又續該原任督撫耿會同按院敖覆議，兩廣、福建督撫衙門各條陳議開海禁事宜，奉旨允行已久，閩省士民俱稱便益。今一旦復爲嚴禁，聞諸販海商舶鱗集海邊以待後命，人情洶洶，殊有未安。合行查議。爲此仰抄案回司，著落當該官吏便會同按都二司巡海、守巡等道及總鎮衙門，逐一虚心酌議應否禁絶，務查民情是否稱便，輿論有無允協。作速具由通詳兩院，以憑會覈施行。

議增火軍火器行都司

照得省城軍民輻輳，萬竈毗連，搆室且多木植，失火易於蔓延。卷查三衛共設火軍一百八十名，委巡火百户，分轄巡防，遇有火災，督率撲滅。法非不善。邇因軍少，輒調標兵併救。但兵營坐居關外，設當深夜，請開城門，脱有姦徒乘機闖入，不可不慮。莫若城内增軍，似爲長策。再查救火必資器棋，有人而無器，有器而安頓無所，臨期不無缺誤。通應查議，用戒不虞。爲此牌仰本司官吏，即將三衛火軍每衛議增務至百名以上，責令巡火百户照依舊規，督率分巡。儻遇火發之時，即要相機拆滅。各巡捕官亦要督率居民互相救護，至不得已，方調營兵。各官軍果能奮勇先登，撲滅有法，定行分別獎賞。如或慢令後時，遷延緩救，及縱容各衙門役占火軍者，查出悉照軍法處治。其有地方軍民乘火擅入人家搶奪貨物者，各巡捕官登時擒拏送院，先行綑打一百，依律究處。至於火器，除原有若干查出聽用外，今當增置若干，或分頓各門城樓，或置放空閑公署，責令各官收掌，務要臨期易於般用，逐一查議妥當，具由詳奪。仍一面將應增火器件數移行福州府委官查估，議動何項錢糧置造，聽該府徑自造册詳置，發用施行，毋得遲延。未便。

議處機兵行各道

據分守漳南道呈：查過龍溪十縣機兵，除扣革工食充餉外，存留各縣，共一千五百三十一名。議行各縣掌印官督責巡捕官依期操練，每月定以初二、十六，正官親臨教場，將巡捕官操過各兵，就其所習技能，逐一覆閱，分爲三等，聽本道不時掣查，另行賞罰等緣由到院。隨批：據議各縣機兵責令操練以備戰守，此彌文也。機兵向來在縣閑雜差使，豈堪操練？巡捕簿、尉等官，亦豈嘗知兵，可責以操練之人？龍溪十縣機兵，除原議減革充餉外，尚存一千五百三十餘名，在各縣看守庫、獄、城門，及縣官差使，亦不可無人，應酌量衝僻繁簡，每縣存留若干名數，其餘若干名攝在府城，或在要害去處，專委武弁把總官常川操練，庶幾可備緩急。兵以合而壯，以練而精。若四散零星，虛文應塞，萬無中用之理也。仰道再行查議詳確，作速呈奪去後。爲照前事係奉部文通行查選，不獨漳屬爲然，相應通行查議。爲此牌仰本道官吏即便查照先今事理，將所屬各府、州、縣機兵逐一清查，照依批詳議確具由，作速呈奪施行。

前事行據駐劄各該道查議不一，隨批：據各道查議過，各府、州、縣機兵原額多寡不齊，差用繁簡亦異。然有地同而或多或寡，差同而或簡或繁，漫無定制。今日須當酌量議處。夫機兵之設，本爲防守城池，截捕盜賊。各處用之，失初意久矣。但此項服役有司，非朝夕之故，頓行裁革，勢所難行。計大縣不過七八十名，小縣不過五六十名，儘勾差撥，至有額盈二百名上下，而云「並無餘閑」者，此不諳事體也。役使既多冒濫，哨守亦是虚名。又稱「在本縣督率訓練」者，俱是套語塞責，何益實事？仰布、按二司清軍道會同，將八府一州所屬機兵酌計地方衝僻大小，議定存留若干名數，其餘扣下名數，或另爲設法選募團練，或徵銀解司補充兵餉。本院原行攝在府城或在要害去處委官操練，以備緩急之云。蓋但取實用，原無偏主也。限文到半月内，速議處詳奪繳。

續據二道揭稟查過通省機兵差用名數到院，又批：本院原查通省機兵之意，非欲一概裁減，資助軍興。緣此一項濫充差使，既失初制，而八府一州事體參差，即一府之中多寡各異，此安可以無畫一之法也？且如泉州府，晉江附郭，額止九十名，而南安各縣多者二百名，少者一百二十名，何以外多而内寡？若漳之龍溪、延之南平、邵之邵武，俱二百名，汀之長汀至二百五十餘名，額數俱多於外縣，何以不同於晉江？興化止兩縣，莆田不過一百十五名，仙遊僅多五名，不憂不足。與晉江之九十名，此其事體可類推而知也。府、州、縣守庫獄同，守城池同，正佐官差使同，酌量衝僻繁簡定與名數，不應太相懸絶。典史捕盜，或止二名、四名，或至二十、三十名，此其冒濫，惡得無裁？各處守隘之説，雖云有名，未必有益於事，而反以爲擾。果係險害當守，應從長酌議存留。其儒學、倉廒、支更各項，偶有相沿事體，須一仰再會同各道通行裁定詳奪。其有減省機兵，或聚而團練以防不虞，或徵銀存貯各庫，即爲本地方之用。但無混冒，靡所不宜。此繳。

該清軍道右布政使王之屏覆查得：古田地方，該縣既撥有守隘，閩、候二縣又何重撥至二十餘名？庫獄守宿，自可輪撥，何得坐名占役？巡捕應捕，守門守宿，自係一事，何至重復濫差？其各官差用，如興化府并各館共止二十八名，其餘各府，多者至百名以上，而少者亦不下六七十名。各州縣正佐首領，如仙遊等縣，止二十二名，其餘各縣多者至六七十名，少者亦不下四五十名。雖地方大小、設官全減原有不同，然亦不應懸殊如此也！揆之事理，少者既無不足，多者自屬冗濫，蓋緣各縣機兵始而議設，繼而議減，俱由任情，多寡未經會同裁酌，沿習已久，視爲故常。一旦奉文裁減，莫不環視駭愕。雖經督催，竟稽完報。若使再候類齊，不免愈加遲悞。夫各該府縣路有衝僻，則迎送有勞逸；事有繁簡，則差用有多少；設官有全減，則跟用有衆寡；離省府有遠近，則遞送有難易。今應逐一分別以爲裁留，聽其通融派用。庶役多者可以爲節裁之準，而原少者亦不致有不均之嘆矣。及查機兵工食，每名歲該銀七兩二錢，此額派也。福州閩、候等縣與興、泉、漳三府縣俱照額數全給，惟福州連江及延、建、邵、汀四府一州各縣内有機兵先年已經裁革，仍以原額名數應役匀給工食者。如邵武縣，見在機兵二百五十名，查其原編工食，止二百名，匀給二百五十名，朋當計每名歲止得工食銀五兩七錢六分。若照見在名數裁減，則工食數少，使與全給工食者同一差用，將來未免以應役不前，紛紛援例爲告，又費區處。内除建陽、崇安二縣機兵先年匀給工食每名銀三兩七錢五分零不等，續經詳允，加編每名年給銀四兩二錢，編派已定，合照見在應役名數議裁。其餘各縣係匀給工食，朋當者應留應裁，俱照原編工食名數。則通省一例，人心咸服。及照裁過機兵，准分巡興泉、建南二道議，欲赴府團練，固爲足兵之意。第每名工食年止七兩二錢，使之拋離家業，遠赴合操，恐未必樂從。即有從者，亦未必精壯之夫。或貧窶無營，苟圖工食；或府城積猾，冒名影射。恐亦無裨實用，似不若徵銀貯庫，從宜選募之爲便也。并分巡漳南道議將裁減汀州各縣機兵工食，留備武平營兵餉，其本布政司應領餉銀省其給發，頗似便宜。應否准從？再查連江、羅源、寧德三縣機兵，見該分守福寧道呈議共成一營。又永福縣稱邑小民稀，姦宄莫測，該福州兵備道原議復兵四十名，呈奉本院批行覆議，量復二十名。及松溪、政和、壽寧三縣機兵，近爲督撫地方事，該建寧府知府龔道立條陳呈奉撫、按兩院，詳允松、政二縣各加兵五十名，壽寧縣加兵六十名，工食於丁糧内加派。奉本院批行糧餉道查議，緣照本府議：加者係加訓練防禦之兵，會議裁革者係革各官役占與各項冗濫之數。儻加兵之事議定可行，其革過工食，即湊充加增兵餉，俱聽另議詳奪。今將會議過八府一州各縣應留共八千一百六十八名，應裁共一千九十八名，並各項緣由開造文册，呈請候詳允示，容二道備將各府、州、縣遵照，總將通省府縣比對參酌。應留者議派守把城隘、庫獄、巡捕，并各衙門跟用。應裁者原派工食或扣留各府，以備臨時召募兵餉之用，惟復分班赴府合操等因。又批：機兵一事，查議經年，尚無定論。人情之狃于故常，公法之撓于私意有如此。據兩道會議將各府、州、縣機兵酌議裁減，儘費調停，但中間多寡相懸，終少歸一。且府以興化爲準，縣以晉江、莆田、僊遊爲準，餘可類推，何紛紛多議也！查得各府編有防夫一項，防夫多處，機兵不尤可省乎？應留之數明開某項若干名，某官若干名。事體官職既同，則差撥自當相等，沿習情弊，不攻而破矣。其謂地方險害，多留防守，知機兵之無益于實用，則防守皆藉言也。扣徵工食，就留各府州庫以備地方緩急之費，何爲不可？仰布政司通行裁定，具册速詳，使各屬畫一遵行。此繳。

該本司右布政使王之屏看得：機兵無益實用，冒濫法所當裁。查據各屬開報差用，有守把城門、關隘，巡河，看守府縣庫獄、倉廒、衙宇、教場，各官跟用吹鼓手，巡捕，巡鹽，義民，官河下走差，鼓樂，支更，燈夫，小甲，防夫，哨隊長，買辦酒食家火，各衙門助工等項。名色多端，易生影射，且因循既久，積習難移，若不逐項分别裁定，各屬誠難遵守。今議各府正官統攝一郡，府佐分理諸事。理刑舘承勘勾問，事務繁多，校之各舘，又有不同。而省城與外府繁簡，尤當有辨。今擬府正官准留二十名，清軍督糧，捕盜杉洋。各舘各八名，理刑舘准留十名。外府正官一十八名，各舘六名，理刑舘八名。看守庫獄共二十名。各府首領承委聽差，亦有事務，不容乏人。查本司原據閩、候二縣撥送機兵二十名，夜則輪流巡風看庫，頗爲閑逸，日則聽本司首領差用。所據各府首領，似應照例就於本府看守庫獄機兵内差撥。州正官聽用一十六名，同知、判官各五名，吏目四名，聽雜差二十五名。在省縣正官一十六名，聽雜差三十名，縣丞、主簿各五名。外縣正官一十四名，聽雜差二十名，縣丞、簿各四名，典史各三名，州縣巡捕八名。裁減簡僻者，聽雜差止許一十五名。看守庫獄近山海者一十二名，腹裏一十名。吹鼓手迎接上司、使客，每月不過差用數次，衝繁者八名，簡僻者六名。守把城門，每大門五名，小門二名。間有大小門，每門相匀，原止用二三名者，今仍照舊。各處守把關隘，有十名、五名不等，俱屬虚應。如大敵，自有各處陸兵及巡捕官軍截捕。今各隘止留二名，以司啓閉及爲□探之助。❶其緊關信地，巡河守坑，概難盡革者，隨地量留。其餘倉廒自有倉夫，鼓樓支更有陰陽生，各處工作自有修理。銀兩并一切看學、守衙、燈夫、小甲、哨隊長等項名色，盡行裁革。中間果有合用義民官迎接押解等項，俱於聽雜差數内輪撥。至于各府縣中有聽用防夫者，今聽用機兵，相應照數扣減。及查機兵每名額編工食俱七兩二錢，其福州府連江并延、建、邵、汀各縣有已經裁革，仍以原額名數應役匀給工食，每名止銀四兩二錢、五兩七錢六分不等，今應俱照原編工食七兩二錢名數以爲裁留。庶彼此均平，可免後詞。通計八府一州屬縣，共額編機兵九千一十名，今議留五千九百五十二名，共裁三千五十八名。相應類册通詳，合無候詳允日通行各道，督行各府、州、縣，遵照應留者照數撥用，應裁者扣下工食銀兩，俱存各府州庫，專備緩急募兵之用。再照機兵本爲防禦而設，各官差用原非正役，但供用既久，不得不爲量留。倘遇地方有警，俱要盡數退出，併資防禦，不許占役等因。又批：據議各屬機兵以職務大小爲經，以地方衝僻爲權，劑量裁定，較若畫一，此可訂額行之永久矣。本院會按院面商，謂各州縣聽差人數可以通融議留，省縣爲一等，餘分爲三等，最多者一百四十名，最少者八十名，其大較也。若原額數少者，無緣例增

❶「□」，依文義，疑當補「偵」。

加之理。各處守把關隘，該司以爲虛應故事，量留二名，以司啓閉及偵探者得之。倉廒、鼓樓各項名色，依議盡行裁革。各府縣中有聽用防夫者，機兵應照數扣減其工食，通照原編七兩二錢以爲裁留。裁減工食銀兩，各解府州存庫，以備地方警急募兵之用，並不許別項那移。蓋無事耗之易，而有事派之難。且原設機兵爲各處防禦地方故，或存其人數於官，或積其銀數於庫，但欲稽查有法，使無姦宄乾没耳。該司再一酌議，開册詳行。此繳。

該署印右參議陳應芳覆議：查得通省所屬各州縣除海澄一縣向係委官團練已有成法相應免議外，其餘如福寧一州係濱海要地，閩、候二縣係附省首邑，以上三州縣合定爲第一等，各一百四十名。如莆田、晉江、龍溪、南平、建安、甌寧六縣俱係附郭，且更衝繁。長汀、邵武雖不衝繁，亦係附郭。漳浦、福清、長樂俱係大縣，且復邊海。建陽、崇安、浦城、惠安、同安雖係次縣，然當孔道。以上十六縣合定爲第二等。内除莆田縣原編一百一十五名，晉江縣原編九十名照舊外，餘各一百二十名。如寧德、羅源、連江、南安、南靖、長泰，縣治雖僻，然設居大海之濱。上杭、古田、將樂、順昌、沙縣、寧化、清流、歸化、光澤、泰寧、建寧、永定、閩清、福安、政和、武平，縣治雖簡，然各居深山之内。以上二十二縣合定爲第三等，各一百名。如詔安、永福、仙遊、安溪、永春、德化、龍巖、漳平、平和、寧洋、尤溪、永安、大田、松溪、壽寧、連城等縣，雖亦山海，俱係簡僻。以上十六縣合定爲第四等，各八十名。及查各府縣内原編有防夫者，今各官差用機兵數内行令照數退出，存縣各處守把關隘，其餘倉廒、支更等項名色盡行裁革。通計八府一州屬縣額編機兵共九千一十名，今議應留六千二百七名，應裁二千八百三名，共該銀二萬一百八十一兩六錢。其徵收貯庫一節，該本司議：照各府縣原設機兵專爲防守地方，至後因循，止供差役，無益防守，寖失原設初意。今本院洞見弊源，以訓練終屬彌文，申飭徒爲故事，通行裁議。存留者酌量繁簡，裁革者徵銀貯庫。無事不致虛糜，有事堪充召募，誠一舉兼利之道也。顧徵銀貯庫，有司往往視爲緩圖，將來拖欠之弊，勢所必有。即如該省額派兵餉，原非可緩錢糧。今積欠成風，至司庫無憑支給。況此機兵徵貯該府縣庫，比之軍餉，又在稍緩。視爲存留，總歸逋負。年復一年，恐未必得其實濟。必欲稽查有法，則不得已仍令解貯司庫，用以考成，似爲可久。如每年十月各州縣奉糧餉道派單到日照舊開徵，將額派機兵銀兩徵收在庫，輪季支放。每遇季終，該州縣給見役機兵工食之日，即將前項扣存之數差人解府，一面申報本司。本司仍置一簿，并前節次扣解機兵工食查算額數，專發該府管糧、總捕官會同查理。一季不解，或解復愆期，管糧、總捕官參申本司提吏究罪。每年終，該府盡數於十二月内解司，不得延至正月。如有拖欠稽遲者，本司將各州縣掌印官及該府管糧、總捕官參呈本院處治。庶扣存者無所逋負，而貯庫者不致那移，將來一旦有事，可得其實用矣。相應造册通詳，伏候本院詳允通行各道，轉行各屬府、州、縣，一體遵行等因。又批：據議通省各屬機兵分別四等，扣存名數，俱爲的確。其裁減工食銀兩，令解司貯庫，同兵餉銀一體徵收稽覈，立法參究，庶無愆期。八府一州之銀，各貯一處，毋令混雜，以俟各府州地方遇有警急而後申請用之，不許別項那動。則積之一二十年，當有三四十萬，其補濟不少矣。俱如議行各道，轉行各屬府、州、縣，一體遵照。但查各處守把關隘與巡河守坑機兵盡行裁革，尚屬未妥，該司再行一查。如非要害，不必守把，雖有關隘之名，所不必拘。若果係要害，守把不可無人，仍議留幾名於分別四等之外。總計工食銀若干，通行扣算，具由報查。此繳。

裁省繁文行布政司

看得各屬官員陞調、去任、丁憂事故與倉巡任滿，并各衙門吏典收參、看倉役滿等項，舊例通詳本院批行司道覆勘無礙，具由轉詳，方准離任。起送文移，展轉頗厭繁複。夫官吏所司刑名錢穀等務，稽察固宜精詳。然有各司道臨之于上，必無苟且容隱。本院不過總其大綱，每事先詳司道查勘明白，然後轉詳本院批行，似爲簡易，合行裁省。爲此牌仰本司官吏即便通行各該守巡各道，督行運府、州、縣衛所。以後凡遇運府正佐、州縣正官，仍照舊規通詳本院批查外，其餘佐領、教職、倉巡、驛遞等官陞遷、丁憂、任滿等項并看倉吏役滿，俱止申詳各該司道批行查勘，委盤明白。應由司者司，應由道者道，各查覈明實，具結詳奪施行。至於一兩考役滿吏典，既由布政司查勘送考給由，亦當就聽該司備查各吏有無承行。本院未完刑名勘合，并經承糧餉分數，每月終該司將查勘過應准起送吏典類造文册，備開有無違礙緣由，詳覈批發，俱不必先申本院，致滋繁瑣。其以前奉有批令督完糧餉，及未完者，仍遵照依期完報另詳。俱無違錯。

查革書役行布政司

訪得各府、州、縣房科濫用書手，繁者至二十餘名，簡者亦不下十數名。又有清軍、海防、糧捕、理刑，一官用至四五十名者有之，二三十名者有之。至於首領、縣佐、幕僚，亦有十名上下。大抵此輩一身繫官，舉家仰給，且無工僱，鮮不爲姦。承辦一事則一事生端，内教吏典，外通豪猾，愚弄鄉民，事難枚舉。最可恨者，包攬錢糧在身，詐作人户，拖欠朦蔽。官府查刷難清。甚有不才簿領用爲腹心，指官誆騙，爲害匪細。擬合通行查處。爲此牌仰本司官吏即便移行駐劄守巡道，督行府、州、縣掌印官速將各房科并各官職行書手逐一清查。原額的有若干，見在人數若干，備造文册。某人或做稿，或寫字，的係某年某月進入，送府州類造轉詳定奪。如有隱匿不行盡數開報者查出，官以不職參論，吏書通行拏究不貸。

清釋冤濫行按察司

近據分守漳南道招詳：賊犯李紹程等同盗一十一人拏獲，監斃者八人。分守建南道招詳：賊犯莊華仔等同夥一十三人，未獲二人，已致斃者八人。分巡建南道招稱：賊犯王五等八人打劫，陸續監故，僅存王五一喘。分巡興泉道招稱：顔守打死施德，檢究未妥，而顔守輒先斃矣。福州府申詳：犯人詹進起於小忿，誣告曾紙等焚劫其家，致死黄五、周三兩命於獄。爲照刑獄民命所關，死生出入之際，稍不詳慎，即罹幽冤。若加以問官之淫刑慘刻，吏卒之非理凌虐，往往獄情未經允轉而人命多先殞斃。如果情罪真的，彼猶甘服其辜。脱有一二仇誣如黄五、周三者，豈不終抱不白之冤於地下？是誰之咎也！本院披閲至此，輒爲痛心，相應通行申飭。爲此牌仰本司官吏即便移行各司道，嚴督府、州、縣掌印及問刑等官，以後凡鞫罪囚，必須虚心加慎，據理推詳。如得其情，速爲詳結。稍涉冤抑，亟與辨明。毋託故以久淹，毋任情而慘拷。至於各該監禁掌印官，尤當時加清理。内有情罪深重，已奉决單，及真正强盗，例應禁錮床枷，亦當查處囚糧，毋致饑餓速死。其餘情犯輕小，或候齊待理，或追併贓贖，酌量重輕，應保放者一面召保，應問斷者速行問斷，毋得一概濫禁，致令累死，上干天和。吏卒人等藉此生威，需索財物，非理凌虐，無所不至，須要嚴加禁絶，仍不時下監清問，摘發其姦。此後凡有讼獄未結而人犯先斃者，亦要追坐所由。各司道還就近查訪，若有問官濫刑，吏卒酷騙者，指實揭報，以憑參拏究處施行。

查吏未完行布政司

近該本院看得各屬一兩考役滿吏典，既由布政司查勘送考給由，亦當就聽該司備查各吏有無承行未完分數，每月終將查勘過應准起送吏典類造文册，詳覈批發去後。今照各吏所司多係刑名錢穀，在役之時，慢不經心，催督或受財，故縱不完。至於考滿起送，百計夤緣，以欠作完，以新作舊。種種弊端，莫可究詰，以致糧餉積逋，案牘難完。相應立法程督。爲此牌仰本司官吏即便通行運府、州、縣、衛所，以後一兩考吏典，役滿預申，該司文内俱要明開經管某項糧若干，餉若干；或站料等項各若干，内已完若干，未完若干；奉本院批，行詞詳牌票勘合若干，内已完若干，未完若干。批行查明，俱要完至九分。未完者，責令接役吏代催，該司覆覈，果無虚捏情弊，方許明白詳造册内，月終類報，以便查對批發。如有朦朧混捏完數，希圖批准者，查出，本吏連該司承行吏書一并究革。間有規避日久，起送遷延，例應究罪者，仍一面另招究詳通，毋違錯。未便。

印發循環簿行布政司

照得倉庫循環所以紀錢穀而防吏弊，元應置造空簿，先期呈送上司，請印鈐發，以備填報。近據邵武府申送前項文簿，既非本院印發，又無該府印鈐，止由吏胥抄寫塞責，殊甚異之。及查各屬原繳文簿，類多如是，稽察謂何？相應通行申飭。爲此牌仰本司官吏即便通行運府、州、縣，以後倉庫循環文簿運府州請諸駐劄該道，縣請諸府州，倉巡驛請諸州縣，守備、把總亦請諸該道，衛所亦請諸府州，先期印發。計每簿一扇幾十幾張，然後逐時逐項查填明白，分別管、收、除、在四柱的數，按季依期送院倒換。其各庫實在項下，仍要備將各項錢糧數目逐項開寫，的有若干，不可混結，實在庫銀若干，致難查考，俱毋違錯。未便。

禁革龍舟牌行福州兵備道

據巡捕各官稟稱，節届端陽，城中將扮龍舟競渡，此等荒蕩戲狎之事，糜費民財，傷害禮教，往往致有鬬爭覆溺，貽禍匪輕。况今倭警孔棘，地方正宜節省安静，豈宜有此浪舉？合行嚴禁。爲此牌仰本道官吏即便嚴行出示禁革，仍行各府、州、縣掌印官，查各地方凡有競渡龍船及一切社會非禮之事，通行禁止。如有故違不遵禁約者，拏解軍門綑責枷示不貸。巡捕各官縱容不舉，一體究治毋違。

禁止遠出迎送行布政司

查得古田縣知縣凡遇上司各道并該府經臨上下，輒出水口、黄田伺候迎送。但二驛距縣均百里而遥，往返動經數日，不特廢時失事，抑且煩費夫馬。脱有盜賊竊發，庫獄疎虞，關係尤重。相應禁止。爲此牌仰本司官吏即便行府，轉行該縣掌印官，以後凡有上司經過，止許差委佐領官一員帶同皂快等役，前到交界迎送，正官不許遠出逢迎。如有故違，定以不職參論。行府用木板刊竪水口、黄田二驛門首，永爲遵守。仍移行各司道，一體知照施行。

禁約軍犯行清軍道

照得問發充軍人犯就拘，當房家小起發隨住，此明例也。今訪所屬前犯，類多倚恃刁潑，賄通衙門吏胥，或挾親屬族衆，或拘里排人户，另娶軍妻配發，或僱婦女頂解，徑將當房妻室遺籍，希圖逃回顧戀。又有藉口盤纏攤派族里津貼，百計刁難，皆非事體。查得各處充軍人犯，止有解役累及里遞，並無代爲娶妻與攤派盤纏。惟獨閩中有之，致累無辜，深屬弊害，相應嚴禁。爲此牌仰本道官吏即便督行各府州所屬掌印清軍官，以後軍犯俱要照例嚴拘，當房妻小解遣盤纏務令自行措辦。如或原無妻室，即便呈詳該道酌處，或查其有無産業，或責令的親父兄處配，並不許累及族里。長解諸人，如有仍前代拘擾累者，承行吏胥先行拏究，官以不職參論。仍移各道，一體遵照施行。

禁約木牙行分巡建南道

據分巡建南道揭稱：福州府牙行顔居敬等，各執海防館牌票前到建、甌二縣，指稱本院造船取木，强砍民人謝有成等杉木，動以軍令爲言，騷擾地方。又欲强砍房村地方數百年樟樹。鄉民數百赴道泣訴，該道行縣禁止不從，復赴海防官給照伐取，乞賜嚴禁等因到院。隨經牌行該府海防同知温景明，嚴拏顔居敬等生事擾害人犯各正身解院查究，及行令以後打造兵船合用木料，務要查照原估價值，與木客兩平交買，不許舖户乘機越境强取，違者俱以軍法重治去後。仍宜給示禁止。爲此牌仰本道官吏即便大書告示，遍發延、建等處鄉、村、鎮、店張掛，嚴行禁諭：以後再有姦徒指稱造船取木，越赴各該地方，强砍山墳蔭樹者，即係詐僞。許各地方保甲人等連人獲送該縣，轉解院道，定以軍法究處，决不姑容。

清查冒濫行驛傳道

近據驛傳道呈議：興、泉、漳、汀各驛加增夫馬，數目多寡不同。及福、延、建、邵屬驛尚未併詳。批行查議去後。今該本院查得驛遞夫馬向多冒濫，兩院與司、道、鎮、參各衙門差使人員，一有中馬名色，每匹勒准人夫四名，兩馬則勒夫八名，三馬則勒夫十二名，折銀入己，此各省驛遞所無之事。又有買求應付或號票影射濫用者。有人由水路，更索陸路夫馬折乾者。有差遣順帶别衙門公文書儀，營求分外應付者。有將舊用勘合火牌符驗洗改年月，或捥加去向，兼同真正勘合牌票并用者。有本省仕宦往來，除應付外，又在司、道、鎮、參衙門索取夫馬者。其以馬折夫事例，往往如前勒取，各驛煩苦不可勝言。若不才驛官藉此爲由，乘機虚捥，通同上下驛遞，一例開報，一夫而冒作二三名，一馬而冒作三四匹。每遇院道巡歷經過，跟隨迎送員役一應夫馬，狼藉混冒，尤無紀極。相應立法，通行遵守。爲此牌仰本道官吏，今後各衙門差遣往來人員，馬一匹，止一匹。或馬不堪用，代夫二名，乘以竹兜，并不許折乾入己。馬亦不填中快字樣。如有仍前，一馬勒夫四名，及别求應付與行水路勒折旱夫，鄉宦家人分外需索夫馬折乾者，盡行禁革。違者申報拏處。各驛官不得指稱前項名色，混開冒破。其兩院、司、道、鎮、參巡歷往來合用夫馬，各驛先開手本呈遞該衙門，照數撥用。此外如有多索多開情弊，通行從重究處，决不輕貸。該道仍行揭示各驛遞，永爲遵照施行。

查處造船製器事宜行各道

爲議處閩省海防急務以備倭患事。近該本院題請前事內議，尋委府佐以便責成，及議大修戰艦以備衝擊，大整器甲以壯兵威，俱經通行遵照去後。節據巡海并駐劄各道呈詳，動支餉銀，修造戰艦，製辦器甲，陸續批行。正方有事，爲照專委責成固在各府海防同知，但事務繁冗，非一人之力所能盡副，合行添委參遊、都司、把總等官，協同監督，及坐取諳曉造船、製器武弁數員，分任其勞。若原經呈委府領縣佐等官，不悉其間制度詳委與辨器物之精粗、工拙、利鈍，多官多事，合行裁省。至於給領工料銀兩，從來相沿扣尅多門，所以船器不得實用。今日須是痛爲釐革，不許一人玩法，一事姑狥，方爲有濟兵防。爲此牌仰本道官吏即照後開事理大書告示，查照造作處所張掛曉諭，仍行所屬該府海防同知及分委監工、都司、參遊、把總一體遵照施行。

計開：

一、錢糧出納、商牙會計、匠作選募，責在海防官。捕兵約束、物料查驗、匠作催趲，責在將領官。文武互相監督，以成其事。

一、料價、工食銀兩，海防官呈詳該道，批允數目，會同監工將官，親赴司府，領出徑行發與商牙、匠作諸人。舊有道府衙門吏胥及委官、哨捕、員役相沿常例，悉行禁革。敢有暗行扣尅或已領出而需索科斂，致虧損官銀者，各役拏來綑打，從重究論。得銀一兩，追賠十兩。其各府弊端絶與不絶，文武監督官賢否明暗，亦即在此。重者併行參究。慎之！慎之！

一、往時行户船料價銀，先被委官及各衙門吏書、匠作人等上下扣尅，實領到手不及十之七八，往往買辦低料，延至汛期將邇，上司催船緊迫，將不堪木料抵塞苟且了事。又有不才捕盗，不思兵船爲軀命所關，反通同匠作行户，侵尅肥己，罔顧船之堅脆，是以船未經數汛而壞，可爲痛惜。今責海防官先將合用木料價銀在一月之前半給行户買辦，至期會同監工將官親驗料具，齊備堅好者方准收用，價值當給足數，有不堪用者責令更换乃已。又監工將官須督同捕役，時往船所催視工程，查驗料物。必求每物得用，每事合式，否者悉以軍法治之。

一、料價既足，料物自精。若有姦頑商牙故將低料搪塞者，監督官勘明究治。捕盗人等亦不得分外需索，但有需索，徑行綑打革役。若捕盗責取好料而行户挽情誣告者，又不得輕信虧枉任事之人。

一、福船、哨、冬、鳥、快船長短廣狹，原有定式。今有不用官尺而用民間短尺量者，若福船減一尺，則剩銀十兩，哨、冬船減一尺，則剩銀五六兩，鳥、快船減一尺，則剩銀一兩五六錢，不可不稽查也。

一、木料要堅厚，如有當用單料乃用雙料對開，當用兩開而用三開者，謂之板薄，俱不准用。

一、鐵釘要煉熟擊不斷者佳。每尺板當用五釘方堅牢，三釘者謂之釘稀。其重底須用長釘五寸，短則無力。若止三寸有奇者，不牢，不許收用。

一、船椇最要者，龍艪須擇堅實長大松木，含檀鹿耳用堅好樟木。含檀要方正長大，出舦外二三尺爲妙。鹿耳要高厚夾桅，方有力。船桅要用杉木，輕而耐久，長短要與船相稱，雙筋要勁直。舵一正一副，正者須用鐵力木、石鹽木，方耐風濤，副者可用赤蘭木䑪索。福船用棕二條、篾草二條，以長爲妙。此數具俱精緻，然後可以言船。不宜吝惜小費，以致誤事。

一、船製要下圓闊而上稍狹，前稍狹而後圓闊，方能破浪不搖擺。若下狹而上闊，前大而後小者，不耐風濤，俱要如式。

一、船艙横梁須直透連疊六七層，船方膠固有力，不則浪中易至開裂，不可不慮。

一、重底須用油灰擣熟濃積板上，然後用板重壓，始得浹洽牢固。若灰薄且不熟，則重底不固，罅漏因之。切記！切記！

一、閩中狼機諸銃製法甚精，各省無逾。近年亦有炸損者，乃工料減估，匠役煉鐵偷工之所致。今將夙弊痛革，物料必精，工價必足，責令如法煉鐵而後可。

一、發熕銃，閩中俱用銑鐵鑄成，薄則易炸，厚則重至千餘斤，無所用之。近查廣中用銅或鐵打成數片，然後合併煅煉，重至三五百斤而止，放之不炸，誠爲得法。今合召匠作諳曉者造之，然後發熕不爲虛器。

一、佛狼機銃重百斤者，須用荒鐵三百斤煉成，方不炸損。母銃一門，用子銃六門，其妙處在子銃母銃合定門緊，分毫不爽，乃爲精器。若子銃口大而母銃口小者，則放之不去，必至炸壞。若子銃口小而母銃口大者，則出子無力，歪斜難準。此皆造作之不精。今須一一如式。

一、百子銃重五十斤者，須用荒鐵一百五十斤煉成，用鐵箍密箍。其妙處亦在銃口從首徹尾俱光滍無少窒礙，故發子迅速。給船中用者，只製乂馬一座，釘於船舷。給陸上用者，用三脚，如虎蹲式，釘之於地方，不逆躍。

一、鳥銃重五斤，須用荒鐵二十五斤煉成管胚，後用車鑽使其銃門圓浄，則發子直捷。其大門如法，則銃不奪手。其照星如法，則擬之必中。然銃口須容鉛彈二錢以上者，方能及遠。

一、火箭噴筒之類，必製造如式，以能及遠爲妙。

一、腰刀一把長三尺，當用鉎鐵八斤，煉至二斤，用工六日，每日出火十次，再加鋼鋭其鋒，必要上輕下重。若刀頭太重，砍去閃手費力。其鋼出福安縣者佳。有以鉎鐵煉爲鋼者，不銛利也。每把官價二錢二分，合令各兵自製如式送驗。

一、火藥重在提硝潔浄。硝有上、中、下等。上等百斤提至九十斤，中者百斤提至八十斤，下者百斤提至七十斤。必要鹹穢去盡，再多工椿擣極細焉。銃藥試燃，掌上著火無滓。大銃藥乾結成塊，經年不碎，雖久冒霧雨放之，雄烈多去百步，入火箭、火龍、火磚諸器之内，雖二三年後亦猛烈如故。是不惜提耗之小費而濟實用也。若吝小費，提潔不浄，則發銃不烈，入諸火器之内，轉鹹吐濕，工料盡廢于無用矣。

一、火礶須用泉州薄磁爲上，厚則投之不破，彼反得以投我也。舊用毒藥鐵蒺藜在内，今亦無用，只實粗火藥一二斤足矣。蓋近則用火礶，遠則以其藥爲銃藥，誠兩便也。若毒藥在内，則火藥不耐久，不可不知。

一、盔甲乃軍中第一要務。凡人有甲蔽身，倍增雄氣。故北兵騎箭用鐵甲，南兵水陸用綿甲。自嘉靖倭亂，有紙甲之製，其甲必用綿柔無性之紙加工搥軟，疊厚半寸，方寸四釘，如遇雨水浸濕，雖銃箭亦難透，此紙甲之所以爲利也。及至相沿日久，造法多失其真。每用有性不綿之紙，不加搥造，用釘復稀。夫紙薄釘稀，不綿有性，銃箭直透，枉費工價，徒爲虛文。今若製造紙甲，則必當如舊法。若使製造不佳，則又不如綿甲堅久爲得實用製法。每領用布縫如夾襖，兩臂過肩五寸，下長掩膝，入綿花七斤，粗線逐行橫直納緊，入水浸透，取起鋪地，用脚踹實，以不胖脹爲度，然後曬乾收用。此甲見雨不重，梅黰不爛，鳥銃不能大傷，此則經久實用，似非紙甲可比也。此甲今發官價與各兵自製，彼欲自保軀命，製之宜堅，完日送海防官與監工將官會同查驗。

一、造船壯固，製器精好，查驗得實，除監督官特行奬薦外，其餘哨捕兵夫但有勤勞，監督官逐時紀録明白，工完之日，即以羡餘及變賣舊料銀兩申請賞賚。其勞多忠實可備任用者，開送到院，另行甄拔，决不食言。

兵防事宜通行各屬

照得本院叨承簡命，塡撫七閩，深懼迂疎不諳軍旅。是中水陸兵防雖云設置已久，奈何法久而玩，因循積習，弊竇叢生。近因東倭警報，增船增兵，糜竭民力，不勝剜肉救瘡之患。數月以來，廣詢博訪，參酌權衡，悉利弊於已往，思拯救於將來。除吏治軍機約法具載，造船製器禁諭新頒，與剿賊軍令候臨警遣發不開外，爰將各項緊關事宜條列申飭如左，凡我同事文武官僚以及三軍之士，其各洗心易慮，恪實遵行。

計開：

一、總鎮掌握兵權，調度諸將，剗除山海盜賊，其爲地方仰賴匪輕。近該本院題允常駐鎮東以蔽全省門户，添設兵船一枝及海壇遊兵專聽駕使，事體尤便。平時正己率物以爲諸將之觀刑，有警運謀決策以爲三軍之司命。本院亦唯總鎮是倚是託。勑諭森嚴，文武一律同心戮力，事乃克濟，願共圖之。

一、三司諸僚共事於此，内綏黎庶，外弭盜賊，責任惟均。除各衙門職掌具載前院約法不贅外，糧餉道司兵糧之出納，巡海道主禦海之謀猷，守巡駐劄各道專轄一方軍務，攸屬本院所藉以左右提挈而共成安攘之功者。如耕有偶，如車有馭，諸賢同心，則百事易集。一人異志，則庶務乖張。休戚利害，關係不淺，幸各努力以副惓惓之望。

一、南澳副總兵以彈壓閩、廣咽喉之地，北路參將扼閩海之上游，南路參將居漳南之要害。近該本院題議，將南路參將移駐中左所，以南衛漳州而北顧泉、興。其五寨三遊星分棋布，聯絡其中。把總之欽依者六，名色者二，皆所以禦倭夷於海上而使之不得入吾内地也。陸路則軍門總鎮各有坐營把總，中路汀、漳各有守備，興化、泉州、漳州、延平、建寧、福寧、福清、海澄與夫鎮東、銅山、陸鰲爲名色把總者十有九，皆所以控制遠近山海之間而衛吾蒼赤也。惟是大小將領均有地方兵權之寄，非其智勇，何以禦敵？非其廉仁，何以撫士？衆不易馭，權不易握，名難苟立，功難倖成。諸將各有乘時報國之心，其尚矢竭忠誠，聽吾約束，緩急從之。但有愆違，軍令不假。

一、近該本院題議整頓水陸兵防，修造戰艦、軍器，專責海防官，特請欽給關防頒領以便責成外，查得各官尚多沿習故套，不甚經心，殊負委使至意。其自今以後，但有戰船應於某處開廠，軍器應於某處團局，各官須移駐其地，會同監工將官用心監督修造，仍將應辦物料眼同估驗，須要精好，船必如式，器必依制。至出汛之時，須歷沿海信地閲視水陸官兵，稽察糧餉虚實。各官仍須潔己奉公，勵精任事，毋爲諸將所輕。其衙門吏胥門皂等役尤宜嚴行禁戢，所至營寨地方秋毫無犯，本官始稱盡職。如有縱容，查訪得出，各役定行拏究重處，本官亦坐以鈐束不嚴之罪。

一、將領選舉，舊例通行考試武藝、韜鈐，分别等第，照序銓補，似出至公。然武藝一夫之技，韜鈐紙上之談，據此以論將材，恒多舛錯，本院業已試而病之。今特著爲公同選舉之法。凡遇水陸名色把總有缺，聽駐劄道、巡海道與總鎮該路副參各薦舉一人到院，或取諸哨官，或取諸衛所，務拔其尤者，開具事實以聞。本院標下聽用材官亦擇取一人，合五人並試。以勇略出羣、能統壓士衆者爲上，廉勤守法、練習軍情者次之，其虚文無實者不與。水陸哨官有缺，聽各將領於捕盗哨長中每舉兩人到駐劄道，駐劄道選取一人呈送到院。本院及總鎮標下聽用武生各擇取一人，合三人，並試定奪。其欽依總下哨官有缺，該道併選衛所千百户中可試用者一人，兼送考選。公舉則無私，精選則無濫。諸人雖有夤緣鑽刺，無所用之。如有營求請託，本院查知，開註在册，永不叙用。

一、兵由將選，情意相關，斯緩急可賴。今後各營寨捕盗哨隊長、目兵有缺，聽各備總會集哨官從公選募。捕盗哨長多取諸本營寨隊長之中，偶有勇藝過人，即拔諸衆兵亦可。舵工、繚椗手須選募邊海慣習波濤之人，舵工尤要與捕盗相習。募兵但以精壯老實爲主。選募既定，該備總官徑呈解駐劄道查驗。

或查驗不中，退回再選。中則批發海防官造支名糧。若遇汛期，但具文呈道批允，以俟汛畢解驗，其海防官、府州掌印官并該路副參將官俱不必復行解驗，以省煩擾。若總鎮副參親統兵船捕盜隊長、目兵有缺，聽如前法選募。移文駐劄道，行海防官造支名糧，免其解驗，以存將體。又訪得閩中有等棍徒，不由選募，營求貴要囑託充兵，一隸尺籍，肆無忌憚，或經懲革，挖害多端。今須嚴行禁絶。如輕狥私請，自貽伊慼，悔之晚矣。且本院以選募之權專屬將領，而將領以選募兵爲姦利，則拏究參處，其何説之辭？

一、營寨夙弊，積習多端。凡把總見參遊守備則有贄，哨官見把總則有贄，捕盜哨隊長見哨官則有贄，各將官又有出汛之禮、收汛之禮。捕盜哨隊長、衆兵初選，則有常例。遇時令，則有節儀。總哨生辰則有賀禮，及其家眷往來則有餽贐。又指稱各衙門餽送公費，科索無厭。除已往不究外，自今以後，一切盡行禁革。敢有仍蹈前弊，怙終不悛者，查訪得出，或訐首到院，定行拏究，盡法區處。又查得營寨之中，公費亦所不免。如公差酒食、領糧盤纏、造册紙張、神祇祭祀及不時修補軍火、器械、旗幟、槓具等項，責諸將領自爲措辦，力所不能。今議立公費簿一扇，每月内用過某項某項，該銀幾兩幾錢幾分，會集各哨官查算明白。計每兵該銀一分或止幾釐，就於應散月糧照數扣補，即時登記簿籍。科派止於公費，則衆兵自是甘心。公費既出衆兵，則將領亦難藉口，此爲公私兩盡之法。公費簿送駐劄道鈐蓋，以備本院及該道不時吊查，然不必倒换循環，以滋煩擾。

一、訪得兩院司道府州掌印、海防并總鎮副參守備各衙門承舍、吏書、門皂、牙兵、健步、轎馬夫等役，凡遇端陽、重九、冬至年節，往往到營寨及衛所管事官員需索常例，甚至鳩衆填門，不堪穢詈之聲。又衛所官新任管事與把總新選到營，或把總自外入參本院司道與總鎮副參守備者，各役需索常例，亦復如前，以致把總、衛所各官多方科斂分咱。此輩今後通行禁革。但有各衙門人役仍向營寨衛所官員需索常規者，許所在兵軍紐結到院，或到司道，俱綑打革役，重則計贓究罪，兵軍仍加重賞。營寨、衛所官每季揭稟各衙門人役有無需索情弊，明開某人某人，以憑拏處禁革。之後各官再有指稱前項名色科尅兵軍者，並拏來治以軍法不饒。

一、給散兵糧，照本院覈定糧單，發糧餉道，轉發該府州支銀掌印官親看稱兑。每五十兩一封，用印鈐蓋，發各將領差官領去。該寨官會同各哨官當堂拆封，覆兑明白，隨分發哨官同各哨隊長。鏨鑿包封，計銀幾百幾十封，用紙幾百幾十包，做成空包，先將紙包兑該幾兩幾錢，然後眼同稱銀包封，包内開件數，包外開銀數。每哨共該銀若干，連包總兑若干，送將領官重驗明白。將領官又信手問抽幾封，稱兑無差，乃唱名給散。海防官與州正官但於每季仲月至該營寨親散一次，以便互相稽察。如有總以天平，分以鼇等及攙和低銀尅減毫分者，許各兵即時訐首，以憑究處。凡給兵糧，以每月二十九爲期，不得過三日。其衛所官軍本色糧米，照舊規。管糧官給散折色銀，照例發該衛所掌印官領回，會同各指揮千百户鏨鑿包封，唱名給散。每仲月，各府管糧官與州掌印官親散一次，亦如之。

一、上下體統貴嚴，不積則亂；情意貴洽，不洽則離。法之不行，自上犯之。把總而藐參備，將使哨官而輕把總也。衆兵以此效尤，漸陵其長上，至於鼓噪脱巾，無惑矣。今特申明上下之分，各把總須嚴事參備，然後各哨官知嚴事把總，哨長而下自然各知所畏，不敢踰越。所謂少長有序，禮讓相先，而後兵可用也。然參備無寬大之體，則把總不服；把總無仁愛之德，則哨官而下不歸心。哨官須體恤哨隊長，哨隊長須體恤衆兵，上下一心，乖戾不作，而後令乃可行，威乃可振。此仁義並行之道。禍福安危，關係至切，凡爾大小將官，其審知之。

一、捕盜哨長而下，有不聽約束，干犯禁令者，輕則各哨官徑行責治，重則具報該備總審究施行。哨官有不聽約束，干犯禁令者，輕則該備總量行責戒，重則呈報該道及總鎮副參等衙門審究施行。如更有重大事情，該道轉聞本院，拏處其將領官。有不公不法陵虐軍兵者，本院體訪得出，及各司、道、府、州、縣官揭報前來，定行拏究，的實治罪。各兵不許輒行訐告本管官員，敢有歃血鼓噪，陵辱本管官者，爲首的即行梟示，其餘分別重處。又有革退哨捕、目兵，往往誣告官捕，希圖報怨者，各衙門不許准理，仍將本人綑打六十，發該營寨，枷號一箇月示衆。

一、兵以節制爲尚。平日合營操演，使之目習旌旗，耳習金鼓，教以坐作進退，是節制之道也。然有旗鼓不明，紀律不肅，有發銃而不齊者，吶喊而不一者，坐作而人異方者，進退而人殊意者，當鼓噪而默不出聲者，當静止而譁若聚蚊者，是爲無節。平時且然，臨敵何望？今須於操演之時，提而命之，束而整之。今日施一令，明日行一約，必使耳目熟閑，心志齊一，人人皆知有節制。但塲操太數，徒敝精神。每旬只於三、八日期，一月以六操爲準，餘時分投教練武藝。

一、練兵先於練膽，練膽先於練技，技精則膽壯，此兵家所恒言。今各營寨之中，須擇選技藝精熟者兩三人爲教師，使之一教十，十教百，百教千。而又於比較之時，以藝精者一人爲主，取其相彷佛者幾人對試，能勝一人者賞之，再勝一人者又賞之，能勝三四人者又賞之，鼓舞激揚，使三軍之士望風而知勸，則技日精而兵皆壯矣。賞兵之費，原無所出，臨期呈請該道查處，轉詳本院裁奪。又照藝有虛實，才有真假。所習之藝，長者無過弓弩、鳥銃，短者推俞家棍爲最。其法可通於諸兵器。若長槍、若鈀頭、若筤筅、若籐牌，皆兵器之有實用者。至於馬步雙刀、馬步關刀、馬步中槍，虛花舊套，如俳優兒戲，皆所不取。營伍之中，切勿以此爲事。

一、本院近題存留募兵以便操習，不准放班，已通行外。其謂汛畢將各寨遊之兵重加挑選者，爲去弱易强計耳。今訪得各將領汰兵或少或多，俱無定法，至有以賄賂爲去留，利其多汰而濫選者，深爲可恨。除訪的另行區處，今後水陸之兵必不得已而後汰之。年老衰遲者汰，身有痼疾者汰，學藝不成者汰，屢犯教令者汰，與衆不和者汰，縱酒無度者汰，嫖賭不悛者汰，非此數者不可輕汰。或有年雖長而練習於事，人雖小而警捷可使，並不宜汰。一時更募，未必得人，且新進教習，非歲月之久不能，反不如教舊人之便也。慎選於初募之時，操練於在伍之日，不輕收，亦不輕汰，此爲要術。各將領知之。

一、據把總胡熊條議：預處行糧以便齎裹，欲照舊規坐派各縣，先將餉銀支發附近里班，買米裝運到倉，臨汛驗給，使緩急之際船無留行，師有宿儲等因到院。行巡海道佘僉事覆議：里班辦運，恐官兵乘機勒索，未妥。合無今後春汛務在正月以裏，冬汛務在八月以裏，聽駐劄道督行海防官會計該寨遊兵軍裏米價銀，給發委官先期糴買，寄貯附近倉廒，候臨汛驗給，兵軍深爲兩便。已經批允通行。師行糧從，關係最切。各該海防官查照，臨期預呈駐劄道施行。如或違誤，責有所歸，定行參究不恕。

一、各營陸兵舊規，每遇汛期，分哨山海要害去處，多者百餘名，少者數十名。揚兵會哨，總屬虛文，無益事體。夫兵分則力弱，卒遇强寇，勢必不支。脱或賊泊城邑，然後召回汛兵，則彼反爲主而我爲客，尤屬非計。今後陸兵仍駐各府城或於大關隘處所，全營操練，以衛城池內地。而於沿海偏僻地方，凡二十里，但輪撥兵二名以爲哨探，遇警馳報，我以全兵擊之，庶幾有濟。且兵不離將，將不離兵，團集操練，免生他擾。其冬汛見有發兵分哨者，徑行掣回申報。

一、五寨三遊舟師分布沿海二千里之遥，多者五六十號，少者二三十號。勢本單弱，又各分幾哨，畫地而守之，無所不備，則無所不寡，此安足恃也？近據把總童龍議「有警報，將本管兵掣占上游」，深爲有理。查得烽火宜屯聚官澳，小埕宜屯聚西洋，海壇宜屯聚東庠，南日宜屯聚苦嶼，浯嶼宜屯聚崇武，浯銅宜屯聚料羅，銅山宜屯聚鎮海，南澳宜屯聚雲蓋。五寨三遊，各占上游，聲勢聯絡，厚集以待，一遇寇至，分爲正、應、奇三兵以擊之。如倭自直、浙水道而來，則烽火首當其衝。烽火船爲正兵，小埕船爲應兵，海壇船從旁夾擊爲奇兵。北路參將新設兵船，爲正，爲應，爲奇，相機而動，無所不可。賊逾烽火而至小埕，則小埕爲正，烽火與南日爲應，海壇仍爲奇。總鎮標下新設兵船，爲正，爲應，爲奇，亦無不可。其又至於南日，則南日爲正，小埕與浯嶼爲應，浯銅遊爲奇。其又至於浯嶼，則浯嶼爲正，南日與銅山爲應，浯銅遊仍爲奇。設倭自廣東水道而來，則南澳首當其鋒爲正，銅山爲應，廣東柘林爲奇。並如常山蛇勢，擊首尾應，擊尾首應，擊中首尾俱應，未有不殺敵取勝，成萬全之功者也。又賊由北而南，則烽火、小埕兵船當防後至之倭，未可輕赴援應；由南而北，則南澳、銅山兵船亦如之。其或賊勢重大，併臨一方，則五寨三遊調遣往來，俱聽本院與總鎮臨時號令。又兵船既已屯聚，全在哨探嚴明。近烽火寨欲募取漁船直至南鹿哨探，本院已經准行，各寨遊俱當遣撥烏船或選取漁船遠出外洋哨探。如礌山、東湧、上下竿塘、烏坵、彭湖、大甘、小甘等處，皆其地之要害，倭所從入，不可疎虞者。夫倭船浮海而來，勢難成排，卒至當其零星，潛泊海外嶼澳，我兵哨探無誤，先事待之，則勝算在我矣。凡爾大小將領各各遵奉約束而行，如有逗遛觀望，坐失機宜，悉以軍法從事。

一、海洋遇敵，相爲犄角，併力夾攻，固爲勝算。然又有兵船先至，方與賊交鋒，勝負未決，而後船踵至，望見賊舟，銃砲迅發，矢石交加，反令先登之船腹背受敵，此不可以不慮。近日胡熊條議「欲行分擊，以一兵船攻一賊船，使人自爲戰」者，此懲羹之言。巡海道則謂：「當量度彼己，果我一船能制敵死命，則可無事夾擊。若大勢不敵，急難取勝，麾右而右，麾左而左，在主旗鼓者臨期調度。何如？」尤爲有見。今後兵船遇賊交鋒，後船不得遽發銃砲等器，且艤舟在旁陰助聲勢，必待前船吹動救兵暗號，麾之而進乃進，毋得爭功倖勝，反誤事機。違者俱以軍法論究。

一、各寨遊兵船，防汛則分守信地，汛畢則輪班出哨，防禦盜賊。立法已久，責固難辭。乃有漳、潮、月港無賴頑民，駕舟遠洋，名爲南船，遇盤詰則稱商，視無人則爲盜。而近海商漁船隻往往貪使夜潮，孤棲絶島，致生不測，輒歸罪於官兵。又有船稍包載商貨，中途偷匿，架詞打劫，平空索騙哨捕買和，哨捕慮其告發官司，禍出不測，且淹纏歲月，隱忍受騙。此其風漸不可長。今後通行申飭沿海縣分轉行巡司澳甲，禁諭商漁船隻曉行夜住，不許暮夜駕使，拋泊須近汛地兵船，倘真被劫，方可告汛地官兵失救之罪。

其違禁夜行，泊舟遠島，以致踈虞，及船稍偷匿貨物，假稱被劫者，官兵免究，仍以其罪罪之。

一、兵家全恃烽堠以爲耳目。閩中沿海，墩臺相望，儘稱森密矣。但承平日久，官軍玩愒，漫不經意，名籍墩堠，實坐私家，瞭望何賴？今爲立法，責令輪班守望，整其種火草棚之具，修其旗幟器械之屬。各營將領官兼撥塘報二名，各備裹糧，以五日一换，務令晝夜在墩，時刻哨瞭。遇有警急，一面揚旗舉火以便鄰墩接應，一面飛報各干衙門，果得無誤軍機，殺敵取勝，准以首功論賞。如平日怠玩，臨警失於舉火揚旗，及哨報不實者，分别重輕，悉以軍法從事。海防官與水陸將領官附近者，不時突至一稽查之。

一、據把總陳有光條議：器械、盔甲，製造固欲得法，而整頓尤須得宜。今各兵類多偷閑習惰，玩視公物，以致器械易鈍，銃炮易蛀，盔甲、旗幟之屬濕腐易壞，深爲可惜。爲今之計，必於軍器始造時，照依《千字文》逐件編刻字號，然後照依哨隊，次第逐件分給各兵。如某兵領某號刀牌，某兵領某號銃炮，某兵領某號鎗筅，某兵領某號盔甲，某兵領某號金鼓旗幟之類，務使之當磨洗者則常磨洗，當曬暴者則常曬暴，當整頓者則常整頓。把總不時依號撮抽一二驗視之。所給軍器既有字號，即欲一時掩换不得。以軍器之利鈍，别各兵之勤惰，深爲有理。仰各將領同海防一一查照施行。

一、倭夷流劫海上，嚮導多由捕魚船隻。如烽火寨之礌山，小埕寨之東湧，南日寨之烏坵，浯嶼寨之彭湖，銅山寨、南澳遊之大甘、小甘，去各寨遊信地遼邈，漁人往往裝載米糧，捕魚于此，甚至經旬不返。一遇倭奴突至，取水逃避不及，隨被捉獲，因爲嚮導入寇，流毒不可勝言。今特著爲禁約，但臨汛時月，各漁户出洋捕魚，如瞭有外海異樣船隻駕使，即令轉帆歸報，所在官兵預整舟師，出洋防禦。報果真的，重加給賞。至若倭船入境之時，沿海船隻寸板不許下海。蓋倭船與華船特異，惟捕魚船一爲所獲，分倭坐駕，則好歹難分，往往爲其所誘。此不可不嚴加禁絶。海防官與沿海有司衛所、巡司將領等官，俱遵照施行。

製造綿甲行各道

據分巡興、泉道呈稱：先據泉州府海防官查議，見製各兵棉甲，每領用綿七斤，似覺太重。續查福州等營寨，該同知温景明覆議，每領連綿布共重六斤，長三尺二寸，著令各兵自製，官給銀四錢。揆之原議，價亦適中，似無虚冒。計浯嶼寨遊捕舵目兵該造綿甲一千九百三十四領，每領估銀四錢，共該銀七百七十三兩六錢。合候詳允，行府動支餉銀，發監工把總官，查照本院新行條約，給各兵自製。各哨分别色號，務令一一如式。完日送海防官與監工將官會同查驗發用，報道詳銷等因到院。隨批「棉甲如議，每領連綿布共重六斤，長三尺二寸，官給銀四錢，令各兵自製。倘有不敷，再加錢分朞于各兵餉銀，量自補貼，必求堅好足以衛身爲度。仍行海防官會同將領嚴加查驗發用，中有短薄苟簡不如式者，追扣價銀，即將本兵究革，毋得縱容。此繳」去後，擬合通行一體查照。爲此牌仰本道官吏即行該府海防及監工把總官，查將所轄寨遊捕舵目兵應造綿甲價值，務照批行事理，一體遵行。

責各縣正官審編行七府一州

先該本院查得福州府各屬大造丁糧，總經册舘審編，甚涉煩費。隨經面諭該府掌印官，行令各縣正官親自審編去後。續據申稱：十年大造，編派糧差，關係匪細。上輪議委府佐二員蒞縣查審，真覺煩費。各縣正官與民最親，人丁之消長，糧米之灑飛，皆可就近窮詰。使又造册解之府舘覆查，徒滋弊竇。今奉憲諭，誠爲洞燭民瘼，合無通行各縣掌印官速將該縣人户作急清審，務在秉公，毋狥豪右之囑託，嚴絶吏書之弊端，立限造册，解府印送本道，查派施行等因到院。隨批：「親民莫如縣官，錢糧乃其首務。於歲派丁糧不能審編，而待府佐，則何取於縣官？且府佐一人之力，安能勝於各縣之專裕也？亟宜省裁，如該府所議作急清審，立限造册，解府印送該道查派施行。此繳。」但事干通省，合行一體遵照。爲此牌仰本府州官吏照依事理，嚴督各縣掌印官查照清審施行。

糴穀救荒行布政司

照得各屬地方水旱爲災，早禾薄收，晚禾無植，加以廣穀不至，民食告艱。其在泉、漳，省會爲甚。除一應拯救事宜已經列款案行遵照外，爲照各屬積穀無多，待哺者衆，挹勺水以救車薪之火，所濟幾何？相應另行酌處，以弘賑救。爲此牌仰本司官吏即便會同兵備守巡道議，動司餉若干，選委廉幹佐領官三四員，通詳批委顧募商販船隻，分投糴買稻穀，爲泉、漳者徑往廣東，爲福省者徑往温、台，及時運貯各府倉廒，或酌價發糶貧民，或准月糧給與軍兵，扣銀還庫。作速會議妥當，具由詳奪施行。

救荒示

爲拯救災荒事。先據漳、泉二府及閩清、將樂、泰寧、邵武、光澤等縣申報水災，近又據福州府申報閩、候等九縣亢旱日久，晚禾無植。本院已將水旱災荒具題外。照得閩在山海之間，五穀鮮少，民恒艱食。加之海上有警，兵費日增。水旱頻仍，穀價漸湧。荒亂之形，已在目前。於此多方拯救，是在我兩院及合屬有司相應通行申飭。爲此除通行司道查照舉行外，示仰所屬軍民人等，一體遵守施行。

計開：

一、天災流行，皆由人心積憤含冤，觸犯天和所致。除本院痛自修省，凡有過差，許諸人陳白，即行改正外，各屬大小官員儻有存心不公、持守不潔、刑罰不中、催科無法、鈐束不嚴種種厲民逆天之事，速行省改。其鄉宦、富豪陵虐小民與頑愚之民不孝不弟，及凡姦盜詐僞、放縱淫侈，足以上干天和者，其自今各各回心轉念，毋重神怒，自取禍殃。上下修省，此爲第一。

一、刑獄冤滯，斃人于狴犴之中，最多怨氣，有傷天和。近該刑部尚書孫□題：「爲歲清天下囹圄以廣德意事，奉聖旨：『覽奏具見詳慎獄情，愛惜民命之意。便行與各撫按官，務要嚴督諸司，每歲用心清審，仍不得隔境拘提，干連人衆，反滋騷擾。欽此。』欽遵。」除本院清審告詞，嚴查姦徒詐罔羅織，不輕准理外。按察司及守巡各道，即提吊各府、州、縣輕重囚犯，逐一清審。除情真罪當、審無冤抑者照舊監候，中有死罪矜疑、軍徒杖笞、情可原宥者，限在八月以裏，具詳兩院會疏以請。重罪候覆□請裁奪，輕罪徑自發落，或保或釋，無致久羈。其有司官不得假借勢豪，聽信胥吏，輕繫平人於獄。一清冤抑之氣，以回天地之和。

一、府、州、縣正官當此時候，須要嚴禁佐領各官、房科吏典，並不許輕出一票，輕遣一差，下鄉騷擾地方。

一、本院題災後，按院有勘災一事，此出萬不得已。各縣正官須是親往各鄉，或委佐貳廉能官員，俱要減從裏糧，秋毫無擾。其地方災傷，但看大較分數，或旱之中有不旱，或淹之中有不淹，或此歉而彼豐，或少凶而多穰。不得狥情混報，致亂事實。若有勘報糊塗，反行騷擾者，體訪得出，定行重究。

一、錢糧除緊急應徵外，原議十八年以前逐年帶徵者，不得混行催併。毋重秤頭火耗以恣需索，毋容侵欺包攬以累賠償，務寓撫字於催科之中，毋事敲朴以叢小民之怨。

一、預備倉稻穀，專爲賑荒之計。各縣官查勘田禾淹没、廬舍漂流去處，其間貧民朝不謀夕，徬徨無依者，查審的實，籍報申請，量爲賑貸。

一、穀價騰湧，民不得食，最爲可慮。除本院行布政司動支錢糧，差官分投前往廣、浙地方糴買米穀，分貯福、興、泉、漳各處平糶外，其各府縣查有庫貯備賑銀兩及别項堪動錢糧，亟行申請動支，多買稻穀，以備軍兵糧食及賑濟饑荒之用。

一、宦家大户積有稻穀，有司官勸令隨時糶賣，救濟貧民，毋得閉藏，坐勒高價。其小民不得聚衆强買，或至搶奪。敢有用强搶奪者，縣官即行拏究，重懲如法，毋令擾亂地方。

一、海上穀船自廣、浙而來者，不許豪牙譬户一網包羅，致穀值湧貴，貧民難買。有司諭令各處穀船聽從商民兩平交易，不許豪家包呑，違者拏究。

一、大小相濟，有無相通，此民間常理。但當此荒歉之時，宦家大户須知權宜寬恤。租債等項，應取者取，應饒者饒，應緩者緩，寬民升斗錢分，救民旦夕性命，即此便是陰德，可以長保富貴，貽慶子孫。其小民但可情求，不可欺賴，以絶相濟相通之路。若大家告追私債者，有司斷不許准理。

一、時值凶荒，凡事宜從減損，一切淫靡之事，本院原有禁約，府縣官嚴爲申飭奉行。其賭博不悛，演戲不止，豪奢子弟諸犯禁約者密拏，申請重罰稻穀，賑濟饑民。抑淫周急，是爲一舉兩得之道。

一、宰殺耕牛，律有明禁，前院屢行禁革。訪得民間私宰者猶多，州縣官合行嚴禁。但宰耕牛一頭，除依律杖笞外，仍罰穀五石以濟饑民。

一、亢旱已久，恐有瘧痢諸疫。貧民不得醫藥救治，仰府、州、縣正官各查處無礙官銀，召集良醫，買辦藥料，開局城中或市鎮去處，施藥貧民，醫治諸病。若諸醫活人生命，查審得實，量其多寡以爲賞賚。

查革沙縣積書行按察司

訪得沙縣僻處一隅，吏書、人役作姦壞法，民怨大叢，法應拏究。及查該縣六房并佐領官、書手，俱係江西劉、袁、艾三姓。父革子入，兄出弟進，盤據公門，弊竇百出，縣官往往受其挾制，合行查革。爲此牌仰本司官吏即將單開各犯應拏者嚴拏正身，添提干證，照依所開贓跡逐項鞫究，明實具招，連人解詳。應審者行縣逐名研審，要見某某係積年久戀，爲害多端，應究罪；某某歷役年淺，作弊未甚，應革逐；某某新進未久，過犯無聞，應姑留。清查明白，解司覆審。應究者一面併招解奪，應革者即行革退，應留者量留幾名。其有缺役，另行該縣召選本籍誠實人民充當，永不許各犯朦朧復入。仍將擬過、革、留緣由，另詳批示，遵照施行。

清查積牘行福州府

據福州府并海防等官，閩、候二縣各造送應比刑名文簿到院，查得內開追贖未報者，不拘久近，速應完報，追贓遣配，毋容延緩。有因照提人犯，緝捕盜情，并致稽延者，合先將已完紙贖實收銷繳，照捉緝捕，別置簿籍稽查。其告詞未報未結者，速應審結。若年月稍遠，拘提未到者，俱可具由請銷，以清積案。爲此牌仰本府官吏即便轉行各館并二縣掌印官，一體遵照。限文到十日內，查明各項事體，應完、應結、應先繳報、應徑請銷，并置照提文簿，具由申詳，以憑裁奪。其應完結起數，仍限一月以裏追完三分之一，各僉承行吏書於八月初十日送比，不及數者重行責罰。若全然玩慢，事無完報，先將該吏究擬，決不姑容。

清查積牘行二司各道

近據福州府并海防等官及閩、候二縣各造送比刑名文簿到院，查得未完事件叢積繁多，既不完結，又不詳銷，因循玩慢，迄無了期。隨摘行該府督行清查完報去後。爲照前項未完，不獨福州一府二縣爲然，相應通行清理。爲此牌仰本司道官吏，除新奉本院詞詳牌案勘合務要嚴督依期完報外，其餘凡奉前院事件，逐項清理。應完結者作速完結，應追贓贖、完日遣配發落者，作速追完遣發。間有一二照提未到，致難詳繳者，即將實收或收管，先行繳報。應提人犯另置照提簿籍，分別輕重事情，查照挨獲，按季送比。如罪犯輕微或株連年久，挨拏不獲，并告詞久提，人犯不出，與盜賊向緝無踪者，酌量請銷。通限文到半月以裏，先行詳報。其應完結，起數以十分爲率，每月限完三分。三月之內，通限全完，毋得仍前怠緩。該道仍行所屬各府、州、縣正佐官一體遵照，清查完報施行。

表往哲咨禮部

准禮部咨，查尚書林𤊹、郭應聘行誼，勳業果否超卓，鄉評宦績有無疵議，作速覈實前來，以憑覆請施行等因。隨經案行福建布政使司查議詳報去後。隨據該司呈稱依奉備行提學道及福、興二府查詳云云，備呈到院。該本院覆查，得已故南京禮部尚書林𤊹，忠孝廉節之行，視祖父而益光；南京兵部尚書贈太子少保郭應聘，惇厖清約之風，超人羣而獨著。當權相之恣睢，臭味不合，則引身肥遯，天下莫不以林宗伯爲知幾；承督府之溷濁，軌轍不侔，則殫力澄清，庶僚莫不以郭中丞爲偉節。文章道誼，林誠一代之師表，而位不滿德，衆咸惜之；勛烈風猷，郭迺三朝之名碩，而澤在人心，有餘思者。如此二老，並爲純臣，是宜請錫令名，以垂不朽。又照得林宗伯在於先朝侍從日久，纂修講讀，效有忠勞，未蒙贈官，尤爲缺典。合就咨覆云云。

議差官應付行驛傳道

據分巡漳南道呈，奉本院批，據汀州府前任知府史邦載條陳十事，内議應付以衂公差一款。該道覆議，以後差去縣佐官員，果係領解金花兵餉等銀往省，既有般運艱難，復當防禦勞苦，便應印給長單，填給口糧夫馬。路近而銀少者，少與之，而不嫌於省；路遠而銀多者，多與之，而不嫌於濫。許府掌印官先期呈請驛傳道掛發長單，臨時裁酌。至於衛所千百户、鎮撫等官，差之迎送兩院司道，該府議有濠池租銀，亦應酌其路之遠近、時之久暫，或一兩，或二兩，亦准隨時裁給。此差原無錢糧在身，似不必更給長單等因到院。看得起解錢糧、迎送上司二項差使，不獨汀州一郡，相應通行議處。爲此牌仰本道官吏即便會同布政司查議：各屬起解錢糧，赴省上納，差委府幕、縣佐等官，應否查照該道所議，先期掛發長單，聽各府州掌印官臨時酌填；應付武職迎送之差，各該府州有無堪動銀兩；如汀州所議，果否長便。逐一酌處妥當，具由詳奪施行。

置由票頒布行八府一州

看得各屬錢糧，頭緒多端，催徵無法。且經承人役豪猾里排，又多乾没情弊，以致年復一年，逋數堆積，竟難清楚。今照萬曆二十一年分開徵在邇，合行設立簡易之法，一清弊端。爲此牌仰本府州官吏即行屬縣，備查每縣原額糧米若干，丁口若干，今二十一年分每丁石該派銀若干，通共上倉本色米若干，折色銀若干，綱徭兵站、四差各若干，丁料、鹽鈔、魚課并各充餉銀各若干，總計每縣見今通共條鞭銀若干，内起運該銀若干，存留該銀若干。備具一揭，限三日内馬上差人遞報，以憑出示曉諭，仍立由票格式頒布小民，遵照徵納施行。

徵糧票册行糧餉道

案照先據糧餉道呈詳，更立糧差由帖式樣緣由到院。隨批糧差由票式發去，仰道行各府州轉行各縣，算定糧差的數，一面填票給付小民，一面申府詳道，轉詳本院，查考其田畝科。則糧差編派各色款項，仍須詳揭榜示，令民通知由票填明，設法散給，毋使一民遺漏，致有侵漁。并將原式酌改明白，發道頒行去後，延今未報。值今大造册籍更新，又審編賦役伊始，相應查定簡明糧差一册，分布民間，似爲長便。爲此牌仰本道官吏照依先今事理，嚴督所屬州縣，速將審過實徵。每縣户口田土、夏税秋糧等項，并起存原額各若干，内應免丁米若干，實差丁米若干，每民米一石應派本色運倉若干，或改派折銀若干，學糧若干，糧料、四差各銀若干，官米每石折銀若干，人丁每丁料鈔、綱徭兵各銀若干，婦女每口鹽鈔若干。閏年各照應加之數。至於魚課、充餉等項雜名，各隨州縣有無項款造報。俱以二十一年爲始，册送該道，覈實呈報，以憑裁酌刊布施行。仍催發過由票緣由報查，毋得遲延。未便。

查勘海壇山行福清縣

先據福清縣條陳興革事宜，首及海壇開墾一節，隨行司道查議。未報。今該本院咨訪甚詳，灼知海壇密邇鎮東，爲閩省藩籬之地，周圍七百餘里，中間沃壤至多。頃年會議令民開墾，未及十之一二，徵税不過千餘。節據士民告佃紛紛，慮啓争端，不輕准授。然而海澨閒田，荒棄可惜。軍資方乏，屯耕爲先，合行查勘。爲此牌仰該縣掌印官即同本院差去中軍官呼鶴來等前到海壇山逐一踏看，要見其中平壤可耕者若干處，某處約有若干頃，原經開墾成熟的有幾何，先行圖記大略，限十日内報院，以憑委官丈量，通行開墾。中間但有勢豪占據，及姦民私自墾耕取利者，一切從寬報官陞科，不究已往之罪。此係軍興急務，毋得延緩。未便。

據福清縣詳勘過海壇山田地緣由到院。批：據勘報，海壇山十四甲内園埔地約計千頃有餘，此可屯耕之所也。先經民間開墾成熟，十居八九。報税者少，隱匿者多。又尚有荒蕪去處，相應開墾，須得通行丈量，計畝起税，爲養兵守禦之策。古者田賦出兵，今約以田地千頃出兵千名，願者授之，可不煩督責而裕也。仰布政司會同糧餉、兵備、守巡各道查議詳奪，仍一面行委福清掌印官前往海壇山設法丈量，限一月之内回報，以憑裁酌，會題施行。此繳。

據福清縣申詳丈量海壇山田地緣由，批：授田出兵，民既不願，准令丈量明白，徵價增税。該縣所議八款，大略得之，即出示張掛，速行丈量，以待選委廉幹官員，分投覆丈。但照甲分丈，須嚴諭一一如式填報，方爲省力。不然，覆丈之時，又須通丈，反增累擾。禁阻撓與明賞罰二款，宜著實行，限正月内完報繳。

又據福清縣查勘海壇山緣由，批：據該縣丈過海壇山田地，分别等則，擬税擬價，似已分明，可免覆丈。但田園各價，不及十分之一，以爲用工開墾，或轉更數主，又或曾經告争量斷價值輸官，今概寬之似也。若税銀在園埔地，增加于舊，不必再議。在上下，則田擬税太輕。查此中上田一畝，可收稻四石之上，次者三石，又次者二石。即以二石從平價論，可得銀六七錢。稻四石，可得銀一兩三四錢矣。今宜稍增，以充軍需之用。又海壇田地八九萬，耕者常不下萬人。且有遊兵一枝，往來其地，非建造城堡，則兵與民俱無依倚。脱有寇至，棄而不耕，非長久之策。是建城尤今日急務也。城中造倉一所，即以田税徵本色，或米，或稻，實于其中，外給兵糧，内裕民食，可耕可守可戰，足爲海上一面藩籬。造城工料約有四千餘金，就徵田價可用。仰布政司查議詳確，限半月内報奪，以憑題請繳。

據布政司覆議海壇山田地增税緣由，批：據議量減各則田價與各田税銀，無非寬恤小民之意。又田價税銀徵納，先後用一緩一已爲得宜。但該縣近丈田額，共溢舊數六千三百餘畝，明屬欺漏。今一概議，佃民情猶有未甘。盍將此項欺隱田畝查照時值，量追一半入官，庶於追徵爲有名乎？抑以衆輕易舉分作兩項議處而死，人情咸樂於輸納也。仰司再行一查，併議造城、建倉、建營各規制事宜，作速詳奪。此繳。

團練鄉兵行各道

照得閩省水陸寨營星分碁布，戰艦兵器整飭方新，防倭之策略已備豫。但沿海地方甚爲遼曠，倭奴入犯，隨處可登，必待水陸官兵防禦截殺，則市井村落去處受其屠殘蹂躪，已不可言。此嘉、隆往轍可鑒也。沿海隄備補官兵之所不足者，惟是練鄉兵爲要，無勞招募而隨地皆兵，不費餱糧而就鄉守護。有事則與官兵遥爲聲勢，互相犄角；無事則散歸鄉間，各安生理。此古今良法，又不但爲一時權宜之計而已者。卷查前院屢奉欽依有行，乃各處有司奉行無術，迄無成效。蓋選編而有吏胥之詐索，閱練而有佐領之供需，甚則訛言恐嚇，謂欲調遣征倭，以致愚頑逡巡畏避，守令憚於勞怨，大都聊且偷安。不知警報突臨，倉皇無措，黥黎自棄身家於罔顧，官府坐視荼毒而莫何。當此之時，追悔奚及！本院慮此至殷，合行申飭。爲此案仰本道官吏即將款開事理行府，嚴督各州縣掌印官查照修舉。趂今冬月農隙之時，選練成兵，以防來年春汛。有能實心任事，事舉而民不擾者，自當破格薦揚。其或措置乖方，無益於事而叢怨於民者，法不輕貸。該府之治郡優劣，該道之經略長短，亦將於此乎有稽焉。限文到兩月内，該道查取各州縣編過鄉兵總揭呈報，以憑不時查覈，勸懲施行，仍一面大書告示，張掛曉諭，令民通知，俱毋違錯。

計開：

一、有司官點選鄉兵，輒拘呼里排，令通縣之人奔走伺候，便覺騷擾。又或委佐領、巡司等官下鄉點選，亦恐多事。今須掌印官減省騶從，自備供給，親臨各鎮、堡、鄉、村人煙湊集去處，但照見行保甲，查點人户正身。年二十以上、五十以下，精爽伶俐，足稱壯士者，令諸人從公舉報，籍記姓名，不拘三丁抽一，亦不必逐户起丁。有人則選，無人則已。以一鄉一鎮計之，多者三四百名，少者一二百名，又少者數十名。保甲相連，不出五里之内，可以聯合爲一，使之同力相保。若小村貧户，四散零星，不便聯屬者，並不須點選，以重擾累。

一、鄉宦、舉監、生員之家，不宜概使出兵。但此舉專爲各保地方，所保惟富室大家爲重，貧人下户干係甚輕。近因倭警屢傳三吴之間，有一家而招募壯士數百或數十人以自衛者。若令貧人爲守，巨室安坐，設有緩急，彼將思逞，何足賴耶？今須理勸士大夫家爲之倡率，若果爲保家保族之謀，即子弟童僕，皆可教之即戎，何須規避？如有一家能出兵十名以上者，縣官特爲優待，以勵其餘。

一、製辦器械衣甲及一月兩次操練，供給飯食，大約以百家爲率。有兵三十名者，餘七十家供之。有兵二十名者，餘八十家供之。一人器械衣甲不過銀五錢，一次操練飯食不過銀二分。各户之中，仍酌量貧富派處。若有大家尚義捐貲，製辦器甲，分給各人者，自十副以上，保甲人等呈報縣官，紀録奬勵。

一、一鄉之中，擇一智勇平日爲衆所信服者爲鄉總，照例給與冠帶。鄉總之下，擇有才幹而精壯者爲副總。副總之下，擇稍伶俐者爲鋭士。每十人爲一隊，鋭士領之。每百人爲一哨，副總領之。每鄉或一哨二哨，或三哨四哨，隨其多寡，鄉總領之。如一鄉無人堪爲總領，以各處武舉、武生充之。又揀選熟諳技藝者一兩人爲教師。武舉、武生、教師，有司須爲查取姓名，申詳該道，量處廩食。

一、各鄉擇一閒曠之地爲武塲。每月初二、十六，鄉總召集各丁先爲操演步伍，次爲教習技藝，盡日而散，違者有罰。其餘二十八日，各令安生，不得分毫擾害。上司往來、府縣經過，不許迎送，以妨本業。平居無事，不許輕委官吏下鄉查點。其掌印官與民相信，政有餘閒，親臨各處武塲演試，并教以親上死長之義者，不在此例。

一、各縣之中，若有鄉兵一二十處與水陸官兵遥爲聲勢，雖倭奴入境，不敢縱横。其能防捕截殺，查有實功，一體叙賞。又若鄉兵團練日久成章，土募官兵漸可汰省，尤爲地方無窮之利。有司官其詳諭百姓，使皆樂從而後行之。

一、編選鄉兵，年貌、疤記、都圖、住址、册籍，止造一本存縣稽查。其道府兩院，止具鄉總、副總姓名，鄉兵總數若干名，揭帖一本送覽，不必造册，以滋煩擾。如有緊關事務，該道府即吊縣册稽查。吏胥人等敢有乘機科派累及民間者，挐究。

一、查得山海村落，往年多有土堡、土樓。承平日久，已多廢塌。縣官逐一清查，著令分派修理完固。中有願新築者，聽從方便。遇有警急，督將牛畜、米穀盡數般入樓堡，協力固守，以防敵人資藉。又各處隘口添設關栅，可以阻截馳驅。多樹荆棘，多掘坑塹，可以備其衝突。諭令鄉總，督率保甲，隨地爲之。先事豫防，有備無患。此爾百姓各自爲保身家，亦爾有司官爲民父母保障之圖。萬萬毋忽！

疏通廣穀咨兩廣軍門

據分巡興、泉道副使楊際會呈：據泉州府呈稱：府屬地方，介在山海。田地狹隘，生齒繁衍。無論凶年，即豐歲，大半仰給於廣。嘗閲史，見宋儒真西山先後兩守泉州。其初任謝表則曰：「粟生於地者幾何？日伺鄰邦之轉餉。」再任謝表則曰：「禁旅雲屯，軍餉每難於宿飽。」是泉之食不足以供泉之民，蓋自昔而然矣。邇來本地收入有限，而廣之雷、廉、高、惠、潮等處皆係産粟地方。或彼處商民販穀於泉，或泉、漳商人糴穀於彼，平時絡繹海洋。一遇歲凶，彼處積猾告稱閉糴，既需索産穀之家，又騙害糴穀之客。今年夏秋，商人大被其害，袖手空歸，而閩屬蒼生轉相傳告。蓋廣中田土遼闊，每歲所入，頗多贏餘，必欲易銀爲輸賦婚喪之費。其願出糶於泉，猶泉人之願糴於廣也。徒以姦猾爲梗，彼此俱病。伏乞參酌事勢，具疏上請，無問年之豐歉，悉聽彼此商販貿易往來，著爲定例。仍申明遏糴之旨，爲一方全活億萬生靈之命脈等因到道。轉詳到院。看得閩省漳、泉，地多濱海，穀少人稠，素賴鄰糴接濟。廣之雷、廉、高、惠、潮等郡，田腴穀廣，亦待漳、泉興販貿易，彼此相需。邇來起於姦猾阻遏，竟至糴糴無門，廣、閩農商以此均病。該道府目擊民艱，亟欲題請疏通以活生靈之命，未爲不可。但事權全屬貴院仁慈惻怛，當視閩人即粤人，一號令區處之間，姦蠹可除，困窮可濟，又何待繁瀆聖聽而後可也？相應咨請，爲此備由移咨貴院，煩請嚴檄所司不得阻遏，悉聽商販往來糶糴，以通有無，以資閩食。希將俞允緣由咨示，以便通行所屬官民尊守施行。

疏通廣穀案行各道

准總督兩廣軍門陳咨稱：查得閩之漳、泉接壤廣海，商船來廣貿易穀米等貨，即雷、廉等郡向皆通行。秖緣姦商乘向高、雷、廉、瓊地面假販侵池，該前院題議防池善後，將漳、泉二府所屬來廣商船俱照廣船刻皷書篷，填給文引，聽潮、漳副總兵盤詰，限至廣州地面而止。業奉欽依，續該福建撫院議稱：漳、泉穀少，除廣、惠、潮外，高州去珠池尚遠，仍當容其往販。請開高州一府之禁，其雷、廉仍不許往。以上四府頻年通糴如故，頃因備倭戒嚴，概禁汛內商船不許出洋，福船不許入廣，以杜接濟之姦。若汛期未至，及汛期已畢，並得往來糴糴。奈因今春正當汛期，閩商白艚船隻蝟集省河販糴。一時米價踴騰，民不堪命，致無賴棍徒借口搶奪，商民胥困。已行海道摘發首惡重究外。爲照閩、廣鄰壤，食貨所需，有無相濟，商農固兩利也。但閩商通糴地面，止該廣、惠、潮、高四府。四府地方收穫不等。若廣州境内，民多逐末，近省民家，蓋藏甚鮮，全藉省外轉般之穀，僅供本地民食之資。倘或外來販糴者衆，價必幾倍。以故民有嚻聲，翻爲厲階。相應酌處，方爲兩利無害。合無貴院嚴檄漳、泉兩府各屬，於各商告給販廣文引，酌以十分爲率，係販穀者，廣州限以二分，惠、潮、高州三府共八分。其引明填往某府字樣，各商領引入廣，遵照海禁事宜，投南澳副總兵盤驗，務使船不離引，引必照地，商無便己之圖，民得羨補之利。農末相資，閩、廣受益矣。除行各屬并副總兵遵照外，合就咨覆，煩請查照施行等因。准此。

案照先據分巡興泉道呈，據泉州府呈要題禁東粤遏糴等緣由到院。該本院備咨兩廣總督軍門去後。今准前因，擬合通行。爲此案仰本道官吏照依案驗内事理，督行所屬府州縣掌印并海防官查照兩廣所議，凡遇各商告往廣東糴穀，文引俱以十分爲率，限以二分到廣州，八分到惠、潮、高三府，明填實往某府去向，不許混填廣東字樣，以滋姦商自便。仍要嚴諭商民遵照海禁事宜，聽南澳副總兵盤驗。如或船引相離，及向往與引互異者，定行從重究處，決不輕貸。

嚴戢盜賊行各道

訪得撫屬地方强竊盛行，閭閻遭害，皆由保甲之法奉行不力，約束欠嚴，以致一二犯竊盜配滿，回籍充警，或在配所逃回，潛住甲内，怙終不悛。又有積盗巧猾，未經發露，專一勾引流亡，窩藏外盗，不潛形竊取，即倚衆行强。各該巡捕員役不肯實心稽察，或受賄縱容，遂致黨與潛滋，深可痛恨。相應設法捕戢。爲此牌仰本道官吏即行所屬各府、衛、州、縣掌印巡捕官，速將管轄城市鄉村地方保甲，照依原行，嚴爲修舉。仍挨查各甲内，凡有曾經事發一二犯，或配滿，或杖刺放回，并有見配脱逃竊盗，通行逐名查出。配滿者籍名并各年貌在官，每月朔望俱赴該縣掌印官處，各驗正身打卯。仍責家甲稽其出入向往。以後遇有地方失事，不論强竊，俱著所轄籍名慣盗挨究，或責令指拏真正人贓，解審得實，仍給重賞，並不許挾讎扳害。在配脱逃者，押發原驛，從新拘驛。各保長不行逐户查出，倘有事發，審在甲内居住原係漏報者，一體連坐。查出盗名，造册呈道存案，止具遵行緣由，報院查考。仍行各驛遞官，不許縱容竊盗、徒犯逃回生姦。違者坐贓究革，通毋違錯。未便。

追徵錢糧告示

查得省會常豐、定海、福清、長樂、萬安各倉糧坐派福州、建寧二府屬縣徵解。今自萬曆十四年起至今止，積欠多者萬餘兩，少者數百兩，以致倉儲匱乏，毫無存貯。頃因省城軍士嗷嗷待哺，據該福州府陸續申請本院借支兵餉及倉剩、備賑等銀米，權行充給七、八、九月分三衛各所軍糧。其鎮東、萬安、梅花衛所軍糧缺者尚多，告急已久。借支銀兩既難補還，將來月糧又無繼給。該府掌印官束手無策，屢揭到院，已經本院案行糧餉道，通行各府縣將掌印管糧官住俸勒限追徵。限在閏十一月終旬完報去後。爲照軍民一體，民賴軍以衛，軍賴民以養。食之不給，軍將奈何？且十八年以前錢糧，蒙朝廷寬恤之恩，限二十一年以後逐年帶徵。爾民拖欠侵欺已多。寬假其十九、二十年見徵銀兩，至冬尚不完納，更待何時？中間有等豪猾之徒，包侵得志，栓同胥吏，表裏爲姦。一經官府催徵稍嚴，輒便造捏訛言，煽惑觀聽。上煩有司，下苦軍士，而中累良善之家，皆此亂民，不可姑息，合行曉諭。爲此示仰軍民人等，速將見徵民屯錢糧，趂今冬收上緊輸納。毋容豪猾包收，毋聽吏書局騙，毋以訛言摇惑，務佐有司之急，共安軍士之情。各縣官立法催徵，查係小民拖欠銀數無多者，量行比併，諭令完納。其有前項包侵，或拖欠數多，逞恃刁頑，阻撓抗拒者，密行擒拏，綁解赴院，以憑重處。懲一警百，决不姑容。故示。

置先賢祀田行福州府

照得朱文公先生，宋室真儒，繼往聖而開來學，流寓考亭，百代瞻仰。本院觀風兹地，合行敬修祠祀，以致尊崇。爲此仰府官吏即查商人薛德美所報餘税伍拾兩，解送建寧府，置買腴田，令其奉祠裔孫收租供祀。其田仍免雜派，坐落號段，圖記在官，亦不許朱氏子孫擅行貿易。具解過日期，併取該府收領遵行緣由繳查。

議處商税行糧餉道

案照先據糧餉道議詳南臺等處商税，聽各商牙自認按季輸納，意欲絶科擾之弊，以便往來貿易，立法未嘗不善。廼訪得所認之人並非真正商賈，皆係積猾假冒，一經批允，糾黨爲姦。每名朋充二三人者有之，或六七人者有之，甚至委用牙爪十餘人者有之。合城内外，其爲壟斷射利之徒，不下千計。駕船江滸，立幟津門，大書征税，沿江漁獵。或把黄田水口，或踞閩安鎮及沙埕地方，百般稽留，恣意需索，流毒商民，怨聲載道。本院入境之初，業已廉知其情。節據木板、白糖、青靛等商林卿、陳政、羅德等紛紛赴告，或願加增餉額，或乞仍復官徵，俱經批行道府查議。未報。今該本院咨訪端的，咸稱前税仍歸官司徵收爲便。但税課官卑，衙門設居省會，與洪塘、南臺隔遠，似覺不便徵收。而閩安鎮地方又係糖、靛諸貨經過要津，殊非税課力量所及。合行查議。爲此牌仰本道官吏即便會同福州兵備道，速將前項商税逐一查議應否歸還税司，或委廉明府佐一員專駐閩安鎮，稽察往來。其洪塘、南臺地方作何設法，分投查理，或仍責税司巡攔供役。既欲杜姦徒之騷擾，又欲防商賈之隱匿，務從減省，期於官民兩便。作速酌議妥當，限五日内通詳定奪，毋得遲延。未便。

查驗番舶行余推官

案照先該本院題請疏通番議要：制其船隻之多寡，嚴其往來之程限，定其貿易之貨物，峻其夾帶之典刑，重官兵之督責，行保甲之連坐，慎出海之盤詰，禁番夷之留止，厚舉首之賞格，蠲反誣之罪累等十款。兵部覆奉欽依，備咨前來，隨經牌行分守漳南道更加酌議咨訪輿情，逐款開列詳奪去後。今該本院訪得販海之徒，頗多夾帶鉛、硝、銅、鐵等貨，將至暹羅、吕宋諸番轉販貿易，或乘機徑抵日本接濟以圖厚利。值今商船將發，若非嚴行盤詰，杜其夾帶，則兩院之題請開通番舶，適以資盜崇姦，關涉匪細。爲此牌仰本官即便前到海澄縣，會同漳州府海防同知舒九思，將各告引往販諸番商舶，逐隻逐艙，眼同盤驗。在船物貨器械與引目相同，中間別無隱藏情弊者，即爲封識明白，聽海防官差押出海。如有引外多餘，或夾帶鉛、硝、銅、鐵等項違禁貨物在船者，即將本船拏獲盤没，本商并船主究解處治。間有知因出首得實者，重加議賞。先將盤驗過緣由詳報查考，毋得容縱。未便。

申飭條鞭行各道

照得里甲供應歷經題革議入一條鞭徵收，各省稱便，閩中此法，行之亦久。但訪得省會郡城監司駐劄之地，有司官稍知遵守，其所屬外縣率多沿習舊弊，仍用坊里。如下程宴會、考滿應朝、參謁往來，供億如故。吏胥因恣科索，坊里不敢聲言。下剥民膏，上玩國法，莫此爲甚。本院聞之，深切痛心。除訪實另行參拏外，合就嚴行禁戢。爲此牌仰本道官吏即行該府嚴督所屬各州縣掌印官，一應不得已公費，悉照條鞭舉行，不許分外一毫偏累里甲。敢有仍前科擾及索取民間一稟一蔬，或用里甲一夫一馬者，許就近赴道府或徑赴兩院陳告，以憑究處。吏胥人等如有指官擾害，或阿奉斂送，一并拏解重究。該道先行查訪的實，開具某縣某縣素用坊里與否，限一月内揭報到院。如有體訪不實，代爲掩護者，即監司之責亦不能辭。仍大書告示，張掛城市、鄉村，令民通知，俱毋違錯。未便。

裁定軍伴行各道

據分守漳南道揭稱：漳、鎮二衛軍丁逃亡死絶，遠非國初之比。而貼駕、城守、差操等項，業已幾盡。今衛所各官，藉口見奉憲定軍伴數目告增，希圖包糧隱占。及查陞遷、罷閑等項，影冒尤多。合無請乞查照律例，再加酌量，詳定多寡數目，以便遵守等因。又據行都司呈掌印署都指揮僉事石惟磐呈稱：軍兵消耗，建寧爲甚。建屬兩衛，每衛原額旗軍六千一百零。今見在食糧只九百餘名，内選征操三百二十名。又各官役占與守門、把隘、差役等項，該七百有奇。更該巡河，每衛九十名，無從措撥。除先將本職員下并僉書衛各役清革二十九名，經斷二司一十四名，兩衛共八十四名，連前清出一百二十七名，以抵兩衛巡河之數，尚少五十三名。再查巡河，每衛該軍九十名，派隘四處，每隘二十名，又石龜嶺十名。合無每隘量裁五名，即以清出之數供用。責各軍俱到信守，不許賣放偷安等因，各到院。卷查先據福州左、右、中三衛老軍齊公舉等僉狀告稱，衛所各官役占過多，差撥接踵。隨行據坐營官古應科查得，省衛先奉前院殷批，據屯田道孫僉事議詳，福州三衛管事指揮奉例四名，跟用十名；聽用指揮奉例四名，跟用六名；管事千户奉例二名，跟用三名；百户奉例、跟用各二名；不管事指揮奉例二名，跟用四名；千户奉例、跟用各二名；百户奉例一名，跟用二名。隨經通行申飭。蓋恐各官役占太多，以坐營官所呈前院批准之數似爲酌中，不知仍屬冒濫。且各處衛所事體不齊，相應改正。爲此案仰本道官吏照依事理，即將後開裁定。各官跟隨軍伴數目，備行各衛所掌印管操官查照派撥，各官永爲遵守。間有陞遷罷黜者影占軍役，通行追出差操。見任各官仍前占用者，各照律例，究處不貸。仍查都司并各首領衛幕原額軍伴有無多餘，應否比照行司一體清革，另詳定奪施行。

計開：

一、管事指揮，每員奉例四名，跟用四名。

一、聽用指揮，❶每員奉例四名，跟用二名。

一、空閑指揮，奉例二名，跟用二名。

一、管事千户，奉例、跟用各二名。

一、空閑千户，奉例、跟用各一名。

一、管事百户，奉例、跟用各二名。

一、空閑百户，奉例、跟用各一名。

禁約行兵備道

訪得有等各處無藉棍徒，及曾經革退總哨隊目人等，專一潛住省城，或假以有司將領親識交游，或熟諳營寨總哨科尅弊習，及探聽各衙門所行營伍事情，廣張騙局，暗撞太歲，甚至摭拾挾告，或造言謗害，無所不

---

❶「二」，原作「〇」，據上文改。本條下同。

至。若不禁戢，深爲蠹害。爲此除出示嚴禁外，牌仰兵備道官吏即便督行府、衛、縣巡捕官多方緝訪所屬地方并各兵營前後，但有前項棍徒及經革總哨兵目潛住生姦者，盡行驅逐出境，不許容留。限五日内，取各捕官不致縱容結狀，遞報查考。如有故違戀住不去者，即行嚴拏解院，照依軍法綑打一百，釘回原籍施行。

印票出示

照得本院每月供應公費銀，係賞功官廩給銀，係三山驛遞官按月各赴福州府領收。在外買辦日用所需之物，或發票，或填簿。諭令各官俱於原領官銀内，足色足數，悉依時價，兩平交易。乃訪得各官員下買辦、防夫、機兵等役，不體本院恤民至意，或乘機賒取，或藉官尅減，甚有指稱官買用强取物。種種弊端，深爲可惡。除已往不究外，近立一票，發賞功所，名曰軍門印票。内開今日發票，明日買進，一日無再。票有時價，無官價，有見買，無賒取。賞功官時召舖行面給，不許防夫短少一文，稽遲一刻。犯者徑赴本院稟明拏究。驛遞官役即一體遵行。爲此示仰諸色舖行人等，以後凡遇賞功所及驛遞官差人買物，如無前票及現銀者，即係詐僞，或有票而不依時價者，即係尅減，俱許連人扭送軍門。陳告各舖户，亦不得以粗惡之物抵搪，違者並究不貸。

修舉樂典行提學道

照得聖朝制爲先師文廟春秋祀典，原經頒有樂器、歌章，歲久崩廢，亟應修舉。今有婺源儒士潘中孚，家傳雅樂，熟閑歌舞音節，合發教習，以崇祀典。爲此除將本儒發來外，牌仰本道官吏即行福州府備查文廟樂器，缺失者即便置造，敝壞者速爲修飾。仍選民間俊秀孺童，專聽潘中孚教習音律歌章，務期節奏閑熟，以供祭祀。各孺童有通知舉業者，凡遇歲考之年，該府徑行考送提學道，免其縣試，以示激勸。毋得違錯。未便。

安處諸生行布政司

據提學道陸續呈送所屬八府州縣儒學有志向學生員八十餘人，到院聽講。又先據在省三學生員王達枝等呈：有懷安縣儒學，見今廢閑，堪以修作書院。隨批提學道速行查議詳奪去後。但前學估修，一時未得竣事。今外府諸生雜寓旅次，相應暫爲安處。爲此牌仰本司官吏，即將貢院、外簾、供給等所，行縣打掃潔浄，聽令各生般入暫住，俟懷安舊宫修完之日，移寓聚講。具由報查，毋違。

委教官監督諸生行提學道

據該道送到各府縣聽講生員雜寓，旅次不便。已行布政司，將貢院、外簾、供給等所打掃潔浄，聽其暫住。俟懷安舊宫修完，移入聚講去後。爲照諸生見聚公所，相應委官督率。爲此牌仰本道官吏即便行委閩、候二縣儒學教諭鄭須德、黄蒙憲，并取安溪縣學訓導黄焕前，赴貢院監督。仍令各生務遵約束施行，毋得違錯。未便。

招還販番百姓行秦參將

訪得漳、泉所屬海濱人民，先時往販東西海洋者甚衆。邇因關白報警，奉旨禁絶海船，不許往來貿易。去番百姓多畏罪而不敢歸，見今淹留吕宋者數十餘艘，及先後失利或削髮從夷者不計其數。思歸故土，懼法逡巡，流落無依，情甚可憫。今該本院題請復開海禁，東西洋商船俱在二月以前陸續出港。在番人衆，正好及時同伴還鄉。除行沿海駐劄守巡各道出示招諭外，其吕宋一國，人船衆多，合行特遣往諭招來。爲此牌仰本官即將發來票式一張，刊刻刷印一千張，用該參條記鈐蓋年月之旁。仍選委諳熟海道人員三四名，賫帶印票，附搭商船，前往吕宋，會同該國酋長，宣布本院撫綏德意，諭令原留人衆，不論從前有引無引、日遠日近，亟將船貨盡數同見去引船跟綜駕回，照例報官納餉。一切私通及壓冬情罪，悉從宥免，聽其自新，給引再販。至於削髮久處彼中，果有首丘之念者，並聽附搭各船回還。開報年歲、住址，或三五名、十餘名，聽從其便，總填一票。照回赴官，審報族屬、地鄰、故老、根因，召認領回安插。仍令該縣加意撫恤，並不追坐。各百姓務宜安心聽招前來，毋得自生疑阻，甘爲化外之民。但不許商船夾帶真夷混入，致啓釁端。仍將差過員役姓名報查。毋違。

查訂約法行布政司

看得全閩約法，該前院賈損益，舊章頒行歲久。邇來倭報孔棘，先後增置船械，添易將兵。或經題請遵行，或有因時酌處，視原約裒益不同，應加訂正，以垂久遠。爲此牌仰本司官吏即便通行駐劄守巡、巡海、糧餉等道并總鎮副參衙門，督行府州掌印、海防備把等官，各將陸續奉文更革增添軍馬、錢糧等項事宜。或與原約當有調停，或係新議，相應增入。至於修造船隻、汛期之疏數與夫各項器物斤兩之多寡，中間或有未詳，不妨從長酌處。各官涉歷最熟，宜有灼見，逐一細加斟酌，作速列款，限文到三日内回覆。道鎮副參其各衙門，亦限三日内轉議到司，該司更加覈詳定奪，以便鋟梓施行。毋得違錯。未便。

收買硝黄行興泉漳三府及福寧州

據福州府申：奉本院面諭，收買硫黄以備警急。隨查庫貯，只有焰硝一萬二千餘斤、硫黄七千四百有零。爲數不多，臨時倉卒難辦。合候詳允，先買土硝三萬斤、硫黄一萬斤，存貯備用等因到院。批准外，看得火藥爲軍中緊急之需，目今警息頻傳，相應通告買貯。爲此牌仰本府官吏即查該庫硝黄，尚有若干，果否足用。今須大破常格，寬議斤數，先行委官分投收買，□限運回。一面具由詳請施行，毋得遲延。未便。

敬和堂集卷之九

德清許孚遠著

公移

選用將材示并行各道

照得制禦倭虜，必資將材。八閫之間，亦多奇士，不乘時以立功名者非智，不捐軀以殉國家者非忠。本院叨握兵權，有將將之責。苟得其人，不難破格拔用。然無取於庸常猥瑣、空談無實之徒。今將所求將材等第，開列于後。

計開：

一、有勇略震世，智邁人羣，氣撼山嶽，謀侔鬼神者，此文武全才，國家方求之而未得。脱有若人，許各文武衙門薦舉到院，以憑禮聘咨訪，特薦于朝，授以南征北討大將及軍師之任。

一、有材猷敏練，曉暢軍機者。有器量弘沉，善馭兵衆者。有忠憤激烈，不避險難者。有機智圓變，裁應如流者。此皆良將之材。有司訪得其人，亦以禮延接，呈送到院，以憑覆試而後用之。此等人材，試果端的，即題授以欽依備、總之任，或徑拔爲都司、遊擊等官。

一、有驍勇絶倫，輕生樂戰者。有神氣精悍，馳逐便利者。有膽略機警，工於間諜，堪爲嚮導者。有習知夷情，諳曉夷語及熟知倭國山海地利形便者。有善於擊刺長槍，大劍揮運成風者。有精於騎射，引彊徹札至百步之外者。有趫捷飛揚，踰垣越塹若履平地者。有精力强厚，能負重致遬而不勞者。有行走輕捷，日夜往返三四百里者。有習古劒術，能潛入賊營，擊刺賊首者。有能没入水中，鑿沉賊舟者。有善劫營，伏路清道搜姦者。有武藝精絶，善教導衆兵者。有巧思足辦五兵及攻守器械者。但有前長，不拘軍民良賤，雖犯在軍徒、名在盜賊，俱許投充試用。有司招得其人，亦即呈送到院，以憑覆試，各因其所長而用之。或署爲將領，或用爲先鋒，或置軍前，或備差遣。一切糧賞，俱從優厚，不在尋常任使之例。

增造銃器行四府一州

准總兵解手本開稱：舟師制勝，恃在火攻，而發熕、佛狼機、百子、鳥銃皆爲長技。往時兵興，各船銃數頗多。今惟銅山每福船有大小發熕二門、佛狼機六門，哨、東船佛狼機二門各不等。其餘烽火、小埕、南日、浯嶼等寨遊，每福船只有佛狼機一門或三門，標遊福船僅有一門，與各寨遊哨、東、鳥船全無，力甚單弱。合無請乞逐一清查各寨遊并標遊，每福船著定發熕一門、佛狼機六門，哨、東船佛狼機各四門，鳥、快船各一門。有者免給，無者補足。其火藥通照銃數多少加給等因。准此。

看得發熕、佛狼機、百子、鳥銃諸器最爲舟師所急。各寨遊缺少之處如何，向不申請製造。至於陸兵開陣破敵，亦宜用百子銃。各府、州、縣防禦城池，宜用發熕、佛狼機。擬合通行查處，爲此牌仰本府官吏會同海防官，速查所屬寨遊福、哨、東、鳥、快船各若干隻，每船見存某銃各若干門，府縣城池并陸營各若干處，各項銃器原設有無若干，是否堪用，今水陸各應添造某某銃器若干，該庫局有無見存若干，總計應該加造某某銃各若干。星夜查明，先將水路應加若干造册具由，馬上差人馳報，以便裁酌。於省局團造、發用陸營并防城者，另文詳請於該府，同各火藥自行製造應用，毋得遲誤。未便。

禁止鐵爐行各道

近據分巡建南道呈詳：犯人何溥等故違明禁，告復政和、浦城等處鐵爐，聚衆不測，渾水注田，貽害甚大，仍應禁絶。將何溥等問擬徒贖招呈到院，已批允，嚴行禁逐去後。今訪得泉、漳地方爐冶較多，爲害更甚。且查有姦民夾帶出境，接濟倭夷，深爲隱憂，相應一體嚴禁。爲此牌仰本道官吏即便督行漳屬各縣掌印官召集地方鄉約、正保、里人等，查有鐵爐去處，但覺害民，嚴行拆毁。萬不得已，量存幾處。爐衆通諭解散，别求生理。仍設法禁絶夾帶鐵器接濟倭夷。敢有故違不遵者，將爐首及販鐵商民拏解軍門究處。干礙勢豪一併參治。具革退過緣由，詳報施行。

禁止私販倭船行各道

看得日本私通之禁，題奉欽依，及節次嚴行督飭，不啻三令五申。近據差回船户許豫報稱，探得私販見住倭國者，實繁有徒。皆由稽察不嚴，以致姦頑無忌。況今夏至屆期，正屬私通時候，若不嚴行申禁，深爲地方不測之憂。爲此牌仰本道官吏即便督行所屬府、州、縣嚴行稽查各該港澳，如有姦民造船，置買日本所需貨物，欲行私通，及沿海商販告引夾帶禁貨者，許各地方里鄰人等舉首。得實，就將船貨充賞，正犯從重究詳。仍行各寨遊及巡司嚴加盤詰，有能得獲真正人贓，一例給賞。如或縱容不舉，事發一體連坐。仍出示曉諭商民人等，務要恪遵禁約，不許故違，自干重辟，決不姑息。

議處應付行驛傳道

案照先該本院看得江、福接壤，事務相關。一應山海緊急軍情與凡題奏應會事理，彼此撫按衙門不時差遣往來，勢不容已。近因各省應付濫行，驛遞繁累，一概通議禁絶，以致鄰壤事多阻隔，深屬未便。相應酌處，以後但遇江、福撫按彼此差遣公幹，真正憲牌，俱要照依答應，不許留難。已經移咨前去。江西巡撫都御史陸會行所屬，遵照去後。今准咨稱：江省與閩地接壤，撫按兩院不免文移往來。先經通行所屬，凡貴院符驗、牌票准與應付馬匹。今准前因，又經申飭遵照，合咨回覆等因。准此。合行遵照。爲此案仰本道官吏照依事理，通行各司、道、府、州、縣并各驛遞衙門，以後凡遇江省撫按真正符驗、牌票，新近月日俱准答應，以便往來，不許留滯。其他照前禁革，毋得違錯。不便。抄案依准呈來。

撫定省民諭

示諭一應軍民人等，頃歲閩地荐饑，米價日貴。本院出示平價，原是爲爾貧民。乃有姦人陳梅等糴米李三家，争價高低，聚衆搶奪，將李三貲財一時掠盡。本院遣官禁諭不止。衆又乘風搶掠紙户許茂槐家財，視李三尤爲無故。本院始發營兵，追捕縛到三十八人，量行細打發落。謂是年饑人衆，罰亦至輕。乃姦人鼓煽，千百成羣，滿城呼噪，遂至拆坐營官古應科之屋，夜劫林布政等二十餘家，幾致大亂。本院不得已發兵分布，示以剿殺，衆始解散，城中稍寧。是夜潛發兵防守南臺、洪塘等處，擒得搶劫鄭僉事家賊徒三十餘人，次日巡捕官兵及鄉約、保甲人等拏到賊徒又二三十人，俱行割耳發究，然後内外寧息。

夫城中貧民艱食者固衆，然未嘗告荒告賑，遽行搶奪，甚至明火執杖，夜行攻劫。謂之非亂，可乎？本院慮爾省城乏糧，警急無備，自去秋發銀二萬餘兩，分發各府州，買米解運來此。司府議請預發軍糧，則准預發；議請發倉穀賑濟，則許賑濟。近又特差官往漳州買穀五千石，前來平糶，何嘗不體恤爾民？而輒行狂亂如此也！本院入爾閩中，歲半於此，無一念不在爾軍民，無一事不爲爾地方，未嘗妄撻爾一人，未嘗妄取爾一物。爾衆萬千耳目，豈不知之？忽有倉卒之亂，非用軍法不止，然此心亦甚不樂。且均之吾民，均處城市，以貧者而奪富者，以賤者而奪貴者，以兇强者而害良善者，則彼富者、貴者、善良者，其亦何辜？若縱爾劫奪殘害大家善姓，謂之恤民，可乎？大家殘破，城中空虚，則爾貧窮百姓益爲無所依倚。是倭奴未至，而内變先作，豈相保久長計乎？爾民皆有良心，皆有天理，此等利害是非，亦甚明白。祗緣有等姦徒素行不軌，好爲亂逆。或有一二狂生，懷挾小忿，流言惑衆，相與鼓煽其間，以致市井頑愚隨聲附影，一倡百和，如火因風發，倐至燎原，莫測其端，良可哀憫。

今本院特從司道府官之議，將倡首數人寘之重典，題請正法。其餘姑從寬分别處治，着令鄉約、保甲人等各保回家。非謂劫奪可恕，非謂兇暴可容，所念時方饑饉，亂起一時，誅之不可勝誅。且忿疾于頑，原非我上人本意。故剛柔並行，寬嚴相濟，其道如此。乃彼姦民復將謡言煽惑，以爲官府無奈我衆何，則是僥倖苟免，而必驅人於悖逆死亡之地也！朝廷設官分職，大小相維，以治爾軍民百姓，固將遏惡揚善，扶弱抑强，内安中國，外攘四夷，豈容省會居民妄行肆亂之理？爾慎毋摇惑于姦人邪妄之言。本院自念才德綿薄，教化不行，致爾小民無知犯法。此其過愆，不敢不省。其爾軍民人等，自今以往，悉聽官府約束、鄉約教訓，各安生理，保守身家。就是前日隨衆搶掠，一時胡爲者，俱屬醉夢相似。爾鄉約、保甲長厚之人，勿以此擯棄，容而教之，但使改行從善，舊惡皆可勿追。當此太平之時，生此安樂之地，饑荒未甚，新穀將登，粗衣淡飰，儘可過活。何爲妄聽姦人，自扞法罔，或罹重刑，豈不可惜？其在學校士人，本院方倡明以聖賢之學，有教無類，原無分于彼此，士爲民表，善爲民彝，毋輕喪其天彝，導人邪僻，以至干犯名義、敗壞風俗。爾其思之！至于鄉縉紳、先生、耆民、善士，擊此時變，當思挽回，要在大小相恤，貧富相資，化誨頑愚，迪之禮義，以共興于親睦雍熙之俗。本院不日出臨講會，督行鄉約，將胥爾民，羣而教之。爾其自此改聽易慮，上不可以不仁，下不可以不義，願共修共勗，仰答明時。若有怙終不悛，三尺之法具在。我毋爾罔，爾毋我違！故諭。

海禁條約行分守漳南道

據分守漳南道呈詳覆議過本院原題《通商疏》內，凡走東西二洋，制其船隻之多寡，嚴其往來之程限，定其貿易之貨物，竣其夾帶之典刑，重官兵之督責，行保甲之連坐，慎出海之盤詰，禁番夷之留止，厚舉首之賞格，蠲反誣之罪累等十款到院。已該本院逐款批答明白，并查前院原行海禁會要，摘出可行，并續議數條，附列于後。合行遵守。爲此牌仰本道官吏，即將發來海禁條約行府海防官，大書告示，動支税銀，刊刻板榜，豎于海澄泊船海埠，永爲法守。仍刊書册分布各商稍出没縣分，并各戍守官兵、商民人等，一體遵照施行。

一、制船隻多寡。該府查得市舶開通之始，除日本倭奴禁絶外，其餘東西二洋諸番並准商販，應給文引，每次以一百張爲率，呈請印發。萬曆十七年，撫院周題限隻數。每年東洋如吕宋限船十六隻，屋同、沙瑶、玳瑁、宿霧、文萊、南旺、大港、吶嗶嘽各限二隻，磨荖央、筆架山、密鴈、中邦、以寧、麻里吕、米六合、高藥、武運、福河崙、岸塘、吕蓬各限一隻。西洋如下港、暹羅、舊港、交趾各限四隻，柬埔寨、丁機宜、順塔、占城各限三隻，麻六甲、順化各限二隻，大泥、烏丁礁林、新洲、啞齊、交留吧、思吉港、文林郎、彭亨、廣南、吧哪、彭西寧、陸坤各限一隻。東西二洋共計八十八隻。又有小番，名雞籠、淡水，地隣北港捕魚之處，産無奇貨，水程最近，與廣東、福寧州、浙江、北港船引一例。原無限數，歲有四五隻，或七八隻不等往販。今蒙復舊通商，船隻應寬其數，如昔年未限之前曾經引販。占陂、高址州、篙木、高堤里鄰、吉連單、柔佛、吉寧邦、日隸、安丁、義里遲悶、蘇禄、斑隘共一十二處，每處各准一隻，湊東西洋原限共一百隻。其雞籠、淡水歲量以十隻爲準。以後凡造販番船隻，務令先將欲往某國赴海防官處告明，查在限數之內，方准行縣給由打造，額外毋容私增。船有定制，販有定所，越販之弊，庶乎可免等因到道。覆議相同。批：占陂、高址州十二處，姑各准船一隻，共湊百隻之數。續據巡海道呈請雞籠、淡水每年應加給引目緣由，復批雞籠、淡水准給引十張，仍行海防官嚴爲約束，毋致潛販倭夷。此繳。

一、嚴往來程限。該府查得商人過洋，去用北風，回用南風。苟非其時，不利于行。以故往年給引，聽各商自計水程遠近，隨便開駕。如西洋遥遠，則就十一、十二月發行，嚴限次年六月内回銷。東洋稍近，多在春初駕往，嚴限五月内回銷。壓冬未回者，嚴拘家屬監，併回日究無通倭情弊，亦必罪以違限。今照番舶往來海上，不過順風駕使，去在冬春之際，故以十一、十二、正月爲期；回必夏至之候，故以五、六月爲限。此乃時不可易者。及查日本地居東北，去利南風，回利北風，往返之期與東西二洋不同。今後嚴禁商人，過二月不許給引，過三月不許開駕。仍行沿海縣分管給浙江、福寧州及北港捕魚船引。時當夏至，不得輕給，俱遵原議，俟立秋後填發。庶通倭之徒無所用其姦等因到道。覆議相同。批：東西二洋番舶，給引不得過二月，出洋不得過三月。夏至後，即沿海漁船亦不許給發文引。俱如議行。

一、定貿易貨物。該府查得商舶興販東西洋，諸番去時，隨帶本處段布、絲綿、鍋銚、磁器、柑菓、白糖、雨傘、銅盆、銅圈、藥材、草珠、黑沿、小錢及衣服等物，往販貿易。回時，除販吕宋者多係銀錢，餘國俱係胡椒、象牙、蘇木、檀香、奇楠香、犀角、沉香、没藥、玳瑁、荳蔻、冰片、燕窩、鶴頂、蓽撥、蜂蠟、蜂蜜、虎豹獐獭鹿皮子、綿番被、孔雀尾、竹布、嘉文蓆、番藤蓆、大風子、阿片、棋子、絹、檳榔、水藤、白藤、牛角、牛皮、牛蹄、明角、藤黄、黑鉛、番錫、番藤、烏紅木、紫檀、紫檺、珠母殼、番米、降真香、血碣、孩兒茶、速香、乳香、木香、番金、丁香、鸚鵡螺、畢布、鎖服、阿魏、蘆薈、馬錢、椰子、海菜、没石子、龜筒、蘇合油、安息香、鹿角、番紙、紅紗、棕竹、薔薇露、哆囉連、琉璃瓶、被頭、銅鼓、沙魚皮、螺肥、尖尾螺、番泥瓶、丁香枝、馬尾、鹿脯、磺土、花草油、麻黄、絲錦、魴魚皮、甘樜、烏排草、錢銅等貨，俱經刊入税，則已有定據。其私販日本者，須得焰硝、水銀、甘草、糖、鐵之物，到彼兑賣白銀，多者空船而返，間或有貨，只是馬尾、獺皮、倭刀數物耳。合無將前項往販二洋及日本易回貨物揭示頒布沿海諸縣及衛所、巡司等衙門，曉諭官民人等，使知各番所産之貨。凡遇商船回澳，嚴加盤詰，别其貨物，便知通販何番，而姦徒之越販者自無所隱其情等因到道。覆議相同。批：各番物産，原有規則，正宜明白開示。俟商船回澳之日，地方人等共爲盤驗。但有可疑，即行首告，以憑究處。

一、峻夾帶典刑。該府查得海禁款開：各澳船隻給引，船上不許藏帶日本違禁貨物器械。每人只許腰刀、竹槍、透甲、砍刀、藤牌各隨所長自執一件，繚鋏、斧頭五人共一，鳥銃三人共，火藥五十斤，此外不許多帶一件一斤。如有佛狼機、百子銃等項，俱令官賣。開駕之日，委官盤驗。若有船無由者，船没官；有貨無引者，貨没官；貨有出引外者，餘貨没官；藏帶日本貨物，多帶銃器、火藥者，連船貨俱没官。今照商船或多帶銃器、火藥，不過預爲防禦之計，未必盡皆接濟之圖。船貨籍没，已足盡法。至於夾帶硝黄、銅鐵及日本禁貨者，資寇之跡已顯，概與多帶器藥者一例處治，似有餘辜。欲絶其釁端，又不得不峻其法禁，合無以後有犯，除船貨盡没外，本犯即依勾引事例寘之重典。庶法嚴而莫敢犯。仍與前項限帶器藥、引番入華、哄誘夾貨各約章申明，揭諭齊民通曉，使自兢惕等因到道。覆議得：違禁貨物有銅，當禁矣，而銅盆、銅圈亦銅也。有鐵，當禁矣，而釘鎖亦鐵也。亦宜一例查明，不許多販，以滋鎔化爲姦。併入科條，一體遵守。批：商船銃器、火藥，止足防身，原有定限。其違禁夾帶硝黄、銅鐵，明有越販通倭之情，准依句引事例寘之重典，不可姑息。

一、重官兵督責。該府查得漳之番船皆龍溪、海澄、同安之民造駕。而海澄團練機兵營，海門、濠門島尾巡檢司，浯嶼、銅山水寨，浯銅、南澳遊兵營，諸信地皆往返必經之處，俱應重其督責。以後商船出洋回澳之候，責成寨遊把總并巡檢司官，嚴督哨官盤詰。如有不給印掛號引及夾帶禁貨出海與越販回澳，棄船登岸，盜盤貨物漏餉者，許將人船擒獲解治。仍督沿海屬縣巡捕官時常著令地方保總、澳甲多方緝訪置買禁貨交倭之人，能將人贓覺獲者有功，員役一體獎賞。不許受賄縱容，事發嚴究該縣巡捕官及船隻所經信地官兵之罪，亦不許因而生事騷擾等因到道。覆議相同。批：營、寨、遊、巡各官兵人等，准依禁約，於商船往回經過，嚴加盤詰，但不許因而生事。盤獲者有重賞，漏越者有重罰。

一、行保甲連坐。該府查得《海禁會要》責成各縣掌印官親至沿海各澳，查編澳甲、保長，其法至嚴，合行遵照。親詣所屬港澳，將居民船隻盡數挨編。居以十家爲甲，船以十艘爲甲，毋致閃脱。保長、澳甲務選誠實服衆者應充。又以時省諭，俾各安生業。若有通倭接濟、勾番爲盜等情，一家事發，并坐同甲之家，一船事發，并坐同甲之船。至於家屬、同船火長、舵梢之類，均坐以罪。若有能先事首發者免，仍行一體給賞等因到道。覆議相同。批：欲戢姦徒，須嚴保甲。此在海防官與各縣掌印官著實奉行，不得虚應故事。

一、慎出海盤詰。該府查得海禁款開：商船開駕之日，委官盤驗，務要船不離由，貨不離引。貨有出於引外、器有多帶違禁者，俱照没官。仍令同往一國者爲一幫，差官押出古浪嶼外大洋，然後回還，以防各船灣泊取水，或有小船傳載私貨器械之弊。遵行已久。緣委盤之官類屬佐領，恒多草率，况商人多狡，密裝暗藏，非窮艙搜括，未可摘發其姦。今後給引商船臨發之時，務選委能幹官員，逐一遵奉禁例盤驗等因到道。覆議得：商船出洋而驗，不若未發而盤。自今臨期，責令各商自行檢點，齊綜海口，聽本院專差精力强幹、風力素著官一員，協同海防正官，親詣海澄地方，逐船艙一一盤驗。果無夾帶違禁貨物，方許封識開駕。仍委官照常押過古浪嶼外，以防姦商預令小艇裝載違禁貨物出洋及夷船迎至中途接濟之弊。批：商船將發，先行盤驗，此爲要法。但委官最難，其人今後聽該道就近選委。或海防官，或他府佐，或各縣正官，須得廉正有風力之人。諭令嚴加盤檢，庶乎神姦可發一二。又或該道親行，或委重郡守，出其不意，使之隄防不及，方爲妙用。留神留神！

一、禁番夷留止。該府查得《海禁會要》開稱：商人許給引過番，正不許番人入我內地也。如商人黃錦，勾引番僧二人，乞地將來，漸恣盤據。又如商人蔡澤，哄誘番人夾帶貨物，至海洋中，遂奪貨殺番。此等姦宄，渺視法紀，恬不知畏。除蔡澤重處、黃錦遣戍外，今後如有勾引番人過洋及哄誘夾帶貨物者，許同船及各船商人密切舉首。本犯即照勾引日本禁例處究，商貨酌賞密首之人。縱容不舉者並究。此係勾番入華者而言。又有姦商喪本失利，或負債逃匿，流落諸番者甚衆。間或結寵夷酋，害我商衆，或削髮從俗，留戀不返者，其情深有叵測。均應申諭各商，許其查實帶回，以啓自新之路等因到道。覆議相同。批：番舶開禁，勢非得已。若又勾引番人，入吾內地，華夷擾雜，貽禍將長，如廣東香山澳故事可鑒也。今後有司嚴行稽察，不許姦商勾引諸番一人留止吾地，違者照日本禁例重爲究處。其商民至番流落思歸者，許各商船帶回，從實開報，查實安插。

一、厚舉首賞格。該府查得《海禁會要》款開：但有一家通倭勾番及潛爲劫盜者，澳甲、保長同家甲人等，具實報官，將本犯財産籍没，全給充賞，仍破格優奬。又沿海姦頑將發刻編船字號，另用木板模糊雕釘船舨，掩飾查驗，隨後拆去，以便爲姦。以後查無字號深刻船舨、大書船蓬，或以板釘遮飾者，即係不良。有能首發者，船給充賞。又商人勾引人過洋，及哄誘夾帶貨物者，許同船及各船商人密切舉首，本犯貨物酌賞密首之人。又商將番人金銀哄騙，代其買貨，或還家，使費即躲避，甘負結怨於番。後來販至彼國，無辜被其拘執，自絶生理，貽害他人。今後如有此等，許同船同里之人舉首。首而得實者，重賞。合將原議賞格刻示分發各縣，懸掛埠頭及沿海港澳，曉諭軍民人等通知。使要賞者樂於舉首，犯罪者難於漏網，姦弊庶乎其盡絶等因到道。覆議相同。批：舉首之人，不問爲誰，在家則澳甲、保長、家甲，出外則同船、鄰船諸人，但首得實，即以其貨物之半充賞，雖多不恡。

一、蠲反誣罪累。該府查得：交倭爲盜，及夾帶禁貨之徒，獲利厚富。一遇官兵盤獲，或被人首覺，彼則廣財結納權豪，多方求脱，甚至反誣獲首者以坐罪。又有希圖雪仇，扳誣爲黨，誑訴勾拘，拖延歲月。於是咸以首獲爲戒，阿狥箝口，任其縱逸，莫敢誰何。方今番禁復開，反誣罪累，誠不可不爲處豁。合無請乞憲示，以後如有獲首前項姦徒拏解到官，即便究審，贓證確實，照例處治，不致計脱反誣。其盤緝舉首之人，隨即賞賚省發，毋致久候，以妨生業。本犯定罪之後，若有挖搆扳染原獲首舉者，詞出仇口，大都虚誕，問官當爲燭察蠲宥，不必勾提罪累。庶憲法必行於姦宄，枉濫不加乎善良等因到道。覆議相同。批：首舉盤緝既已得實，豈有反被誣陷之理？以後務行嚴禁。凡拏獲罪人，速究正法，不許聽信勢要囑託，斷令挖情，反行誣害，違者罪有所歸。

一、商人有假挖姓名住址，冒給文引，一出海洋，輒爲不軌。迨其事發，則姓名不對，住址無蹤。又有一等姦徒，倚藉熟衙，專一包攬給引，指誆使用。今後告給，責令船户、商梢從實開報的確姓名、住址、年貌，不許止以排行字號、别姓鬼名及别處住址、他人年貌詐冒填引。務要保甲、鄰佑及船主保結明確，如虚，一體嚴究。衙門如有包給商引者，海防及各州縣官不時究治。

一、商引填寫，限定器械、貨物、姓名、年貌、户籍、住址及向往處所、回銷限期，俱開載明白。商衆務盡數填引，毋得遺漏。海防官及各州縣仍置循環號簿二扇，照引開器械、貨物、姓名、年貌、户籍、住址、向往處所、限期，按日登記。販番者每歲給引，回還齎道查覈，送院覆查。販廣、浙、福州、福寧者，季終齎道查覈，送院覆查。

一、商番至近地，有等姦猾，匿貨沉船，或偶閣損，駕言全溺，賄海防吏書，朦朧代爲呈請免税。又有果遭不測，貧難無措，不行打點者，反行嚴追。以後商船果係遭風失水，貨物飄没，海防官責取地頭見證，并同幫各商投遞。涉虛同罪。甘結在卷，仍要訪實，方許具申詳奪。毋墮姦欺。如有知其詐冒首發者，追貨充賞。人犯吏書，各從重究革。妄結者連坐。

一、商販間有借人銀兩湊本過洋者，及回，故將船隻鑿沉，貨物盡匿，希圖騙昧。不知此計只可一行。匿貨不能明賣，潛用數年，立見消乏。借貸無門，又有債主倍利取盈，抑勒疊算，車併産業，鬻賣妻兒。不知海洋冒險，萬死一生，徼倖獲利，何可過索？今後借洋本者，隨到隨還，毋得騙昧。債主亦不許索利過多。違者各究。

一、商船同䑸出海，務相援護，别遇商漁船隻，亦不許恃大吞小，因財動念，謀殺劫奪。如違，按律重處。同船舉首者重賞，隱匿者連坐。

一、沿海漁船，每因商船逃風寄泊，輒便乘風般搶拆毁，不法殊甚。今後如果商船在洋打破貨物漂流者，方許各漁船撈拾，以十分爲率，三分酬勞，七分還商。如偶被風閣淺，不許乘機般拆船貨。違者並以搶奪論。

一、姦民不遵禁約，或詐北港捕魚，或捝廣東買穀，誑引置買硝黄、鉛鐵、油釘等項，飄然越販。甚有竟不告引私自通倭者，實繁有徒。以後除東西二洋文引遵照原題告給外，敢有詐告福寧、廣、浙、北港等處，因而置貨越販，與竟不告引，私通日本者，許各地方澳甲、保約并知因夥記人等首告及沿海官兵盤獲得出者，坐以接濟重罪，船貨没官，内以三分給付首獲之人充賞。扶同隱蔽者，一體連坐。

精選水陸兵行各道

照得閩中沿海設有五寨三遊及八府一州土客各營兵數頗衆，然招選不嚴，操練無法，兵多而弱，與無兵同。且閩地米穀鮮少，聚兵日多，耗食益廣，不可不爲久長根本之慮。即今春汛已畢，除把總、哨官另行查處外，所有各兵擬合通行挑選。爲此牌仰本道官吏即便會同總副參遊等官，親詣各處，將所屬寨遊并土浙營兵逐兵揀選。如水兵先於捕盜，次及舵椗、繚招、斗手諸役，次及衆兵。陸兵先於哨長，次及隊長，次及衆兵。充捕盜者，必足爲一船之統率；充哨隊長者，必足爲各兵之領袖。舵椗諸役，必其專習熟練之人；水陸衆兵，必皆驍悍精强之士。首察其精神，要得之於形色之外。次程其勇力，非能舉三百斤者不選。次試其武藝，若有精神勇力而武藝生疎者，可收而教習之。次審其平素，若有慣習非爲、衆所憎惡者，雖勇必黜。其諸老弱庸懦之夫，不堪上陣殺敵者，盡行汰去。要見某寨某營揀留若干名，尚缺若干名，以後應補若干名，應省若干名。見在精選各兵，一足當三，便一萬而有三萬人之用。選用已定，亦不輕更易。常川操練，汛畢亦無放班。强兵固本，制禦東倭，在此一舉。該道經略風裁與該總副參遊馭兵材術，本院亦於此觀其實用。通限文到一月内，選定造册，呈送本院裁奪施行，毋得違錯。不便。

禁民乘風搶掠

照得省城米貴日久，一時姦民乘機呼噪，四散搶掠。已該本院遣兵擒縛六十餘徒，并據失主投告認報的實姓名，陸續拏來，俱各割耳發究，分别首從具題。及行府縣查報貧民發倉賑濟，又經委官前去漳、潮買穀前來平糶，地方今已安堵。第恐鄉村遼遠，民居零落，愚頑無知，效尤起釁，相應禁戢。爲此牌仰本府官吏照依事理，即便出示分發所屬遠鄉去處，張掛曉諭人民各安生理，保守身家。蚤稻將登，無憂饑餒，敢有倡言艱食，聚衆搶虜者，定行遣兵盡縛，寘之重典，決不姑容。其各保甲，務宜嚴行固守，互相覺察。甲内脱有姦頑出没爲非，會衆戒諭，聽其自改。倘或不悛，鳴官懲治，毋得容隱。不便。

禁民建醮祈禳

據閩、候二縣民王進、林蘭狀告省城民多疾病，地方士庶僉擇本月十六、十七日於九仙觀建醮祈禳，唤審不到，必係地方惡少假此名色爲科斂計。當此青黄不接之秋，嗷嗷待哺，各宜安静相守，豈應糜費無益？相應嚴禁。爲此示仰軍民人等，但務孝敬和睦，即是祈福；不爲姦盜詐僞，即是禳災。各人儉約節愛，疾病自然少生。一方興讓興仁，鬼神自然默佑。毋聽邪妄説事祈禳。如有故違，許巡捕官將倡首人犯拏解究處，罰穀賑荒，決不輕貸。

嚴飭夜禁行兵道

照得省城地方防姦遏盜，夜禁宜肅。街巷設有柵門，巡邏派有軍士。邇緣稽查不力，啓閉無常，以致惡少公行，盜賊無忌。相應申飭。爲此牌仰本道官吏即便嚴督府衛縣印捕官，將省城内外柵門查有損壞者亟行修葺，缺少者亟行建置，每夜起鼓後嚴爲鎖閉把守。遇有民間緊急事務，如延醫喪嫁之類，查實放行。敢有惡少三五成羣，夜聚遊唱，一面拏送該衛縣究詳。至於巡守軍民，照舊輪撥該道移都司嚴行點閘，毋容虚應塞責。未便。

緝拏私販行分守漳南道

照得番舶禁例雖開，通倭防範甚棘。夏至以後，原非販番之期。今訪得漳、泉姦民潛於海澄地方造船置貨，私販日本。正欲開洋，相應嚴行緝捕。爲此牌仰本道官吏即督海防官密行訪緝，仍申飭水陸總哨及各澳十家保甲人等晝夜巡邏哨探，但有私販日本或置日本所需貨物，詐告浙江、福寧文引，圖往該國者，在官兵即便嚴拏解究，在保甲密切赴官首告，船貨俱以一半充賞。如或容隱，事發一體連坐，決不輕貸。

照俗收租行八府一州

節據閩、候二縣鄉農相率赴院，告稱「閩例禾稻主佃均分子粒。前因穀賤，勒佃認租；近窺穀貴，投勢分收。一到田所，威嚇抽索，十科得六，希圖積粟高擡。稍不如意，百計挾害，誣以盗拔，及刁難送倉。鄉農畏威，莫敢誰何」等情到院。

又該本院訪得閩俗佃田原有分割與納租二樣。近因穀貴，舊時照則細銀者，今將改議分割；舊時分割禾稻者，今將例外科責，以致佃田小户共抱驚惶。及訪有等刁潑佃户，結黨澈賴，不顧理法。遇分收則先盗拔，議納粟又多插沙。或負銀租，經年不納。甚至輕生，圖賴田主。糧食賦税，從何而出？此人心之所不平，在法紀尤難偏護。除出示曉諭外，相應通行禁約。爲此牌仰本府州官吏即便督行各屬縣一體出示，遍發城市、鄉村，諭令所屬有田之家與力田人户，務要各相體恤，照依土俗舊例。原係分收者，照舊分收，不許勒索於常例之外；原係納租者，仍前送納，不許改創爲分割之議。斗斛等秤，要得平準。僮僕、門幹，禁毋虐擾，使可長久，與民相安。其各佃户，自當遵守舊規。或與分割禾稻，或是納穀納銀，俱要及時交完，以給主人。供輸糧食，不許恃强拖賴。此後敢有勢家收租噬利，虐害小民，及小民恃頑强割，或拖負田租，反行圖賴者，該縣官各與剖理處分，務使大小人情兩得其平，毋有絲毫偏枉。若有干礙豪右，從重參究詳奪，以憑區處，慎毋姑息。各具遵行緣由，報查毋違。

免商人報單掛號行福州府

先據糧餉道議詳南臺等處商税各項事宜，俱經批行遵照去後。内議貨船至關，商人先以貨物名件多寡報單於府，府掛號訖，即以原單發還，俾赴委官處投遞，委官查其日之先後，而次第之驗其貨之有無隱匿，而秤收之。蓋以嚴爲鈐束關防，使不得狗情容縱，立法頗密。今訪得商人上自竹崎，下自閩安，赴府投單，掛號守候，往返躭延時日，深苦不便，合應設法區處。爲此牌仰本府官吏即便定立空頭號單，用印鈐蓋每關，約給多者三四百張，少者一二百張，徑聽委官填發。各商輸納税銀號票外，不得私發一紙。前票將盡，委官預行呈府請發。府置一簿，編立天地玄黄字號，要見於某年某月某日，發某關號票若干張。兩關委官處各置一簿，要見某年某月某日收到，本府某字號起，某字號止，印票若干張。某號票發某商人，登時填註簿內，兩相對同，以俟該道或本院不時掣驗。如此則徵輸既便而稽查有法，上下俱爲省事。牌到速行遵照，仍大書告示，揭之兩關，諭令各商遵守施行，毋得違錯。未便。

議革積弊行各道

據邵武府邵武等四縣生員、約保、里遞人等聞新任知府孫成泰近經兩院題請改調漳州，赴院保留。言下悲咽，真如赤子之於慈母，不能暫釋襁褓相似。叩其所以，俱稱孫知府一塵無染，夙弊盡釐。因開報十議到院，查得該府前議未經申請，本院想亦不鶩眩名之心，但看所議諸弊，不獨邵武有之。各府、州、縣正官，邇多賢能，除姦革弊，俱同此心。然或有曾見施行，或有照察未及，擬合通行釐正。爲此牌仰本道官吏照牌事理，即行各府州掌印官，逐款查行，某項釐革在前，某項今行釐革。語稱「興一利，不如革一弊」，苟有裨於百姓，善不必自己出。且爲推類，以及其餘，或有除革出于諸議之外者，不妨併開呈報。仍通行府佐各廳并各縣掌印官，一體遵照，釐革施行。限文到一月内，先取各府州遵行過緣由申報該道，亦持此嚴加體察，俱毋違錯。不便。

一、議革公堂硃價。本府往年凡遇吏農參房起送及民間援納儒士、寺觀援納行童等項，例納公堂硃價銀各數十金，殊屬非法，今後務要盡行禁革。庶吏民不苦於索求，而官府得嚴其體統，向來一切苟且因循之弊套可冀其一清。

一、議革加倍俸米。往年常豐倉，每遇各官支俸例該若干石者外，加一倍，名曰耗米，殊屬無謂。以後俱要查照原額扣數關支，不得於額外倍增，致令官攢藉口多收斛面，重爲小民之累。

一、議革佐領受詞。查得府首領、縣佐領等官，每有擅受民間呈詞手本，公然科罰紙贖。甚致有驛丞亦干與地方詞訟者，尤爲不法。以後務遵約束，除奉上司批行及本縣堂官批送外，並不得擅受一呈一揭，致滋騷擾。庶小民不苦於追呼，而各官亦免于指摘。

一、議革府差下縣。往年凡遇有各縣未完事件，多差皂快下縣守催。但此輩性如狼虎，志在貪饕，一承牌票，豈特在縣喧嘩，甚且下鄉騷擾。其爲民害，何可勝言！以後俱遵照律例，立置信牌，編爲三號。每號大事限以五日，小事限以三日，各要依期完報。如事果難完者，仍聽該縣申稟改限另催。其一切皂快等役，並不得差遣下縣，以滋姦弊。

一、議革倉夫冗費。查得各縣預備等倉，每倉各設有倉夫看守。例該徵銀顧役，無非欲便於小民，不若先年充當斗級之賠累也。乃法行既久，弊竇漸生，不但原編工食不得依期給領，且有修倉查盤等項冗費，以致民間視爲苦役。相應釐正。以後務遵院、道原行倉夫工食，依期給領，而一應修倉查盤等費，俱官爲厝辦，不得仍累倉夫賠補。

一、議革保歇夤緣。查得提到各縣人犯，或一時未得審問，未得歸結，俱暫行召保，在外聽候。乃有一等積棍，專慣營充保歇，百計夤緣，甚而指稱官府名目，肆行誆騙，深爲可恨。切照該縣解審人犯，例有原差管押，又何必召保以滋多弊？今後凡遇該縣解到人犯，本日辰時投文者，即於本日申時聽審完結，隨批發還原解帶回該縣。應監候者監候，應保放者保放。所有本府積年保歇等項，盡行禁革。

一、議革寄庫錢糧。查得往年各縣陸續解到各項錢糧，例應差官類解，或一時所解數少，暫爲寄庫。但謂之寄庫，例不秤兑，在解役難於看守，在庫支又藉口無干，每每疎虞，深屬未便。今後發行各縣，將該年分一應正徵帶徵錢糧，每徵完一項，具數申報本府，其銀仍收貯縣庫，候各縣報來完數。約至二三千兩以上，本府即發票催解，限於某月某日解齊，即當堂交割，解官領解布政司完納。庶各縣可省零星解府之累，而本府又可免寄庫疎虞之弊。

一、議革零星錠件。查得屬縣往年解來錢糧，類皆散碎銀兩，向不傾銷成錠，以致庫役每每侵費。今後凡起解本府糧銀數多者，每五十兩爲一錠，即數少者，亦儘其銀數，傾銷成錠，並不得仍前用散碎銀兩起解，以滋庫役乘機侵盜等弊。

一、議革預給站銀。查得本府所轄各驛，例應每月給發站銀，供應夫馬、廩糧等項。節經院道申飭，每前月二十五日，該驛申本道批行該府，方許照數支給。乃有不候本道批允，向本府先自發銀者，中間不無吏書那借、侵欺等弊。今後該驛仍遵舊規申請，本道詳允至府，方照數給發前銀。遇有前月支剩銀兩應該於後月扣除者，該驛即便照數扣解本府貯庫，登報循環，作正支銷。

一、議革預支工食。查得本府皂快、門禁等役，例應各縣解給工食。但法久弊生，中間有等乖猾之徒串同吏書，有舊年而預支新年工食者；其愚蠢之夫，有役過工食而經年不得到手者；又有徑赴該縣領銀，而本府無從查考者。切照皂快、門禁等役，一遇犯罪革投，例應扣除工食。若使先期預支，臨期何由查革？深屬違玩。今後各役工食嚴行該縣依期徵完在庫，不必解府。每年約以四季給散，春季限三月初五日，夏季限六月初五日，秋季限九月初五日，冬季限十二月初五日，至期聽本府親自查明。各役季内並無應扣日期，即便照數填給小票，用印鈐蓋銀數，給與本役徑自赴縣關支。其票該縣收候類繳，以憑查考。有該扣除還官者，本府即於批内明白開註，該縣亦即照數扣除貯庫，徑自登報循環，作正支銷。

移徙火廟行福州府

照得省城火神廟宇，舊在南方平遠山巔，本爲一方祈福禳災之所。而城中連年火災疊見，僉稱火當高處，衝射民居，勢須遷移，以捍將來之患。人心有此疑惑，神靈亦必不安，合應移處。爲此牌仰本府官吏即便督同二縣掌印官，召集堪輿前到北門屏山或北庫山下周圍，選擇堪建廟宇地基，速將火廟拆移改建。仍將合用工料查估妥當，并議堪動錢糧，委官監督具由，限五日内通詳施行。

移火藥局行分守福寧道

近據省城士夫僉議「民居稠密，火患頻仍，而火藥局雜於闤闠之中，深懼不測之變。謂是局嘗移北門，取以水制火之義。嗣因掌者不便，仍復更移。昔福寧州火災延及武庫，城焚幾半，可爲殷鑒」等因到院。相應亟行查處。爲此牌仰本道官吏會同福州兵備道，即查省城火藥局通有若干，所雜於民居之中者幾處，省城内外有無閑曠官地堪以移置，及仍徙居北門是否便益。作速查議妥當具由，限十日内詳奪施行。

保結亂民行福州府

照得省城姦民一時倡亂，乘機搶虜，以至千百成羣，滿城呼噪，其罪皆所難容。本院以爲事起倉卒，誅之不可勝誅，特從道府之議，將首亂鄧三等數人題請正法，其餘雖擬斬罪軍徒，並欲從寛發落。但據各失主及地方鄉保人等屢具呈到院，苦稱賊犯未可縱釋，貽害良民。已該批行監禁，俟其日久悔艾，有宗族親戚或鄉保諸人肯與到官保結，永無非爲，然後可准量懲釋放去後。今據各犯親屬、鄉保人等紛紛具結前來乞保，合行查審以憑酌處發落。爲此牌仰本府官吏即將發來保結并訴詞三十二張轉發温同知，會同閻通判，即日吊取各犯并保結人等各到官查審。要見某某原搶某某家財，有無見獲贓物若干，當時作何捉獲，該府憑何質證，擬以斬戍，目今果否悔禍，各保結諸人果否係伊親屬及真正家甲，能保各犯永不爲非與否。該府造冊，逐名登答明白，限三日内連人解院，以憑審發施行，毋得枉縱。未便。

申明憲禁行布政司

頃閲邸報，該都察院題：爲責成御史澄清天下以隆太平事。内開：

一、守令還職考滿入京者，本等盤費之外，各宜約己以寬民瘼。違者聽撫按藩臬查考。勿私派長夫長馬送人，勿折乾長夫長馬入己，勿扣減壯皂工食，勿冒支門役□□，勿借贐餞名色受禮，勿借薦獎名色受賀，勿私賣食糧，勿私侵庫藏，勿折穀價紙價，勿取杖贖徒贖，勿借貸富民盤纏，勿剋取商民貨物，勿准濫狀取財，勿聲重罪嚇財。

一、司府還職進表考滿入京者，本等盤費之外，各宜約己以守官常。違者聽部院撫按查考。勿以進表期會陞官考滿，取紙贖銀。勿以進表期會陞官考滿，取無礙銀。勿取折色夫馬。勿取本色幣帛。勿受所屬房租路費。勿受所屬土物折程。勿折紙劄，取州縣銀。勿指册揭，取州縣銀。勿借隨行人役，取州縣銀。勿指送人名目，取州縣銀。勿暗漏賢否以趨利。勿明施獎勵以圖財。勿未入京而先差通候。勿已出京而後差具禮等因。

題奉聖旨：「覽奏。見澄清禁貪之意，便行與内外各該衙門著實遵行，毋爲空言。科道官仍不時嚴訪參究重治。欽此。」

案照朝覲科斂之禁，先該本院嚴行申飭去後。今照前題深切吏治之要，而應朝各官，正值啓行，若候咨文到日查發，不無後時，合先摘行。爲此牌仰本司官吏即照前事理移行各司道，嚴督所屬運府、州、縣正佐等官，一體遵奉明旨，著實禁戢。敢有故違不遵，各司道嚴行廉察實跡，不時報聞，以便參究施行，毋得違錯。未便。

查覈鄉約等事行八府一州

案照先該本院看得七閩依山帶海，既多姦宄可慮，而民俗輕本逐末，又重淫慝之憂。故於入境之初，采輯鄉約、保甲規條，倣古社倉、社學之法，參酌裁定，名曰《正俗編》，頒行所屬，次第舉行，經今已逾年餘。有無實效可覩，擬合通行查覈。爲此牌仰本府州官吏，即便嚴查所屬各縣鄉約作何舉行，風俗是否小變，保甲作何編審，盜賊是否寧息，社倉見設幾處，積穀的有若干，社學見設幾所，童蒙曾否訓迪，逐縣從實開報。間有虛文塞責，竟無實效可觀者，亦要明白并詳。限文到十日内回覆，以憑參酌勸懲施行，毋得含糊回護。該府入覲啓行期邇，務要先期完報，不許遲延。未便。

覆查候官縣錢糧行分守福寧道

據分守福寧道呈：查得候官縣知縣周兆聖，自萬曆十八年六月二十一日到任起，接得署印温同知交過在庫金九兩八錢三分五釐、銀三千二百九十六兩四錢八分三釐零。又自到任起至今六月初七日患病，止經收過各項錢糧一十萬七千三百八十兩一分零、各衙門贓罰銀九千八百八十三兩二錢一分零。任内解過錢糧銀共一十萬八千三百三十四兩九錢六分零，贓罰銀共八千一百一十一兩七錢九分零。查對批收領狀，支銷明白，分别項款，另行造册呈報外，惟庫吏劉秉節領解十八等年白糖等税銀共六百六十八兩四錢六分二釐四毫，許一鳳領解二十年椒木税并軍門贓罰布政司門子工食共銀三百四十兩八錢九分三釐八毫，朱思觀領解二十一年條鞭屯糧共銀八百四十四兩八錢，郭機領解十八等年白糖税銀共一千一百六十二兩六錢七分，許鳳翔領解白糖税并條鞭等銀共三百六十二兩五分，吴綸領解商税、官租、魚課、鹽鈔等銀共五百八十六兩一錢六分八釐，俱赴布政司交納，各將前銀侵用事發監，併劉秉節、許一鳳、朱思觀、郭機、許鳳翔各銀，俱已完解取獲批收送查訖。惟吴綸除納外，尚有官租折價銀課等銀共二百九十三兩五錢六分八釐，監追未納。又查陸續支用各項錢糧、贓罰，庫吏劉廷美、劉秉節、許一鳳、朱思觀、張棟、晏應祥、郭機、許鳳翔、吴綸，各庫共支六百五十九兩三分一釐九毫二絲二忽九微。查各票領，俱無印信，但係本官經手親標，並非虚僞，尚實在庫。金見存原數，銀共四千一百一十二兩九錢四分五釐九絲零。內被庫吏劉秉節等侵用，除追補外，劉秉節尚欠司道紙贖銀四十四兩一錢四分四釐五毫，許一鳳更該兩院贓罰銀三十八兩五錢七分七釐五毫，郭機更該各道寄庫銀一十六兩一錢，許鳳翔更該海道寄庫銀二十三兩四錢九分，俱未追完。今查見貯在庫銀三千九百九十兩六錢三分三釐九絲八忽七微七纖三渺。又查該縣自前項起止年月，除原無額派錢糧外，應徵各年額派各項錢糧共一十三萬二千三百八十一兩九錢一分四釐六毫九絲，內已徵完銀一十萬四千五百八兩三錢六釐四毫五絲，尚未完銀二萬七千八百七十三兩六錢八釐二毫零，並無已徵挖作未徵等因到院。

看得錢糧收支出入，全憑印信、卷册、領狀、批單，以備日後查盤稽考。今該縣支數至六百五十九兩有零，票領俱無印信，又解納過錢糧、贓罰，雖取有批收在卷，未據分款造册呈報，至於小民拖欠二萬七千八百七十三兩六錢零，亦未明開的係某年之數，係某某拖欠未納。事干錢糧，且奉欽依行查事理，恐難潦草塞責，相應再查。爲此牌仰本道官吏仍會按察司督委同知温景明，會同漳州府推官龍文明并掌縣事通判董綾，速將本官經手收支卷册通行吊取到官，虚心查理。除劉秉節等侵欺未納已有成數外，本官任内解過錢糧，獲有批收者，逐項查對明白是否相同，分款造册。未有印信票領支用銀六百五十九兩零，要見係何錢糧支抵，何項應用，當時何不用印，此項是否正支，有無那移情弊，即今堪否追補。仍吊經收流水底簿，備查逐年原派若干，已完若干，實未完若干，果否小民拖欠，有無將已徵挖作未徵。限五日内造册，詳道會覈，轉詳施行，毋得朦朧。未便。

議處京運錢糧行布政司

爲議處京運錢糧以絶夤緣以杜侵剋事。看得閩省起運一應京邊錢糧、物料，起解項數向未品搭均匀，領解官員又不輪流挨序，遂致巧于夤緣謀得美差，或一人而兼幾項，往往至於敗露，甚而逃亡，殊非事體。再查各府、州、縣解京原錠，間多不足，輒以零碎添補。而各官領出起解，或將搭頭剋落，或將原錠再傾。每至上納之時，非秤頭短少，則銀色不敷，貽累該司，深屬不便，合行查議。爲此牌仰本司官吏照牌事理，即將通省歲解各項錢糧、物料、軍器等差，每年應作若干起，分别某項有水脚，某項有勘合，酌量解納難易，即以瑣屑者品搭均勻，分定差數。就以福、興、泉、漳、延、建、邵、汀、福寧州爲序。如首差該福州，即於所屬府衛縣佐領中，簡擇賢能素著，或曾經薦獎，或到任稍久，操守無疵一員，詳委起解。次差方及興化之屬，周而復始，其三司首領每差二府之後，輪用一員，亦以布、按、都輪撥。至於各屬起解京邊錢糧，務照頒降法馬通行各府、州、縣，如式傾錠足數，該司仍以一樣法馬兑準，方可收庫。間有短少，即令滴珠添補，不許散搭碎件。作速妥議明白，務期永久可行，具由詳奪施行。

續據布政司呈：查得閩省起運南北二京錢糧，節奉部文開派。或本，或折，或增，或減，定數雖難預計，年例不甚相遠。往者差官解運，因道途遼邈，水陸間關，頗爲勞費，故議有水脚盤費等項，不無寬裕。蓋酌量體悉，使之樂於趨事，上以完公家之務，而下以恤行役之勞也。顧人情趨利若蠅，倖門易啓如竇，各屬府衛首領、州縣佐貳等官，垂涎解運，妄意夤緣。其未得差也，則公行請託，陳乞無厭；其既得差也，則動稱苦難，要求不已。有本差未足求以搭解者矣，有水脚未已因而剋落正銀者矣。以故赴部，則有重傾之弊，有剪邊之弊，有竊取零星之弊。一經發覺，諉罪攀撦，如近日河南之事是已。甚至不才或逢劣轉，則并錢糧挈而逃之，莫知去向，如近日連江之龔瑞是已。夫任事必選賢能，差委必由上官。初時請託，已非端人，曲意徇之，鮮不敗事。蓋由畫一之法無據，故覬覦之心易生。今奉前因，該本司署司事右參議陳應芳躬親揭查輕重品搭，一議折色，次議本色，三議南解，四議委官，五議傾解，六議原收，酌一年之常數爲可久之定規等緣由，具呈到院。

該本院批：據議委解六事并品搭錢糧數目裁酌處置，至爲詳明。自此夤緣可杜而侵剋可免矣。折色六運如議，以各府管糧通判及三司首領輪流委解。但省城有常豐倉，福州府管糧官似不可一時缺少，相應免委，以福寧州同知補之。通判先興化府，首領先布政司，一佐一領相間。其或該府該司無人，照序行委别府别司，並不許一人營求攙越。餘俱如議，刊布書册，通行各屬一體遵照。本院亦即移咨户部，知會内外，互相稽考，永爲定規。

一、議折色。查得每年解運錢糧通共該銀一十八萬九千八百七十八兩五錢六分零。按察司屯折、運鹽司鹽課，共銀四萬四千一百一十七兩有奇。今大約分爲六運，以「天地玄黄宇宙」六字爲序。每運不出四萬上下。而水脚之多寡因之品搭款項臨時起解，不得那移。則次序一定，均平可守矣。

二、議本色。查得每年解運本色軍器、課鐵、建鐵等項，今分爲五運，以「仁義禮智信」爲序。每年預定差委給銀買辦，完日發解。大抵本色粗重，其議正價并盤費等項，原自寬裕無累，解官並不得指稱搭解爲名，别有希求。

三、議南解。查得南解錢糧，本折無多。近據解官戎以仁苦稱南京法馬比北京計重五錢，欲求搭解。夫南北殊途，解南搭北，不惟事體無當，而搘北補南，明係以水脚爲市也。况五錢之説，殊爲無據。而每萬水脚至一百二十兩，未爲不多，乃承解者率爲苦難之詞。相應於今次正銀内量加滴珠，明呈南部，較定法馬，以爲下次畫一之準。並不許復求北京解運錢糧搭解，紊亂解規。

四、議委官。查得本省向來委官自三司首領而下，則府衛首領、州縣佐貳各官既無定員，亦無定數，以故夤緣請託，大非事體。今折色錢糧既分六運專議，以各府管糧通判及三司首領各俸淺者相兼委解。通判以府分爲序，首領以布按都爲序，以天字一號委某府通判一員，地字一號委本司首領一員，其餘倣此。其南京錢糧、北京本色，議於運府衛首領、州縣佐貳中選委年力精壯、才幹優長，到任歷俸一年以上者，以防在途劣轉，有礙回銷。其序亦以福、興、泉、漳、延、建、邵、汀爲序，並不許攙越。此序一定，不惟夤緣美差者無所容，即有規避勞苦者亦無所託以自免矣。

五、議傾解。查得各官向來領解錢糧，除原貯整錠，即照原封驗發，其未成錠者，令其面兑，足數領出傾銷，相沿已久。顧成錠内有零星件數，未成定者解官自傾，不復送驗。其以二錠呈樣掛號包封，係故事耳。訪得各解官循襲敝套，謂户、工各部每千兩一兑。若將原數滿秤，恐彼庫官吏人等上下其手，未免增加。故將原錠零星除出，其新傾錠内故短少一二錢，以備交納之時添搭。其添搭者又故爲逡巡苦難，若係賠累然者。部中見其苦告，若以爲真出賠累，且見十錠成數，以爲本司原發如此，而不知其添搭之數即原發固有之物也。及解官回任銷批，則又執稱部中秤兑索要加增，解官不勝賠累之苦。則此一役也，本司冒經出之嫌於各部，各部有加增之名於外藩，而不知皆解官簸弄之術有如此者。今宜亟加釐正。每次發解，本司預劄另委官二員，督同銀匠，將原收成錠者但有零星添搭，即傾成小珠滴入錠内，將原收散碎者眼同傾銷足數成錠，一一送驗覆兑明白。凡有短少，責令重傾。通完之日，然後責令解官面兑印封，裝入鞘内，仍開鞘册，首葉備書原議，次葉挨號填明「有珠」「無珠」并「足色足數」「飛邊俱全」字樣於下，後書「劄委傾銷官某人，督同銀匠某人，解官某人，面兑無差，結狀在卷」字樣於尾，釘封赴部交投，以備查驗。夫工部原降法馬既已準兑，必當不致差異。如再有短少，即係解官重傾之弊。在各部當自鑒之。其銀匠傾銷工銀，每錠給銀伍分，即以零星稍有積出數内支給。如不足，於扣回水脚銀内支補。其解官水脚全給，不必累以傾銷，致滋前弊。此除積弊、遠嫌疑之要務也。

六、議原收。查得各屬府、州、縣法馬俱遵工部原降式樣較平頒發，縣解府、府解司當不異同。乃近有異焉者。如金花銀兩，各屬知係内府交納，傾銷潔淨，秤兑明白，更無絲毫短少。自金花之外，或係解部，或係存司，每錠往往不足，致有添搭其二三十兩與零數者。率皆件數零星，不知各屬何爲異同如此。若云法馬參差，且姑不論原降一樣，只金花一項何較若畫一，而別項錢糧何參差不同？豈金花獨遵此法馬，而別銀另用一法馬耶？蓋因各縣官發解之時，止令解户照數領傾，更不復行秤驗，故解户之領銀解司，亦猶解官之領銀解部，其事同也，其弊亦同也。今宜通行各府州轉行各縣，將法馬再行送司較驗一番。中有不同，即行更換。每次起解，縣官當堂，先督同銀匠傾銷。自五十兩以下，不拘多寡，俱要成錠。縣官親再兑驗足數，然後點僉解人，令其兑驗親領。

一有短少，即時稟明，責令銀匠重傾。果係足數，方行印封，即於正批内黏一單式開明錠數，印鈐交付解人，赴府投納。府官仍前兑驗停妥，類齊一二千兩以上，差委首領、佐貳等官一員，齎帶府庫法馬，押解前來。如有不照金花銀兩足數，仍前短少，或不以成錠，仍前散碎者，將原銀發回，追究下落，仍提吏究解。至於本司收銀，每月逢三逢九爲期，定委府佐官一員監收面令。解人看針，只以平對爲準，不許庫官、吏人等上下其手。兑完委官具揭呈報，本司面同收庫，聽候發解。則出入平而收放明，自無低昂之弊矣。

福建通省本折錢糧品搭數目折色共六運。

天字號。段疋正價銀八千四百二十七兩九錢一分三釐六毫，櫃袱銀二十九兩一錢二分一釐，給官水脚銀五百四兩七分五釐。弓弦箭正價銀一萬二千八百四十四兩，給官水脚銀二百五兩五錢四釐。軍器正價折色銀三千二十五兩五錢一分五釐六毫，給官水脚銀四十八兩四分八釐二毫五絲一忽一微一纖二渺。以上通共正價銀二萬四千二百九十七兩四錢二分九釐二毫，櫃袱銀二十九兩一錢二分一釐，給官水脚銀七百五十七兩六錢二分七釐二毫五絲一忽一微一纖二渺。查例給有勘合應付，合定爲一運，相應委官一員領解。

地字號。金花正價上運銀三萬九千二百五十兩，滴珠銀三百九十二兩五錢，給官槓索盤纏銀五百八十八兩七錢五分。查例給有勘合應付，合定爲一運，相應委官一員領解。

玄字號。臘茶正價并扣價銀六千九百五十六兩七錢八分二釐，解京水脚銀五百七十五兩一錢六分七釐，給官水脚銀一百二十兩五錢一分一釐二毫。黄臘正價銀三百二十九兩二錢，給官水脚銀五兩二錢六分七釐二毫。折料正價銀二千八百一十三兩五錢三分七釐六毫，鋪墊銀六百二十五兩二錢五分三釐，解京水脚銀四百九十九兩六錢九分，給官水脚銀六十三兩一分六釐。廚料正價銀五千九百一十三兩一錢，給官水脚銀九十四兩六錢一分六釐。協濟昌平州正價銀三百五十七兩五錢，給官水脚銀五兩七錢二分。三司料正價牛運銀一萬二千二百五十六兩八錢一分，給官水脚銀一百九十六兩一錢八釐九毫六絲。按察司屯折銀一萬八百四十七兩八錢七分一釐九毫一絲七忽六微二纖五渺，給官脚鞘銀一百七十三兩五錢六分五釐九毫五絲六纖八渺二塵。以上共正價銀三萬九千四百七十四兩八錢一釐五毫一絲七忽六微二纖五渺，鋪墊銀六百二十五兩二錢五分三釐，解京水脚銀一千七十四兩八錢五分七釐，給官水脚銀六百五十八兩八錢五釐三毫一絲六纖八渺二塵。查例無勘合應付，合定爲一運，相應委官一員領解。

黄字號。撫院贓罰上半年一千兩，給官水脚銀一十六兩。户例原無定額，上半年大約銀一萬五千餘兩，給官水脚銀二百四十兩。缺官俸糧祇馬原無定額，年大約銀一千兩，給官水脚銀一十六兩。胖襖正價銀二千八百九十九兩一錢七分，給官水脚銀四十六兩三錢八分六釐七毫二絲。牲口正價銀二千六百六十九兩八錢四分四釐八毫，給官水脚銀四十二兩四分四釐八毫。藥味正價銀三百七十八兩四錢五分四釐三毫，樟腦價銀一十三兩，給官槓夫銀九兩七錢二分。皮張折色銀六百二十七兩五錢五分，解京水脚銀二十九兩三錢四分一釐，給官水脚銀一十九兩五錢六分一釐。翎鰾正價銀九十五兩九錢三分二釐七絲，給官水脚銀一兩五錢三分四釐九毫一絲三忽一微二纖。鹽運司鹽課正價銀二萬二千二百兩一錢，滴珠銀二百二十二兩一釐，給官水脚銀三百五十五兩二錢一釐六毫。以上通共正價銀四萬五千八百八十四兩五分一釐一毫七絲，滴珠銀二百二十二兩一釐，解京水脚銀二十九兩三錢四分一釐，給官水脚銀七百四十六兩四錢四分九釐三絲三忽一微二纖。查例無勘合應付，合定爲一運，相應委官一員領解。

宇字號。金花正價下運銀三萬九千二百五十兩，滴珠銀三百九十二兩五錢，給官槓索盤纏銀五百八十八兩七錢五分。查例給有勘合應付，合定爲一運，相應委官一員領解。

宙字號。年例贓罰撫院下半年銀一千兩，按院全年銀四千兩，給官水脚銀共八十兩。户例原無定額，下半年大約銀一萬五千兩，給官水脚銀二百四十兩。三司料正價半運銀一萬二千二百五十六兩八錢一分，給官水脚銀二百九十六兩一錢八釐九毫六絲。按察司屯折銀一萬八百四十七兩八錢七分一釐九毫一絲七忽六微二纖五渺，給官脚鞘銀一百七十三兩五錢六分五釐九毫五絲六纖八渺二塵。以上通共正價銀四萬三千一百四兩六錢八分一釐九毫一絲七忽六微二纖五渺，給官脚鞘銀六百八十九兩六錢七分四釐九毫一絲六纖八渺二塵。查例無勘合應付，合定爲一運，相應委官一員領解。

本色錢糧共五運。

仁字號。軍器正價半運銀二千二百一十六兩六錢八分七釐三毫三絲二忽八微，鋪墊銀三百三十七兩七錢五分九釐六毫，給官水脚盤纏銀六百四兩三錢九分二釐四毫九絲八忽四微。查例無勘合應付，定爲一運，相應委官一員監造解京。

義字號。課鐵正價上運銀一千三十八兩九錢四分二釐五毫，給官水脚銀五百九十八兩三錢一分。螺殼正價上運銀七十五兩，給官水脚銀四十五兩。以上通共正價銀一千一百一十三兩九錢四分二釐五毫，給官水脚銀六百四十三兩三錢一分。查例無勘合應付，合定爲一運，相應委官一員監買解京。

禮字號。建鐵正價上運銀一千二百四十五兩一錢三分六釐二毫二絲，解京水脚銀一百五十五兩六錢四分二釐，給官水脚銀六百二十二兩五錢六分八釐一毫一絲。翠毛正價上運銀五十五兩八錢，給官水脚銀六十一兩五錢。以上通共正價銀一千三百兩九錢三分六釐二毫二絲，解京水脚銀一百五十五兩六錢四分二釐，給官水脚銀六百八十四兩六分八釐一毫一絲。查例無勘合應付，定爲一運，相應委官一員監買解京。

智字號。課鐵正價下運銀一千三十八兩九錢四分二釐五毫，給官水脚銀五百九十八兩三錢一分。螺殼正價下運銀七十五兩，給官水脚銀四十五兩。以上通共正價銀一千一百一十三兩九錢四分二釐五毫，給官水脚銀六百四十三兩三錢一分。查例無勘合應付，定爲一運，相應委官一員監買解京。

信字號。建鐵正價下運銀一千二百四十五兩一錢三分六釐二毫二絲，解京水脚銀一百五十五兩六錢四分二釐，給官水脚銀六百二十二兩五錢六分八釐一毫一絲。翠毛正價下運銀五十五兩八錢，給官水脚銀六十一兩五錢。以上通共正價銀一千三百兩九錢三分六釐二毫二絲，解京水脚銀一百五十五兩六錢四分二釐，給官水脚銀六百八十四兩六分八釐一毫一絲。查例無勘合應付，定爲一運，相應委官一員監買解京。

南字號一運。農桑税絹本折四六正價銀四百二十兩七釐三毫，給官水脚銀一十兩二錢二分四釐。京庫鹽鈔正價銀一萬一千二百一十六兩二錢三分五釐，給官水脚銀一百三十四兩五錢九分五釐。藥味折色銀四十二兩六釐一毫三絲四忽四微，槓夫銀一兩八分。匠班正價銀二千二百八十二兩，給官水脚銀二十七兩三錢八分四釐。皮張本色正價銀六百二十七兩五錢五分，解京水脚銀二十九兩三錢四分一釐五毫，給官水脚銀一十九兩五錢六分一釐。以上通共正價銀一萬四千五百八十七兩七錢九分八釐四毫三絲四忽四微，解京水脚銀二十九兩三錢四分一釐五毫，給官水脚銀一百九十二兩八錢四分四釐。查例無勘合應付，合定爲一運，相應委官一員專解。

禁革税羨榜示商民

照得商税委官徵收，正爲杜革姦弊，便益商民。廼訪得各委官指稱税羨每兩索加耗銀數分，以錢計者或加一二秤收，甚失初意。又有吏胥、門皂、巡攔人等，多方需擾。除訪實另行拏究外，合先釐革。爲此示諭商民人等，以後完納各税，照例該銀若干，但要足色足數，並不許分外加增分毫。其税銀零星不多，許三五人共併一處，如數完納，納完委官，即面給收票，付照放行。季終，儘其所收本額解府，不許存羨餘之名，以開需索之端。如有委官再蹈前弊，及衙役、巡攔旁索虧害者，許被害并知因商稍詣院首告，以憑拏治。委官究贓革職，決不輕貸。

修理萬安橋行福州府

先據福州府申詳修理萬安橋工料緣由到院。已批。修理橋梁，亦地方不得已之務。據詳萬安橋一座，費至千金之上，作何區處？仰府查議詳奪去後。今照前橋乃附省要津，車馬往來，絡繹不絶，若再遷延，坐令傾圮，將來費事益大，亟應及時修理。爲此牌仰本府官吏，即將前估數目另召匠作，或委官，或親詣，逐一再行眼同覆估的實。仍一面查動剩税，選委廉能官員辦料，刻期興工。一面造册詳奪。其洪塘、洪山橋，前詳亦應修理，一併的議，申詳施行。

酌免商税行福州府

照得南臺各項商税，先據商民認納，續因改議官徵，以致各商逋欠不完。今已年餘，勢難追併，相應酌免，以示優恤。又據商正達等首告各商侵欺税銀，批府議罰修橋，雖經本院減半，亦少完納，應從豁免。爲此牌仰本府官吏，即將後開各商原認未納税銀查照開去應徵應免數目出示曉諭，遵照施行。其有税課司舊税，查係原額，仍行追納。原罰修橋銀數，盡行豁免。俱無違錯。不便。

計開：

黑糖出水商陳公順等五名，年認税銀四百兩，已完三百一十七兩八錢，未完八十二兩二錢，今免追五十兩，止納三十二兩二錢。又減罰修橋銀二十五兩，已納二兩，尚欠二十三兩，免追。

杉木火板出水商吴全等六名，每年原認税銀四百兩，已納五季銀五百兩訖。外減罰修橋銀一百五十兩未納，免追。

生猪商陳勝等四名，原認每年納銀二百兩，已完一百七十兩，未完三十兩，與減罰修橋銀四十兩，俱免追。

棉布商王中躍等三名，原認每年納銀二百兩，内税課司舊額銀九兩，止新税銀一百九十一兩，已完訖。更減罰修橋銀二十兩，已完五兩，未完一十五兩，今免追。惟税課司冬季尚欠舊税二兩二錢五分，仍應追納。

三篷等船牙葉福等四名，原認年納銀四十兩，已納二十兩，未完二十兩，今免一十兩，仍追一十兩。其減罰修橋銀二十兩，免追。

青靛倒地牙人林寧等四名，原認年納銀一十五兩，内税課司舊額銀一十兩，止新税銀五兩，已完訖。外減罰修橋銀五十兩未納，免追。其税司尚欠秋冬二季舊税銀五兩，仍追納。

黄白絲牙陳泗等三名，認税銀二百兩，内税司舊額銀一百八十兩，新税銀二十兩，已經納完。外減罰修橋銀五十兩，免追。其税司尚欠秋冬二季舊税銀九十兩，仍應追納。

棉花過水牙吴九等六名，年認税銀四十五兩，已納全完。外減罰修橋銀一百兩，已完一十兩，尚欠九十兩，免追。

機絹牙李朝仁等一十六名，年認税銀一百兩，已納五季銀一百二十五兩。外減罰修橋銀八十兩，已完六十二兩，未完一十八兩，免追。

茶菜硬油出水商王俊等四名，年認税銀一百五十兩，已完一百一十二兩五錢，未完銀三十七兩五錢。今免三十兩，仍追七兩五錢。

白糖出水牙林興等四名，原認每年税銀一千八百兩，已完銀一千三百一十兩，未完銀四百九十兩。查得本税原額止銀一千二百兩，本商認納過多，節告無徵，批行議豁。今准免四百兩，仍追九十兩。

綿竹界首書粗毛邊各紙出水牙黄和等二名，年認税銀三十兩，已完二十五兩二錢五分，未完銀四兩七錢五分，免追。

苧牙詹世奇等十三名，年認税銀二十兩，内税司舊額銀五兩，新税一十五兩。已完新税銀十三兩七錢五分，餘銀免追。惟税司尚欠秋冬二季舊税銀二兩二錢，仍應追納。

生熟鐵鋼鐵牙林春等二名，年認税銀二十兩，内税司舊額銀四兩，新税銀一十六兩。已完新税銀一十二兩，未完銀四兩，免追。惟税司尚欠秋冬二季舊税銀二兩，仍應追納。

毛邊紙倒地牙葉九，年認税銀六兩，内税司舊額二兩，新税四兩。已完新税三兩，未完一兩，免追。惟税司尚欠秋冬二季舊税銀一兩，仍應追納。

黑糖入水商梁喬才等四名，年認税銀一百兩，内税司舊額銀五十兩，新税銀五十兩。已完新税銀四十一兩，未完銀九兩，免追。惟税司尚欠秋冬二季舊税銀二十五兩，仍應追納。

磁器牙人陳臺等三名，年認税銀二十兩，内税司原額舊税銀六錢，新税一十九兩四錢。已完新税一十四兩五錢五分，未完銀四兩八錢五分，免追。

水口鹽牙陳椿等十名，年認税銀八十兩，已納五季銀九十兩，尚欠一十兩，免追。

已盡完各項商税：

青靛出水商薛德美等四名，年認税銀二百兩，已納全完。又罰修橋減半銀五十兩，俱完縣庫。

南臺牛船牙林可等二名，年認税銀六十兩，全完訖。杉木船牙吴政等一十三名，年認税銀五十兩，已納五季，共銀六十二兩五錢，全完訖。

生漆牙人蔣應陽等四名，年認税銀五兩四錢，内税司舊額銀四錢，新税銀五兩，已完訖。

獎賞善人行福州府

照得本院頒行《正俗編》，以勸善懲惡爲要。今據該府開報閩、候二縣善人到院，合行勸賞。爲此牌仰本府官吏，即差各地方老人諄請各善人到府，轉送到院，以憑分别禮待，仍支税銀備辦銀花。一兩者四對，五錢者四對，紅段四疋，紅紗四疋，牌扁八面。議撰四字，各如其人，上列本院官銜外，備折禮銀，四兩四封，二兩四封，連花紅，限十五日送院。兼鼓樂，應遣送者遣送，應面賞者面賞。具由報查。毋違。

計開善人八名：

原任知縣李應陽，致仕歸來，安貧自樂。屋僅蔽風雨，而弟兄子姪必不忍離析以傷其親；田不辨桑麻，而饑渴困窮寧相與減食以同其苦。喜怒不形于色，紛華不入其心。無媿古人，宜隆禮敬。

原任經歷張克武，跡肇椽曹，志切名教。誡子入仕，所至著冰蘗之聲；持身克嚴，一言重鄉閭之聽。宦林所宜則傚，末俗端可維持。

鄭棐卿，候官縣學生員。以太守之裔，獨抱母以山棲；爲文恪之親，曾無書以抵謁。進脯稍慢而咈然謝去，廉節何高；弟年已長而甘心共餓，友愛何篤！

吴漳，候官縣人。處異弟而輒讓其肥，事繼母而能承其志。貸饑濟渴，當大荒盛暑而不辭；修祭施棺，即瀕窘罄貲而弗恤。

王鑾，候官縣人。義不再娶，仁不訟逋。年近百齡，不識公庭何狀；居同五世，但聞家政雍如。

鄭孔教，閩縣冠帶生員。言不出口，行積厥躬。竭誠敬以奉嚴慈，無分存殁；敦訓誨以成弟姪，不失顯名。

林棲鳳，閩縣人，原充邑庠生。文采素優，言行不苟。母有疾，躬爲嘗藥，頃刻不離；兄無子，奉以終身，章縫咸服。

趙本，閩縣人。弟兄食力而身任其勞，叔姪同居而室無私貨。迹雖隱而德無媿，年已高而行不衰。

優處善行生員行提學道

據福州府開報閩、候二縣善人到院。内一名鄭棐卿，係候官學生員，祖太守鋼。至其父，家業蕩盡，一貧如洗。父死時，棐卿甫弱冠，無片瓦可棲，無升米自給，乃奉母而居于祖之墓亭。左右皆棺柩，前後皆墳冢，樵採拗至，山鬼爲隣。瓦破壁頽，中夜而雨，則母子相抱而立。得飯一碗，則强笑以進其母。母曰：「兒二日不舉火矣，曷分以濟饑乎？」棐卿爲飾説以安其母曰：「兒往來朋友家，何患無飯？」低頭面壁，仍力學不倦。既爲邑諸生，有人延爲子弟師。其人以束脯進，戲曰：「秀才久不見此，今見之快乎？」棐卿怒詈以出，分毫不取。其人謝罪，竟去不顧。棐卿姑爲林文恪公元配，文恪公爲諸生時，而姑已卒。逮文恪公貴宦二京，垂三十年，不知棐卿之貧至此，棐卿亦竟不以一字自通。公歸，棐卿年將四十，尚鰥居。公贈以數金，始有婦。王學道試居第二，適有開讀事，當高等諸生齎行，其禮以遠近爲厚薄。棐卿乃不願遠郡，而請督府。衆以爲訝。棐卿曰：「吾非不知遠郡禮厚，吾不能一刻離吾母也。」朋友以禮周之則受，亦了不謝，且落落自奇，絶無寒乞之態。其弟年已三十，或勸遣之他所，令自餬口。棐卿曰「豈有因貧而逐弟乎？即餓，吾甘之」等善狀，已行該府製扁，并花紅銀兩送院。同善人李應暘等八名，以禮勸奬外，看得生員鄭棐卿孝友廉節，安貧嗜學，閩、候無雙。往時曾考優等，必其文學亦通，似應破格優處，以爲諸生之勸。爲此牌仰本道官吏，即將鄭棐卿議處作何優異。或取考試，准與補廩，使足資貧，且可爲他日出身之階。此該道職掌，惟徑自裁奪施行，具由回報。

修壬戌坊牌行福州府

照得福建壬戌科進士係本院同年，所有牌坊傾圮，合行修葺。爲此牌仰本府官吏即便行委閩縣典史竺應元帶領匠作前往，估計合用工料若干，動支税銀，一面給與本官買辦木料，興工修理，務要壯固可以經久。

工完，造册詳奪。

章善癉惡行各道

先據福州府册報閩、候二縣善人李應陽、張克武、鄭棐卿、吴漳、王鑾、鄭孔教、林棲鳳、趙本及閩縣開送董以讃等，俱行府縣備辦花紅、儀扁，以禮奬勸。又該本院訪得惡人林鳴、丁虎二、林愛、林東廣、張世忠、黄厚七、陳猴三、康六等，俱行府拏解懲責，發府究問。及訪賭師張爲、淫惡林質卿，先後責究發禁。除林質卿已經監斃外，爲照勸善懲惡，政之急務，各該地方俱有其人，不特省城而已，相應通行查覈。爲此牌仰本道官吏，即便督行所屬該府州，行縣示諭鄉約正副及保甲人等，逐約從公查舉。如有善狀爲鄉間所共推應奬、罪惡爲衆人所惡應罰者，據實報縣，轉報本府，類呈該道查照覈實。應奬禮者，就近奬禮。應究治者，即行究治。間有善惡之尤，應當重加懲勸者，不妨通詳，定奪施行。

取各屬官過堂行各道

照得本院復命舉刺及奬戒文武大小官員，近經通行各屬查訪覈報去後。爲照賢否予奪，關係匪輕。以不識面目之人而加之薦奬虚詞，尤屬無謂。合行查取，面試定奪。爲此牌仰本道官吏，照依先今事理，即將所屬除府佐、縣正，應薦應奬，應劾應戒，各官嚴加甄别的確，開列事狀，照前行册報外，其府領、縣佐領各官，有開應薦之列及武職各官應薦應奬人數，俱要覈實，開具册揭。限十日内，連人解送本院過堂，以便考驗施行。至於應劾應戒文武各官，但廉得其罪狀，從實開報。在武職，有先年悞犯，或戒過舊跡，今能改過自新者，不妨明白聲説詳奪，俱毋違錯。未便。

查積逋屯糧行屯鹽道

據屯鹽道呈詳：查過省城三衛歷年拖欠屯糧數目，并解應比書識陳應鳳等到院，已批道嚴催完報去後。今細閲未完欠户册，内有一名而連欠至三四年者，有一户而積欠至七八十石者。此皆豪强恃頑不完之故，相應設法查催。爲此牌仰本道官吏即將發來流水底册行令各衛印屯官，自十四年起，至二十一年止，將各欠糧人户不及一石者姑緩外，自一石以上，備細查明各名下填註户首姓名，係官，係軍，或富，或貧，送道查覈。官軍見任見役者，即行該府查，將户首逐月應支俸糧扣抵還官，扣足而止。前屯即付户首領佃。如無俸糧可扣，殷富者令其照數辦納，貧難者許令别餘代賠。通准領田耕種，限在三月以裏盡完。該道仍查各官見收在官各年本折屯糧銀，共六百九十九兩八分零，并右衛已解二十一年分未獲實收銀二百兩，再處别項凑足九百八十八兩，先行委官詳請搭解赴部，以完十四、十六年分。考成候追各年本折欠數，抵還解納其二十二年分。見徵錢糧，務要勒限完解。至於在外衛所拖欠者，通照原行查覈明白，作速回報，毋得再遲。

禁民浮言行南靖縣

先據分守漳南道呈詳南靖縣遷城緣由。批：南靖遷復舊城，果得地利，豈惟土著之民是依，即寄籍靖土者賴之。雖在郡城，增一雄邑爲藩蔽矣。該縣正官已經會題議留，仰道行縣，作速估計工費，實該銀若干，一面計畝量抽佃銀，即於目下擇日興工，將城垣塔橋如法建造。其稅畝銀准動支，協助委官監督事宜，併工料文册詳報去後。今據該道呈稱：覆查得該縣城工，只有稅畝銀二百四十有奇，餘議田畝派徵。但南靖田多異縣巨室寄庄，憚於出銀，横議滋起，阻撓繁興等因到院。看得該縣遷復舊城，實爲一方保障之計。各縣巨室田土既隸南靖，即係編氓。計畝量抽佃銀數本無多，衆輕易舉，相應戮力共成，何得輒興浮言，阻撓大舉？合行示諭。爲此示仰寄庄南靖人户，遵議趨事，務期不日成功。敢有仍前浮議阻撓致誤城工者，聽該道府訪拏，送院究處，決不輕貸。

清查絶産行糧餉道

先據糧餉道呈詳覆查過福州府李推官查議入官召賣絶户田産，内開：閩縣原丈出一千八百七十五畝零，議價一千一百六十六兩六分。除完外，尚未完銀三百五十六兩八錢三分零。侯官縣一萬五千八百六十五畝二分，議價六千三百四十二兩八錢二分九釐零。除完外，尚未完銀二千一十七兩三錢零。已批該道督行各縣正官清查去後。延今一年，未據查覆。今照共學書院欲議立公田以資諸生供給。前項絶産原係官物，許民納價承買。自丈量至今十有五年，得業豪强隱不完納。及至該道查詳，又經幾年，竟不秤輸，相應議處以助學校。爲此牌仰本道官吏即便會同提學道，嚴查閩、候二縣原丈絶户田畝，先開得業人户若干名，除已納價某某外，尚未納的係某某拖欠，其田坐址何處，照依六筐册内，備細查出。或徑追入官，或准起租，分别議處，造册呈詳，以便定奪，垂之永久。

追没寺田助貧宦行莆田縣

據莆田縣申詳，問過犯人僧道正等招罪緣由到院。批允外，查得本犯欺隱寺田未陞科一百單五畝五分九毫，又地九畝八分，園地一十二畝三分。招稱照數追入充餉。爲照囊山一寺原額田地數至八千一百二十六畝有零，概屬姦僧掌管。及奉旨清丈，敢於欺官隱匿。豈容聽其起科入寺？相應没官。及照莆田鄉宦禮部員外王宜，投紱山林，絶迹塵市，一貧如洗，有古人風；已故户部郎中葉士賓，高魁蚤卒，家業蕭條，俱應賑助。爲此牌仰本縣官吏即將丈出前田品搭均匀，分作二分，一送王員外，一送葉郎中親男。各家收入本户納糧當差，免其納餉。各取領狀，具由繳查。

查寺田加徵行布政司

照得通省寺田已經委官查理，二年尚未完結。去秋八月，據布政司呈送略節文册，增餉太多，又各府、州、縣參差不齊，隨諭司道及府縣官且仍照舊則徵收去後。近據延平府申詳，查過永安縣高飛等寺田畝，經通判王吉人清查，流傳者照四六例，續舉者照二八例，不分等則，每畝概收租穀五石，折納糧餉銀一兩，以致曾真明等具告稱累。該府議欲每畝只追銀三錢，批行照舊徵納訖，第恐各處寺田有照新額徵收者，合行通查明白，以免混派加徵之弊。爲此牌仰本司官吏，即行各該駐劄道，轉行各府、州嚴查屬縣寺田餉額。除照舊則徵收外，間有新則追收，通省共若干縣，共增餉銀的有若干。如有追收在庫者，除照舊額外，餘銀准作二十三年餉銀，責令盡數解司，毋容吏胥乾没。該司開具的實數目，詳報以後，通省且照舊則一例徵輸，候查明議題施行，毋得違錯。未便。

敬和堂集卷之十

德清許孚遠著

雜著

原學篇一

天然自有之謂性，效性而動之謂學。性者萬物之一原，學者惟人之能事，故曰天地之性人爲貴，爲其能學也。學然後可以盡性，盡己性以盡人物之性，則可以贊天地之化育，而與天地參，而爲三才。故學之係於人者大也。天聰天明，非學不固；威儀動止，非學不端；剛柔善惡之質，非學不化；仁義禮智信之德，非學不完；君臣、父子、夫婦、昆弟、朋友之倫，非學不盡；富貴、貧賤、夷狄、患難之遇，非學不達。學則智，不學則愚；學則治，不學則亂。自古聖賢盛德大業，未有不由學而成者也。故先師孔子特揭學之一言以詔來世，而其自名，惟曰「學而不厭」而已。性之理無窮，故學之道無盡。「學而不厭」，孔子之所以爲孔子也。然而三代以上，道明而學醇；三代以下，道喪而學雜。高之淪於空虚，卑之局於器數。浸淫於聲利，靡濫於詞章。嗚呼！學其所學，而非孔子之所謂學也。其卓然志於孔子之學，不爲他道所惑者寥寥，數千載之間，幾人而已。乃其見有偏全，言有離合，行有至不至。擇而取之，則又存乎其人焉。故學以盡性爲極，以孔子爲宗，若射之有的，發而必中；若川之歸海，不至不已。夫然後可以語學。學之義大矣哉！

原學篇二

學者既有志於孔子之學，則必知夫求端用力之地。孔子之學，自虞廷精一執中而來，其大旨在爲仁。其告顔子以克己復禮，最爲深切著明者也。人心本來具此生理，名之曰仁。此理不屬血氣，不落形骸，故直云克己。己私一克，天理具存，視聽言動各有當然之則，故云復禮。一日克己復禮，則無我無人，平平蕩蕩，萬物一體，故曰「天下歸仁」。己最難克，仁最難言。因循牽繫，終身陷溺，剛毅深潛，一日可至，故曰「爲仁由己而不由人」。出此入彼，即在身心之間，其機至嚴，其用至博，故曰「非禮勿視聽言動」。此孔門學脈也。他如言敬，言恕，言忠信，言閑邪存誠，言洗心藏密，言格物致知、誠意正心，無非此理，無非此學。神而明之，存乎其人焉耳矣。是故舍仁而不求者，昧其本心，不可立人道於天地之間；不由克己復禮而言仁者，道不勝欲，公不勝私，而徒以聞見湊泊，氣魄承當，無强至於仁之理。知克己者，一私不容，氣質渾化，故功利權謀之説非所可入。知復禮者，體用俱全，萬理森著，故虚無寂滅之教非所可同。修此之謂天德，達此之謂王道。此孔子之學，自精一執中而來，爲萬世立人極者也。學者於斯篤信不惑，而行之不惰，其庶幾乎可以語學也夫。

原學篇三

學不貴談說而貴躬行，不尚知解而尚體驗。《易》曰：「默而成之，不言而信，存乎德行。」《孟子》曰：「君子所性，仁義禮智根於心。其生色也，睟然見於面，盎於背，施於四體，四體不言而喻。」此其說也。是故性定者，其言安以舒；養深者，其容靜以肅；內直者，其動簡；德盛者，其心下。反之，而躁妄、輕浮、繁擾、驕汰生焉。蓋理欲消長之機、志氣清濁之辯，見於動靜，徵於應感，如影隨形，不可掩也。昔者虞舜夔夔齊慄以格其親，而好問好察，善與人同，乃見其精一之學；文王在宮在廟，雝雝肅肅，而無然畔援，無然歆羨，乃見其敬止之功；孔子温良恭儉讓，萃至德於其躬，而意必固我至於盡忘，乃其學而不厭之實。凡古今聖賢所爲師表人倫信今傳後者，必以躬脩道德而致之，斷非聲音笑貌之所能爲也。故學者之學，務實脩而已矣。珠藏而淵媚，玉韞而山輝，德積於其中而發見於其外。有不脩，脩之，未有無其驗者也。不脩而僞爲於外，與夫脩之未至而欲速助長操上人之心者，皆孟子所謂「無源之水」，易盈易涸，不可長久矣。故曰：「君子之道，闇然而日章；小人之道，的然而日亡。」「言忠信，行篤敬，雖蠻貊之邦，行矣。言不忠信，行不篤敬，雖州里，行乎哉？」誠僞虛實，判若霄壤，其理甚明。內辯諸身心，外證諸家國。學之終身，不至不已，斯學之道也。

聖訓敷言八則關中示諸生

其　一

子云：「吾十有五而志於學。」聖人一生精神命脉，只在志學一言。「學而不厭」，聖人之所以爲聖也。知學而趨之者賢，不知學而棄之者愚，非聖自聖、賢自賢、愚自愚也。天性在人，萬理咸備，無不可學而能。千古聖賢，與我同類，何爲甘於暴棄而不學？蚤夜以思，憣然覺悟。苟志於學，希賢，希聖，希天，孰能禦之？其或不然，苟安流俗之陋，醉生夢死，無可語處。故志學，作聖之第一義也。

其　二

子云：「言忠信，行篤敬。」人身惟有言行兩端，忠信、篤敬所以爲存心凝道之本。事親事君，應事接物，惟此忠信，惟此篤敬。一念忠信篤敬，便收斂凝一，百順之所自生；一不忠信篤敬，便放逸周章，凶咎之所由作。道本不遠人，胡不思？「立則見其參於前，在輿則見其倚於衡。」無動静隱顯，而一於忠信篤敬。所以爲忠信篤敬也，先儒學個不妄語，惟不妄語可幾忠信；《詩》言「不愧屋漏」，必不愧屋漏可稱篤敬。只此兩言，學者終身用之而不盡，書紳哉！服膺哉！

其　三

子云：「仁者，己欲立而立人，己欲達而達人。」聖門教人求仁之功，不一而足，獨此語形容仁體最爲親切而有味。己不立，非仁。己立而不立人，非仁。己不達，非仁。己達而不達人，非仁。立不獨立，達必俱達，仁者所以爲天地立心，爲生民立命也。故明明德，便要親民，而致中和，便可位天地，育萬物。學者知得這個血脉痛癢相關，則爲仁之功自不容已。忠信篤敬、參前倚衡，即是立己立人、達己達人之道。初無兩法，學者要深思而得之。

其　四

子云：「事其大夫之賢者，友其士之仁者。」事賢友仁，此爲學之大方。人之性情，習於善則善，習於惡則惡。上有嚴憚之人，下有切琢之士。直諒多聞，交相輔益，不覺其心志之日以開明，而德器之日以成就也。《記》曰：「獨學而無友，則孤陋而寡聞。燕朋逆其師，燕辟廢其學。」獨學且不可，况燕朋燕辟乎？故有志之士，必以親師取友爲急。求之一鄉，求之一國，求之天下，存乎人而已。

其　五

子云：「攻其惡，無攻人之惡。」人有氣質物欲之蔽，故非辟潛生，必攻而去之，天性乃復。然而責人則明，恕己則昏。己惡未攻，常有意於攻人之惡，此學者通病。只明此兩言，專務自治，時時反觀内省，閑邪存誠，其於外面是非好醜，一切涵容，不輕發露，即高明廣大氣象也。孔門顔、曾之徒，精神全向自己身中，所以養深而德粹。鄙人年來深省於此，願與學者共脩之。

其　六

子云：「無欲速，無見小利。」此語非特論政，即是論學。斯道無窮，孔子之聖，由十五志學，至於三十然後立，四十然後不惑，况吾人乎？宇宙内事，皆性分内事。經世宰物，繼往開來，以爲責任。而蔽于近小功利之私，難矣。學者須竭一生精力，萃之於道，優游厭飫，日就月將，乃可言學。其世之榮名利禄、得失去來，一切勘破，不爲摇奪，始於性分内事少有相當。不然，「欲速則不達，見小利則大事不成」，聖有明訓，未有能違者也。

其　七

子《易·象》云：「天在山中，大畜。君子以多識前言往行，以畜其德。」夫多識前言往行，要在讀書。天人之藴奥在《易》，帝王之政事在《書》，性情之理在《詩》，禮樂之道在《記》，聖人之是非予奪在《春秋》。傳記子史，羽翼聖經，紀載往蹟，皆不可廢。展卷誦讀，則上下古今嘉言善行，日聞所未聞，智識精明，涵養深厚，所以謂之畜德，非徒博聞强記，誇多鬬靡而已。學者於此各隨分量所及，審察先後而致功焉。其蕪穢之書、淺陋之文，足以賊德而損智者，勿令入吾之心目可也。

其　八

子云：「辭達而已矣。」達之一言，即萬世學者脩詞之準。有德之言、造道之言，旨遠詞文，不求達而自無不達。後世文章之士，沉潛經史，記聞淵博，得於其心者，亦自達於其言。今之制科之文學者，不得不勉强從事。然要之，貴培養本原，講明義理，期於達而已。靡麗非達，奇詭非達，玄虛非達，其又下者勿論。多士擇焉！

覺覺堂説

萬曆丁丑夏，許子會同里士于慈相寺之聽松堂。以堂名有諱也，易之曰覺覺。

或問於許子曰：「子所稱覺覺云者，非孟子所謂『先知覺後知，先覺覺後覺』意乎？」許子蹙然避席曰：此古聖賢之事，余何敢任焉？夫覺也者，人之性也。《書》不云乎，「惟人萬物之靈」。斯靈也，乃所以爲覺也。人之生也，目視而耳聽，手持而足行。口之於味，鼻之於臭，百骸九竅之於疾痛疴癢，不言而喻，不慮而知。若是者何也？人之靈覺之性，蓋無所不貫也，匪獨吾之一身焉而已。其聯之而爲君臣、父子、昆弟、夫婦、朋友之倫，其散之而爲天地萬物、古今事變之賾，其履之而爲富貴、貧賤、夷狄、患難之遇。惟人也，無所不能通，而無所不能順。若是者又何也？則覺性之在斯人，其周徧如此也。其慈愛爲仁，其裁制爲義，其恭敬爲禮，其鑒别爲智，其誠實爲信，其存之爲德，其達之爲道，其生生之謂易，其不測之謂神。衆善同出而異名。若是者非他也，則覺性之所以爲妙也。夫婦之愚不肖也，而可以與知與能。聖人之聰明睿智也，而有所不能知不能行。其退藏於密也，雖鬼神不足以測其機緘之所存，而其流行充塞也，雖彌乎六合而不足以爲大，雖亘乎無始而不足以爲遠。若是者不可悉究，則覺性之所以爲無窮也。故曰覺也者，人之性也。然而云覺覺者何也？人之性也，必附麗於其氣質，如日月之經行於天，而流水之在地中也。日月不能不掩於雲翳，流水不能不溷於泥沙，而覺性不能不蔽於氣質。當其蔽也，則覺性爲迷，然而覺者未嘗不存也。故學者貴於覺之而已矣。《詩》曰「有覺德行」，《傳》曰「在明明德」，此之謂也。夫蔽有輕重，有淺深，而覺有小大，有遲速。古之聖賢，不恃其無蔽，而恃吾之覺有以勝之。故有過則可改，而見善則可遷。衆人惟其頑焉而不知覺，故其蔽錮日益以甚。今夫清明在躬，湛然常覺，一性圓融，洞達無礙，沛若江河之決而渣滓渾化，皎若日月之明而一疵不存者，此覺之至也，非聖者不能與於斯也。於是焉嚮道而行，循性而動，激發於師友箴規之際，而退省於幽獨隱微之中。明於微以及於著，舍其舊以圖其新，如水之漸清而氣之漸盛，迨其久也，日游于高明廣大之域而不知，此覺之次也，賢人君子之事也。若其狃於氣習之偏，牿於物欲之害，良心乍萌而乍蔽，忠言若信而若疑，卒之隨俗習非，以終其身而不悟，此覺之昧者也，庸衆人之流也，猶可言也。其有聰明自用，長傲遂非，以恣情狥慾爲當然，而以禮義忠信爲不足法者，此覺之反者也，孟子所謂「自暴自棄」之徒也。其又有祖述性命之談，侈然將以教詔於天下，而忘其所爲自檢之道，掩非匿垢，以欺己而欺人者焉；其又有惑於異端之教，肆爲窅冥恍惚之談以鼓動於斯世，而忘其所爲天理民彝之正，叛棄聖賢而不顧者焉。斯二者，皆覺之賊也，孟子所謂邪説誣民之類也，不可言也。

嗟夫！均之爲人也，均之有是覺性也。在彼則爲聖爲賢，而在此則爲庸人，爲暴棄，爲邪慝。要之，覺與不覺之分也。然則所謂覺覺云者，吾徒其可以不勉乎哉？夫凝陰之極而陽氣未嘗不生，陷溺之深而覺性未嘗泯滅，特患其不覺，不患其有蔽也；特患其覺之不力，不患其蔽之深重也。是故昧者猶可以覺而喻，反者猶可以覺而還，賊者猶可以覺而正。覺乎！覺乎！是在斯人而已矣。《書》曰：「惟聖罔念作狂，惟狂克念作聖。」先民亦有言曰：「所謂下愚不移者，非是不能移，病在不肯移。」此之謂也。或曰：「覺民之責，孟子何以屬之先知先覺耶？」曰：「古之聖賢，以其昭昭，使人昭昭，然後天下知所趨向而不惑。至所以覺之之道，未有不存乎其人者也。『爲仁由己，而由人乎哉？』孔子之言，豈欺我也？」或曰：「覺之爲説，佛典宏矣。而子闡之，不幾於助風揚波者乎？」曰：「余於前言既明且盡矣。天下之理，名同而實異，學者求其實而不狥其名焉，可也。然必有取於覺覺者，何也？悼流俗之沉迷，而吾欲覺之而使覺，亦竊附於孟氏之旨者也。」

悔吾説贈譚學博

學博譚君來諭吾庠四載矣，清之人士莫不以君爲端方直諒，允稱師儒之模範者也，於是膺新命當教授榮藩。君自度春秋高，諸侯王子弟教之難，遂飄然欲歸嶺表，與其同里士振舉白沙先生之遺風，講藝樹行以卒其志。一日，踵許子之門而告曰：「古之君子贈人以言，非相爲諛也，蓋有朋友責善之道存焉。某幸辱交於先生，頃年又率諸青衿從先生於覺覺堂之會，於心常躍然。然吾老矣，過時不學，徒切追悔。近更號以『悔吾』者，亦自志其愆也。先生毋以老耄棄余，而箴儆於余，余將書紳以歸，用比於韋弦之義，不敢褻。先生盍圖之？」許子瞿然起而拜曰：

「君之心，是古者衛武公與蘧伯玉之心也。方感嘆敬服之不遑，而何説之贅焉？無已，請以所聞明悔吾之旨。《易大傳》曰：『吉凶悔吝者，生乎動者也。』蓋人心直以動，則順乎天理而爲吉；妄以動，則陷于人欲而爲凶。方其人欲之蔽，有所牽繫於中，而遲回顧惜、進退不能以自決者，吝也。及其放失之後，有所懲創于中，而反躬責咎、愓然不能以自安者，悔也。悔未必其爲吉，而由此以改過遷善，則吉之端。吝未必其爲凶，而由此以長惡遂非，則凶之端。故曰：吝也者，自吉而趨凶者也；悔也者，自凶而趨吉者也。然則人心之幾，不能純乎吉，亦不必純乎凶，而特存乎悔吝之間。悔之於人，亦大矣。雖然，嘗試驗之，人之於行有所不慊於心，則其悔恨常有所不免。自古及今，苟非至於窮兇極惡，未有無悔心之萌者。顧悔之未幾，而吝即隨之。天理之乍萌，不足以勝其人欲之錮蔽，是以二者恒相乘而不已。而天下之事，其流於凶者常多，其出於吉者常少也。由此言之，悔之於人，豈誠足恃乎哉？蓋《傳》曰：『震，无咎者存乎悔。』而又曰：『憂悔吝者，存乎介。』夫悔在事後而介在事先，已失而改圖，固不若先事而明覺之爲愈也。子曰：『顔氏之子，其殆庶幾乎！有不善未嘗不知，知之未嘗復行也。』《易》曰：『不遠復，无祇悔，元吉。』此所謂先事而明覺，存乎介者也。《孟子》曰：『人恒過，然後能改。困於心，衡於慮，而後作。徵於色，發於聲，而後喻。』《易》曰：『頻復，厲，无咎。』此所謂已事而改圖，存乎悔者也。夫悔固不若介之爲豫，然至於能作而喻，震无咎而善補過，則亦非乍萌乍蔽，悔吝相乘而不已者矣。是故君子之學，其豫養也莫若介，而其補過也莫若悔。平時能戒謹恐懼，慎之於幾微毫髮之際，而有過，能痛省勇治，務收其摧陷廓清之功，則古之聖賢之道亦不難至也。君自號『悔吾』之旨，其有在於斯乎？昔者白沙先生以静養爲的，其學幾於自然，有顔子不遠復之氣象。而考其當年苦心鑽討，其爲省過自訟之詞見於詩篇者，不一而足，然則得於悔過之力亦深。君之歸也，試與二三知學之士求之，當必有得其精藴之傳，超然於不言之表者。質以悔介之説，其然乎？其不然乎？君毋忘余之鄙陋，其他日幸有以教我。」

君憮然起而謝曰：「先生之言，匪獨以告老夫，抑先生所方自勵，與學者所當共勵者也。」遂次第其言而歸之。

養神説贈章元禮

章元禮父與許子同生於餘不溪之里。方許子官駕部，而章子成進士，並居京都，又介大逵之東西委巷而舍焉。朝暮數相見，善相勸，過相規，疑相質。章子雖敏睿絶倫乎，然獨沉深，能虚受。其於許子迂鈍簡直，莫逆於心，逾久而逾親，盎如也。

章子既受蒲圻令，將行，謂許子曰：「何以贈我？」許子曰：「無言也。」固問，曰：「其養神乎？」曰：「若之何養神而裕於政也？」曰：「《易》不云乎：『神也者，妙萬物而爲言者也。』神之於物，大用之則大，小用之則小。庖丁之解牛也，輪扁之斲輪也，梓慶之削鐻也，痀僂丈人之承蜩也，皆凝神於一物之微而得其至者，猶役之也。而老莊之徒得之，以全其生；羲皇、堯、舜、禹、文、周、孔之聖得之，以脩其身而治天下、教萬世。神乎！神乎！道安有不由者哉？」曰：「養之則奚若？」曰：「唯神也不可以僞爲。靈臺之内有物焉，汩之，雖致力澄之而不能清也。故君子欲其本之無雜也。感而動，則有紛擾之患。而静以居，則有坐馳之虞。動静有無之間，吾之神不知其所以存而存。故君子欲其機之自著也。秋毫之察而泰山之瞑也，荒裔之思而几席之蔽也，迂曲之鶩而周道之矇也，華藻之事而本實之撥也。則神之病莫大乎是，君子弗由也。立於端莊嚴肅之地然後存，遊於大公無我之域然後泰，超於愛憎毁譽、利害得喪之外然後明，歷於艱難險阻、困窮拂鬱之境然後達，合天人、忘内外而返於冲漠混沌之初然後至。神乎！神乎！豈易言哉？君子之養神也，馴致之而已矣。」曰：「請舉對症之藥。」曰：「定爾志，慎爾思。吾見子有大道之志而未免於二三之惑，慕效雕虫之技，日夜營營於心思，神之所以不凝也。苟志定而思專，思專而神凝，神凝而氣充，氣充而才達，其於治蒲圻也何有？」章子憮然曰：「命之矣。」遂書以納諸行李。

積學説贈卓穉成

卓子穉成以例貢入南雍，過余請教。謂之曰：「子不聞鵬徙南冥之説乎？莊生蓋云：『水之積也不厚，則負大舟也無力；風之積也不厚，則負大翼也無力。』夫道亦然。學之積也不厚，則負大道也無力。故『自强不息』，取諸《乾》；『厚德載物』，取諸《坤》；『果行育德』，取諸《蒙》；『多識前言往行以畜德』，取諸《大畜》；『以虚受人』，取諸《咸》；『立不易方』，取諸恒；『懲忿窒慾』，取諸《損》；『遷善改過』，取諸《益》；『朋友講習』，取諸《兑》；『裒多益寡，稱物平施』，取諸《謙》。凡以厚吾之積而負於道也。譬彼爲高，欲培其下。譬彼行遠，欲裕其資。器小者不可以受大，綆短者不可以汲深。故弘而居之，毅而行之，俛焉惟日孳孳，不以少壯而矜，不以衰老而怠。此學之準則也，穉成其有志於是乎？成均，賢才聚會之所也。且名公吏隱多在白下，德行文學超羣出類，世未嘗無人焉。大賢師之，次賢友之，好善不倦，舍己從人，存乎我而已。」曰：「康不敏，思約守之，則如何？」曰：「唯唯。夫大人者，不失其赤子之心者也。赤子之生，混然元氣，思慮未起，情竇未開，人而未離乎天，可以觀道。虞廷之所謂道心，文王之所謂帝則，孔門之所謂忠信，皆即赤子之心而得之。子但反觀於赤子之心，時時收斂洗濯，不以外物汩乎其中，則所云厚積而負道者，關棙皆在於是。余學之三十年，存養猶爲不易，子勗之哉！」曰：「康更請爲對病之藥。」曰：「鋭進助長者，不可語於深造自得之境；直情徑行者，不可語於周旋進反之文。子其戒之！然由前之學而學，則性質之偏日改月化，誕登于道岸無難焉。不然，而一節之疵或爲終身之累，不可不知也。」穉成再拜稽首曰：「命之矣。」

蘭江退盟

萬曆壬午冬十一月三日，余由建昌入覲，過蘭溪，走剌約徐魯源年兄一會于舟次。魯源廬居山庄，離城五里許，至則薄暮矣。魯源謂余江中難夜行，姑登堂一話。余遂攝衣從之。魯源因邀同志老友兩趙君、包君、唐君來，及魯源仲子皆在座。敘論久之，余請教言爲別。魯源曰：「年兄天資勝於學問。」余初聽似不平，私念二十年來從事此學，安得徒稱天資而已也。又竊意魯源獨以學自任而不輕許人爲學，詞氣之間略相齟齬。魯源曰：「非年兄，不敢以此言進，願思之。且如先輩薛敬軒、陳白沙二先生似學力勝過天資，王陽明先生似天資還勝學力。蓋婉言解之，亦實説也。」又謂：「此學不是等閒道得，這中間義理無窮，功夫無窮。饒是説中説虛，見在精神命脉有一毫打對不過處，便不是學。」且道吾輩平日貪財心、好色心、好勝心種種，得乾淨否？事親事君、處己處人之間，能一一盡分否？因論事親甚難，即如親歿而祭祀一節，果能七日戒、三日齋，儼如在之，誠通於父母否？此學規矩尺度，在宋儒最謹嚴。近世學者蓋不逮宋儒遠甚。又論學問有功夫與無功夫，只眉宇間氣象可見。古人有以象示，所謂目擊而道存者，微乎？微乎？因語及近會王塘南，有潔淨微密之象；會鄧定宇，有深潛冲雅之象。魯源罕譬而喻，從容相質，覺得言有盡而意無窮。余爲之肅然起敬，怡然心悦，初之扞格於中者不知其何在，但有悔艾警惕而已。坐既深，起别。魯源同諸君送余登舟，執手在道。余再叩曰：「年兄許我此後當有進步否？」魯源曰：「年兄爲人好，少偏駁處。然却嫌太好，或把真性蓋過。爲學也是真誠，但這一竅尚未大開在。」余驚曰：「何故？爲是志未立耶？抑明不足耶？」魯源曰：「畢竟是志未立。這裏有兩様：一者未是合下立定脚跟，將種種斬斷，常似有來日來年姑待之心；一者未便勘破萬古以來這箇消息，如行路一般，有從蘭溪直造京師的意思。兩病一痛，總謂之志不立。」余反叩曰：「在兄如何？」魯源曰：「這有一半頗自信，有一半尚未能，爲是猶有姑待心，所以不濟事耳。」及舟，與諸君先别。魯源復登余舟中，徐語曰：「年兄言動尚有繁處，這裏少凝重，便與道不相應。」余俱拜而受之，遂别去。

余自惟生世四十有八年於此，昔在己未下第拜唐一庵先師，壬戌釋褐，從四方有道長者游，討論切磋二十餘年，不爲不久矣。平時持身行政，自謂頗已端詳通達，性命之微亦稍有窺測，間用力於操存涵養之功。然反己細觀，慾根未清，習氣尚在。日夕精神多涉耗散，言語每病發揚，屢覺屢迷，頻復頻失。以若所爲，求其發萬古之精藴而入聖賢之途轍，真妄想耳。魯源兄剛毅正直，尤具道眼，鑒我肺肝，盡言指點，令我毛骨悚竪，退而中夜思之，如不能以自活。而今而後，有不洗心竭力，專精此道，究竟成就者，非人也。日月如流，人世光陰止有此數，再若蹉跎，澌滅立至，良可痛惜。因備書之以自誓，且使同志者執爲左券，他日得以考我焉。蘭溪解維次日，許孚遠秉燭書于嚴陵之灘下。

敬和堂集卷之十一

德清許孚遠著

傳　碑　墓誌　墓表　行狀

節孝李婦龍氏傳

節孝爲雉城龍學博訓季女，名三秀，側室陳出也。少字東山李上舍鵠之季子大元爲配。學博乏嗣息，嘗鳴鐸於蕭山、松溪兩邑校，季恒從。授《列女傳》《内則》諸篇，與之解，即領略，穆然深思，若身履者。學博既歸田，李上舍官南安功曹。庚寅冬，遣大元還娶婦。季十七歸大元。明年八月，大元復從仲兄往省南安署中，不數日暴病死。歲杪，仲以訃音寄武林。人來，季驚毁幾絶。學博聞之，奔視季，留一嫗侍起處。於是季爲位奠哭，哭失聲，殆骨立。因亟欲一見母，母往，則强治具，集姑姒，奉滫瀡，如常禮。母怪之，百方慰解，季亦諾諾。數日而母歸，學博又遣諭之曰：「而翁旦暮還，當面計而終身，計定則往來父母家以守而志。」季詫曰：「我父平昔範誡何若，而今言若此耶？未亡人李婦也，不得復還龍氏矣。」壬辰二月朔，功曹君報始至，聞大元屍且燔，季號痛復幾絶，因以手擊牀曰：「吾腸斷眼枯矣！」自是數呼心痛，屏樓側扃牖獨居，間取縞練，拈鍼線，嫗不知所作何物。又時搦管作書。一日，遣嫗持書問父母安，令遲旦歸。嫗行，惟與一婢子及隣媪俱。抵暮，伯姒周入樓探季，坐良久，辭去。季秉燭送之，手闔户，詒其隣媪曰：「夜深矣。若等第睡，留燭燭我。」尋瞰兩人熟寢，乃雉經，時二月十二日夜分也。厥明媪等覺，驚惶叫呼，既不救矣。其貽父書略曰：「女薄命，夫亡，終身無倚，惟死歸泉壤以畢吾志。父母老矣，幸毋過傷，益重女罪。」其貽母書，以所存衣飾與手製妹氏女紅與自盡殮衣纖悉備載，意不欲令一物有污損。廼知嚮扃牖時所拈鍼線，即自盡殮衣也。其貽姪氏書以二老人爲託，并及後事。三書痛惻，具如面語。學博急刺舟往視，則面如生，衣裳楚楚，縫紉牢結而不可解。且悼且慰，隨詢嫗數旬之内話言情旨，視死如歸，蓋自聞訃之初而已決矣。於是學士大夫咨嗟太息，相與私謚之曰「節孝」。

許子曰：賢哉季龍！夫早亡而無子，父年高而不待，儻惜一死，其誰終護之以完厥令名也！爲臣死忠，爲婦死節。等死耳，苟得其所，寧論慷慨與從容哉！而或謂「不能濡忍，急於自經，若匹夫匹婦之諒者」，過矣！過矣！龍見吕學博，余同時名彦也，平生心行可質神明，而其美鍾於季女，爲綱常增重，名垂不朽，固天道然哉！爰採摭事實，爲《節孝傳》。

鄒孝子傳

孝子姓鄒氏，名聞孔，楚景陵人也。父學諭先生，母熊氏，有子四人，最幼爲聞孔。學諭以萬曆己丑來餘溪，獨聞孔隨。年十五，布衣疏食，蚤莫讀書學文章，奉其庭訓，淳如也。是歲母熊嘗病瘧，聞孔徬徨求醫，購得良方，藥之而愈。明年夏，熊復瘧，用前方，愈如初。其七月，瘧湧作，聞孔亦病，强起周旋，以前方進之，熊不効而病勢孔棘，食飲不入口者三四日矣。聞孔向其父號咷，憂懼莫可誰何。於是呼諸婢入卧内侍其母熊，而獨往庖室，取刀割其左股肉一臠，親爨而烹之，將以進。而學諭覺，急走庖室中，見聞孔血淋漓灑地上，持之而哭曰：「痴兒，何輕生也！」聞孔且爨且云：「爺自有哥哥三人在，割兒肉救得孃命，雖死不惜。且勿驚惶令母親知。」遂持肉羹，跪母熊前，灌入口中，熊少啐之。聞孔喜，則又將前羹復烹之以進，熊盡飲之。而聞孔始裹血就榻。學諭亟召瘍醫視之，曰：「兒疼乎？」對曰：「不覺。」母熊病竟以是夜稍甦，凌晨而寒熱解，三日而病全瘥。聞孔病亦復，其股上創越兩旬平滿如故，咸以爲孝感神明之助云。餘溪諸士暨鄉縉紳先生、有司羣公聞之，靡不欷歔感歎，稱其爲「孝子孝子」也者。

許孚遠曰：割股、廬墓之不以訓也，詎謂非孝哉？世盖有大過人之行，出於天性至誠，而不可概責諸人人也。然余每見人子有割股以療親、廬墓以終喪者，心竊慕而欽之，不敢忽。亦寧獨余哉？民之秉彝，好是懿德。無恭敬是非之心，孟子以爲非人矣。鄒氏子以眇然一兒童，離襁褓不甚遠，而痛其母熊之病，忍割其肢體，雖亡軀而不顧，此豈爲粉飾耳目之觀者耶？古今仁人志士，取義成仁，充塞天地，争光日月，要不過此一念。

吾於鄒生誠偉之矣。其或者偶在一事慷慨激烈，能人之所難能，而推之其他，則因循苟簡，無久大之德業可聞於世，此蔽於氣習，踈於學問而不能善充其初心之故也。余觀鄒生器宇淳茂，志慮深沉，他日所就，未可量測。余故樂道其美而并勵其成，作《孝子傳》。

方布衣傳

外史氏許孚遠曰：江淮之間多任俠，廼恂恂長厚、履禮蹈義之士，以耳目所覩，記希稱焉，豈風氣使然哉？有若方布衣，隱行絶類儒者，不囿江淮風氣，君子賢之矣。布衣諱選，字以賢，别號古溪。其先浙之四明人，始祖顯戍廣陵，遂世籍廣陵。布衣蚤歲孤，見困厄，嘗走浙以西，客語溪之上，及長而歸。初有雄心，譚劍術，已輒棄去。雅好讀書，倦則引錐刺股以自淬勵。苦家貧，不能卒業，又退而學醫。醫雖行，非布衣志。旦夕苟給，則瀟然獨居，不與時工競虚名、走廛市，爲無厭也者。平生慕范文正之爲人，遇親故有急，隨力務施與，弗吝。歲大歉，窘甚，偶拾遺金於道，必求得其人而歸之。或餽遺非禮，亦赧然色辭。人目之爲迂腐，弗顧也。教其二子及誨迪蒙學，首先孝悌忠信，牆牖皆格言。仲子日新出後妻劉，劉稍異視，布衣嚴爲曉戒，感以至誠，母子兄弟卒相和翕。里有士雅善布衣，獨好臧否人物，布衣耳之，每絶口不應。其人久而悟，遂爲終身交。里中推布衣爲鄉約長，布衣遵奉高皇帝聖諭六語，勸率諸人。有犯約者，顰蹙不寧，若身犯之，責令改行而後悦。其秉心類如此也。

先是，許子謫判鹺司維揚，諸生間從受學。其子日新甫弱冠，以善奕鳴。布衣戒之曰：「學，吾志也；奕，兒癖也。今幸許公明聖賢之道於此，兒盍往從之遊？儻得聞所未聞，遂捨藝趨學。學爲端人，吾老死無恨矣。」日新於是執贄就許子之門，日夕與諸生相砥礪。未幾，布衣病，慮不起，則手爲書謝許子，託日新以終身，期不孤所願。許子覽而悲之。其歿也，爲之哀詞以吊之。布衣臨終，呼二子，語曰：「富貴在天，爲善在我，兒曹勉之！吾已矣。吾族姓不蕃，弟姪俱貧艱，有未娶者。兒稍自立，其周旋之，以卒吾志。」其後日新遊京師，名動公卿，以貲入太學，兼致其兄日慧官太醫，兄弟並列衣冠。而日新雖不捨於藝，然言動謹飭，尤重義輕財，不忘繼述。皆布衣之教也。自癸酉迄辛卯，歷十有九年，日新凡三請於許子，乃爲《布衣傳》。

資德大夫正治上卿南京禮部尚書肖泉林公神道碑銘

不肖孚遠嘗筮仕南水部，及事晉安大宗伯林公，今三十餘年矣。而以軍務至晉安，則公殁已十有四年。公仲子觀察將樹碑隧道，屬銘于孚遠。孚遠於公爲年家子，且服教自昔，誼不能辭。

按誌：公諱庭機，字利仁，別號肖泉。林氏當五代時自洛徙閩，家濂江。公曾大父觀有隱德，大父元美由制科刺撫州，俱累贈南京吏部尚書，加贈太子太保、工部尚書。父瀚，南京兵部尚書，贈太子太保，謚文安。嫡母黄累贈一品夫人，母朱累贈夫人。文安公舉九子，皆貴。其仲爲司空少保庭㭿，其季爲公。公幼而敦敏，年二十舉于鄉，三十成進士。遇肅皇帝臨軒，選入讀中秘書，授檢討，預修《大明會典》，充甲辰春秋同考官。已而遷國子司業，遷南祭酒，遷太常卿，遷工侍，改禮侍，遷工書，改禮書，以致政去。

公平生渾樸簡重，澹然寡嗜慾。其於世之機變智巧，非但不爲，而若不知。雍雍肅肅，無繁縟之禮，無枝葉之言，確乎古之君子也。當在史局時，伯子燫亦舉進士，官檢討，而邸第聯分宜相君，未嘗一私謁。或風之，不動。及爲司成，不數月，移奉常，陽尊而陰抑之，出分宜意，公視之蔑如也。今制，史官鮮煩以刑名、錢穀、水衡之事。公兩任司空，無倦色。居留都十有三載，以考績三入京師。會穆廟初基，改秩宗，而公從歸途乞骸骨，如鴻翔鳳舉，不復可籠狎矣。先是，振武營軍變，戕殺少司徒于藁街，人心洶洶。銓部舉户篆屬公，公一鎮以静，不爲隄防，衆亦寧怙。諸郡國轉粟留儲，屬邑一不至則不遣，苦稽滯。公敕所司，令諸邑毋相及也，事竣即遣，四方便之。京倉近水者易輸運，争事請託，至露積充溢于外；而遠者或銖粒不入，守空庾。公置籌手自探之，得徧及。諸主吏感泣曰：「微是，吾屬餒死矣。」内府歲供器皿及織造御服費鉅萬計，公稍裁其濫溢，中貴人斂手不敢争。工曹之榷税蕪關者多闒茸，弊滋甚。公請擇才望，給符檄，郡邑廉辦吏爲主進，歲增額二萬餘。諸所張弛厝注，不動聲色，而利國與民，大都類此。盖公胸次光潔，信理而行，無瞻顧拘牽之態，其績効反出才臣上，顧世莫能盡知也。

公既請老，杜門屏跡，蕭然如寒士，時從賓客飲酒賦詩爲歡。未幾，則伯子煉繼公爲宗伯。會丁内艱，謝不起。而公奉詔進階資德大夫、正治上卿。父子八座，完名全節，海内榮焉。伯子暴疽卒，公始忽忽不樂，仲子烴因亟解組還侍庭闈，甫數月而公逝。天子賜祭葬如儀。殁之日，有巨星隕于郊，光芒燭天，或者以爲公之符也。公性至孝友，年十四，執文安公喪，稱過戚；事朱夫人最恭謹；與其兄司理貢士同居二十年，門庭穆如；撫孤姪，無異己子。濂江祖居燬，特營搆一宇以收族人。在宗姻不能婚葬者，必力爲周卹。視人有急，若蹈湯火，雖涉嫌，援之不避。居未嘗彈射人過，亦未嘗責報於人。取與然諾，一本至誠，人靡不敬信之者。姚江孫文恪嘗曰：「『不忮不求』，惟吾友爲然。」莆田康司空同在史局，顔其齋居曰「學林」，其爲賢者所崇仰如是。所著有《世翰堂稿》，藏于家。金陵許符卿先生論叙甚悉，大抵其文簡質而該涵，春容大雅，與近世蹊徑絶異；詩逼盛唐，不爲鈎棘凌駕，而典則雄渾，趣自深長。讀其詩若文，可以想見其爲人也。

公生正德丙寅五月初四日，卒萬曆辛巳六月二十四日，享年七十有六。配李氏，封夫人，故同知南安李公廷儀女，以孝謹慈惠稱，先公七年卒，賜祭葬。子四：長㺾，南京禮部尚書，謚文恪。娶鄭氏，贈淑人。繼黄氏，封淑人。次烴，廣西按察司副使。娶陳氏，封恭人。次光，官生，娶陳氏。次拭，庠生，娶鄧氏。女二：長適國子生馬燮，次適庠生洪舜賓。孫男八：世吉，户部員外郎。世勤，國子生。世陞、世教、世越，幼學，俱庠生。世推、世儁，尚幼。孫女五。曾孫男十：公弼、纘禎、公忠、公清、公明、公善、公偉、公倬、公偲、公傳。曾孫女十。

公已葬沙溪十有餘載，今有司方覈其遺事請謚，以垂不朽，是宜爲隧道之銘。銘曰：

綿綿休系，來自中州。世棲濂江，稼穡是謀。積善發祥，撫州邁迹。至于文安，勛名赫奕。九子並貴，司空步武。宗伯埒之，益隆厥譽。叶演女。外和中剛，如金如玉。嗤彼權姦，避如荼毒。優游史局，卒滯周南。國之大政，弗令公參。持廉秉公，庶績惟熙。民有怙戴，吏以爲師。一朝肥遯，孤卿不處。返其初服，于于栩栩。希蹤醉白，十有五秋。逾七望八，而正首丘。伯氏文恪，仲氏副憲。或侍鼎養，或親含飯。天子命誄，葬祭如禮。生榮死哀，世罕倫比。登堂肅穆，遺矩若存。門僅旋馬，籍尠良田。叶地因。玉瓚黄流，福不虚假。維孝維忠，誰其替者。沙溪之山，體魄藏焉。敬銘隧道，昭兹萬年。

中奉大夫雲南布政使敬亭陳公神道碑銘

敬亭陳先生既卒二年，其子植槐等卜葬有期，以其季父永昌守貞亭君狀請誌于宗伯華亭陸公，請表于太宰同郡張公，足徵信垂不朽矣。考例，先生官階得樹碑神道，謂不佞乎遠素辱先生知，委役焉。

按狀：先生諱善，字思敬，别號敬亭，世居錢塘太平里。家乘始清河居士某，凡四傳而至司訓公荆獻，是爲先生考。以先生兄弟貴，贈禮部員外郎，加贈刑部郎中。母王氏，贈安人，加贈宜人。

先生生而端凝，弱不好弄，年十一，能屬文。嘗從贈公讀書於觀察王公署中，一見目爲遠器。十四及姚江王文成先生之門。十七試有司，督學汪公置異等。甫弱冠，當督學林公選，爲五經師，所造士若太保高文端公而下，多賢達。甲午，舉浙江鄉試第二人。辛丑，成進士，拜歙令。初至，屏供帳，一切汰省，示民悃愊。歙故健訟，先生以至誠化導，訟日簡。無何，丁王宜人憂，毁瘠居廬，杜門謝事，一如禮。服闋，補桐城。時贈公司訓崑山，先生甫出都門，覺心動，馳抵崑，贈公果在沉痾，居三日而永訣。扶櫬歸，襄事，僉謂孝感足徵云。

己酉北上應聘，分校順天士，兼《易》《詩》，得榜首孫公鋌二十四人。已補清苑，清衝劇而疲，尤加意損節。先是，金臺驛站馬出闔郡諸州邑，厥後變爲輸銀，貽害清甚。先生議仍前規均派，争者蝟起。會内轉，力請于當塗，行之，而清人始蘇。在禮曹典屬國，往朝鮮諸夷以貿易輦漢物歸，無限制，縣官費供輸，而牙儈售苦窳，爲夷人病，朵顔貢夷且有僞增名物規利者。先生悉糾禁之，言於宗伯華亭徐公，著爲例。進主客員外郎，尋轉僉憲，督學廣西。首迪士以正學，使知根本、重德行，而倣何仲默關中學政，令誦習經書、傳記、子史、古文詞，粵士彬彬嚮風焉。未幾，轉參議，駐惠、潮。海寇初平，瘡痍未復，一務休養安集，境内宴如。旋轉副憲，督滇南學，其型範規條無改西粵之舊。載刻《小學句讀》《自警編》《八行遺事》《忠孝歌》，頒教諸生。《小學》《自警編》二書，則先生平日所服膺，自淑以淑人者也。遷滇藩右參政，督理銀場，諸言開鑛利者俱報罷。

始先生督學時，以執法忤鎮臣，且忤御史，至是被誣，論褫秩去。已而東甌王侍御諍按滇，廉其枉，力辨于朝。其略謂：「陳善居鄉居官，人稱爲古君子；及任前職，人稱爲真提學。諸所舉措，實能造就人才。衹以戇直忤權豪而受謗廢。臣入滇，聞諸鄉縉紳、諸生、父老言，最稱冤枉，亟當召用。」朝論韙之，復原官。隆慶改元，起山西按察副使，尋轉江西左參政。未匝月，轉廣東按察使。先生以刑獄關係民命，精審讞牒，洗冤剖疑，纍纍多異政，具《粵臺行稿》中。

會流賊曾一本寇廣城，城門晝閉，軍民扶老携幼向城泣。先生惻然曰：「柰何棄數萬衆于鋒刃下？」潛啓一門，躬爲殿而入之，賊矢幾及車蓋，竟無虞。轉雲南右布政使。自貴入滇，道崎嶇，病攀陟。先生捐俸爲倡，闢險爲夷者數十處，詳貴州郭觀察斗記中。滇人聞先生至，喜甚，先生亦樂撫故部遺黎。興利剔蠹，不遺餘力。黑白鹽井，久爲墨吏豪家所乾没，於是釐刷一清，商民稱便。滇省歲採上供金二千兩，而滇實少産金，户業困，且復增輸三千。先生建議派價諸州邑，市金蜀之寧番、越嶲以解，民得無擾。六衛諸倉，散斂爲奸利，先生詳定條例刻石，永絶弊源。撫臺某欲奏行戰象之法於朝，先生力言西北非用象戰地，象産炎徼，不耐邊鄙苦寒，每市一象於土夷，度費金五百，而水陸萬里，煩擾百端，貽患匪細，議得寢。故事：土官襲蔭，必載寶以行黠胥，夤緣爲奸，變坐是起。先生審知應襲，即與轉聞，曾無停晷。嘗曰：「治滇以馭夷爲要。沅江、武定之事，失其心也。」人以爲名言。滇藩臬見鎮臣，相沿如撫臣禮。先生以今日事體與國初異，宜存體統，尊朝廷，抗不屈，藩臬至今倚以爲重。會武定之役，兼攝洱海道事。武定經鳳氏變後，議更城獅山，而澂江城又議遷，廣西、嵩明兩城且新築。四役並起，物力不支，先生多方調度經營，不踰時而工就。復立哨建堡以峻金沙七度之防，推誠布信，處置咸宜。民夷大悦，競立祠祀，見唐中丞時英、徐少參中行記中。

昆明之旁山曰横山，山陽有田五千餘頃，地高苦旱。先生視白石崖有泉在上游，可引溉，而爲横山所隔，議欲鑿山通渠。兩臺難之，先生曰：「事在我耳。」即矢衆禱天，焦勞經畫，山前後並興開鑿之役。功久未成，庚午大比，提調雲南文武鄉試事。辛未，轉本省左布政使。先生居滇三載，久蓄去志，而以方有事横山淹留歲月。至是決意引去，遂上疏乞骸骨。新鄭當國，許之。蠲日啓行，則横山水洞忽報開通，蓋神明實有相于先生也。傍山數萬家受其利，因名其洞曰惠濟，立祠洞旁，肖公像祀之。羅觀察元禎、徐大參中行紀其事，謂此役利民遠大，當與龍門河濟並稱云。去滇之日，行李蕭然，縉紳争爲詩章頌德。冢宰嚴公清有「眼前鐵漢撑天地，暗裏丹心泣鬼神」之句。

先生既歸，造請盡絶，構堂曰脩德，書方正學《脩德説》于壁間示警，盈牆牖皆格言。自御簡素纖嗇，至脩築堤塘道路，勞費不恡。其東新塘九十餘里，倡始於先生，而成於郡伯劉公伯縉、張公振之，利濟甚鉅。若觀音塘黄泥、慈雲二嶺，皆有脩築功。嘗曰：「以此惠千萬人，何如私吾子孫？」生平存心於濟物，然有差等，不妄施。三黨之親而貧、疎而賢者，洎故舊門生之賢而貧者，時有周給。其婚不能嫁、死不能葬者，並給之。屬歲荒，傾貲市米爲賑，復作糜以哺饑者。民病疫，施方藥，給櫘具。冬月施絮衣，掩骼埋胔，不可數計。戊子春，形神已憊，猶力疾焚香籲天，爲民請命。家人進粱肉，輒推不食，曰：「民糠粃且不給，吾忍甘肥脆耶？」遇窮交淪落，或故人子有急，每極力拯援。桑梓利弊，知無不言，賴以調停者甚衆，然不令人知也。

先生蚤聞王文成之學，遇按臺蕭公廩、督學滕公伯輪大集學徒于天真書院，屬先生提衡其中。書院中廢，又旋復，因脩復俎豆祠田，計爲長久。詳具《勳賢祠志》。撫臺徐公栻聘脩《杭郡志》，先生倣《綱目》立例，自漢周迄今，具爲條載，筆削甚嚴。凡再閱歲而《志》成，然精力自是耗矣。先生林居垂二十年，臺省薦無虛歲。太宰張公瀚嘗以先生及雲間莫公如忠、吳門袁公洪愈三賢比諸商彝周鼎，宜起用。江陵目爲迂闊，不許。晚入張太宰諸耆英怡老會。季公貞亭少師事先生，及歸林泉，杖屨相屬，鄉邦尤稱羨焉。

先生信古好禮，冠婚喪祭，毋苟狥流俗。值忌辰，縞衣蔬食，哀慕終身。閨門肅穆，旁無媵侍，與其配俞安人相敬如賓。俞歿，蕭然獨處。恒竟日端坐，諸子進見，拱立於旁，有問則對，無敢輕發一語者。器具朴陋，不愛華飾，見人服食靡麗，輒目攝之，至有竄服以見者。每晨興，整冠服坐庭中，令子婦諸孫次第相見，時有訓戒語。家僮無小大，蚤暮出入，稽察必嚴，不令其一時放蕩於外也。己丑冬，羸瘠甚，然無他疾。曉起，猶巾櫛如常，勉諸子孫以立志遠大、親正人等語。夜呼季公來，奄忽長逝，其可謂正命考終矣。享年七十有六。配俞氏，封安人，先卒。子男四：植槐、植槻、植椀，並太學生；植櫝，禮部儒士。女三，壻：貢生楊兆坊，太學生沈倫，中書舍人陸從龍。孫男七：雲渠、雲路、雲心、雲官、雲武、雲昌、雲象，渠爲錢塘附學生。孫女三。

先生所著，有《粵臺行稿》二卷，《黔南類編》八卷，《黑白鹽井事宜》，《六衛倉條革》二卷，《杭州府誌》一百卷，《勳賢祠志》四卷，《族譜》二編，《家藏稿》五十二卷。余觀先生學問淵源，啓自王文成，而剛毅篤實得於天性，非他人勉强可及。平居恂恂，言不出口，及其臨事勇爲，雖犯禍難不顧。視人饑寒困苦，真如疾痛痌瘝之在身，必欲拯之於生全而後已。此豈世之高談仁義、色取行違者可同年語耶！而余嘗登先生脩德之堂，及侍函丈於天真書院，惟見先生謙退凝斂，淵然莫測，使後進望之而消其躁妄之氣。宣聖所稱躬行君子，非乎？是用銘諸神道，以詔來世。銘曰：

天目峩峩，鳳舞龍飛。篤生哲人，崛起江湄。道宇天成，淵塞狗齊。蚤承先覺，學本良知。弱冠登壇，甄英琢奇。明經首薦，雲路高馳。出宰百里，澤流羣黎；入典屬國，信格來夷。載柄文衡，發蒙誨迷。化彼滇粵，彬彬魯齊。言總臬臺，言寄保釐。膚功山積，陰德川瀰。急流勇退，優游林下。叶後五。內外肅雝，動罔違矩。好善樂施，哀此煢窶。惠靡不咸，親睦詡詡。心與俗違，獨行踽踽。凝斂恭默，神明與伍。名高養邃，貌瘠義豐。倏其遐舉，正命考終。吁嗟先生，後學所宗。頑廉懦立，百世其風。天命爾後，俾大蕃息，俾大戩穀，勿替有翼！

敬和堂集卷之十二

德清許孚遠著

祭　文

祭程張三先生祠

嗟乎！孟氏殁而孔子之道不傳，距千五百年，有河南程氏兩夫子者出，斯道始燦然復明于世。時則有横渠張子崛起關中，與二程子道同學同而心同，如嵩、華二嶽之崢嶸于中原，如河、洛二水之交流並運而朝宗于海也。伯子明粹幾于顔淵；正叔嚴毅篤實，在曾、孟之亞；而横渠先生精思力行，文章閎雅，可與商、偃伯仲。皆謂之百世之師，非歟？今二程《遺書》《易傳》與《西銘》《正蒙》等篇具存，伏而讀之，非有德之言則造道之言，如菽粟之可食，如布帛之可衣。高之不入于玄虚，卑之不溺于功利。此其有功于聖門，有造于後學者不淺鮮也。張子，鄉之先賢也，二程子嘗過化此地，前輩並以崇祀，禮亦宜之。其秦之繼三先生而起，德業聞望表著當時，與夫政澤教化行於兹土者，是皆不可以無祀。近經權宰禁學，書院頓毁，祀典併廢，旋幸聖明詔而復之。孚遠承乏視學，爰修舊禮。兹惟仲春次丁之晨，謹率郡邑有司及三學師生式陳明薦，神其有靈，來格來饗。

祭正學祠

於皇雍州，逌鍾聖哲。羲、軒、舜、文，振古爲烈。姬旦而降，道在東魯。寥寥千載，真儒希覯。横渠張子，崛起郿城。力崇正學，屏剔榛荆。《訂頑》立言，洞識仁體。教先禮法，圓規方矩。於時兩程，講道河洛。子厚就之，益弘以確。鄠尉遺愛，華遊芳踪。春風立雪，澤被關中。郿伯之門，英賢濟濟。武功藍田，化行俗美。如朱如劉，如尹如謝。並出程門，甞兹過化。勝國師模，獨推平仲。二楊蕭同，爲秦麟鳳。迄于我明，仁漸義摩。豪傑踵奮，述作弘多。高陵完粹，不媿往哲。其餘羣公，氣象各别。或以節著，或以言傳。千聖一脉，如綫猶存。叶從緣。高山仰止，景行行止。登堂瞻覿，恍然興起。道在宇宙，如日中天。苟有志者，胡不企焉。時維仲秋，薦此蘋藻。昭昭英靈，降彼玄昊。

祭許五河先生

嗚呼！爲臣死忠，爲子死孝。義命所安，修短奚校。世之不淑，綱常淪汙。愛身榮私，君親誰顧。締觀今世，孰如先生。遺骸爲重，軀命爲輕。嗟彼殘人，害及窀穸。傷哉孝子，裂肝碎臆。求親之寧，事死如生。須臾不忍，返葬于庭。術家有言，禍不旋踵。先生叱之，寧爲我恐。相距旬日，無疾而逝。竟從地下，以畢斯志。嗚呼先生！其亦何求？得正而斃，孰怨孰尤。余嗟先生，邦家之彦。美玉韞輝，精金百煉。

筮仕于朝，文武兼資。雍雍肅肅，庶明爲師。秉節洛藩，厥施未究。一夕云亡，天胡不佑？先生於余，文章之知。氣誼既洽，道德爲期。余性廓落，不善防檢。先生教之，務爲收斂。抱病歸山，寤寐斯言。時序倏忽，訃音俄傳。初聞而慟，莫知其故。叶果五。先生嗣子，遠訴余苦。余既痛惻，亦復感慨。叶去吏。取義成仁，家國何異？余慰嗣子，善圖繼述。耿耿忠孝，庶幾一脉。嗚呼先生！其長已矣。振古如斯，復何駭叶許己。矣。病體支離，逡巡遠道。蹉跎日月，竟阻奔吊。聊陳薄奠，用申微誠。先生有靈，庶其我饗！叶虚良。

祭晏將軍

嗚呼！人亦有言，智將不如福將，豈信然耶？余觀將軍身長七尺，丰神炯炯，有鷹揚之風；衽席波濤之上，履險如夷，有飛翰之氣；擘畫海南北，形勢論議，用兵必出萬全，有深沉之略。然而師屢出而無功，賊未滅而身死，豈將軍之福不稱其才耶？抑或非耶？余親督將軍追賊於海上，朞年之間，利害得失，歷歷可數。初與賊遇於雷州之白鴿門，繼而及於陽江之銅船澳，又繼而及於欒民之抱金角，又今圍賊於臨高之黄龍港。每至垂成，輒有天厄，將軍之數，果有不偶者耶？雖然，豈特將軍之不幸而已耶？頃者將軍病劇，移書有云：「黄龍之賊不滅，此心誓不與俱生。」余讀之，感歎嗚咽，方遣問慰之使，而訃音至矣。嗚呼悲哉！將軍自閩入粤者三年，來海南北之間二年，其家人就養來粤省者一年，將軍不能一顧其家，以至於勤事而死也。嗚呼悲哉！自古志士不忘在溝壑，將帥之臣以死戰鬭爲義。將軍今日已爲得所矣。余獨悲夫將軍之憤未終，而海上鯨鯢未有殄滅之期也。將軍有靈，其尚默相於冥冥之中以奪諸酋之魄，而使之授首於我也哉！將軍死之次日，輿至瓊臺驛中，余與郡守諸君親視於庭，命爲斂殯，俱合於禮。將軍之内子若令嗣，可以無憾。兹陳薄奠，以告將軍。將軍之音容宛然在目，不覺涕淚其如雨也。嗚呼悲哉！尚饗！

祭邵道徵參政

芒乎希哉！豐山、瑯琊之間，雲氣冥屯，變怪千象，孰知其來？孰知其往？庶子、釀泉，其流涓涓，達于大江，合于東溟，孰引其竇？孰持其傾？於是焉有冲虚邃麗、靈秀淑詭之氣，紛出乎其中。倏焉而龍翔，倏焉而羽化。百千萬年之内，不知凡幾何人與，孰覩其始？孰窺其終？芒乎希哉！允是已，吾於先生乎，何傷哉？

先生崛起滁陽，環瑋魁奇，發乎文章，巧中大規，遂歌《鹿鳴》而登鴈塔。閭里争榮，山川增輝。先生於斯，矯焉騰躍，若驟若馳，彼一時也。迨乎廷平筮仕，出入台垣，簡命彤庭，敭歷大藩。於是則觀《圖》《書》乎河洛之墟，而收雲物於吴越之鄉，校文江右，鐸振洋洋。或以爲楨幹，或以爲圭璋，聲施于于，禄位寖昌。先生於斯，油然委蛇，若輓若推，又一時也。爾乃參政乎東方，席未及煖，俄而云亡。先生於斯，寐耶覺耶，若蜕若徂，謝塵鞅之萬端，返玄冥於大初，此其視疇昔之行藏得失，何如也。芒乎希哉！徵是已！吾於先生乎，何傷哉？

嘗聞之：生者，人之喑噫氣也，莫夭於彭，莫壽於殤。化理大齊，孰短孰長？且也安知乎豐山之雲，若變而非變；釀泉之流，雖逝而非逝。先生之神，有亡而不亡者哉？芒乎希哉！死生之際，振古如兹，奚獨先生也哉！某等來先生之里，慕先生之風，於是乎束芻奠酹，而附之以辭，以慰先生之靈於無窮。

祭沈欽華直指

維崧嶽之降靈兮，産中州之人傑。緊天府之名賢兮，揚栢臺之駿烈。奉簡書于宸極兮，爰代狩于陝右。當盛夏之炎飆兮，乘驄馬以馳驟。核刑名于六郡兮，閲兵馬于三邊。秉哀矜而慎測兮，羌制虜以萬全。逢乙酉之賓興兮，覲文武之迭駕。重監臨于厥躬兮，肅防範乎晝夜。爾乃旌别庶僚，上備察計勤廉貪墨，洞若龜筮。志澄清乎河渭兮，風振厲于西秦。終南遁豺狼之跡兮，青海消鬼蜮之魂。叶胡匀。夫何祥烏甫集，妖鵩俄臻。霜雪肆其荼毒兮，芝蘭謝其芳芬。失埋輪之張綱兮，亡直聲之唐介。羣吏惆悵其靡從兮，萬姓徬徨乎誰賴。某等屏翰兹土，受知左右，揆文奮武，厥功待奏。胡平旦之相接兮，遽日夕而告終。睹素車之積霰兮，望丹旐而悲風。嗚呼哀哉！天無知兮貞臣折，神不佑兮憲胤絶，風凄凄兮慈母悲，露瀼瀼兮遊魂歸。奠湑酒於長堤兮，共執紼于前路。寫衷悃于蕪辭兮，恍英靈之西顧。

祭張子藎諭德

維萬曆十六年三月某日，左春坊左諭德張子藎卒于京師。其同榜友人德清許孚遠官留都，聞訃，爲位而哭之。是秋九月，子藎之櫬既歸越，孚遠亦隨以罪謫歸山中。聞子藎窀穸之事在十有二月，擬往送執紼焉，而適以亡女之殯同期，而不能及也。越明年二月，始得束芻絜酒，渡江而拜之于墓。爰爲文以告之曰：

子藎胡然奄爾長逝耶？子藎夙有志於聖賢之道，力學砥行，垂三十年於兹。蒸蒸乎日有就而月有將，將誕登于岸無難焉，而猶爲未竟乎其志。子藎廷對魁天下，賱然負公輔之望於當時。其於致主庇民、安内攘外之略，日夜討究而淬磨之。古之名世勳業，謂可計日取償，而猶未及見於行事。子藎胡然奄爾長逝耶？在昔戊午，余與子藎同聽《鹿鳴》，子藎尚未識余之面目何似。丁卯之秋，子藎遠來叩余山堂，而先之以啓道其所以相見之意。余迎子藎，相對終日，至於宵分。玉潤金輝，淵停嶽峙，知斯道所屬於子藎者無窮，而余之淺陋茫乎不能以無媿。其明年，子藎下第歸來，示以《北歸録語》一帙。余爲校勘而歸之，子藎初不以余言爲螫。子藎既官史局，丁外艱，余亦方抱先慈之戚。及大祥，而潛會于武林之西山。又服除，而有天真講院之會。動浹旬日，切琢益深。至臨岐，常不能以釋去。已而天假之緣，同官都下。子藎之同年鄧汝益太史亦以使竣而至，三人相視莫逆於心，朝夕過從，蘭金日契。時方有講學之禁，或瞋目而視之，而吾三人者絶不以介于其慮。未幾，則余出守外郡，子藎與汝益相繼以請告去。自是子藎再丁内艱，起復晉宫諭，而余由督學官應天丞，相隔者已七閲歲。吾黨正期一日合并以究斯志，而子藎胡然奄爾長逝耶？子藎篤信王文成「致良知」之學，而其中年與衲子沈蓮池遊，間出入于儒佛兩家之議。然忠孝廉節，好善孳孳，出其天性。而躬行重於知解，學術務爲經濟，使得究其所施，則篤實光輝，必非邪僻之所能累。余在關中著有《大學述》一編，嘗遺書請正子藎。子藎亦頗韙之，而致知格物之旨尚有毫髮之未盡契，方俟從容面質，以求至當歸一，而子藎遽長逝耶！客歲之三月，余以人言上明心迹一疏，蒙恩賜留，而子藎答書，規我鑿鑿乎臣子進退之大義。此其時，子蓋已在病間，距永訣之期不過旬日，而一念精明，炯乎其不昧，誰謂子蓋遽爾長逝耶？嗟乎！惠子殁而莊生無以爲質，子期死而伯牙不復鼓琴，矧斯人之云亡，歎吾道其何賴。雖然，子蓋之生也已榮，而死也足哀。不盡者德，不朽者名，其庶幾可以無悔。

祭董子儒給諫

嗟乎子儒！世知子耶？其未知子耶？人以富貴目吾子，而子之志氣夙有超然遠大者存；人以世宦忌吾子，而子之德度温其如玉，靡人不可親；人以無憂羡吾子，而子之科名中歲始就，蓋嘗備歷乎艱辛。尊公爲上卿，眉壽無疆，人子之願，至愉快矣。而子猶懼乎繼述之未善，惕焉恒不自得乎其心。子有丈夫子六人，其孟爲膳部，其仲、季補弟子員，既貴且賢，至難得矣。而子且汲汲於義方之訓，履盛持盈之戒，不敢一日有忘於後昆。筮仕行人，召居司諫，官不爲不美，身不爲不榮矣。而子之抱負未及展布一二，日夜焦然，將不勝其志慮之深。奉使西川，間關萬里，妖鵩爲災，一疾不起。人徒以功名不終爲子惜，而子實世之善人君子也，忽然淪没，吾竊有怪於彼蒼之不仁。嗟乎子儒！世知子耶？其未知子耶？某也受知尊公，與子有一日之雅。某也乎也，爲尊公門下士，與子有兄弟之誼。而子之親師取友、虛懷好善，交契足比乎蘭金。道無先後，德在晚成，吾尚欲藉切琢之功於子，亦將於子效芹曝之獻。而子遽捨吾黨以去，其惡能已於涕淚之沾襟！嗟乎子儒！死生旦暮，彭殤同歸。矧如子者，又何足悲？束芻酹酒，聊致吾私。惟子有知，庶幾歆之。

祭周濟甫年兄

安成周濟甫少宰卒于萬曆辛卯之十二月，其同年友人許孚遠巡撫來閩，以癸巳十二月二十有五日甲戌始束帛爲文，遣使祭之。其詞曰：

粵壬戌之秋試兮，登三百人于帝庭。藉揚詡于先達兮，嗟余與子爲同聲。子秉昭質而修姱兮，鄙衆趨之穢陋。遵懿軌于聖哲兮，期道德之立就。乍分符乎百里兮，紛口碑其洋洋。俄晉列于銓曹兮，鳴佩玉以趨鏘。羌余適爲同官兮，矯靖共于夙夜。感時事而激衷兮，遽翩然其返駕。歎兩地之徜徉兮，等榮名于浮漚。忽兵柄之交授兮，爭馳驅乎海洲。維子矢志而不回兮，亟退修其初服。越十有三載淪江鄉兮，凝神明于幽獨。用簡在帝心兮，遽召起乎東山。旋出納王命銀臺兮，持節鉞而撫閩關。際海波之不揚兮，日坐鎮夫蘭署。懲貪墨而奬廉貞兮，澤徧被乎黎庶。遂入司天下之平兮，覩小民之無冤也。俾參樞密而總六軍之漕兮，又國脈之一宣也。帝謂歷試諸艱兮，爰命貳乎冢宰。（叶奬禮。）胡爲晝錦方還兮，厭塵世而脱躧。憶蘭江之握手兮，距二十有餘歲。僅羽鱗通契闊兮，竟音容之長逝。羡子如金如玉兮，將以余爲他山之石也。惜乎有志而未竟兮，輒欷歔乎幽明之隔也。竊塡撫于兹地兮，踵賢者之芳塵。慚後死而無成兮，耿余懷之莫陳。潔澗溪之一毛兮，寄誄詞于千里。怳精神其如接兮，愴臨風而徙倚。

祭鄧汝極待詔

不佞孚遠以癸巳二月持節入閩，六月，走使訊黎川鄧汝極待詔，汝極方出門就道，草疏辭官及手勒書復余。甫逾旦，寢疾殁，蓋七月十四日也。余聞而痛之，爲位哭。其冬，汝極門人黄生渾來託余銘汝極墓，傒洪都萬學憲狀未至。甲午六月丁卯，余始束芻爲文，遣奠于汝極之靈曰：

嗟乎！儒者之學，必以孔氏爲宗。文行忠信，人道軌則，四者有闕，誰稱真儒？而汝極庶幾乎其真也！删述垂憲，聖統在兹，述作無稽，爲儒非大。而汝極庶幾乎其大也！孝于其親，篤于其友。秉禮服義，履繩蹈矩。處幽獨而不慚，歷終身而不變。余於是乎知汝極之真。上遡羲皇，下迄當代，演經摩史，成一家言。貫精神以金石，融道藝于千古。余於是乎知汝極之大。

余曩守建武，爲汝極之鄉。三年而後，接汝極之面。一見契合，訂交百年。及余之行也，疋馬追隨，扁舟相對，與我周旋者垂四十日而别。蓋汝極樂余之弘而余畏汝極之毅，汝極嘉余學術之正而余服汝極造詣之深。顯論密證，無言不投，如鹽梅水火之相濟，尚期他日合并一堂，希蹤關洛諸賢，以相與共明道業于當世。九載之間，音問不絶，數致意焉。及汝極蒙詔起官，知其志不輕出，因遣書招之入閩。汝極復書，亦謂方在辭官，欲且需俟，而不幸奄然長逝矣。嗚呼痛哉！世衰道微，異説蜂起，虚誕謬悠，不可方物。惟有真修實踐、文質彬彬之君子賴焉，進輔主德，退標學準。余深有望於汝極，而奈之何其遽殞也。嗚呼惜哉！然而汝極名聞朝野，業在《經繹》與《函史》上下編，立德立言，二俱不朽。余於汝極乎何憾？敬馳薄奠，聊薦吾私。冥冥有知，尚其歆之。

祭孫立峰太宰

嗚呼！孔子所稱大臣者，公非其人哉？夫以道事君，不可則止，蓋萬世大臣之龜鏡也。自此義不明，而大臣以持禄固寵爲計，則人主始有輕大臣之心。上日驕而下日諂，道不行而世不治，所從來久矣。公爲天子冢卿，精白一心以進退百官，不爲利疚威惕，可謂曰道。一不得其志，則奉身而退，疏至十餘上，雖天子不能屈。斯不亦古大臣之風哉？公爲忠烈之孫、文恪之子，其淵源固有所自來，然至直道而行，無少回互，秉忠義爲肺肝，棄爵禄如敝蹝，則天性然也。

公筮仕執戟，事肅皇帝，嘗草疏伏闕，極言時政。疏既上矣，公母楊太夫人聞之，宛轉中止，而公遂以是乞身去。當是之時，公雖生死有所不顧，而况於進退乎哉？其後歷官光禄，當江陵柄國，則又引去。林居十載，起登八座，卒之大臣之道，以冢卿顯。公始終大節昭然，如青天白日，豈與世之好名之士同日而語哉？屬者庭推閣臣，特列公名以上，天下方冀公入參帷幄以展其未究之藴，而奈之何奄爾長逝也！嗚呼惜哉！曩公遴簡庶僚，謂「撫臣宜重」，謬推及于不佞孚遠，遂有七閩之役。兩年以來，殫誠宣力，廩不敢有負於公。顧媿才綿德薄，經略無狀，方將勒書謝過於舜水之濱，而公訃至矣。嗚呼悲哉！雖然，公勳在國家，名在天下，澤在後人。公嗣世行比部，且以建言蜚聲，數世忠孝，爲天下烈。吾於公乎何憾哉！千里束芻，將之以詞，惟公有靈，庶其歆之。

祭羅康洲宗伯

大宗伯康洲羅公八疏乞身，蒙上俞允，賜馳驛還，曾不踰月而卒于途次。其友人許孚遠自閩中聞訃，爲位哭，爰東芻爲文，遣一介之使以奠于公曰：

嗚呼哀哉！詎謂公也而遽長已乎？公爲太夫人春秋高，乞身歸養，其志已久，然未聞其躬有疾病也，而胡爲乎一旦殞坳乎？豈日夜思親，抑鬱成疾乎？抑爲天子大臣，不得盡行其志，而憂時憤世以至於此乎？抑有起居飲食之失節乎？公以廷對第一人歷官二十七載於兹，而尚遲拜相，天下以是爲公不平。公之端重廉潔，雅淡冲夷，本凝然爲人倫師表。而其掌邦禮也，寢三王並封之旨，折東倭封貢之議，天下莫不仰公之持正不阿，終將爲社稷蒼生之所倚毗者，而竟長已乎！嗚呼哀哉！憶昔戊寅中春，公與趙瀔陽相公、張陽和諭德及余不佞聚會于武林西湖之上，論心談道，宛然在目。而陽和與公忽相繼淪没矣。二公同爲大魁，又同爲端士，又同有斷斷休休之量，然皆不及柄用，觀其大展，豈天之無意於斯世乎？嗚呼！位不必極人臣，壽不必躋耄耋，惟有令德令名足垂不朽。公其死乎？其不死乎？

祭祝介卿郡丞

德興祝介卿與不佞孚遠自萬曆丙子秋會于天真書院，介卿隨杖山廬，討論者逾月，肝膽兩相照，稱石交。庚辰、癸未俱會于都門，戊子冬會晉陵。癸巳，孚遠撫七閩，遣訊介卿于德興，則介卿物故矣。有懷怛然，有淚潸然。甲午十二月朔又五日，始爲文緘幣，走使奠之曰：

嗟乎！昔人蓋云：仁者不必壽，而賢者必有後。以今觀于介卿，兩不可必，何天道之難諶也！介卿坦洞虛豁，視人惟己，可謂有仁者之度；瘖瘵孔顔，飭躬勵行，可謂有賢者之德。乃壽不及耆，而且斬其後嗣，何常理之無徵也！豈所謂人定勝天、積善餘慶者，定與積固不易言耶？抑顔淵殀而程伯淳之後不延，天固有不可知者耶？嗟乎！介卿名冠鄉書，官至大夫，其於世之榮名不爲無取，而平生師事王汝中、耿在倫、徐克賢三先生，與潘去華、焦弱侯及其族孫祝無功諸君子爲友，孜孜問學，死而後已。雖未得比于顔淵、伯淳之徒，道德精光，照耀百世，其齒列于君子之林，不與鄉黨庸衆人同澌滅，可知也。嗟乎！介卿死而不亡者在是。若其立後之事，則有無功在。去華交深而居近，亦有所不能辭者。介卿於冥冥之中，其有知耶？其無知耶？

敬和堂詩序

余釋褐春官，獲附敬庵許先生之榜，今三十餘年矣。萬曆癸巳，先生以中丞持節填撫八閩。觀風之暇，每過余談，未嘗不移日也。一日，手詩一帙示余曰：「子爲我評之。」余辭不獲命。管窺之見，間有揚推。先生虛受之懷，不爲忤也。既而又過余徵序焉。顧煋譾劣，何足以知之？復辭不獲命，則序之曰：

今海內之談詩者至夥矣。明興，學士大夫先後以詩名家者，亦甚衆矣。莫不揚鑣詞苑，角勝藝林。原本命騷，馳騁漢魏，駸駸乎軼開元而上之，大曆而下卑卑無論矣。豈不斌斌稱盛哉！然而徐按其詞，紬繹其旨，率皆絺章繪句，劌目鉥心，模擬爲工，追琢致巧，侈連篇累牘之富，競片言隻字之奇。求之三百篇之遺意，蓋百不得一焉。何也？以遠於性情，無裨於教也。

夫詩，道性情者也。古之爲詩，或出於巖廊，或採之閭巷，本温柔敦厚之意，爲咏歌嗟嘆之詞。美刺形焉，勸懲寓焉，然皆發乎情，止乎禮義，故可興、可觀、可羣、可怨，而不失其正。是則詩之爲教也。詩不係於教，詩也云乎哉？以余觀於先生之作，殆深於詩者與！先生天才朗異，博極羣書，獨悟道真，倡明絕學，著述甚富，不專於詩。今所刻，堇堇百餘篇耳。言豈一端，意各有當。觀其箴銘存抑戒之規，展謁述景行之志，贈答追肆好之風，遊適寓燕衎之趣。至於揭民秉，示周行，訓迪多士，尤諄諄焉。而攄寫性靈，不事浮靡，渾融典雅，出於自然。修詞則步趨於太白、少陵之法，命意則矩矱於濂、洛、關、閩之旨。要皆契至理於目前，闡微言於象外，使誦之者穆然思，恍然悟，禁其邪泆之萌，而得其性情之正。朱絃疏越有遺音焉，大羹玄酒有遺味焉。其視世之所馳騖角逐者，可同年語哉！夫玉巵無當，雖寶非用。先生詩以著教，渢渢乎《大雅》之什，當與唐宋諸賢並傳無疑也。先儒謂「不明乎風雅之道，不能爲詩」，詎不信？

夫先生撫閩再歲，威德宣布，有大造於吾土。今入躋九列，行且長百僚，登三事，方將和《卷阿》之咏，賡《喜起》之歌，以鳴一代之盛。此刻特其權輿也乎？他如《學》《庸》有述，究性命之奥；《書》《疏》《序》《記》，備經綸之略，必有鴻筆以紀不朽。不具論。論其詩之有係於教者如此。

萬曆乙未孟春穀旦治下年弟九曲山人林烴拜手撰。

敬和堂集卷之十三

德清許孚遠著

詩

希聖吟

希大聖，希唐堯，允執厥中開帝道。仁如天兮智如神，格上下兮光四表。希大聖，希唐堯。

希大聖，希虞舜，危微精一傳心訓。夔夔齋慄格雙親，無爲而治萬國順。希大聖，希虞舜。

希大聖，希大禹，克勤克儉身爲矩。平成天地奏元功，昌言則拜皋益侶。希大聖，希大禹。

希大聖，希文王，緝熙敬止真自强。商周之際徵至德，演《易》羑里思無疆。希大聖，希文王。

希大聖，希周公，爲子克孝爲臣忠。所其無逸承聖統，制禮作樂恢王風。希大聖，希周公。

希大聖，希孔子，學而不厭弘聖軌。時中至德炳乾坤，六經垂訓羣蒙啓。希大聖，希孔子。

思鳳六章過鳳凰山作

思彼鳳鳥，翔于虞庭。翽翽其羽，如何千載，不可復覩。鳳兮鳳兮，何德之踽。

思彼鳳鳥，鳴于岐山。噦噦其聲，如何去周，千載冥冥。鳳兮鳳兮，何德之貞。

鳳山之麓，以嗣以續。維文王所育，懷保惠鮮，今如何矣？生民之故，亦既多矣。

鳳山之陽，多士蹌蹌。近文王之光，壽考作人，嗟其逝矣。維士之行，亦孔盭矣。

維周有山，鳳則名之。維海有鳳，聖則徵之。何以徵之？萬物熙昌。吾思夫宇宙之無窮兮，鳳胡爲而終藏兮？

匪鳳匪鳳，聖人不作。匪舜匪文，鳥獸奚若。物則有待，民將焉賴？吾思夫天心之仁愛兮，鳳胡爲而長邁兮？

居易四章示從行諸生

陟彼高岡，入于幽谷，無往不復。彼高岡兮，胡可藏兮。

出自幽谷，陟于崔嵬，無往不來。彼幽谷兮，胡可築兮。

維石巖巖，不如平地。維壑深深，不如居易。知其易兮，維其止兮。

載寒載燠，曰維其時。自東自西，曰維其宜。惟其宜兮，是以一兮。

有客六章送王欲立歸藍田

有客有客，來自關西。五月弭棹，龜溪之湄。
有客有客，來自藍田。遺我美玉，光輝闇然。
鳥鳴嚶嚶，集于喬木。君子戾止，羣材畢育。
邈彼靈鳳，罕覯其下。樂只君子，誰縶其馬。
瞻彼行雲，倏往倏來。送子河梁，悠悠我思。
維江維河，東注尾閭。願言邁往，與子同歸。

大賓堂詩

蔚蔚滁山，庶民企止。有覺其堂，大賓莅止。誰其御之？肅肅冏卿。叶虛羊切。維貳及丞，翼若鴈行。并斯堂矣，靡敢不敬。德音孔静，視民以正。積壤爲高，茹流成壑。聞善則拜，師彼先覺。疇匪王臣，經國是謀。爰諏爰度，我心則休。疇匪仁人，懿德之好。拒人千里，我智則耄。勿謂勞只，憧憧往來。物至順應，廓然靈臺。宣聖有訓，出門如見。戰戰兢兢，永言克念。毋昧爾獨，毋棄爾輔。維德之孤，遐不爾侮。仁曰父子，義曰君臣。禮曰賓主，共貫同倫。反身而誠，遐不爾應。合愛合敬，人極乃定。大哉斯堂，匪人弗靈。度于古訓，爰勒兹銘。

自省吟十首諗鍾閔二丈

人心有萬變，妄想無窮已。掃除亦無法，應須止吾止。昏昧成放逸，放逸生昏昧。日乾還夕惕，志一斯動氣。造化真消息，都歸在一中。無聲無臭處，慎獨是真功。人生各有欲，重者爲吾累。心正免邪迷，養深力乃易。莫墮世俗情，莫起仙佛想。敬慎修彝倫，優游處天壤。時時勤抖擻，事事力磨礱。學到從容處，方知道在躬。浩浩宇宙間，萬事誠歸我。欛柄不在手，空言亦何補。日月有貞明，黃河來天上。要得方寸間，植根千萬丈。顏回能竭才，參也得以魯。精神欲歸一，見道須卓爾。往者不可及，來者猶可追。從今幸覺悟，瞬息莫相違。

輿中吟四首

風塵撲面來，垂幔輿中坐。斂形若拘株，半醒猶半卧。
一息自綿綿，形神將渾化。雲水過幾重，山城忽初夜。
一念倏紛飛，天地頓改革。急喚主人翁，端居守吾宅。
閒得行路工，權作青春課。吾生能幾何，光陰肯虛過。

丁卯春伏謁孔陵有感以下謁吊作

謁聖歸來一語無，反觀終日只如愚。此身未得除凡相，千古何由入聖途。宇宙精神元不二，孔顔道德豈云孤。須教竭盡平生力，不作人間小丈夫。

壬午季冬瞻謁孟廟偕閻俊夫沈虚中

匹夫百代作人師，廟貌千秋配魯尼。當日紛紛儀衍輩，只今誰與論雄雌。尊王賤霸匪囂囂，誠僞機關不可淆。救得人心千古在，勳名真與泰山高。縱横押闔勢薫天，❶獨學宣尼意藐然。納誨侯王甘不遇，祇昭仁義在遺編。浩氣元從集義生，勿忘勿助見真精。假非道脉符先聖，安得空言覺後英。孔孟由來只此人，如何靈爽至今存。吾儕願學誰無志，好向青春細討論。信知性善爲堯舜，肯用權謀雜管商。斯道若明如晝日，世風何慮不陶唐。

---

❶ 「押」，依文義，當爲「捭」字之誤。

望闕里有懷

曾瞻闕里十年前，此日低思倍惘然。忠恕尚慚諸子學，精微敢擬六經傳。鳶飛魚躍誰無分，江漢秋陽獨有天。五卜知非徒自切，還將衰骨痛加鞭。

謁程張三先生祠

孔鐸久不振，千載多迷塗。天啓皇宋運，而生關洛儒。淵哉無極翁，默契誠神理。二程往師之，迺大暢厥旨。伯子醇而弘，正叔正以毅。春風與立雪，教澤追洙泗。亦有横渠子，矯矯崇正學。精思兼力行，宇内稱先覺。《識仁》示聖幾，却謂《訂頑》備。皐比坐談《易》，聞言輒勇退。大道無人我，唱和如塤箎。光輝争日月，同爲百世師。睠此秦中士，尚友在前哲。俎豆合三賢，儼然隆對越。嗟予生東海，老大傷無聞。誰當紹芳躅，不媿門牆人。

謁四皓廟

四皓避迹商山裏，秦漢興亡不入耳。却爲太子客長安，是非百代疑青史。高帝英雄冠古今，子房智謀稱絶倫。欲易太子有深慮，豈煩煩舌競廷論。四皓一出太子重，龐眉皓首天子動。立談之間定大謀，扶顛持危真妙用。吁嗟四皓何如人，子房所知帝所尊。流風餘韻垂千載，何必青山終隱淪。

過景州弔董子祠

渤海淵源近魯鄒，匡扶擬作漢伊周。可憐一相江都後，徒有荒祠儼故丘。武帝英風號得人，董生三策竟沉淪。自非曲學能阿世，休説巖廊易致身。

謁韓文公祠有感

藍關秦嶺幾人過，雪擁雲横詩未磨。春日荒祠瞻拜罷，翻嫌碌碌媿公多。佛老當年説已淫，高明今日惑尤深。慚無山斗文章筆，徒抱綱常萬古心。

羅田巖謁周元公祠次羅念菴先生韻

巖石象太古，人間希足音。高賢一過化，千載繫同心。虚洞涵秋色，光風坐午陰。恍然見遺矩，與點意猶深。

是日聞報落職有感用前韻

古人多不遇，高調寡知音。清獻何人者，而違周子心。太虚無色相，山氣自晴陰。獨令千秋下，斯文感慨深。

曹溪謁六祖

佛説上乘法，天開第一山。秋風入蘭若，千載挹慈顔。慧日乾坤麗，空門歲月閒。曹溪一泓水，不絶到人間。

弔孟姜祠一首有序

世傳孟姜事，向不審其詳委。乃祠在同官山，而姜爲楚澧州人。姜夫范郎亡其名，然非范杞梁也。馬溪田先生序記甚悉，余過祠有感，詩以弔之。

中孚徵豚魚，流言激風霆。孝婦一含冤，三年雨不零。速災不在大，召和不在廣。氣機有順逆，感應捷於響。秦皇雄萬古，築城備强胡。誰知殘民命，發難驪山徒。亦有孟姜女，望夫楚江側。刺竹葉成紋，棄鏡化爲石。寒衣手製就，萬死走長城。一哭澮水淺，再哭城隅崩。道渴池湧泉，追騎山爲隔。負骸同官村，窮死巖下窟。鬼神盡欷歔，天地爲震動。沙中椎未擊，祖龍魄已喪。當時踪跡微，太史失傳名。迄今千載後，濯濯炳英靈。秦廟久成灰，姜祠永不滅。乃知天道遠，慎修樹名節。

滁陽謁陽明先生祠次韻

兀兀乾坤着此祠，前人高矩後人思。已知道共千秋脉，况復天開六甲期。先生以前癸酉、甲戌爲滁冏卿。今復當是期，吾黨在焉。桃李有情需化雨，江山無語證良知。瞻依不盡春風意，生草庭前漫陸離。

讀趙大洲先生壁間詩漫題

大洲先生天下士，我生無緣不相遇。柴關偶讀壁間詩，信口占來如佛偈。先生卓犖出風塵，宰相歸來卧白雲。孔明東坡相揖讓，翛然物化完其真。詩中猶説心未了，了心却於何處了。朝市山林總幻跡，一點靈根向誰道。

華亭署中讀胡莊肅公舊題有感屬邑令鐫石紀之

昔年嘗事胡莊叔，古貌古心如在目。平生不作温飽計，禮樂甲兵滿胸腹。題詩八句在儀州，華亭，古儀州也。感時但切蒼生憂。此意莫同詞賦看，我爲勒石垂千秋。

新築閑吟以下山中雜詠

道人卜築在山阿，盡日看山意若何。拙性自便麋鹿伴，閒心不爲利名囮。坐看明月峰頭滿，卧聽流泉竹裏過。會有幽人到空谷，喜聞一善沛江河。

山樓與二弟夜坐

暑夜月精薄，山樓雲氣深。微茫看野色，寂寞聽虫吟。萬里江湖夢，百年兄弟心。中宵不成寐，秖懼二毛侵。

山中述懷贈友人

結茆青山阿，長依丘壠側。四時花木香，鳴鳥聲相屬。叶職律切。虚壑來清風，峰頭吐明月。叶魚橘切。流泉日涓涓，欹枕聽不徹。叶直質切。灑然塵慮消，偃仰恒自得。有客入山來，聯榻即信宿。叶思積切。縱談千古事，宛若在瞬息。大化任遷流，誰論通與塞。箇中有真意，非空亦非色。憑君自識取，臨岐只默默。

同南離丈遊西湖和孫太初韻

尋幽夜到西湖上，萬境蕭然興獨豪。鶴唳峰頭星影動，潮平浦口月輪高。百年回首醒猶夢，半醉臨風癢自搔。偶憩橋邊玩流水，錯疑問答是漁樵。

登北高峰

高峰七十蹬，一蹬一徘徊。獨上峰頭立，冷然絶世埃。飛雲脚下起，征鴈日邊迴。極目煙塵外，蒼茫見釣臺。

偕友人遊天池山

秋風颯颯黃葉飛，山空路杳行人稀。荒村同醉陶潛酒，昏夜故敲支遁扉。竹裏鐘鳴香裊裊，峰頭鶴舞月輝輝。塵心到此俱消歇，明日看雲歸未歸。

贈玉菴上人

荒臺古木意蕭疎，人去千年月正孤。聞道高峰衣鉢在，向來髓骨得曾無。

挽玉思質中丞和徐閣老韻

談笑曾麾百萬兵，氈裘破膽海氛清。條侯骨相從人指，武穆忠肝只自明。星落前軍千古厄，名留墮淚一碑成。正逢麟閣求遺像，豈似吴臣怨楚情。

送田春野之幕衡藩

嚴霜薄祖道，送君江漢行。不足三年禄，空留百里名。寒雲草際斷，征旆日邊明。尚有衡陽鴈，能傳塞北聲。

同諸友自天真書院登五雲山歸途紀事

天真遥接五雲山，策杖登臨霄漢間。杳靄烟波迷海國，分明身世隔塵寰。德星况是東南聚，元氣應知五百還。指點湖山無限意，不妨風雨下江關。

送楊斗野布衣往天台

愛殺維揚楊布衣，渡江千里扣山扉。雙眸烱烱明天地，白髮蕭蕭泯是非。共躡野雲穿竹徑，閒看流水坐苔磯。知君又動天台興，帶得烟霞何處歸。

黄村塔院歸途遇雨宿舟中

山行雲氣滿蘿衣，忽向黄村失翠微。自愛良朋五湖集，不妨夜雨一簑歸。身隨鷗鳥眠俱穩，歌發陽春和更稀。賸有漁燈破清曉，蒼烟白露共依依。

過范太史山樓漫題

萬山飛翠處，清絶范公廬。晏坐春雲滿，高吟夜月虚。有花常照眼，無水不成渠。色色天然意，人間畫不如。

登長隆草堂贈吳晉軒年丈

草堂新築長隆間，收盡西來千萬山。雲滿晴窗白日静，水流花徑鳴禽閒。挂冠已適五柳興，採藥欲駐商山顔。海上不來玄鶴駕，高踪何處得追攀。

徐真吾丈人訪余山樓浹旬而别詩以送之

尊樂樓前春正深，餘不溪上草如茵。空山自覺足音少，盛德何當臭味親。幾夜團蒲清客夢，數聲啼鳥唤詩神。與君一笑彈冠别，不羡當年下榻人。

慈相覺覺堂集諸友

玉塵山名。何年開梵宇，龜溪此日集儒冠。坐臨巖樹春風滿，人立橋門夜月寒。白髮寸陰憐逝水，青雲萬里覩飛翰。古來賢聖由師友，莫作尋常聚會看。

宋方麓邑侯臨會

邑宰公餘下講幃，諸生雲集自歸依。久霑膏雨千山潤，一被春風萬壑輝。問道芻蕘窺雅量，與遊童冠識天機。西川文教連東海，此理同然覺者稀。

半月泉

一泓來石罅，半月吐山腰。混闢開玆鑑，清光永未銷。空涵諸佛印，日汲幾僧瓢。到此除煩慮，冷然對野樵。

過碧浪湖

湖面常浮玉，山光接水光。乾坤留砥柱，風月焕文章。四野凝秋色，孤帆帶夕陽。中流吾獨立，浩詠即滄浪。

會趙呂二郡丞袁何二邑侯同諸友集胡安定先生書院

尸祝名賢幾百秋，爲羣髦俊此來遊。經傳自昔推先覺，治事於今見列侯。宇宙精神誠處合，山川雲物坐間收。環橋觀聽真奇遘，莫侈空談病實修。

西湖會中示諸生

我來湖上秋風生，峭然四壁莎雞鳴。繁華盡斂三春色，碧漢孤懸夜月明。爲語諸生當此景，洗心欲到虚無境。秋陽皜皜炳乾坤，富貴榮名俱過影。

登南高峰夜歸湖上

杖藜扶醉躡層空，吴越江山一望中。南渡樓臺餘宿草，西陵杉桂動秋風。煙消野寺鳴孤鶴，日落滄洲度遠鴻。歸向湖心吟夜月，一簑瀟灑即漁翁。

題畫石壽孫觀察先生

有石巖巖峙中流，洪濤奔蕩無時休。蛟龍變怪恒在側，此石蒼然不改色。觀察先生人中石，天生風骨洵孤直。懶爲五斗頻折腰，早賦歸來獨偃息。晚年結社峴山阿，竹林七子無足多。長嘯孫登意可擬，逍遥物外怡天和。誰圖片石壽先生，泰山喬岳同堅貞。《詩》云不騫亦不崩，真人得道功允成。

白下送陸五湖祠部考績北征以下宦遊雜詠

先生元似古之人，白首行藏自有真。再起五湖酬世望，兩都千古寄丰神。淋漓翰墨人傳妙，混沌天機衆所親。聖主求賢方側席，還應秘館着儒臣。

劉壁亭年丈招飲仙舟

樹影離離河水流，使君載酒泛滄洲。捲簾倏過千山雨，隱几蕭然六月秋。天地幾人愁逆旅，風波何處話扁舟。夜來獨向前汀宿，鷗夢蘋香兩自悠。

補考功郎北上遷備兵海北歸舟道黄河

一帆纔度河間月，千里重經月下河。河勢更看今夜闊，月明還比舊時多。燕雲黯淡迷京洛，淮水蒼茫帶越波。把酒臨風重回首，中宵欹枕聽漁歌。

送别朱海峰年兄

昔君勒馬向滇池，我方學釣清溪湄。今我麾旌走南越，君仍休沐鐘山陲。鐘山雲隔清溪水，南越滇池遥萬里。塵世行藏數見違，臨風不覺悲歌起。别君倏忽五載餘，逢君却在岐路隅。方舟南下青徐道，錯比當年李郭徒。長河緑柳垂如蓋，烟日霏微相映帶。美酒微醺皓月前，圍碁數着青山外。吁嗟滿路風波惡，幾度中流相錯愕。脱險方驚遇險心，還憐急難交堪託。古來烈士貴知音，伯樂鍾期世幾人。兩月窮途賴青眼，低回意氣轉相親。看君即入陶潛宅，採菊東籬喧市隔。北窗一夢真悠然，何時却憶南州客。酌君江水送君行，江上忽已秋風生。回首百年如夢寐，滄洲極目空含情。

廉州白石驛用壁間韻

五月休戎旅，鳴鑣向海西。花看紅槿發，鳥訝故山啼。路迥蠻烟斷，雲横漢騎迷。晚亭聊憩息，清夢已龜溪。

萬思默贈李見羅入越兼寄余二首次韻見懷

辭君百越久從征，風色蕭蕭羽旆清。自笑籌邊疎范略，敢夸破膽並韓名。兵戈未許澄南國，禮樂誰能致太平。正憶伊人秋水外，荒臺閒望數峰晴。

恍得山中傳妙詠，真堪海角慰孤臣。可憐萬里同心者，猶是當年鼎足人。嶺月夜懸空自照，洞雲高卧與誰隣。相期盡在無言處，漫向秋江遡白蘋。

夜渡珠崖征倭海羣寇

神州萬里跨南溟，漢使樓船夜渡兵。劒戟摩霄星斗動，旌旗映月海山明。渡瀘漫跡當年事，標柱虚傳老將名。羣寇珠崖正猖獗，揮戈誰爲斬長鯨。

瓊臺有感

晚林過雨月初晴，四壁蕭然鳥一鳴。琴劒自隨孤客冷，星河故傍小齋明。夢回滄海人何處，坐去蒲團漏幾更。誰道官衙非故主，總看逆旅寄浮生。

喜海酋李茂率衆來降

赤子潢池久弄兵，一朝格化散南溟。鯨鯢不羡封京觀，干羽須看舞帝庭。民力東南今已竭，妖氛山海未全寧。會教元氣充寰宇，浄洗兵戈遠翰屏。

官鹾司有感

數載移官並海邊，樗材未棄主恩偏。誰云彭澤非凡吏，始信長沙底少年。此地支離供轉運，何人啓沃侍經筵。江湖自有憂君思，夜半休論帝席前。

祝聖行送李儲齋運判入賀

秋風淮海旌旆揚，酌酒送君歌聲長。一函捧出雲錦章，迢迢千里趨明光。三祝華封情未央，堯仁舜智今我王。皐夔稷契常在旁，澤流四海思無疆。天顔咫尺寧恐惶，臣迹孤遠臣心臧。天子寵賚及萬方，羨君歸來白璧雙。

趙立齋郡刺史邀登瑞巖觀

瑞閣平臨淮泗流，風烟萬里正高秋。乾坤何處尋幽事，冠蓋同來即勝遊。古洞寒雲眠野鹿，青蘋落日點江鷗。夜深更上峰頭月，一勺玻璃洗醉眸。

送奉常陸五臺先生

豐山雲際大江流，屈指名賢幾漫遊。把袂正逢歐叔語，臨風忽送李膺舟。百年禮樂歸明聖，九廟蒸嘗屬典修。此去好酬宣室問，莫將書劒滯滄洲。

集諸生于陽明先生書院抵暮詠月而歸敬和先生中秋四韻

古木秋雲放野晴，杖藜高館集諸生。坐忘白日心同遠，看盡青山月正明。一笑乾坤真自得，百年名利豈能攖。詠歸只在滁陽路，白露垂垂夜劇清。

金陵登眺

璚樓百尺跨穹蒼，釃酒登臨傍夕陽。萬點青螺凝遠黛，誰家丹桂送秋香。人非吴晉山川在，世際唐虞日月長。忽見江城迷去馬，又驚海月挂扶桑。

望祖陵有感

龍蟠虎踞舊江東，倒海排山聖略雄。一統坐恢神禹迹，窮征不數漢皇功。王侯第宅千秋壯，文武車書萬國同。試看鼎湖雲樹裏，朝朝紫氣貫長虹。

壬午仲冬宿楊庄紀事

暮止荒村野叟家，自炊饘粥當胡麻。寒燈促膝成趺坐，静夜觀心轉法華。風動空堦嘶櫪馬，霜凝灝宇息林鴉。閒來悟得安心法，不問征途歲月賒。

蚤行過高唐

雞鳴野店促征鞍，霜肅千郊曉旆寒。人過高唐歌未起，望窮海岱月初殘。修途自倚長鑱壯，白髮偏乘瘦馬安。問道堤邊楊柳色，從來冠蓋幾人看。

經雄縣見衲子坐化有感

驅車道雄陽，偶入禪關内。暼見一老衲，龕坐儼如寐。訝問何爲者？小僧前致對。尸解已九日，神去形還在。衲子號天機，家住成都外。杖錫事遠遊，徧受諸宗戒。兹秋重九前，忽來此幽憩。日夕坐蒲團，如入三昧。宰官招不往，一物無貪愛。饑餐粥兩碗，或啖餅數塊。已乃絶烟火，飲水日僅再。如是四五旬，一朝竟長邁。鄉人競奔走，焚香共禮拜。遺骸等佛骨，十日將封蓋。余聞長太息，謂衆勿驚怪。斷緣了自性，去來良不礙。世有大聖賢，體受還歸全。不作獨了漢，公私毫釐間。

得邸報聞

主上納御史言，貶謫權閹，道路驩騰，敬頌一律。

忽聞聖主驅元憝，喜見威靈動九陬。殿陛得伸忠直氣，臣工幸解腹心憂。太陽朗照羣邪伏，皇極端居萬福流。願擴宸聰弘聽納，長凝鼎命鞏金甌。

鍾惟新爲余談景州市叟黄在之義因同閔仲升三人駐馬詩以贈之

鍾君好義高千古，幾度從余説老黄。有客曾勤生死託，踵門不受一金償。燕齊豪俠今誰在？壟斷屠沽正可傷。却怪衢途逢隱德，臨風三歎酒爐傍。

東阿道中遇雪

同雲漠漠暗春圻，舞雪飄飄點客衣。白晝蒼山天際没，荒村野火望中稀。傍人烏鵲寒無語，夾道梅花凍不飛。瘦馬宵征獨何事？高堂凝睇式遄歸。

雪霽行

昨日風吹雪滿關，馬鳴蕭蕭行路難。今日雲開日射麓，春鳥嚶嚶出幽谷。三陽開泰已多時，堤邊楊柳初欲舒。牧童騎牛過南里，耕夫荷插向東畬。雪在山頭雲在浦，千里紅塵乍如洗。攬轡長驅齊魯間，舞雩正憶春風侶。

馬上口號

凝寒散盡風日好，青山到處聞啼鳥。策馬悠悠天地間，借問春光誰箇了。

將上蘭江訪徐魯源提學

孤蓬汗漫任西飛，兀坐江流看息機。兩岸山青花欲盡，深林鳥喚春將歸。長天雲樹依蘭渚，落照烟濤隔釣磯。千里曾期徐孺子，高齋還許藉光輝。

江邊同郭青螺太守登眺

媿殺李膺舟，何期郭泰遊。論文同藉艸，釃酒更臨流。雲浄千山麗，春深萬木稠。風塵存傲吏，高誼薄封侯。

信州訪楊止菴符卿留贈一首

四海希知己，十年馳素心。入門笑相視，促膝語猶深。象數窮天地，虛明洞古今。楊雄似吾子，不識有冲襟。

青山當户立，雅稱高人居。閉關常習静，抱病却躭書。明月夜孤嘯，白雲時滿裾。草深門一丈，俗吏恐趦趄。

江行即事

萬山蒼翠映晴湖，人在中流一畫圖。石嶂横空蹲虎豹，風林滿路戛笙竽。飛飛江燕將春去，泛泛漁舟帶日徂。滄海桑田閒底事，斜陽獨立笑狂夫。

沈繼山比部謫戍嶺表蒙恩召還遇於薌溪水次

喜見孤臣萬里回，爲論往事寸心摧。綱常肯向權姦墜，羅網還從聖主開。瘴海七年甘困辱，彤庭一日賜歸來。匡扶社稷須公等，好把丹心燭上台。

洵陽道中

歷遍商顔路，言從漢水濆。秦關千里盡，楚地一江分。岸柳移春棹，山鳩度晚雲。悠然鄉國意，野吹隔溪聞。

入棧道紀興二首

棧道連雲起漢褒，輶軒千里逐前旄。龍川東下濤聲壯，劍閣西來王氣高。白晝羣狐窺樹杪，青天匹練轉江皋。關山險處偏增勝，欲賦無能首重搔。

行行鳥道轉縈迴，斷壁危橋半欲摧。秦蜀風烟看地接，山川險隘自天開。飛泉百道浮空出，翠巘千重遶騎來。谷口忽看天地冥，白雲滚滚似成堆。

陳倉口號

焚燒棧道張良計，暗度陳倉韓信兵。二子功勳何處覔，千秋併作漢江聲。

楊知江寅丈招飲東湖亭

使君開醼鳳城東，亭隱湖心一鑑空。萬疊青山春雨外，數聲黄鳥暮林中。封疆正履岐周舊，勛業何如旦奭雄。釃酒臨流千古意，坐來鄙吝已消融。

胡鳳岡冏卿王述齋藩伯醼集韓府暖泉園亭

暖泉滚滚出城闉，遶遍梁園賸有春。帝子風流誇上國，高平烟景壓三秦。晴湖菡萏明朱箔，夜月鵁鶄弄白蘋。坐對僊槎渾似畫，醉來歸騎欲傷神。

卧虎山前雲滿谿，平凉城外柳成堤。開樽池館景初夏，繫馬郊原日欲西。幾處樓臺瞻瑞氣，四時花鳥入新題。凭欄笑語渾忘夜，月滿湖心忽報雞。

嘆窯居者

鑿山通牖即成廬，荒陋分明似古初。大塊中原藏燠氣，野人千載藉郊居。衣冠不事周文盛，食息惟便漢網疎。聞道頻年多餓殍，幾村營窟復成墟。

同胡鳳岡冏卿遊空同紀事

秦郊雨乍歇，關山雲未收。我因校士罷，漫作空同遊。高平迤邐四十里，空同崒嵂天中起。涇水湯湯山下流，問道宮前初至止。藍輿倒挽陟崇岡，白雲霮霮古木蒼。玄鶴深居巖下洞，咫尺仙踪不可望。有客邀我東臺上，梵宮杯酒聊相向。登臨到處意難禁，急呼衲子爲前鄉。西行數百武，徙倚青松阿。瞥見萬仞壁，雲中影婆娑。青黄色相杳難指，登州海市差可擬。直如混沌氣初分，人間畫圖那有此。從兹轉入三天門，峽中一線百迴身。峰頭伏謁玄帝室，俯視迷茫混八垠。徘徊且復空亭坐，須臾林霏雲影破。千崖萬壑頓生輝，飛鳥天邊看箇箇。乘興直上香山頂，曠然遐矚無畦町。雲外青山山外雲，六合都歸一瞬頃。崑崙萬里斷復連，黄河百折遶中原。帝王賢聖屈指數，雍州形勝何其尊。吁嗟軒轅氏，下問廣成子。御世本玄陽，五臺雲氣復蒼黄。晴陰晝夜理如是，羽化難期空斷腸。

靈，静者握其紀。軒轅廣成不可作，紛紛議論徒穿鑿。大道若容私智求，乾坤爐鼎宜銷鑠。興盡歸來已夕

遊空同山勗諸生

登山自平地，高以下爲基。脚跟如不力，崔嵬焉得躋。兀兀五臺峰，中有三天路。直上萬仞岡，虛空更無住。所以大易訓，禮卑而智崇。卑法業乃積，崇效德方隆。文秇道之英，根深枝葉茂。培養欲沉潛，誦讀宜宏富。人倫庶物間，天則不可違。要令常著察，内省免瑕疵。能以無礙心，而行真實地。高明亦中庸，攸往無不利。窮達固有遇，堯桀在所趨。阿衡與陋巷，百代同光輝。秦俗喜淳厖，况存聖哲矩。忠信肯好學，一日應千里。吾愧爾師表，此志良勤劬。勉旃二三子，邁往毋躊躇。

北地歎

晨發鎮原城，東走環慶路。騁望百里間，人烟絶稀遇。此地多峻阪，其下塹深谷。古以旱海名，水泉無停蓄。農夫耕藝處，强半在山原。且也氣寒肅，發生苦不繁。蓋聞壬午歲，三時不一雨。蕭艾夏焦枯，赤地真千里。斗粟數百錢，乞貸亦無門。牛羊殺食盡，妻兒難共存。荒岡幾十窯，闔室成餓殍。相蒸爲疫癘，生者多折殀。去歲略種植，痛遭石鼠害。今春大雨雹，麥苗復損壞。天子款强胡，邊烽稍寧息。何爲災沴仍，使民至此極。北郡苦邊糧，更爲馬站累。數鐘致一石，募馬費三倍。平時力不支，饑饉誰堪此。縱有孑遺

存，困踣終就死。言之不忍聞，涕淚欲霑襟。拯救我無術，當塗願切心。

同王明峰寅丈眺慶陽城樓

山作城兮水作池，金湯誰闢此雄基。龍蟠鳳翥天然勝，陝北胡南地最奇。陶穴千秋風未改，鐵邊一線虜難窺。府北三百里外有鐵邊山，范希文嘗禦虜於此。凭高眺遠無端興，落日荒亭一賦詩。

題鵞池

鵞池鵞池絶澳窈，非洞非壑亦非沼。鑿山百仞引河流，半出人工半天巧。城隅穿入如大隊，俯瞰鵞池在幽昧。五月堅冰撞不開，寒威凛凛生衣袂。城中平地高如山，城外兩河合似環。從來强虜攻不得，利濟鵞池九井間。古人用意有深處，後賢修葺仍多費。登臨莫作等閒看，保障應須弘備預。

清凉山漫興四絶

金明阻西嶺，清凉峙其東。延水正中出，一郡兩城雄。
上上清凉山，委蛇復奇怪。樓閣倚雲岑，萬井如天外。
鑿山成石宇，鑱佛一萬尊。人世亦希有，神功豈無存。
洞以仙人名，仙去洞還在。曲徑白雲深，幽棲自可愛。

題尸毗巖

施膚救鴿尸毗佛，膚盡鷹餐命不惜。一念慈悲覆萬靈，河嶽生輝神鬼輯。三教聖賢各有真，本來非空亦非色。吁嗟後世迷其源，競説虚無棄倫物。試看烏延川上月，千家萬家同照徹。無端一命要鷹鸇，便恐尸毗心膽裂。

送胡鳳岡冏卿還晉

空同山下初傾蓋，彰武城東忽送君。世故看來真夢鹿，萍踪到處若浮雲。關西驛路天邊斷，冀北山河望裏分。駐馬斯須莫辭醉，胡笳哀怨不堪聞。

烏延喜雨志懷

城頭昨夜雨横空，灑遍秦山幾萬重。梵閣近看飛爽氣，邊氓遥憶破愁容。青藜黯淡明宵几，絳帳蕭疎對曉峰。正在延州思范老，匡時那得步高蹤。

鄜城得家書有感

秦關去浙幾千里，遊子行役經三時。白日光陰忙裏過，清宵魂識夢中馳。老親邇幸便衾枕，弱息方能咍栗梨。金馬陸沉非我事，溪山盟約爲誰羈。

答李懷洲年兄兼奉唁

棘寺聯鑣記昔時，萍蹤南北各驅馳。風流海岱君誰惜，潦到乾坤我自知。水盡山窮堪駐足，雲翻雨覆且昂眉。請看百二秦關勝，千古英雄幾奕碁。

回車長安

烏兔西飛春復秋，輶車歷遍帝王州。山河四塞真天府，雲水千重愜壯遊。華嶽金精聯北斗，函關紫氣度青牛。掄才六郡慚無補，贏得乾坤指掌收。

望秦山

秦山萬里鬱嵯峨，歎惜英雄舊恨多。弔古賈生論未了，傷秋杜甫興如何。月臨漢塚遊麋鹿，雲覆唐祠長薜蘿。只有岐山鳴鳳處，到今士女尚謳歌。

監試武闈

材官騎士集如雲，鏖戰文場向夕曛。驍悍不跨秦子弟，聲名誰數漢將軍。坐當百二山河勝，人比三千禮樂文。退食高齋閒徙倚，月臨關塞白紛紛。

鳳樓校諸生望嶽漫賦

華嶽無山可與齊，我來高閣坐淩虛。仙人日下長舒掌，玉女雲中巧露裾。斷壁蒼烟車馬絶，寒霄孤月奕碁初。乾坤老眼浮雲外，不到三峰已廓如。

鳳閣嵯峨逼紫霄，三峰拱立邇相招。秋風有我排閶闔，洞府何人吹玉簫？劒氣長隨明月迥，蓬心坐與白雲銷。深巖欲即希夷睡，却恐無情惹世嘲。

青牛一去無消息，千載犂溝説老君。海上獨留玄牝訣，人間虚誦五千文。黄河滚滚來西極，秋樹亭亭隔暮雲。玄覽滌除無一事，三峰紫氣自氤氲。

携爾諸生賦鳳樓，何如仙子步瀛洲？已看瑞氣還光嶽，不少文芒射斗牛。曉日斜臨仙掌動，秋雲故傍野巖浮。誰將赤手摩蒼昊，呑吐河山百二州。

青柯坪紀事

藍輿百折上青柯，一路蒼崖古木多。問道蓮蓬在何處？舉頭紅日隔烟蘿。

陟巘何辭千尺峽，探奇不畏老君溝。老夫自愛人間足，且傍巖阿看水流。

水簾高挂幾千尋，眼望松邊一竇深。山澤無心自升降，鴻濛飛灑到如今。

泰華峰連北斗坪，琳宫深隱石壇清。凝香午夜團蒲坐，孤月中天萬壑明。

温泉漫賦

驪山之下温泉出，天下温泉此第一。兩度經過浴此泉，但覺和氣氤氲透肌骨。雙竇涓涓萬古流，清風明月同悠悠。到此灑然消俗慮，浴沂點也如堪儔。華清往事不足道，美惡由來人所造。君不見山下泉源日日新，玉環粉黛俱飛塵。

烽火憐褒姒，華清寵貴妃。昔當懽幸日，寧識覆亡幾。鴆毒生安宴，戈矛動壼闈。古來明哲士，百志在防微。

病間自警

不忍寸膚癢，翻滋一體創。公事坐廢閣，身心失平康。長者勞問訊，童僕爲驚惶。旬餘費調攝，血氣乃復常。庸醫信多悮，無妄藥自殃。因之悟宿非，動静惟安詳。

輓樊太學

丈人高行冠鄉間，閉户長安只著書。恬處蕭齋同野衲，懶隨塵鞅謝公車。希蹤古道貧逾力，問學吾門老更虚。奄爾少微星殞没，令人灑淚滿襟裾。

田春野張復所原葵衷諸大夫招飲華州東氏園亭漫賦二律

結廬當華麓，幽勝似江南。叢竹看交翠，寒泉飲獨甘。月明人在榻，犬吠客停驂。仙境依稀是，桃源莫浪探。

秋風振長谷，萬籟真笙竽。載酒一以過，悠然興不孤。太平容傲吏，蕭散近蓬壺。日暮潼津道，回頭悵隙駒。

輞川即事

霜寒木落千崖枯，山窮水盡行人孤。探奇浪迹輞川上，別是乾坤一畫圖。鹿苑山前鹿苑寺，王維舊跡茫無處。空林煙火更誰家，落日漁樵自來去。高賢避地遠塵紛，四皓商山亦比鄰。削壁千尋川上立，遊人指點幾秋春。

壽王薇田先生

終南佳氣滿周原，黄綺風流異代存。曾見鳳鳴當紫禁，又逢龍卧在青門。早探玄理心無競，高步詞壇衆所尊。東海故人時納履，春風坐裏賸温温。

御李燕臺兩紀餘，秦關此日造君廬。不堪浮世滄桑變，喜見高人木石居。夜月牛頭留杖屨，秋風鹿苑問樵漁。息機已得長生訣，渾忘當年駟馬車。

途行有感

雪滿驪山道，星馳漢使軒。敝裘驚歲月，孤劍任乾坤。戍鼓嚴城急，漁舟野渡昏。無端念鄉國，立馬暗消魂。

戊子秋別白下諸公登江舟即事

江頭解纜雨凄凄，山色空濛路欲迷。去國孤舟沙渚外，故人歸騎石城西。風來午夜濤聲急，月落滄洲鴈影低。萍跡自憐無繫着，忽驚清夢已龜溪。

壬辰秋經黃河

中原萬里帶黃河，東海孤臣棹幾過。白露兼葭秋色暮，滄洲鴻鴈夕陽多。蒼生屬望慚安石，老將威名愧伏波。獨抱葵心懸魏闕，笑彈長鋏一高歌。

度分水關二首

層巒插霄漢，閩楚此分疆。地險雄千古，人寰自一方。日臨南海近，雲濩晚林蒼。秉鉞初停駕，鯨波況未揚。

驅車鳥道傍殘暉，望入閩關樹色微。萬壑遥從蒼嶺斷，千峰時見白雲飛。霓旌拂日來花塢，羽騎騰空轉石磯。開府南荒慚老骨，澄清何日報彤闈。

武夷四絶

怪石奇峰列兩厓，中流九曲更縈迴。信知勝境人間少，應有仙蹤海上來。

風雨扁舟入武夷，溪山一覽自知奇。會須窮歷高深處，指點羣峰了不疑。

王子真君去不回，藥爐丹竈總塵灰。神仙自脱凡情外，今古遊人只浪猜。

伏羲洞下紫陽廬，玅契先天在此居。賢聖精神何處覓，青山緑水自如如。

癸巳七月之望陳懷雲直指招飲荷亭

海月升東嶺，荷亭對晚尊。凉颸颯以至，四顧寂無喧。大地今何夕，高懷喜共存。夜深泛湖艇，赤壁未須論。

月下嘆

秋來久不雨，明月其如何？明月空皎皎，不如雨滂沱。中丞寔舛盭，毋乃干天和。罪在予一夫，吾民庶且多。百拜叩天閽，洗濯誓新圖。叶唐何。願請蒼赤命，明神毋終訶。

久旱喜雨得霖字

自哂衰齡臨重地，喜從大旱得甘霖。隴禾一夜千郊秀，山水交流萬壑深。禱應桑林歸主德，澤均海甸識天心。願倡九牧勤康阜，長使三農免歲侵。閩八郡一州，故云九牧。

延陳直指于越王山城樓得微字

層樓咫尺連霄漢，使節蹁躚動太微。萬樹近連秋壑響，孤鴻遥傍落霞飛。江山澄霽星辰迥，樽俎從容羽檄稀。公暇追攀欣倚玉，夜深瀟灑欲忘歸。

澄瀾閣送陳使君

雲滿三山水滿溪，開尊秋閣傍城西。霜旌北指星輝動，驄馬宵征樹色迷。萬里江湖同繾綣，七閩經略藉提攜。升車漸覺鸞聲遠，獨俯澄瀾聽鳥啼。

澄瀾閣覽勝

萬山湧出三山秀，江水遥連海水平。形勝早歸秦帝籍，衣冠今滿越王城。秋風野店頻驅馬，夜月樓船正息兵。老眼凭高多曠事，四郊禾黍又垂成。

癸巳中秋坐庭中語兒大受與周生希孔

明月在天人在地，不見月明雲之蔽。撥開浮雲便見月，月明萬古元無異。四時月色盛秋中，此是火退金精融。金火乘時自衰旺，月明本體何終窮。人有光明亦如月，私欲蔽之始湮没。若能常保赤子心，睿智聰明隨地發。

送陳懷雲侍御復命北征

世情有膠漆，道誼重蘭金。寥寥宇宙間，幾人稱同心。嗟予歲寒骨，涉世亦已深。晚遇知己者，離懷不自禁。使君南州彦，高躅夙所欽。持斧代巡狩，七閩徧棠陰。治道去泰甚，民風遏邪淫。不大聲以色，坐銷南海祲。榕城再駐節，燕言每披襟。衰遲藉啓沃，如旱得膏霖。肝膽兩相照，意氣薄雲岑。一朝舍我去，邈若商與參。雅抱切匡時，行獻丹扆箴。願作朝陽鳳，聖世鳴清音。春風武夷道，夜月章江潯。轉盻天街上，夔龍實可任。

邀劉直指登鼓山

鼓山高峙越城東，繡斧紆迴出梵宫。拂樹霜旌開曉瘴，傍人海鶴唳秋風。扶桑萬里烟濤外，赤荔千家雨露中。把酒斜陽重搔首，澄清還藉使君功。

甲午中秋翫月

皎皎中秋月，初升庭樹巔。海風吹萬里，飛雲斷復連。灼灼庭中花，清香滿蘭室。孤月放雲端，舉觴如白日。月照萬古面，香飄一座衣。安得座中人，對景心不違。孺子發清歌，歌聲徹天地。頓覺萬慮空，陶然成一醉。

重陽日同劉際明直指邀王衷白太史方明齋職方登烏石山漫賦三首

九日登高處，鄰霄烏石臺。喜逢申甫佐，共倒海山杯。萬木秋聲動，千峰夕照開。渾疑坐蓬島，夜永重徘徊。

令節傳千古，乾坤總一家。攀蘿薄霄漢，滿目足烟霞。採菊人何在？凌風帽欲斜。秋高明月迥，醉擬泛仙槎。

掄文初罷宴，覽勝復登高。塵世争龍虎，雲霄等羽毛。風清花襲户，夜静鶴鳴皋。洞視無悲喜，長歌異楚騷。

《儒藏》精華編選刊
已出書目

白虎通德論
誠齋集
春秋本義
春秋集傳大全
春秋左氏傳賈服注輯述
春秋左氏傳舊注疏證
春秋左傳讀
道南源委
桴亭先生文集
復初齋文集
公是集

廣雅疏證
龜山先生語録
郭店楚墓竹簡十二種校釋
國語正義
涇野先生文集
敬和堂集
康齋先生文集
孔子家語　曾子注釋
禮經學
李文公集
論語全解
毛詩後箋
毛詩稽古編
孟子正義
孟子注疏

閩中理學淵源考
木鐘集
群經平議
三魚堂文集　外集
上海博物館藏楚竹書十九種校釋
尚書集注音疏
尚書全解
詩本義
詩經世本古義
詩毛氏傳疏
詩三家義集疏
書疑　東坡書傳　尚書表注
書傳大全
四書集編
四書蒙引

四書纂疏
宋名臣言行録
孫明復先生小集　春秋尊王發微
文定集
五峰集　胡子知言
小學集註
孝經大全
孝經注解　温公易説　司馬氏書儀　家範
性理大全書
罋經室集
伊川擊壤集
儀禮集釋
儀禮圖
儀禮章句
易漢學

游定夫先生集
御選明臣奏議
周易口義　洪範口義
周易姚氏學

道路客运驾驶员应急处置手册

（口诀与案例）

湖北省运输与物流协会　编

人民交通出版社
China Communications Press

前　言

道路运输“人、车、路”三个基本要素中，人是决定性因素。道路客运驾驶员的安全意识、驾驶技能、职业素质、服务水平不但反映出道路客运行业的形象，同时也影响着道路客运行业的科学发展、安全发展。一起起道路交通事故，让伤者愁、亲者痛，引起各级政府的高度重视和社会各界的广泛关注。总结每一次事故教训，驾驶员临危处置不当往往是引发道路交通事故的直接原因，而经验丰富的驾驶员面临紧急情况时的科学果断处置，避免了一次又一次可能发生的道路交通安全事故。为提高广大道路客运驾驶员的安全应急处置能力，我们组织道路客运企业管理人员和安全管理专家，编写了《道路客运驾驶员应急处置手册（口诀与案例）》。

本手册针对客运车辆行驶中各种突发情况，以口诀的方式叙述应对措施，言简意赅，朗朗上口。本书图文并茂，通俗易懂。希望道路客运驾驶员朋友，能够牢记于心，守护平安，呵护幸福。

湖北省运输与物流协会

2013年6月

鸣谢：

湖北省交通运输厅
湖北省交通运输厅运管物流局
湖北交通职业技术学院
湖北公路客运（集团）有限公司
湖北宜昌交运集团股份有限公司
恩施州交运运输集团有限公司
荆州先行运输集团有限公司
荆州市公交总公司
湖北咸宁咸运运输集团有限公司
黄冈市东方运输集团有限公司
孝感市客运集团有限公司
人民交通出版社

目　录

案例分析 40

基本原则

（十六字）

以人为本
乘客为先
机智冷静
避重就轻

自律警句

（四禁四忌）

禁 超速超员，忌 疲劳驾驶；

禁 违停下客，忌 随意变道；

禁 酒驾毒驾，忌 赌气开车；

禁 闲谈分心，忌 接打电话。

禁超速超员，忌疲劳驾驶。

禁违停下客，忌随意变道。

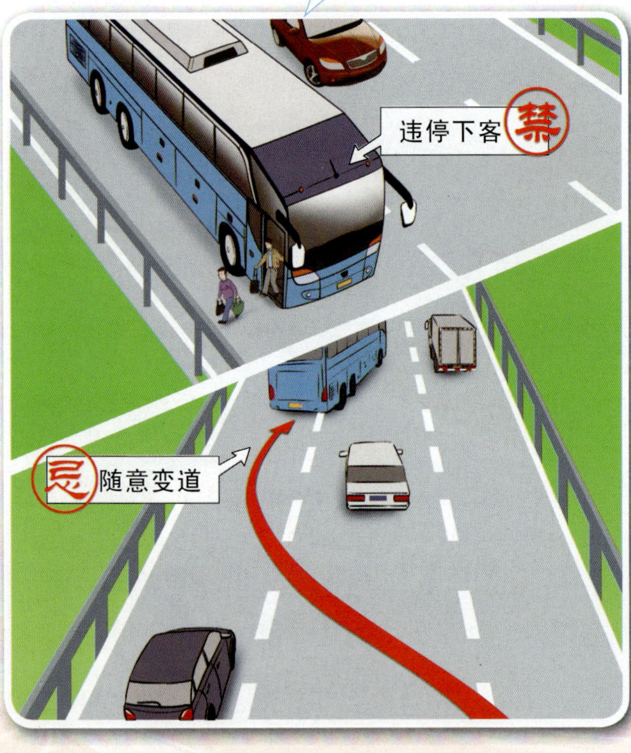

禁酒驾毒驾，忌赌气开车。

禁闲谈分心，忌接打电话。

应急处置口诀

（五类二十八条）

1. 高速公路

风险点： 遇占道违停车辆；遇大货车超越大货车；遇前车左右摇摆；匝道入口；长大隧道；桥涵路结冰；山口横风；危化车辆；遇有失控车辆尾随；遇逆向车或行人违规窜入高速公路；路面积水；连续下坡。

他车违停占车道，减速变道先鸣号。
前方大车要超车，保持车距切莫追。
前车占道摇摆行，减速鸣号多提醒。
进出匝道情况多，一慢二看三通过。
通行隧道风险高，开灯控速不变道。
桥涵路面易结冰，稳住方向匀速行。
山口横风易偏行，紧握方向车不停。
危化车辆危险大，伺机变速远离他。

口诀

他车违停占车道，减速变道先鸣号。

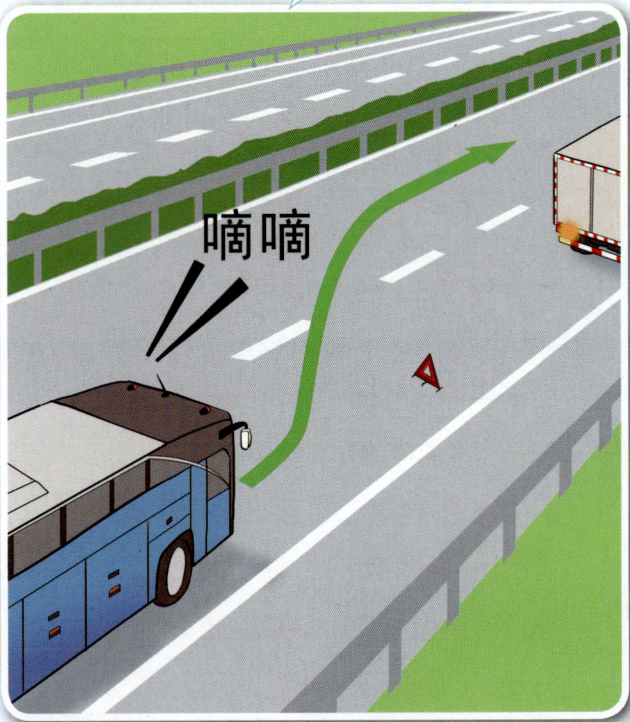

风险点 遇占道违停车辆

前方大车要超车，保持车距切莫追。

风险点 遇大货车超越大货车

前车占道摇摆行，减速鸣号多提醒。

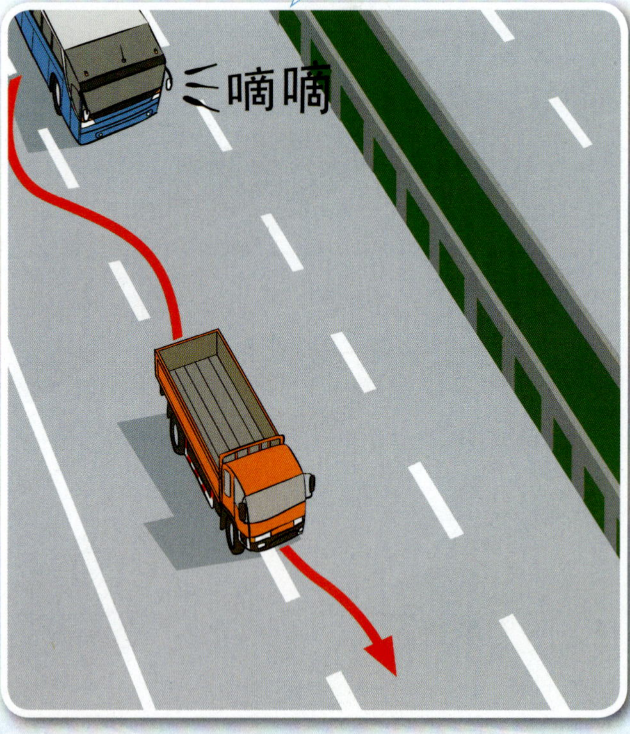

风险点 遇前车左右摇摆

进出匝道情况多，一慢二看三通过。

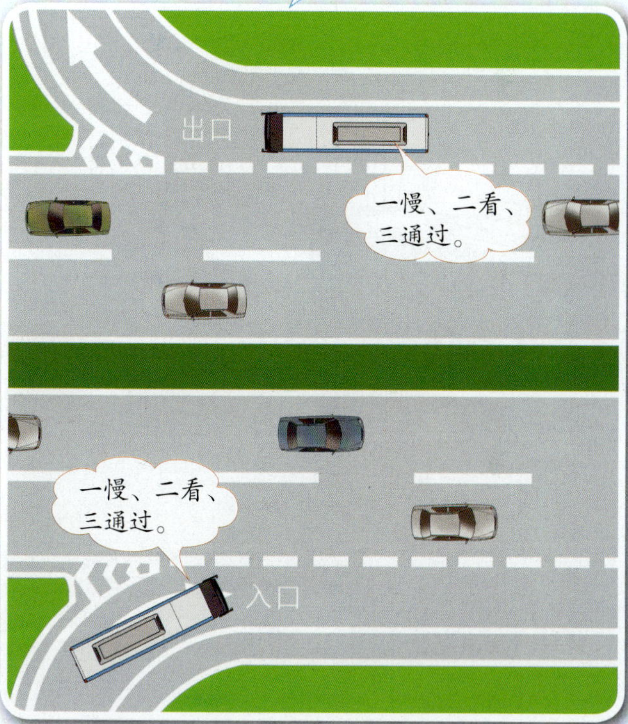

风险点 匝道入口

通行隧道风险高，开灯控速不变道。

风险点 长大隧道

桥涵路面易结冰，稳住方向匀速行。

风险点 桥涵路结冰

山口横风易偏行，紧握方向车不停。

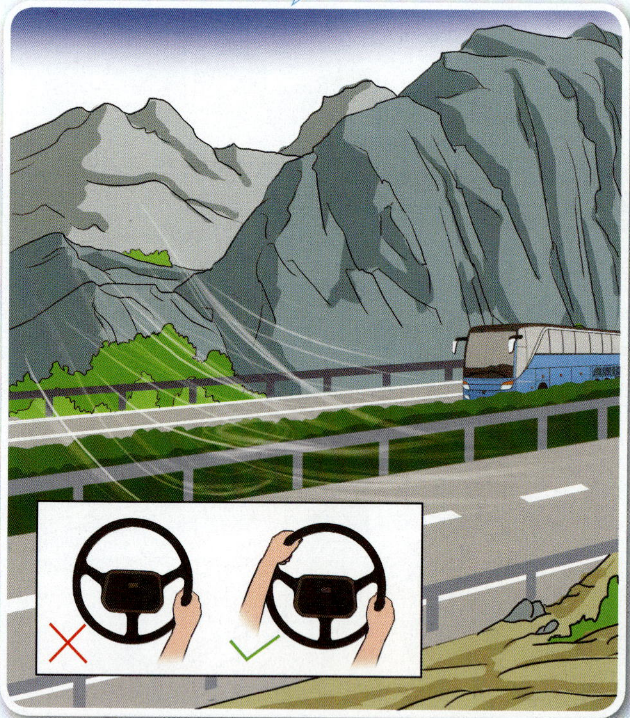

风险点 山口横风

危化车辆危险大，伺机变速远离他。

风险点 危化车辆

2. 山区道路

风险点： 山路行车；道路狭窄会车跟车；行至临崖临水路段；连续急弯；山体滑坡、路面塌陷、山洪泥石流；山阴路面薄冰；泥泞翻浆路段。

山区行车视线差，车距太近危险大。

会车跟车路狭窄，合理避让慎选择。

临崖临水易出险，减速行驶莫靠边。

连续急弯和坡陡，控速鸣号靠右走。

滑坡塌陷泥石流，停车疏散快求救。

山阴路面多薄冰，谨慎踩刹防侧倾。

泥泞翻浆路不平，低挡稳速不要停。

口诀

山区行车视线差，车距太近危险大。

风险点 山路行车

会车跟车路狭窄，合理避让慎选择。

风险点 道路狭窄会车跟车

临崖临水易出险，减速行驶莫靠边。

风险点 行至临崖临水路段

连续急弯和坡陡，控速鸣号靠右走。

风险点 连续急弯

滑坡塌陷泥石流，停车疏散快求救。

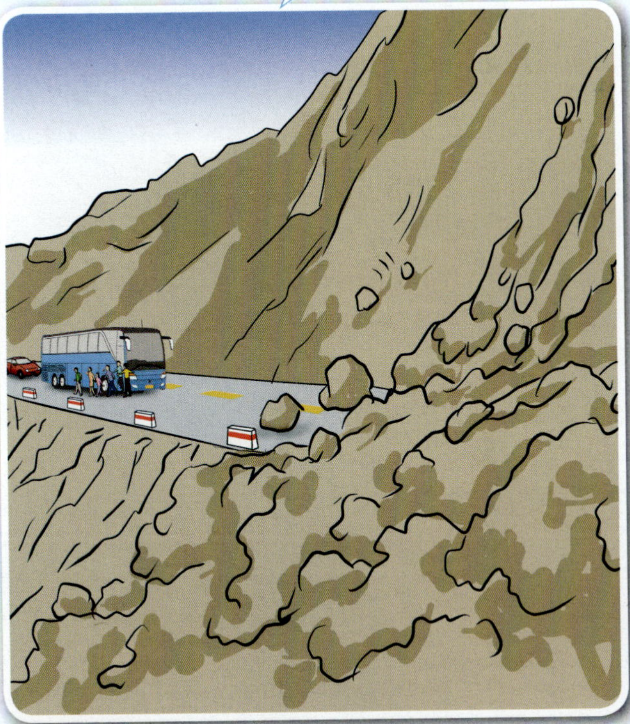

风险点 山体滑坡、路面塌陷、山洪泥石流

山阴路面多薄冰，谨慎踩刹防侧倾。

风险点 山阴路面薄冰

泥泞翻浆路不平，低挡稳速不要停。

风险点 泥泞翻浆路段

3. 气候环境

风险点： 雪天、冰凌季节；雾霾天气；雨天路面积水；突然坠物；行人、牲畜、摩托车横穿道路；大风；夜间行车；洪水。

冰天雪地路溜滑，控制车速慎踩刹。

山川河泽易团雾，开启雾灯控速度。

雨天积水路湿滑，切记不能踩急刹。

前方坠物横路上，合理选择避路障。

人畜摩托横穿多，减速停车不抢过。

口诀

冰天雪地路溜滑，控制车速慎踩刹。

风险点 雪天、冰凌季节

山川河泽易团雾，开启雾灯控速度。

风险点 雾霾天气

雨天积水路湿滑，切记不能踩急刹。

风险点 雨天路面积水

前方坠物横路上，合理选择避路障。

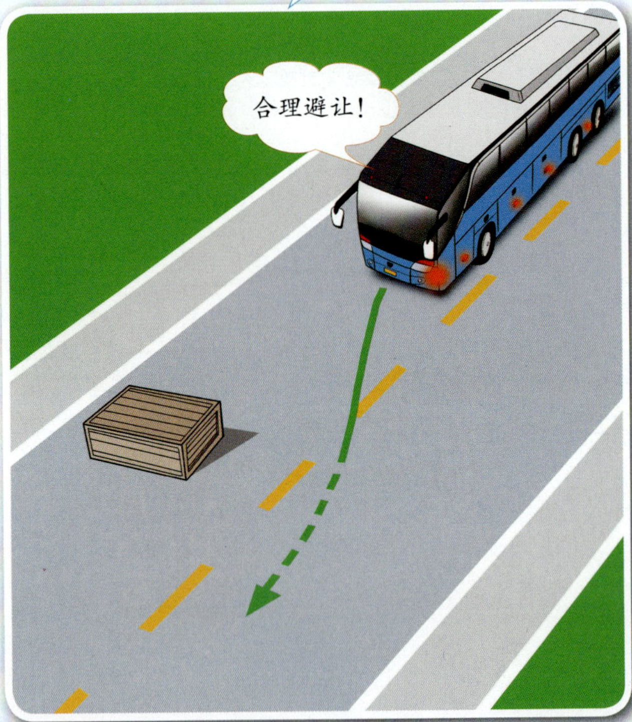

风险点 突然坠物

人畜摩托横穿多，减速停车不抢过。

风险点 行人、牲畜、摩托车横穿道路

4. 机械故障

风险点： 制动突然失灵；转向失控；轮胎爆胎、飞胎；车辆发生火灾；发动机突然熄火或有故障。

制动失灵马脱缰，巧用手刹抢低挡。

转向失控左右晃，减挡点刹求稳当。

爆胎飞胎车跑偏，紧握慢刹稳当先。

车辆冒烟或起火，疏散报警避险祸。

口诀

制动失灵马脱缰，巧用手刹抢低挡。

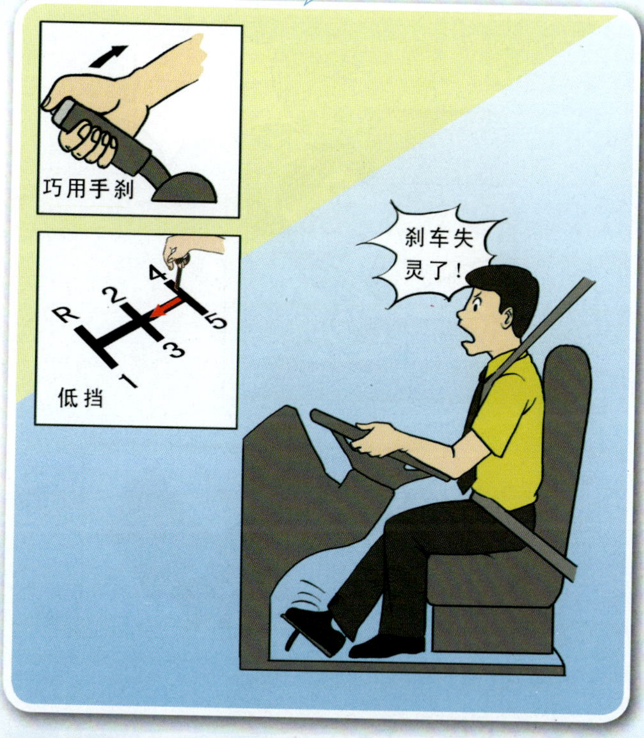

风险点 制动突然失灵

转向失控左右晃，减挡点刹求稳当。

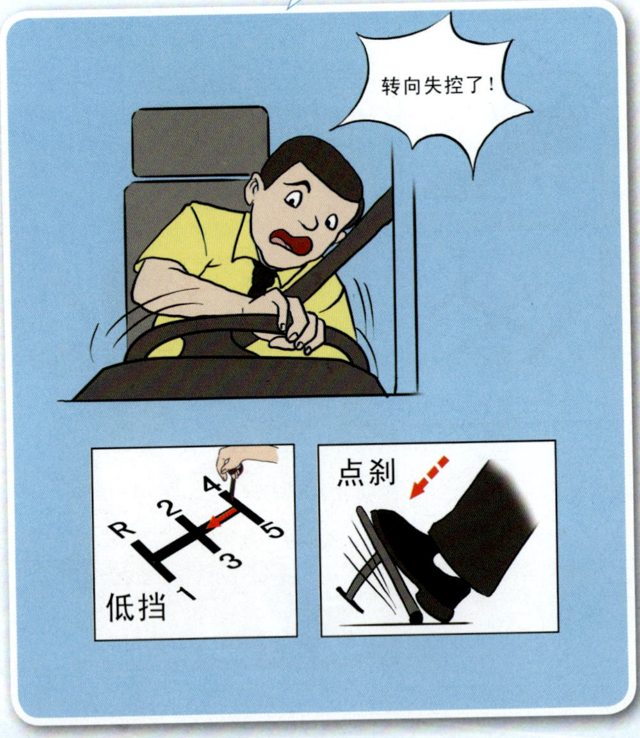

风险点 转向失控

爆胎飞胎车跑偏，紧握慢刹稳当先。

风险点 轮胎爆胎、飞胎

车辆冒烟或起火，疏散报警避险祸。

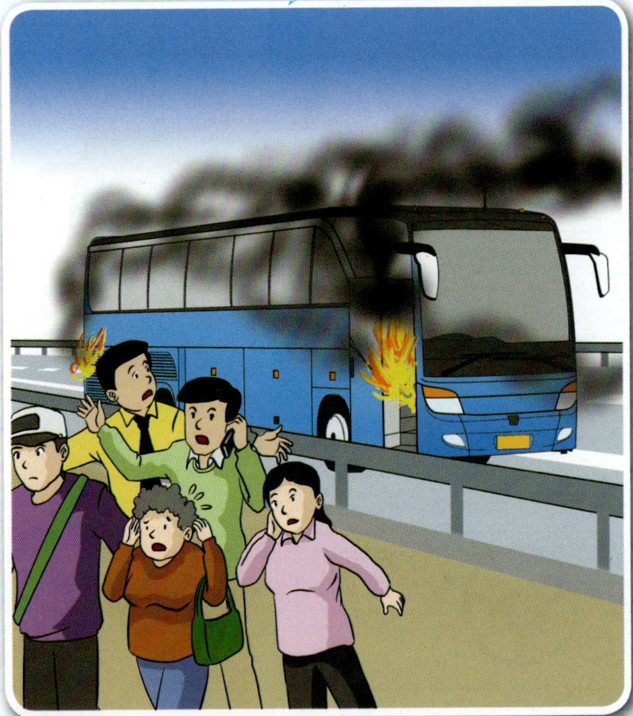

风险点 车辆发生火灾

5. 人身伤害

风险点：驾驶员突然身体不适或意外受伤；旅客突发疾病；驾驶员或旅客受到威胁、挟持、攻击；次生事故；疲劳驾驶。

突发不适或意外，停车示警疏散快。

旅客途中发急病，联系救护显爱心。

路遇歹徒出险情，冷静周旋暗报警。

车祸现场险象增，有序救援防次生。

口诀

突发不适或意外，停车示警疏散快。

风险点 驾驶员突然身体不适或意外受伤

旅客途中发急病，联系救护显爱心。

风险点 旅客突发疾病

路遇歹徒出险情，冷静周旋暗报警。

风险点 驾驶员或旅客受到威胁、挟持、攻击

车祸现场险象增，有序救援防次生。

风险点 次生事故

案例分析

[案例1] 避让不当造成的事故伤亡——“2013.03.12”事故

事故经过

2013年3月12日晚7时左右，鹤峰县某汽运公司一客车，行至荆州长江大桥段，撞损大桥护栏，发生坠桥事故，造成车上人员14人死亡、6人重伤、2人轻伤。

案情分析

该事故直接原因是客车在大桥上超车时，为避让逆向行驶的摩托车，驾驶员急打方向盘导致车辆失控，坠入江滩酿成事故。

事故借鉴

超车时突遇迎面行驶车辆，应沉着冷静处置，采取合理措施避让，不得侥幸冒险急打方向盘绕过，可遵循“避重就轻”的原则，避免更多人员伤亡。

[案例2] 避重就轻　减少伤亡
——“2012.06.21”事故

事故经过

2012年6月21日4时，孝感市某客运公司一客车，由桂林往柳州方向行驶至G72泉南高速公路桂柳段1239km+400m处时，在后方货车尾随情况下，前方突遇行人横穿高速公路。该车驾驶员在鸣号减速后右前部仍碰撞到行人并导致行人死亡，该车最终停至路边安全地带，乘客无伤亡。

案情分析

交警部门按《道路交通安全法》第六十七条规定和《道路交通事故处理程序规定》第四十六条第一款第（一）项，认定该行人负全部责任；驾驶员在高速公路上正常行驶，无导致此道路交通事故发生的违法行为或过错，无责。

事故借鉴

驾驶员没有急刹，未造成后方货车追尾，没急打方向盘，未造成侧翻。遵循了遇险应急处置“以人为本、乘客为先、机智冷静、避重就轻”的原则。

[案例3] 临崖临水　避让不当
——“2013.02.19”事故

事故经过

2013年2月19日上午10时15分，恩施州某运输公司一客车，在恩施州建始县青树岭路段与对面车辆会车时发生侧翻，从将近150m高空坠落，导致该车辆上人员10死9伤。

案情分析

案发前天恩施州当地下暴雪，该车辆在会车过程中过于靠边避让，导致车辆侧翻。

事故借鉴

山区雨雪天气行车，因路缘被积雪覆盖，不得盲目靠边。行车、会车时，应选择合理安全的地段，不得选择崖体路段，更不得侥幸冒险会车通过。

[案例4] 高速公路 违停下客
——"2011.07.04"事故

事故经过

2011年7月4日凌晨3时40分，武汉市某客运公司大型客车行驶至随岳高速公路随州方向229km+400m路段时，骑压慢速车道和应急车道分道线停车下客过程中，被后方的重型半挂货车追尾撞击，两车侧翻起火燃烧，造成26人死亡、29人受伤、两车烧毁、路产设施受损的交通事故。

案情分析

大型客车凌晨在高速公路上

违停下客，后方货车驾驶员疲劳驾驶，导致追尾撞击，并引发起火事故。

事故借鉴

在高速公路上严禁乱停乱靠、上下乘客。

[案例5] 雨天行驶　精力分散
——“2011.10.01”事故

事故经过

2011年10月1日14时40分，荆州市某旅游运输公司一客车，行至宜昌市兴山县 312省道129km+650m处，车辆侧滑撞毁路段西侧波形钢防护栏后坠入坎下并沿斜坡翻滚至香溪河中，造成16人死亡、19人受伤的交通事故。

案情分析

因雨后路面湿滑，驾驶员未集中精力导致车辆跑偏，侧翻至河中。

事故借鉴

山区雨天行车，应集中精力，降低车速，防止车辆侧滑。

[案例6] 操作失误 救援不当 ——"2008.01.23"事故

事故经过

2008年1月23日3时20分，正逢中国南方百年罕见的雨雪冰冻天气，黄冈市某旅游运输公司一大客车沿杭瑞高速公路由景德镇往九江方向行驶，行至杭瑞高速公路175km+500m处时，撞上高速公路右侧护栏后侧翻在公路上，后方货车又尾随撞上该客车，车上11人受伤，1乘客在转移至安全地带途中不慎在桥面中央隔离带处坠水死亡，车辆严重损坏。

案情分析

交警部门裁定本次事故原因是由于该客车遇桥面结冰未降低车速行驶，方向失控所致。

另救援措施不正确，造成次生事故发生，加大了事故损失。

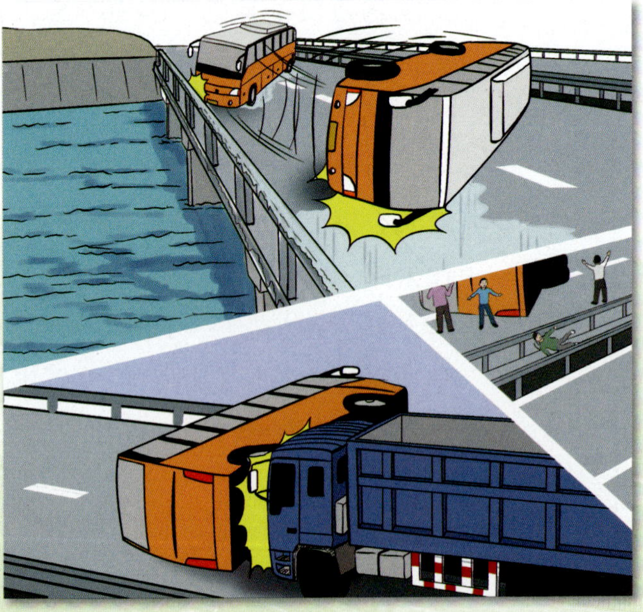

事故借鉴

恶劣天气行车，特别是桥梁、立交桥和隧道路面容易结冰，应降速通过，同时握稳方向盘，防止车辆产生侧滑。

在事故救援过程中，对即将发生或可能发生的次生事故，应采取防范或避险措施。

[案例7] 当代最美客车驾驶员——突发意外事故

2012年5月29日中午，杭州长运客运驾驶员吴斌驾驶大客车在高速公路上正常行驶途中，被一块从空中突然飞来的铁块击碎前风窗玻璃再砸向他腹部和手臂。事发后，吴斌强忍肝脏破裂、多根肋骨断裂的剧痛，迅速换挡刹车将车缓慢靠边停稳，打开双闪灯和车门，并以惊人毅力，从驾驶室艰难站起来告知车上乘客安全疏散。吴斌在临危时刻，没有第一时间给自己呼叫120，而是以一名职业客车驾驶员良好的道德

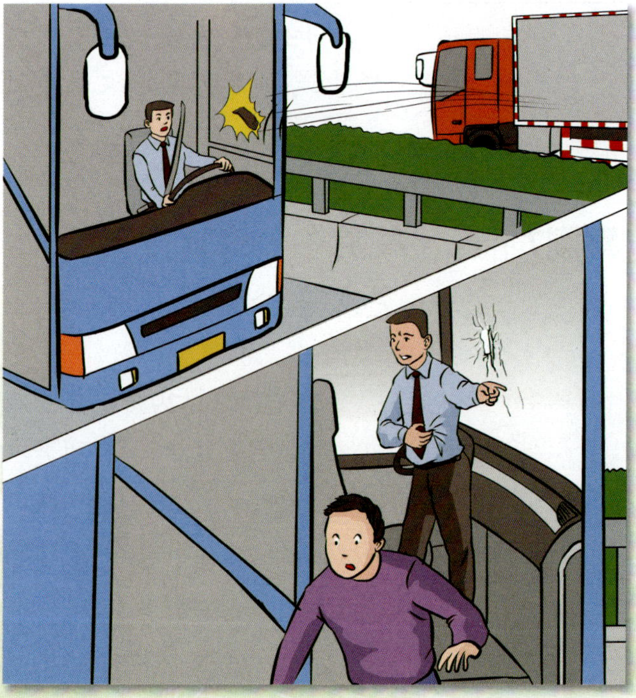

素养和精湛规范的驾驶技能，沉着冷静，稳妥处置，确保了车上24名乘客生命和国家财产安全。

吴斌因伤势过重，经全力抢救无效殉职。吴斌的壮举感动中国，被称作“当代最美客车驾驶员”。

[案例8] 当代“三零”驾驶员——零投诉、零违章、零事故

“三零”驾驶员——张兵是武汉市公交集团三公司531路一名公交驾驶员。27年来，他共运送乘客430万人次，无一名乘客投诉；停靠站点181万余次，无一次交通违章；行车90多万公里，无一起安全事故，做到了27年零投诉、

零违章、零事故。总结出了“行车一杯水不洒，靠站乘客一步上站台、服务一眼看出来乘客需求、安检一听判断出车辆隐患”的公交“四个一工作法”。他多

年如一日，遵章守纪，文明行车，是当代客车驾驶员的楷模。他荣获全国五一劳动奖章、全国十佳城市公共交通先进个人、新时期雷锋式公交驾驶员、湖北省劳动模范等荣誉称号。

汽车节能驾驶手册
中华人民共和国交通运输部
人民交通出版社

道路货运源头治超宣传手册
安徽省公路运输管理局 编
人民交通出版社
China Communications Press

城市公交安全和应急手册
交通运输部道路运输司 编
人民交通出版社
China Communications Press

道路交通事故现场伤员急救手册
云南省红十字会
云南省公安厅交通警察总队
云南省公路运输管理局

驾驶员安全行车手册
中华人民共和国交通部
人民交通出版社

道路旅客运输安全指引
交通部公路司
人民交通出版社